广州市第二批协同创新重大项目成果
广州市教育科学"十二五"规划重点课题成果
全国高等院校体育教学训练研究会推荐教材

初中学生体能锻炼技术与方法

主　　编　张　卫

副 主 编　张细谦　韩凤月　钟卫东　胡晓燕

审 稿 人　龙秋生　徐　焰　李丹阳

编写组成员　朱丽明　张志斌　温子豪　梁志翔
　　　　　　赵善灿　李国兴　李　明　赖华星

广东高等教育出版社
Guangdong Higher Education Press

·广州·

图书在版编目（CIP）数据

初中学生体能锻炼技术与方法/张卫主编. —广州：广东高等教育出版社，2021.8
ISBN 978-7-5361-7092-6

Ⅰ. ①初… Ⅱ. ①张… Ⅲ. ①初中生—体育锻炼 Ⅳ. ①G634.963

中国版本图书馆 CIP 数据核字（2021）第 173228 号

出版发行	广东高等教育出版社
	地址：广州市天河区林和西横路
	邮政编码：510500　电话：(020) 87551597　87551163
	http://www.gdgjs.com.cn
印　刷	广州市友盛彩印有限公司
开　本	787 毫米×1 092 毫米　1/16
印　张	35
字　数	768 千
版　次	2021 年 8 月第 1 版　2021 年 8 月第 1 次印刷
定　价	98.00 元

编委会

主任委员

张　苹　广州体育职业技术学院

林海英　广州市教育局

王保成　全国高等院校体育教学训练研究会

副主任委员

丁宁涛　广州体育职业技术学院

谈群林　广州体育职业技术学院

张　卫　广州体育职业技术学院

郑泽如　广州市江南外国语学校

钟卫东　广州市教育研究院

李　明　广州市教育研究院

龙秋生　广东第二师范学院

谢　平　广州市七十五中学

邓庆昌　广州市天荣中学

徐中华　广州市培英中学

赖华星　广州绿翠现代实验学校

编写委员会委员

张志斌　广州体育职业技术学院
梁志翔　广州体育职业技术学院
朱丽明　广州体育职业技术学院（外聘）
温子豪　广州市体育科学研究所
赵善灿　广州承罡体育产业发展有限公司
杨广群　广州聚澜健康产业研究院有限公司
杨宜彬　广州市天荣中学
陈华慧　广州市江南外国语学校
张显荣　广州市江南外国语学校
杨　超　广州市第七十五中学
周国臣　广州市第七十五中学
邬志坚　广州市港湾中学
黄　毅　广州市番禺实验中学
李建涛　广州市番禺实验中学
庄志健　广州市铁一中学
陆剑伟　广州市铁一中学
王　卓　广州市玉岩中学
胡锦添　广州市增城中学
黎伟君　广州市增城中学

前　言

广州市教育局公布的 2016 学年广州市中小学生体质健康抽样调查结果显示，对比《国家学生体质健康标准》，广州市中小学生体质健康优秀率仅有 2.6%，良好率 17%，不及格率达 16.2%；总体肺活量不及格率为 20.5%，重度近视率达 49.8%。目前中小学生的体质健康形势依然严峻。不少专家学者对我国中学生体质下降的成因进行了研究，一致认为我国中小学生体质健康水平下降的原因主要有：①体育运动时间不足；②饮食方式不科学，导致能量过剩，营素不均衡，影响中小学生的代谢功能与体脂水平；③现代智能生活方式（如电子游戏、手机、电脑、现代交通工具）造成中小学生日常活动减少，运动欲望降低；④学业压力大、作业多、睡眠减少，严重影响了中小学生神经系统和心血管功能的发展；⑤体质体能锻炼技术落后，锻炼效益不高，运动损伤风险较高。

广州体育职业技术学院作为体育职业教育重镇和奥运冠军摇篮，对青少年体能训练理论和相关技术有较为深入的研究和实践。2016 年，广州体育职业技术学院联合广州体育学院、南方医科大学、广州体育科学研究所等高校和研究机构，与广州市天荣中学、广州市第七十五中学、广州市江南外国语学校、广州市番禺实验中学、广州市铁一中学、广州市港湾中学、增城中学、广州市玉岩中学等八所中学和广州聚澜健康产业研究院有限公司组成产学研协同创新团队，申报的"初中学生体质锻炼功能导向技术体系的创新研究"项目，获得广州市教育局第二批协同创新重大项目立项。根据项目要求，广州体育职业技术学院成立了青少年体能发展协同创新中心，希望携手青少年体质健康领域的产学研单位，在吸收和借鉴国内外体能训练先进技术和理念的基础上，通过与高校、中学、研究院所的协同创新，推动中学生体质体能锻炼技术的进步，为中学生体质健康和体能水平的发展提供强有力的科学与技术支撑。

功能动作是完成有效运动的基础，可以说，没有高质量的功能动作，就无法安全、有效地完成跑步、打篮球、踢足球等各类运动，并在运动中表现出动作变形、重心不稳、能量传导泄露和运动损伤等不良动作功能障碍，严重影响体育锻炼的运动效能。本书以提高青少年功能动作质量为逻辑和技术起点，在抽样1 500余名广州市中学生身体姿态、功能动作质量和肌肉激活顺序数据的基础上，分析身体姿态、功能动作质量与运动损伤的关联性，结合广州市中学生体质健康抽样调查水平，吸收和借鉴国内外体能训练、动作模式筛查与矫正、筋膜锻炼技术、DNS训练技术等先进技术和理念，结合研发团队多年体能训练研究的成果、中小学体能锻炼服务、各级运动队体能服务的经验，试图构建适合广州市青少年体质体能现状，以提高功能动作质量为主线，能有效提高初中学生功能动作质量和灵敏能力，优化身体姿态和动作模式并预防运动损伤的功能动作锻炼技术体系；以先进技术运用和优化运动负荷为路径，构建能有效促进初中学生心肺功能和能量代谢发展的体能锻炼技术体系。

在广州体育职业技术学院领导的关心、教务处与体育运动系领导的支持下，现已完成功能导向技术体系的研制工作，并编写成《初中学生体能锻炼技术与方法》一书，其主要内容包括身体姿态与功能动作评估，初中学生体能测试与评估，基于动作发育的功能动作重置与锻炼技术、基于运动与生活方式的基本技能锻炼技术、姿势稳定及动作控制锻炼、体能锻炼的功能动作与运动技能的技术规范，提高力量、速度和爆发力、有氧耐力的体能锻炼技术与方法等，其中，广州体育职业技术学院张卫老师负责第一章、第五章、第六章、第九章第一和第二节、第十章、第十一章、第十三章第二和第三节的撰写，以及全书的理论框架和全部稿件的修改与整理工作；广东体育职业技术学院胡晓燕老师负责撰写第四章；广州体育职业技术学院张志斌老师负责撰写第八章、第十三章第四节，以及全书170分钟视频的核查整理修改工作；广州体育职业技术学院外聘教师朱丽明老师负责撰写第三章、第十二章第一节，以及担任全书技术图片与技术视频模特工作；广州体育科学研究所温子豪老师负责撰写第二章、第十三章第一节和第五节；广州体育职业技术学院梁志翔老师负责撰写第十二章第二和第三节；广州体育职业技术学院外聘教师赵善灿老师负责撰写第七章；广州体育学院李国兴老师负责撰写第十章第一节；广州教育研究院李明老师负责撰写第九章第三节；广州绿翠现代实验学校赖华星老师负责撰写第九章第四节。在此对全体编写人员的辛勤付出表示感谢！

本项目自立项以来，得到广州市教育局科研处、体卫艺处相关领导的关心指导与大力支持，得到了全国高等院校体育教学训练研究会的悉心指导，联合参与单位学校和研究所领导和同事的大力支持，参编专家、审稿专家的鼎立相助，在此代表学院、学院青少年体能发展协同创新中心，对各单位的大力支持表示衷心感谢！

联合研制及参与单位：

1. 广州体育职业技术学院
2. 全国高等院校体育教学训练研究会
3. 广州市教育局科研处

4. 广州市教育局体卫艺处
5. 广州体育学院
6. 广州市教育研究院
7. 广州市体育科学研究所
8. 广东第二师范学院
9. 武汉体育学院
10. 广州市天荣中学
11. 广州市江南外国语学校
12. 广州市第七十五中学
13. 广州市港湾中学
14. 广州市番禺实验中学
15. 广州市铁一中学
16. 广州市玉岩中学
17. 增城中学
18. 广州市培英中学

郑 重 声 明

  本书既适用于中学体育教师、初中学生、高中学生，用于体能评价与锻炼的课堂教学及课后锻炼，也适用于体育类高等院校体能训练及相关专业的学生，作为学习青少年体能训练的教材使用。

  本书中所介绍的锻炼技术与方法也适用于成年健康人群的身体锻炼与动作功能发展。所有使用本书中所介绍的锻炼技术与方法者，必须是没有不适宜参加体育运动的生理或心理疾病、可以正常参加体育课堂和运动的学生或成人群体。

  本书中的二维码为所对应章节技术动作视频扫描，请扫码观看。

张　卫

广州体育职业技术学院

青少年体能发展协同创新中心

体能研究所

2020 年 10 月 13 日

目 录

第一章　身体姿态与功能动作评估 ……………………………………………… 1

 第一节　身体姿势评估 ………………………………………………………… 1

  一、静态直立正面评估 ………………………………………………………… 2

  二、静态直立侧面评估 ………………………………………………………… 2

  三、静态直立背面评估 ………………………………………………………… 3

  四、脊柱形态评估 ……………………………………………………………… 3

  五、盆骨形态评估 ……………………………………………………………… 4

  六、胸廓形态评估 ……………………………………………………………… 5

  七、下肢形态评估 ……………………………………………………………… 7

 第二节　功能动作评估 ………………………………………………………… 8

  一、静态评估 …………………………………………………………………… 8

  二、过渡态功能动作评估 ……………………………………………………… 14

  三、功能动作筛查 ……………………………………………………………… 16

  四、动态功能动作评估 ………………………………………………………… 25

 本章小结 ………………………………………………………………………… 36

 思考与练习 ……………………………………………………………………… 36

第二章　初中学生体能测试与评估 ……………………………………………… 37

 第一节　体能测试与评估的概述 ……………………………………………… 37

  一、体能测试的目的与意义 …………………………………………………… 38

  二、体能测试的类别 …………………………………………………………… 39

  三、体能测试的执行原则与组织管理 ………………………………………… 41

  四、测试数据的评估与分析 …………………………………………………… 44

第二节　体能测试与评估的方法 …… 44
一、速度与敏捷性素质的测评 …… 45
二、最大肌力与爆发力的测评 …… 50
三、柔韧性与灵活度的测评 …… 59
四、肌肉耐力测试 …… 66
五、平衡与稳定能力测试 …… 70
六、有氧能力测试 …… 76
七、生理机能评估及疲劳恢复监测 …… 78
本章小结 …… 82
思考与练习 …… 82

第三章　热身运动 …… 83
第一节　快走与慢跑 …… 84
一、快走 …… 84
二、慢跑 …… 85
第二节　动态拉伸 …… 86
一、行进间脚跟、脚尖走 …… 86
二、行进间足内翻走 …… 87
三、行进间拉伸小腿三头肌 …… 88
四、行进间拉伸大腿后群肌 …… 89
五、行进间提膝抱胸 …… 90
六、横抱小腿上提 …… 90
七、行进间提膝外展 …… 91
八、行进间屈膝伸展 …… 92
九、蠕虫爬 …… 93
十、弓步转体 …… 94
十一、最伟大拉伸 …… 95
十二、行进间燕式平衡 …… 96
第三节　肌肉与神经系统的激活 …… 97
一、蹲步走 …… 97
二、盘腿下蹲 …… 98
三、弹力带高蹲侧向走 …… 99
四、下肢转动 …… 100
五、站姿Y字举 …… 101

  六、站姿 T 字举 …………………………………… 101
  七、站姿 W 字举 …………………………………… 102
  八、双臂绕环 ……………………………………… 103
  九、四马支撑髋外展 ………………………………… 104
  十、俯撑前伸臂 …………………………………… 104
  十一、单臀肌桥伸髋 ………………………………… 105
  十二、双腿快速前后跳 ……………………………… 106
  十三、碎步跑多向移动 ……………………………… 107
  十四、外侧跳跃 …………………………………… 107
  十五、内侧跳跃 …………………………………… 108
  十六、反向摆动纵跳 ………………………………… 109
 第四节 专门性准备活动 ………………………………… 110
  一、赛跑类专门性练习 ……………………………… 110
  二、球类专门性练习 ………………………………… 117
 第五节 静态拉伸 …………………………………………… 123
  一、仰卧直腿拉伸 ………………………………… 124
  二、坐姿 4 字拉伸 ………………………………… 124
  三、仰卧抱膝拉 …………………………………… 125
  四、仰卧屈膝横压 ………………………………… 126
  五、跪撑后仰 ……………………………………… 126
  六、站姿屈膝拉伸 ………………………………… 127
  七、弓步压腿 ……………………………………… 128
  八、蝶式前压 ……………………………………… 128
  九、站姿侧压腿 …………………………………… 129
  十、坐位体前屈 …………………………………… 130
  十一、弓步拉小腿 ………………………………… 130
  十二、单腿直立压小腿 ……………………………… 131
  十三、侧拉髂胫束 ………………………………… 132
  十四、坐姿胸前拉 ………………………………… 132
  十五、坐姿颈后拉 ………………………………… 133
  十六、坐姿肩部肌群拉伸 …………………………… 134
  十七、仰卧旋转拉 ………………………………… 134
  十八、坐姿旋转拉 ………………………………… 135

十九、坐姿分腿拉 …… 136
  二十、背弓举腿 …… 136
  二十一、俯卧转髋 …… 137
  二十二、侧位体前屈 …… 138
  二十三、站姿旋转拉 …… 138
 第六节 本体感觉神经肌肉促进疗法拉伸 …… 139
  一、PNF 拉伸大腿后部肌群 …… 140
  二、PNF 拉伸小腿脚踝肌群 …… 140
  三、PNF 拉伸大腿前部肌群 …… 141
  四、PNF 拉伸大腿内侧肌群 …… 142
  五、PNF 拉伸胸部肌群 …… 143
  六、PNF 拉伸肩部肌群 …… 144
 本章小结 …… 144
 思考与练习 …… 145

第四章 基于动作发育的功能动作重置与锻炼技术 …… 146
 第一节 呼吸功能锻炼技术 …… 146
  一、隔膜呼吸技术训练 …… 147
  二、仰卧举腿腹式呼吸训练 …… 148
  三、四马式呼吸技术Ⅰ训练 …… 148
  四、四马式呼吸技术Ⅱ训练 …… 149
  五、四马式呼吸技术Ⅲ训练 …… 150
  六、单桥呼吸技术训练 …… 150
  七、仰卧收腹举腿呼吸训练 …… 151
 第二节 重心转移功能重置技术 …… 152
  一、仰卧举腿 …… 152
  二、俯身抬头 …… 153
  三、单侧俯撑抬手 …… 153
  四、跪撑屈膝伸腿 …… 154
  五、三点支撑多向控腿 …… 155
  六、三点支撑抬举 …… 155
  七、蜘蛛爬行 …… 156
  八、四肢跪地爬行 …… 156
  九、跪姿蹲起 …… 157

第三节　同侧滚动功能重置技术 ……………………………………………… 158
一、举腿侧滚 ………………………………………………………………… 158
二、抱膝翻滚 ………………………………………………………………… 159
三、手臂引导仰卧滚动 ……………………………………………………… 160
四、手臂引导俯卧滚动 ……………………………………………………… 160
五、下肢引导仰卧滚动 ……………………………………………………… 161
六、下肢引导俯卧滚动 ……………………………………………………… 161

第四节　爬行功能重置技术 …………………………………………………… 162
一、俯卧背撑起 ……………………………………………………………… 163
二、蜘蛛爬行与四肢爬行 …………………………………………………… 163
三、四肢后爬 ………………………………………………………………… 163
四、熊爬 ……………………………………………………………………… 164
五、侧向熊爬 ………………………………………………………………… 165

第五节　旋转功能重置技术 …………………………………………………… 165
一、侧撑横滚 ………………………………………………………………… 166
二、斜坐滚爬 ………………………………………………………………… 167
三、弓步转髋 ………………………………………………………………… 167
四、仰卧旋转蹲起 …………………………………………………………… 168
五、抗阻力转髋 ……………………………………………………………… 169
六、抗阻前旋胸椎 …………………………………………………………… 170
七、抗阻后旋胸椎 …………………………………………………………… 171
八、旋转跳跃 ………………………………………………………………… 171

本章小结 …………………………………………………………………………… 172
思考与练习 ………………………………………………………………………… 173

第五章　基于运动与生活方式的基本技能锻炼技术 ……………………………… 174
第一节　步行与跑步的基本动作技能 ………………………………………… 174
一、步行与跑步的动作原理 ………………………………………………… 174
二、步行与跑步的基本动作技能锻炼方法 ………………………………… 175

第二节　抬起与搬运物体的基本动作技能 …………………………………… 184
一、抬起物体的动作原理 …………………………………………………… 185
二、搬运物体的动作原理 …………………………………………………… 187
三、抬起与搬运物体基本动作技能的锻炼技术 …………………………… 188

第三节　直线推拉与旋转抛砍的基本动作技能 ……………………………… 194

　　一、直线推拉的动作原理 …………………………………………… 194

　　二、旋转抛、砍的动作原理 ………………………………………… 196

　　三、直线推拉与旋转抛砍的基本动作技能锻炼技术 ……………… 198

　本章小结 ………………………………………………………………… 208

　思考与练习 ……………………………………………………………… 208

第六章　姿势稳定及动作控制锻炼 ……………………………………… 209

　第一节　静态姿势稳定与动作控制技术 ……………………………… 209

　　一、静态姿势稳定的控制机制与作用 ……………………………… 209

　　二、静态姿势的稳定控制能力评估 ………………………………… 214

　　三、静态姿势的发育进阶锻炼技术 ………………………………… 218

　　四、专门性静态姿势稳定锻炼技术 ………………………………… 241

　第二节　过渡姿势稳定与动作控制技术 ……………………………… 244

　　一、四肢跪撑的稳态控制锻炼技术 ………………………………… 245

　　二、半跪姿势的稳态控制锻炼技术 ………………………………… 247

　第三节　动态稳定与动作控制技术 …………………………………… 251

　　一、稳定支持面的动态稳定控制锻炼技术 ………………………… 252

　　二、不稳定支持面的动态稳定控制锻炼技术 ……………………… 259

　本章小结 ………………………………………………………………… 264

　思考与练习 ……………………………………………………………… 264

第七章　灵活性锻炼技术 ………………………………………………… 265

　第一节　静态灵活性锻炼技术 ………………………………………… 265

　　一、颈部灵活性 ……………………………………………………… 266

　　二、腕部灵活性 ……………………………………………………… 269

　　三、肩部灵活性 ……………………………………………………… 272

　　四、胸椎灵活性 ……………………………………………………… 274

　　五、髋部灵活性 ……………………………………………………… 279

　　六、踝部灵活性 ……………………………………………………… 283

　第二节　动态灵活性锻炼技术 ………………………………………… 287

　　一、上肢关节灵活性 ………………………………………………… 287

　　二、下肢关节灵活性 ………………………………………………… 293

　本章小结 ………………………………………………………………… 301

　思考与练习 ……………………………………………………………… 301

第八章　灵敏与动作协同锻炼技术 ... 302

第一节　灵敏锻炼的基本原理 ... 302
一、灵敏锻炼的类型及特征 ... 302
二、灵敏锻炼的作用与价值 ... 304
三、灵敏锻炼的基本原则 ... 305

第二节　闭式灵敏锻炼技术与方法 ... 306
一、六边形同向跳 ... 306
二、六边形变向跳 ... 307
三、六边形同向小步跑 ... 308
四、六边形变向小步跑 ... 309
五、变向折返跑 ... 309
六、T 字形跑 ... 310
七、绳梯进退步 ... 311
八、绳梯左右滑步 ... 313
九、绳梯变向小步跑 ... 314
十、绳梯分腿小跑 ... 315
十一、转身交叉步 ... 316
十二、转身变向跳 ... 318
十三、单双腿交换跳 ... 318
十四、双腿开合跳绳 ... 319
十五、密步跑跳绳 ... 320

第三节　开式灵敏锻炼技术与方法 ... 321
一、翻盘游戏 ... 321
二、影子模仿 ... 322
三、格斗模拟 ... 323
四、听信号多向移动 ... 324
五、抛接灵敏球 ... 326
六、六边形口令跳 ... 326
七、捉老鼠 ... 327
八、多姿势启动接灵敏球 ... 328

本章小结 ... 329
思考与练习 ... 330

第九章 力量及爆发力锻炼技术与方法 ……331

第一节 自重力量锻炼技术与方法 ……332
  一、单杠（悬吊带）斜体上拉 ……332
  二、跪姿俯卧撑 ……333
  三、俯卧撑 ……334
  四、屈膝仰卧撑 ……334
  五、引体向上 ……335
  六、单腿下蹲 ……336
  七、仰卧单桥 ……337
  八、仰卧蹬摆 ……337
  九、单腿屈伸踝关节 ……338
  十、侧卧抬腿 ……339
  十一、仰卧蹬车 ……339
  十二、单腿深蹲 ……340

第二节 自重爆发力锻炼技术与方法 ……341
  一、立定跳远 ……341
  二、立定三级跳远 ……342
  三、弓步换腿跳 ……342
  四、双腿跳栏架 ……343
  五、立定侧向跳栏架 ……344
  六、单腿跳栏架 ……345
  七、台阶侧向跳 ……345
  八、助跑跨步跳 ……346
  九、原地收腹跳 ……347
  十、击掌俯卧撑 ……347
  十一、跪姿跳 ……348
  十二、波比跳 ……349

第三节 小器械力量锻炼技术与方法 ……350
  一、壶铃硬拉 ……350
  二、实心球旋转传接 ……351
  三、弹力带抗阻旋转 ……352
  四、下蹲持实心球（弹力带）上举 ……352
  五、实心球划船 ……353

六、实心球头上屈伸 ·· 354
　　七、双手跪撑起 ·· 354
　　八、哑铃弓步举 ·· 355
　　九、哑铃侧弓步举 ·· 356
　　十、单腿蹲起上举实心球 ······································ 357
第四节　小器械爆发力锻炼技术与方法 ···························· 357
　　一、平推实心球 ·· 358
　　二、实心球后抛 ·· 358
　　三、实心球下砸 ·· 359
　　四、双腿跪姿胸前推 ·· 360
　　五、壶铃甩摆 ·· 361
　　六、弓步旋转抛实心球 ·· 362
　　七、下蹲旋转抛实心球 ·· 363
　　八、单腿下蹲旋转抛实心球 ···································· 364
　　九、杠铃高翻挺举 ·· 365
本章小结 ·· 366
思考与练习 ·· 367

第十章　速度锻炼技术与方法 ·································· 368
第一节　动作速度锻炼方法与技术 ································ 369
　　一、高蹲位击掌 ·· 369
　　二、坐姿快速摆臂摆腿 ·· 370
　　三、坐姿快速敲击地面 ·· 370
　　四、快速半高抬腿 ·· 371
　　五、斜支撑高抬腿 ·· 372
　　六、小弓步跳 ·· 372
　　七、双手交替触异侧腿 ·· 373
　　八、双手交替触同侧腿 ·· 374
　　九、俯卧快速折叠小腿 ·· 374
　　十、小密步跳绳 ·· 375
第二节　位移速度锻炼方法与技术 ································ 376
　　一、小步跑间隔抬腿 ·· 376
　　二、小步跑间隔抬腿扒地 ······································ 377
　　三、高抬腿过栏架（或绳梯） ·································· 378

四、高抬腿侧向过栏架（或绳梯） ………………………………………… 378
  五、抬腿向后跑 ……………………………………………………………… 379
  六、短距离冲刺跑 …………………………………………………………… 380
  七、圆弧跑 …………………………………………………………………… 381
  八、T字形跑 ………………………………………………………………… 381
  九、变速跑 …………………………………………………………………… 382
  十、30米重复跑 ……………………………………………………………… 383
  十一、启动训练 ……………………………………………………………… 383
  十二、双人组合跑 …………………………………………………………… 384
  十三、跳跑组合练习 ………………………………………………………… 385
  十四、楼梯跑 ………………………………………………………………… 386
  十五、强度阶梯递增冲刺 …………………………………………………… 386
 本章小结 ………………………………………………………………………… 387
 思考与练习 ……………………………………………………………………… 387

第十一章　有氧耐力锻炼技术与方法 ……………………………………… 388
 第一节　有氧耐力的呼吸技术 ………………………………………………… 389
  一、四马式呼吸 ……………………………………………………………… 389
  二、弓步呼吸练习 …………………………………………………………… 390
  三、单腿支撑呼吸训练 ……………………………………………………… 391
  四、跑步呼吸训练 …………………………………………………………… 392
 第二节　有氧耐力锻炼的负荷监控 …………………………………………… 392
  一、实时监控 ………………………………………………………………… 392
  二、晨脉监控 ………………………………………………………………… 393
  三、观察性监控 ……………………………………………………………… 393
 第三节　初中男子组有氧耐力锻炼技术与方法 ……………………………… 394
  一、1 600米走跑结合 ……………………………………………………… 394
  二、鼻息跑技术 ……………………………………………………………… 394
  三、变速跑 …………………………………………………………………… 396
  四、持续跑 …………………………………………………………………… 396
  五、间歇跑Ⅰ ………………………………………………………………… 397
  六、间歇跑Ⅱ ………………………………………………………………… 398
  七、重复跑 …………………………………………………………………… 398
 第四节　初中女子组有氧锻炼技术与方法 …………………………………… 399

一、1 200 米走跑结合 …………………………………………………… 399
　　二、鼻息跑技术 ……………………………………………………………… 400
　　三、变速跑 …………………………………………………………………… 400
　　四、持续跑 …………………………………………………………………… 401
　　五、间歇跑Ⅰ ………………………………………………………………… 401
　　六、间歇跑Ⅱ ………………………………………………………………… 402
　　七、重复跑 …………………………………………………………………… 403
　本章小结 ……………………………………………………………………………… 403
　思考与练习 …………………………………………………………………………… 403

第十二章　恢复与再生 …………………………………………………………… 405
　第一节　筋膜放松 …………………………………………………………………… 406
　　一、筋膜组织 ……………………………………………………………… 406
　　二、放松筋膜组织的作用 ………………………………………………… 406
　　三、泡沫轴介绍 …………………………………………………………… 407
　　四、筋膜放松技术 ………………………………………………………… 408
　第二节　静态拉伸 …………………………………………………………………… 413
　　一、单腿坐姿体前屈 ……………………………………………………… 413
　　二、俯卧直肘后仰 ………………………………………………………… 414
　　三、俯卧跪姿压 …………………………………………………………… 415
　　四、坐姿脊柱旋转 ………………………………………………………… 415
　　五、坐姿体前屈 …………………………………………………………… 416
　　六、跪姿后仰 ……………………………………………………………… 417
　　七、单腿跪姿拉 …………………………………………………………… 417
　　八、侧卧旋转拉伸 ………………………………………………………… 418
　第三节　排酸跑（恢复性跑） ……………………………………………………… 419
　本章小结 ……………………………………………………………………………… 420
　思考与练习 …………………………………………………………………………… 420

第十三章　体育中考体能项目训练技术与方法 …………………………… 421
　第一节　初中中长跑项目体能训练技术与方法 ………………………………… 421
　　一、中长跑项目的多学科原理 …………………………………………… 422
　　二、中长跑项目的体能训练学特征与分析 ……………………………… 424
　　三、800 米/1 000 米体育中考项目的体能训练技术与方法 …………… 431
　第二节　立定跳远训练技术与方法 ……………………………………………… 440

一、立定跳远的生物力学特征与神经控制原理 ……………………… 440

二、立定跳远的能量代谢原理 ……………………………………… 444

三、立定跳远的运动损伤预防 ……………………………………… 445

四、立定跳远训练技术与方法 ……………………………………… 446

第三节　立定三级跳远训练技术与方法 …………………………… 471

一、立定三级跳远的能量代谢特征 ………………………………… 471

二、立定三级跳远的核心及下肢稳定训练 ………………………… 471

三、立定三级跳远的抗阻与爆发力训练 …………………………… 471

四、立定三级跳远的肌肉链索激活与优化训练 …………………… 472

五、立定三级跳远的运动损伤特点 ………………………………… 472

六、立定三级跳远技术训练 ………………………………………… 473

七、立定三级跳远快速伸缩复合训练技术与方法 ………………… 475

第四节　跳绳训练技术与方法 ………………………………………… 484

一、跳绳的生物力学与生理学原理 ………………………………… 485

二、跳绳的运动损伤 ………………………………………………… 486

三、1分钟跳绳的技术 ……………………………………………… 488

四、1分钟跳绳的训练思路 ………………………………………… 490

五、1分钟跳绳训练技术与方法 …………………………………… 491

第五节　投掷实心球的体能训练技术与方法 ……………………… 503

一、实心球投掷项目的概述与规则标准 …………………………… 503

二、实心球掷远的体能训练学特征与分析 ………………………… 505

三、实心球掷远体能训练技术与方法 ……………………………… 514

本章小结 ………………………………………………………………… 528

思考与练习 ……………………………………………………………… 528

参考文献 …………………………………………………………………… 529

附录 ………………………………………………………………………… 535

后记 ………………………………………………………………………… 538

第一章
身体姿态与功能动作评估

　　初中阶段是青少年生长发育的关键时期,是青春前期向青春期过渡的重要阶段,此时良好的身体姿势意味着伸屈肌群的平衡、脊柱与骨骼发育的健康、身体生物力学结构的合理与均衡,为内脏和身高发育构建了良好的神经肌肉和骨骼结构基础,是人体发育水平优良的重要指标。为了更好地了解学生身体姿势及动作功能,本章提供简洁、高效和系统的身体姿态和功能评估技术,为制订有针对性的体能锻炼计划提供科学依据。

第一节　身体姿势评估

　　初中学生骨骼发育较快,此时若缺乏科学有效的体育锻炼,往往会导致肌肉力量不足,加上此年龄段孩子的骨骼含水量较高,容易出现骨骼变形、关节与骨骼位置异常等身体姿势失衡现象。相关研究表明,姿势失衡也是神经肌肉、骨骼代偿及疼痛的根本原因。身体姿势评估能很好地发现并掌握神经肌肉和骨骼的发育特征、姿势失衡及变形的状态,以便教师采取有针对性的锻炼方法予以矫正。身体姿势的评估一般分为头颈、躯干、上肢及肩带和下肢及盆骨四个部分。

　　整体评估采用静态直立的方式,从矢状面(正面和背面)、额状面(侧面)和水平面(平面)三个方向对全身的形态和位置予以观察与评估,主要评估点包括:踝关节、膝关节、盆骨—髋关节—腰椎、肩关节和头颈椎。

一、静态直立正面评估

人体直立正面图如图1-1所示。

(1) 踝关节：左右腿对称，无扁平足或外旋。

(2) 膝关节：正面观察，髌骨中点与脚第二趾在一条直线上，无内旋或外旋。

(3) 盆骨—髋关节—腰椎：左右两侧盆骨髂脊上缘及髂前上棘等高。

(4) 肩关节：两侧肩在水平线上，双侧锁骨等高，没有肩上提或圆肩。

(5) 头和颈椎：头部中线与颈椎成一条自然垂直于地面的直线，没有倾斜或旋转。

(6) 整体姿势：身体矢状铅垂线将身体分为左右两半，切割线从眉心开始，通过鼻唇中点，穿过肚脐与耻骨垂直于地面。

图1-1 人体直立正面图

二、静态直立侧面评估

图1-2 人体直立侧面图

人体直立侧面图如图1-2所示。

(1) 踝关节：位置自然，小腿与足底成直角。

(2) 膝关节：位置自然，没有过屈或过伸的现象。

(3) 盆骨—髋关节—腰椎：盆骨适度前倾（10°以内），腰椎曲度正常。

(4) 肩关节：两侧肩部成水平线，没有肩部上提或肩关节前伸形成的圆肩。

(5) 头和颈椎：侧面头部中线自然垂直于地面，没有前倾或后仰；颈部生理弯曲正常。

(6) 整体姿势：身体矢状铅垂线将身体分为前后两半，切割线从头顶中部，经过耳垂中点、肩峰中点，穿过盆骨髂骨上缘中点、股骨大转子，沿着膝关节和踝关节中央偏前的位置，与地面垂直。

三、静态直立背面评估

人体直立背面图如图 1-3 所示。
（1）小腿：腓肌和肠肌交汇点与足跟骨中点连线垂直于地面。
（2）膝关节：位置自然，没有外翻或内翻。
（3）盆骨—髋关节—腰椎：两侧髂后上棘成水平，脊柱垂直于骨盆。
（4）肩关节：两侧肩水平，肩关节没有上提或前引，两侧肩胛骨内侧与脊柱距离一致。
（5）头—颈椎：头部中线与颈椎成一条自然垂直于地面的直线，没有倾斜与旋转。
（6）整体姿势：身体矢状铅垂线将身体分为左右两半，切割线从颅骨中线开始，穿过脊柱中线，与两侧肩胛骨等距，沿骶椎中心垂直于地面。

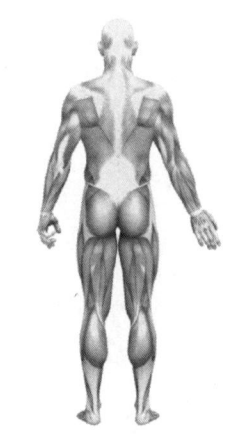

图 1-3 人体直立背面图

四、脊柱形态评估

（一）腰椎形态

腰椎正常曲度为前凸，最大曲度在腰椎 L3~L4 之间，这里采用体育课实用的评估方法，来判断受试者腰椎曲度的状况。让受试者以标准解剖姿势平躺在测量板上，测试者五指并拢掌心朝下，插入受试者腰椎下缝隙，约能插入半个手掌者为正常［如图 1-4（a）所示］，具体为测试者掌指关节能触到腰椎棘突；如果测试者手掌能穿过腰椎下空间，判断为腰椎前凸［如图 1-4（b）所示］；如果测试者掌指关节离触到腰椎棘突的部分在指关节以下，可判断为腰椎后凸。

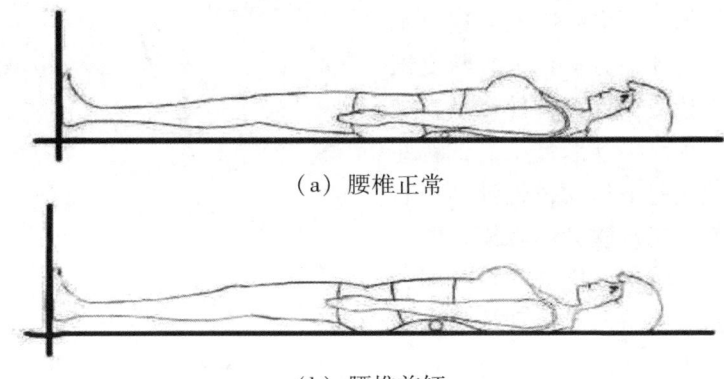

（a）腰椎正常

（b）腰椎前倾

图 1-4 腰椎生理弯曲示意图

（二）胸椎形态

胸椎正常曲度为后凸 40°~50°角（如图 1-5 所示），最大弯度在胸椎 T6~T8 之间。

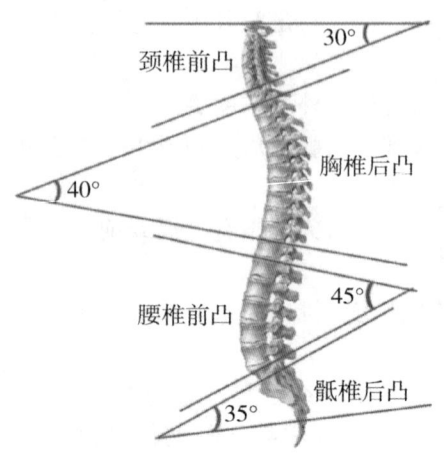

图 1-5　颈椎前凸、胸椎后凸示意图

（三）颈椎形态

颈椎正常曲度为前凸 30°~35°角（如图 1-5 所示），让受试者以解剖姿势平躺，测试者五指并拢掌心朝下，插入受试者颈椎下缝隙，约能插入整个手掌者为正常。

五、盆骨形态评估

盆骨—腰椎复合体是人体运动的中枢，其位置合理与否，不但会影响身体姿势与核心的稳定，还会影响腰椎曲度，是下腰部运动损伤的主要风险因素。这里采用体育课程实用的评估方法，来判断受试者的盆骨形态。让受试者双脚并拢呈直立姿态，测试者双手呈半圆形置于受试者左右肋骨下缘，缓慢向下运动，碰到呈左右两边弧形骨质就是能从盆骨体表摸到的盆骨髂嵴，沿盆骨髂嵴向前摸到的隆突即为髂前上棘，沿盆骨髂嵴向后摸到的隆突即为髂后上棘，用绳子连接髂前上棘与髂后上棘的表面标志点所成的直线，与地面水平线的夹角即为盆骨倾斜角，一般不超过 10°角为正常（如图 1-6 所示）。

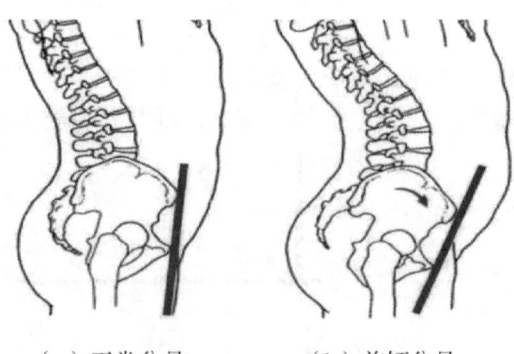

（a）正常盆骨　　（b）前倾盆骨

图 1-6　正常盆骨与前倾盆骨示意图

六、胸廓形态评估

由胸廓构成的空腔称为胸腔，胸腔下界以膈肌与腹腔分隔，膈肌既是胸腔的呼吸肌群，又是腹腔的稳定肌群，胸廓的形态直接关系到膈肌功能的发挥，进而影响到身体的稳定功能，所以教师必须了解学生的胸廓形态，以更好地提高其运动效能。

（一）正常胸廓

正常胸廓是横径大于前后径，横径与前后径的比例大约为4∶3（如图1-7所示）。前后径是指从胸骨到胸椎椎体的距离；横径是指胸廓左侧到右侧肋骨的最大距离。

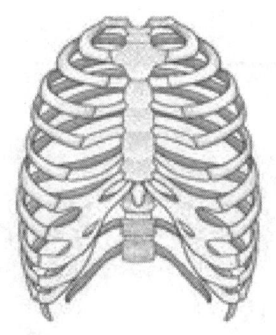

图1-7 正常胸廓示意图

（二）扁平胸

扁平胸，指胸廓呈扁平形状，其前后径不及横径的一半，如图1-8所示。

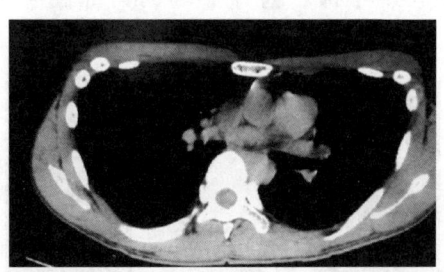

图1-8 扁平胸X光图

（三）圆柱胸或桶状胸

圆柱胸或桶状胸，指胸廓呈圆柱形状，其横径与前后径的差距不大，甚至基本相同，上下方宽度也相似，如图1-9所示。

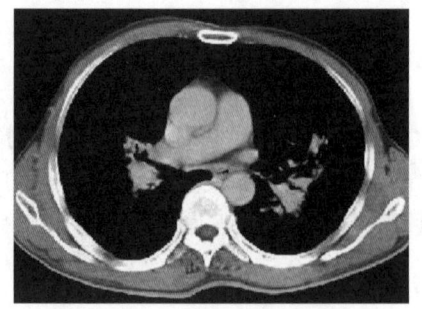

图1-9 圆柱胸X光图

(四) 鸡胸

鸡胸,指胸骨向前方明显突出,前后径接近或大于横径,如图1-10所示。

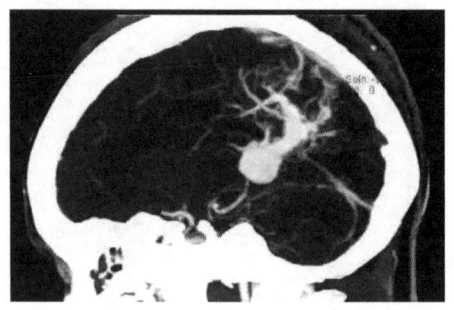

图1-10 鸡胸X光图

(五) 漏斗胸

漏斗胸,指胸部中央呈漏斗状,胸骨下端剑突部位明显向内凹陷,如图1-11所示。

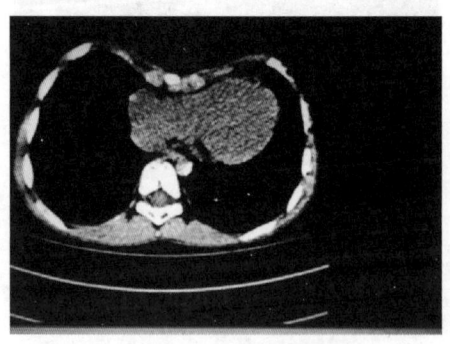

图1-11 漏斗胸X光图

七、下肢形态评估

(一) 正常腿型

受试者轻松地进行原地踏步，然后令其停止并成立正姿势，观察受试者两腿并拢时，足部与膝关节部是否能合拢。正常腿型者足部与膝关节部均能合拢，且髌骨面对前方（如图 1-12 所示）。

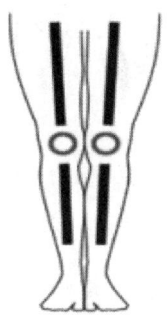

图 1-12　正常腿型示意图

(二) O 形腿

O 形腿，又叫膝内翻，指足部并拢时，双膝不能合拢到一起，双膝间距超过 1.5 厘米（如图 1-13 所示）。

双膝间隙在 1.5~3 厘米之间的为轻度 O 形腿；双膝间隙在 3~6 厘米之间的为中度 O 形腿；双膝间隙在 6~10 厘米之间的为重度 O 形腿。一般男生发生的概率较高，原因多为屈肌髋肌群紧张度升高，导致盆骨前倾，进而造成胫骨内收内旋。随着代偿动作的适应，外展肌群代偿增强，股骨外旋，出现较为典型的 O 形腿。O 形腿的出现不但影响了静态骨的排列顺序，造成髌骨向内移动，增加了膝关节内侧面磨损的概率，而且会严重影响运动过程中股四头肌的发力效益。

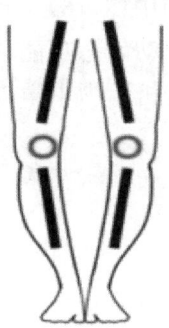

图 1-13　O 形腿示意图

（三）X 形腿

X 形腿，指膝关节部并拢时，双足不能合拢到一起，双足间隙在 1.5～2 厘米以上（如图 1-14 所示）。

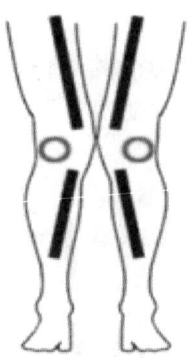

图 1-14　X 形腿示意图

X 形腿常态膝距在 3 厘米以下，主动膝距为 0 的属 I 度；常态膝距在 3～6 厘米，主动膝距大于 0 的属 II 度；常态膝距大于 6 厘米的属 III 度。一般女生发生的概率较高，原因多为臀中肌等外展肌群抑制或力量不足，造成胫骨外旋，股骨内旋内收。X 形腿不但影响了静态骨的排列顺序，造成髌骨向外移动，增加了膝关节外侧面磨损的概率，而且会严重影响运动过程中股四头肌的发力效益。

第二节　功能动作评估

功能动作评估

初中阶段是青少年神经控制和肌肉力量快速发展的重要时期，科学地评估青少年神经肌肉系统的状态，了解和掌握青少年神经肌肉系统的发育水平，是科学制订锻炼计划与方案的逻辑起点。本节根据初中体育教学现状，创建了静态—过渡态—动态交叉递进的功能动作评估体系，并结合动静态功能动作效率评估方法，对多维运动过程中神经肌肉系统协调工作效果进行分析，为中学教师了解和掌握学生神经肌肉系统的状态及功能提供有效的技术工具。

一、静态评估

静态评估主要是对受试者身体或主要身体部位处于相对静止状态时完成功能动作的情况评估，结合中学体育教学的实际情况，本书选取和设计了一套徒手功能动作的评估测试方法，可解决中学体育课设备缺乏的现实问题，为中学体育教师提供一套简单有效的功能动作评估工具。其主要评估受试者的躯干灵活性、下肢灵活性和肩关节灵活性。

（一）躯干灵活性评估

1. 躯干前屈

受试者双腿并拢，掌心向内，缓慢前屈身体，以双手指尖触及地面者为及格（如图1-15所示）。

图1-15 躯干前屈评估

2. 躯干伸展

受试者直立，双腿并拢，双臂伸直举过头顶，双肘与双耳靠拢，在身体不失去平衡且膝关节不弯曲的状态下，身体尽可能远地后伸。肩胛骨下角超过足跟，髂前上棘超过脚尖者为及格（如图1-16所示）。

图1-16 躯干伸展评估

3. 躯干旋转灵活性

受试者直立，双腿并拢，双手十指交叉，以掌心置于脑后，分别向左右旋转，躯干旋转度达到50°者为及格（如图1-17所示）。

(a)   (b)

图1-17 躯干旋转灵活性

（二）下肢灵活性评估

1. 踝关节灵活性

选取一个与学生小腿长度基本等高的台阶，受试者将测试腿抬上台阶，缓慢推动测试腿膝关节向前，直至膝关节不能运动，测量过程中保持双脚足跟接触地面，沿测试腿膝关节做条垂直于台阶平面的垂线，垂线在台阶的交点与脚趾的距离大于15厘米者为合格（如图1-18所示）。

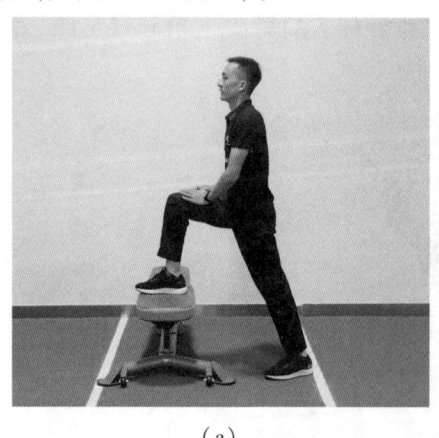

(a)   (b)

图1-18 踝关节灵活性评估

2. 膝关节灵活性

受试者双腿并拢俯卧，主动屈膝120°，或测试者用手握住受试者测试腿的足跟，将其缓推向臀部，足跟能碰到臀部者为合格（如图1-19所示）。

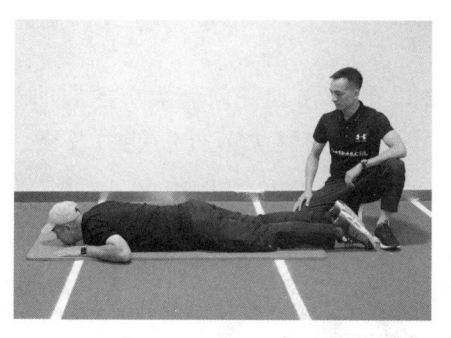
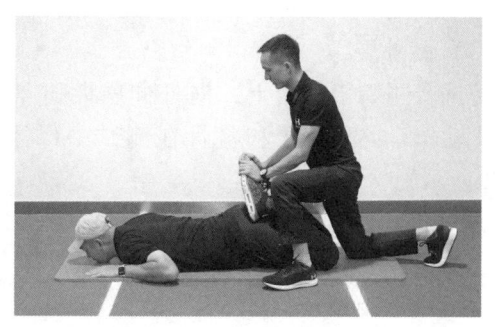

图 1-19　膝关节灵活性评估

3. 髋关节灵活性

（1）伸髋灵活性。

选取一平台，让受试者仰卧平躺在上面，骶骨的尾骨与平台边缘齐平，双手抱其中一膝触及胸部，观察另一条腿，如另一条腿大腿上沿高于水平面或产生外旋［如图1-20（a）所示］，说明该侧伸髋能力不足。然后交换腿测试。

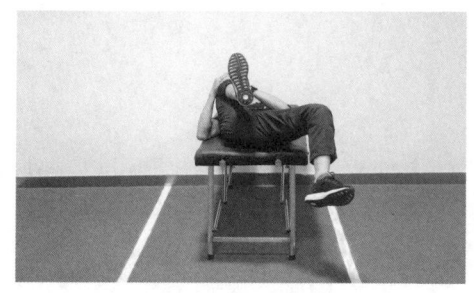
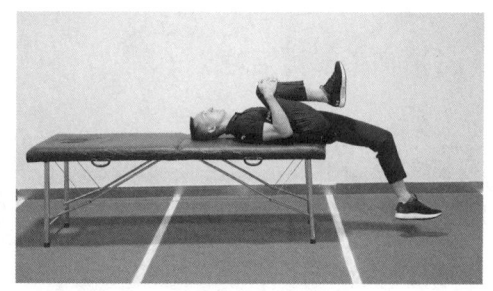

图 1-20　伸髋灵活性评估

（2）屈髋灵活性。

受试者仰卧平躺于平台上，将测试腿伸直然后缓慢抬起，稳定后从受试腿的腓骨头做一条垂线（可用木棒），然后放下受试腿，垂线与平台交汇点在膝关节髌骨以上者为及格（如图1-21所示），交汇点在大腿上半部分者为优秀，交汇点在膝关节髌骨以下者为不及格。

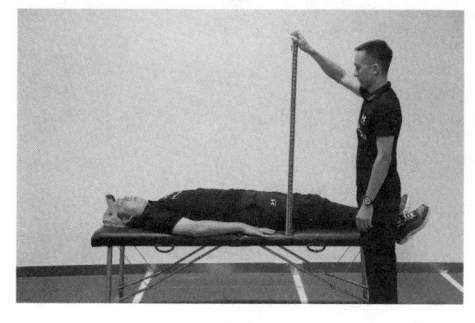
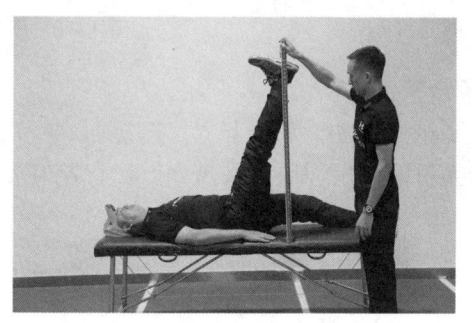

图 1-21　屈髋灵活性评估

(3) 髋外展。

受试者侧躺于平台上，向外伸展大腿20°时，没有出现任何髋关节的屈曲、内旋和外旋动作，并且躯干和盆骨在测试中保持稳定，则为髋关节外展能力及格（如图1-22所示）。

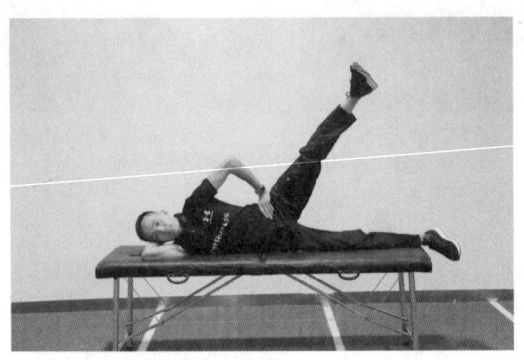

图1-22 髋外展评估

（三）肩关节灵活性

1. 肩关节屈

受试者平躺于平台，屈膝90°，双手掌心朝上伸直触地垫，如前臂可以碰到地垫说明肩关节的屈功能及格（如图1-23所示），否则为不及格。

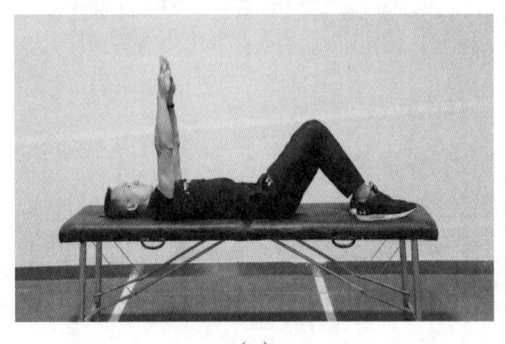 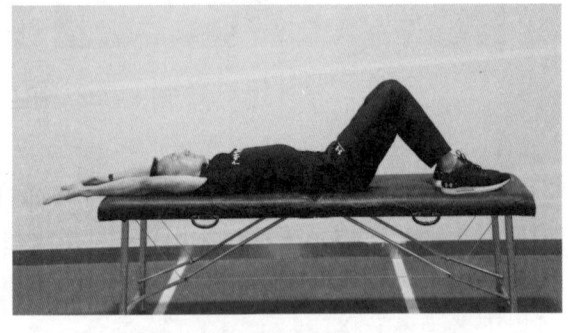

（a）　　　　　　　　　　　　（b）

图1-23 肩关节屈评估

2. 肩关节伸

受试者直立，双腿开立，双臂后伸，掌心相对，双手十指交叉，躯干不动，双臂尽最大可能向后伸展，伸展50°以上者为及格（如图1-24所示）。

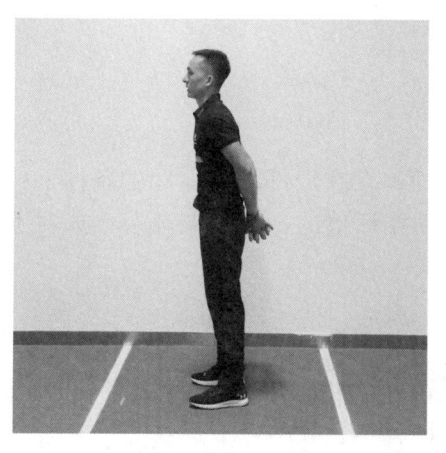
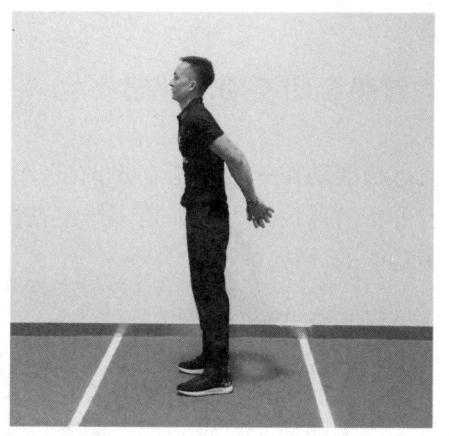

(a) 　　　　　　　　　　　　(b)

图 1-24　肩关节伸评估

3. 肩内旋

受试者直立，双腿开立，一只手臂垂直落于身侧，另一只手臂屈肘，掌心向上，指尖向前与地面平行，以肩关节为轴，向内旋转 70°以上者为及格（如图 1-25 所示）。

(a) 　　　　　　　　　　　　(b)

图 1-25　肩内旋评估

4. 肩外旋

受试者直立，双腿开立，双臂屈肘，掌心向上，指尖向前与地面平行，上臂置于身体两侧，以肩关节为轴，能向外旋转 90°者为及格（如图 1-26 所示）。

(a) 　　　　　　　　　　　　(b)

图 1-26　肩外旋评估

二、过渡态功能动作评估

过渡态功能动作评估是指在不改变支撑面,存在局部环节运动的条件下,对动作功能进行分析与评估的方法,是多维度功能动作评估的一个重要环节,如对下蹲、推拉和平衡功能的评估。

(一) 举手下蹲评估

举手下蹲评估主要评估受试者核心稳定和下肢运动功能。受试者直立,双脚分开,与肩同宽,脚尖朝前,双臂直肘,自然向上伸直于双耳旁,下蹲至大、小腿呈130°角(如图1-27所示),然后分别从正面、侧面和后面观察下蹲动作的主要特征。

(a) (b)

图1-27 举手下蹲示意图

1. 正面观

从正面观察中学生举手下蹲时,经常可看到受试者膝关节内扣(如图1-28所示)。出现这种现象的主要原因有两种:一是髋外展肌群(主要是臀中肌)无力,需要加强外展肌群力量锻炼;二是受试者扁平足(如图1-29所示),导致足部、胫骨和股骨内旋,需要改善和提高足弓底部的力量。

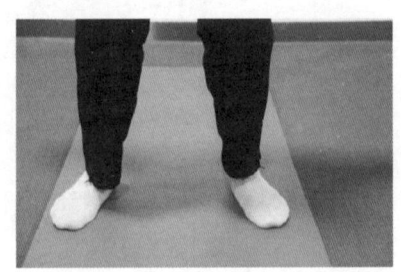

图1-28 举手下蹲膝关节内扣示意图　　图1-29 扁平足示意图

2. 侧面观

从侧面观察中学生举手下蹲时，经常可看到受试者身体过分前倾或拱背（如图 1-30 所示）。中学生举手下蹲时身体过分前倾主要是因为受试者的腓肠肌、屈髋肌和梨状肌过度紧张，竖脊肌和臀大肌等过分薄弱，核心稳定功能差，这需要进行有针对性的抑制和强化不同的神经肌肉功能，特别需要加强核心稳定功能，其他肌群的抑制及代偿往往与核心稳定功能差有较大关系。拱背主要是因为受试者的腘绳肌、大收肌和腹外斜肌过度紧张，背阔肌、臀大肌和竖脊肌过于薄弱，这需要进行有针对性的抑制和强化不同的神经肌肉功能。

（a）正常姿势　　　　　　（b）身体过分前倾　　　　　　（c）拱背

图 1-30　举手下蹲侧面观评估

3. 后面观

从后面观察中学生举手下蹲时，经常可看到受试者足跟离地或重心偏移（如图 1-31 所示）。中学生举手下蹲时，出现足跟离地主要是因为扁平足和小腿比目鱼肌过度紧张，核心稳定肌和胫骨前肌过于薄弱，这需要进行有针对性的抑制和强化不同的神经肌肉功能。重心偏移主要是因为高侧内收肌、比目鱼肌、低侧股二头肌和臀中肌过度紧张，低侧臀中肌、胫骨前肌过于薄弱，这需要进行有针对性的抑制和强化不同的神经肌肉功能。

（a）正常姿势　　　　　　（b）足跟离地　　　　　　（c）重心偏移

图 1-31　举手下蹲后面观评估

（二）俯卧撑评估

受试者双手、双腿伸直与肩同宽，呈俯卧撑姿势，能力较弱者可采用跪姿俯卧撑。其主要评估受试者核心是否稳定及下肢运动功能。动作过程中受试者出现向后翘臀或腰下沉则说明核心稳定及力量不足；如果出现耸肩可能存在上斜方肌和肩胛提肌紧张过度，中下斜方肌无力的状况；如果出现翼状肩可能存在胸小肌过度紧张，前锯肌中下斜方肌无力的状况（如图1-32所示）。

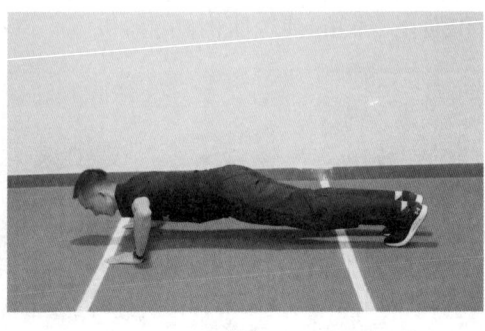

(a)　　　　　　　　　　　　(b)

图1-32　俯卧撑评估

三、功能动作筛查

（一）功能动作筛查的概述

功能动作筛查，又叫功能性运动测试，英文全称是 Functional Movement Screen，简写为 FMS。FMS 是美国体能训练专家李·伯顿（Lee Burton）、物理治疗师格雷·库克（Gray Cook）在总结人类进化过程中，中枢神经与功能动作相互演进关系的基础上，于20世纪90年代共同提出的评估人类运动动作基本结构的开创性技术，开启了康复训练、体能评估及运动损伤预防的共同平台，为发现与纠正功能动作缺陷，提高动作质量和运动效能，减少运动损伤，提供了简单而有效的科学分析工具和矫正方法。中学教师有必要掌握 FMS 的筛查方法，理解功能动作质量对运动能力及运动损伤的意义，以逐步实现从"直观经验教学"向"分析科学教学"的转变。

相关研究表明，FMS 得分低于14分者，运动损伤的发生率相对得分高于14分者高3倍。经过6周的矫正训练后，其 FMS 得分普遍高于18分，运动损伤的发生率随之下降63%。FMS 主要测试人类七大基本功能动作的稳定性、灵活性和对称性，为分析功能动作质量提供了一个科学工具，测试动作包括深蹲、上踏步、分腿蹲、肩部灵活性、主动直膝举腿、躯干稳定性俯卧撑、转动稳定性，每项3分，总分21分。得分19~21分者为优秀，17~18分者为良好，15~16分者为及格，14分及以下者为不及格。FMS 筛查被广泛应用于我国各级专业运动队。

（二）功能动作筛查的方法

在 FMS 测试中，需要告诉受试者如何完成测试动作，必要时可做示范，但不能对动作做出对错判断和得分说明，不能教授受试者如何完成动作。

1. 深蹲

（1）测试目的。

评估下蹲过程中受试者身体矢状面前后侧的稳定性，髋、膝、踝及肩部的灵活性和对称性。

（2）动作过程。

①双腿开立与肩同宽，脚尖朝前，躯干直立；目光平视。
②屈肘 90°握测试杆，置于头顶，杆平行地面且垂直于上臂。
③双手将木杆向头上方推直。
④保持上述基本姿势，慢慢下蹲至最大屈髋角度。
⑤在最低位保持 1 秒钟，慢慢站起。

（3）评分。

- 躯干保持直立，膝关节与脚尖成一直线，完全下蹲，木杆位于双脚前后径内者，得 3 分。
- 无法完成 3 分动作，用测试板垫高脚跟，能完成 3 分动作者，得 2 分。
- 无法完成 2 分动作，出现木杆移出双腿前后径，无法下蹲者，得 1 分。
- 动作过程中出现疼痛者，得 0 分。

（4）动作图例（如图 1-33 所示）。

图 1-33 深蹲测试

2. 上踏步

（1）测试目的。

评估单腿支撑状态下，受试者躯干、髋关节与支撑腿的稳定性，跨栏腿髋膝踝折叠上抬时的灵活性。

（2）动作过程。

①双腿并拢，身体直立，脚尖保持与测试板触碰，测试栏杆高度与胫骨隆突顶端平齐。

②双手握测试杆置于颈后肩上，杆平行于地面。

③身体保持直立，受试者一条腿支撑，另一条腿屈髋屈膝屈踝，髋膝踝在一条直线上，跨过栏架。

④跨栏腿伸直脚跟落地，然后髋膝踝在一条直线上，回收到起始状态。

（3）评分。

• 支撑腿保持直立，跨栏腿髋膝踝在一条直线上，木杆平行于地面者，得3分。

• 跨栏过程中，身体前倾或者髋膝踝不能保持在一条直线者，得2分。

• 跨栏过程中身体无法维持平衡，木杆明显歪斜或脚碰到栏杆者，得1分。

• 动作过程中出现疼痛者，得0分。

（4）动作图例（如图1-34所示）。

(a)

(b)　　　　　　　　(c)

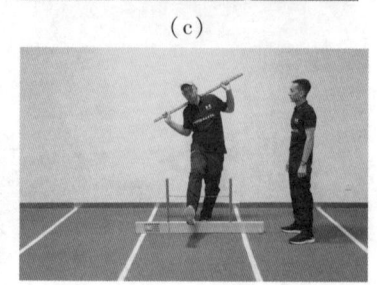

(d)　　　　　　　　(e)

图1-34　上踏步测试

3. 分腿蹲

（1）测试目的。

评估减速和变向动作过程中，受试者脊柱和髋膝踝的稳定性、灵活性及对称性。

（2）动作过程。

①一条腿屈髋前跨；另一条腿半跪，脚踩在测试板"0"刻度上，膝关节触碰前跨腿的脚跟，前后腿分腿蹲在一条直线上。

②将木杆放在背后，保持木杆始终接触头、胸椎和骶骨。

③前跨腿同侧手外旋握颈后木杆，半跪姿腿同侧手内旋握腰部木杆。

④保持姿势，缓慢从半蹲姿势站起至分腿直立姿势。

⑤再回到半跪的起始姿势。

（3）评分。

- 完成半蹲起至分腿直立过程中，保持躯干稳定，髋膝踝在一条直线者，得3分。
- 身体前倾或者髋膝踝不能保持在一条直线者，得2分。
- 身体无法维持平衡，木杆明显歪斜或脚碰到栏杆者，得1分。
- 动作过程中出现疼痛者，得0分。

注：双侧测试出现不一样的分数时，取低分。

（4）动作图例（如图1-35所示）。

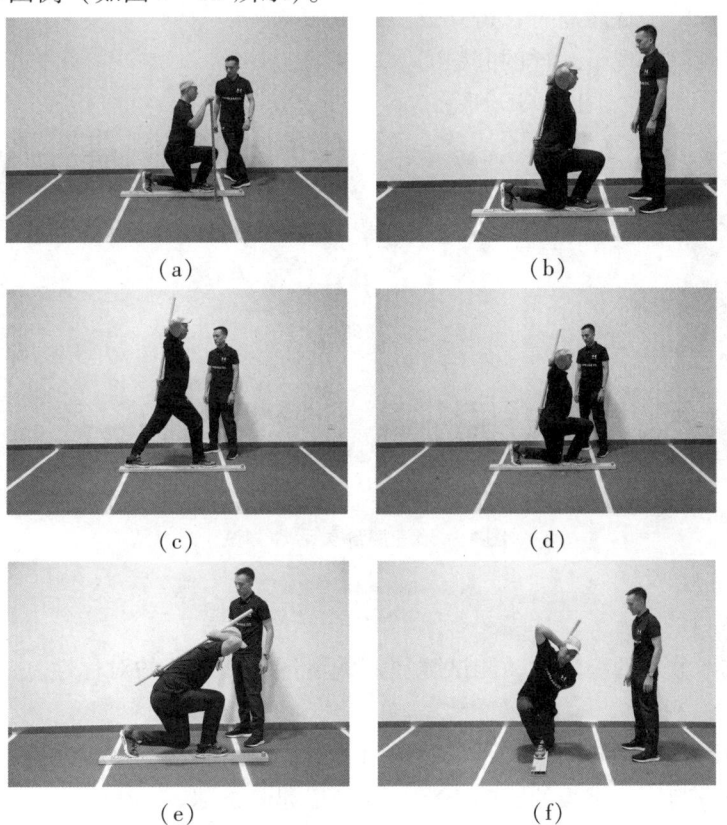

图1-35 分腿蹲测试

4. 肩部灵活性

（1）测试目的。

评估受试者肩关节内旋、外旋时的灵活性、稳定性和对称性。

（2）排查性检查。

将双手分别放在对侧肩上，保持手掌与肩的接触，尽可能上抬肘部，如果肩部出现疼痛，测试得0分。其目的是测试肩关节主动稳定性，当上抬肘部时，肩胛骨不稳，容易产生肩峰韧带的撞击性疼痛。

（3）动作过程。

①身体直立，双脚并拢，目光平视，双手自然下垂。

②一只手从肩上外旋到背部最低处，另一只手从肩下内旋到背部最高处。

③保持姿势，不能挺腰或挺胸，两手尽量相碰。

④双手位置互换，重复上面的动作。

（4）评分。

- 两手掌距离一掌以内，两手手指能握成拳者，得3分。
- 两手掌距离一掌半以内，两手手指能触碰，但不能握成拳者，得2分。
- 两手掌距离超过一掌半，且两手手指无法触碰到者，得1分。
- 动作过程中出现疼痛者，得0分。

注：双侧测试出现不一样的分数时，取低分。

（5）动作图例（如图1-36所示）。

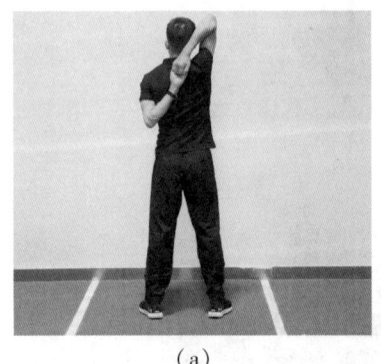
(a)
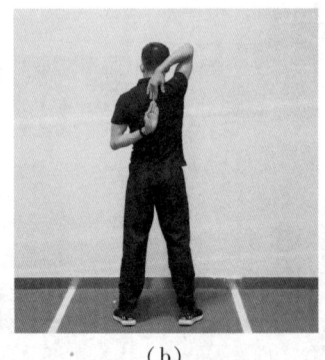
(b)
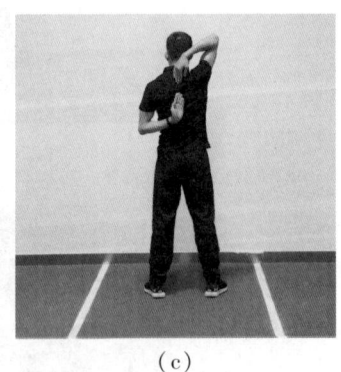
(c)

图1-36 肩部灵活性测试

5. 主动直膝举腿

（1）测试目的。

评估受试者盆骨的稳定性，测试腿屈髋的灵活性和双腿的对称性。

（2）动作过程。

①身体仰卧，测试腿勾脚尖，一条腿膝关节后侧腘窝压测试板或毛巾。

②保持盆骨与压测试板的腿的稳定，缓慢抬起测试腿。

③保持姿势，从测试腿的外侧腓骨头，用木尺做一条垂线。

④双腿动作互换,重复上面的动作。

(3) 评分。

- 木尺与地面交点在压测试板腿髂前上棘与膝关节中点上 1/2 者,得 3 分。
- 木尺与地面交点在压测试板腿髂前上棘与膝关节中点下 1/2 者,得 2 分。
- 木尺与地面交点在膝关节以下者,得 1 分。
- 动作过程中出现疼痛者,得 0 分。

注:双侧测试出现不一样的分数时,取低分。

(4) 动作图例(如图 1-37 所示)。

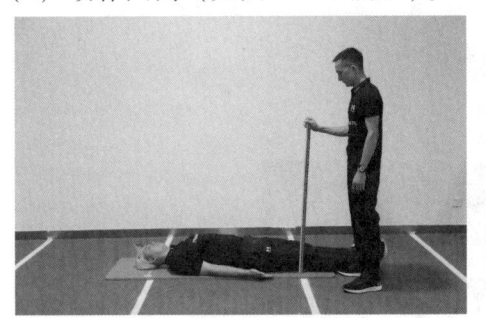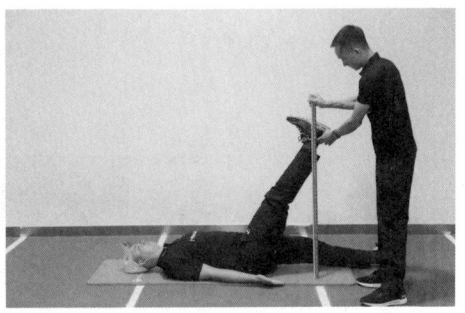

图 1-37 主动直膝举腿测试

6. 躯干稳定性俯卧撑

(1) 测试目的。

评估受试者核心部位在运动过程中稳定脊柱,传导能量的能力。

(2) 排查性检查。

从俯卧撑动作开始,撑起上体,使脊柱充分伸展(如图 1-38 所示),如果出现疼痛,测试得 0 分。

图 1-38 躯干稳定性俯卧撑排查性检查

(3) 动作过程。

①俯卧双腿并拢,脚尖着地,头肩臀与脚跟在一条直线上。

②肩外展,屈肘 90°,掌心贴于地面,大拇指水平指向头部某个位置。

③全身收紧,用手将身体整体推起,保持头肩臀与脚跟在一条直线上。

（4）评分。

- 男生大拇指与发际线平齐（女生大拇指与下颌平齐）姿势下，能整体推起身体，身体不出现伸展或旋转者，得3分。
- 男生大拇指与下颌平齐（女生大拇指与锁骨平齐）姿势下，能整体推起身体，身体不出现伸展或旋转者，得2分。
- 无法完成2分动作者，得1分。
- 动作过程中出现疼痛者，得0分。

（5）动作图例（如图1–39所示）。

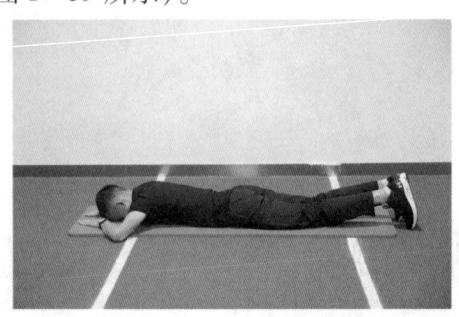

(a)

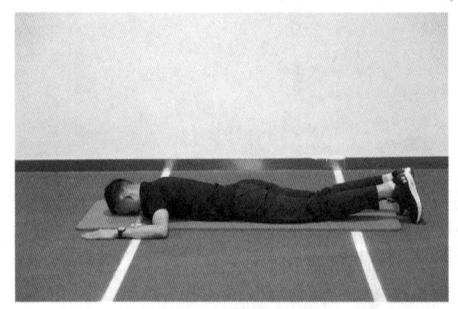 

(b) (c)

图1–39 躯干稳定性俯卧撑测试

7. 转动稳定性

（1）测试目的。

评估受试者转动过程中盆骨、脊柱和肩部多平面的稳定性与协同性。

（2）排查性检查。

从四点支撑动作开始，然后摆动后移上体，使臀部接触双脚脚跟，胸部接触大腿（如图1–40所示），如果出现疼痛，测试得0分。

图1–40 转动稳定性排查性检查

（3）动作过程。

①身体成四点支撑，双臂、大腿与躯干及地面成垂直状态，头胸臀保持在一条直线上。

②大拇指、膝关节和脚趾分别与测试板接触。

③做对侧手、腿或同侧手、腿的伸展和内收。

（4）评分。

- 同侧手、腿从四点支撑开始伸展，稳定后收腿可收于胸前，且手肘可触碰膝盖者，得3分。
- 对侧手、腿从四点支撑开始伸展，稳定后收腿可收于胸前，且手肘可触碰膝盖者，得2分。
- 无法完成2分动作者，得1分。
- 动作过程中出现疼痛者，得0分。

（5）动作图例（如图1-41所示）。

(a)

(b) (c)

图1-41 转动稳定性测试

（三）功能动作的分析与矫正

1. 运动损伤风险分析

教师通过功能动作筛查，可以对学生的动作模式有个基本的认识。FMS得分低于14分者，说明其整体动作模式的稳定性、灵活性和对称性存在较严重的功能不良，不但影响运动效能，且具有较大的运动损伤风险，有必要对动作模式进行矫正。根据国家体育总局体育科学研究所相关研究员的研究，FMS得分低于17分的中国人仍有较高的运动损伤风险，这点需要引起体育教师们的高度重视。

2. FMS得分对于运动表现的意义

不少体育教师在学习FMS的相关知识时会产生这样的疑问：提高受试者的FMS得分就一定能提高其运动成绩或运动表现吗？这个疑问值得体能研究工作者和体育教师们去认真思考。要解决这个疑问，就必须清楚FMS筛查的形成原因。

（1）FMS筛查的任务。

人类动作的形成是在进化过程中以不断积累运动程式的方式储存在大脑里的，这个指挥身体动作的运动程式具有强大的生物遗传特征，因此，婴幼儿在成长过程中，每个阶段出现的动作技能基本相同，人们常说的婴幼儿"三翻六坐七爬"就是很好的例证。那么，随着个体的成长，尤其停止生长发育后，运动程式的遗传还存在吗？事实证明，人类进化过程中形成的运动程式是一直存在的，是人类动作的基础和底层结构，会长期影响着人们的各种体育运动和生命活动。

如何发现并判断这些运动程式的合理性呢？FMS筛查为判断这些运动程式的合理性，提供了一个简洁有效的技术工具。库克博士曾说："在大运动量体适能训练前，提高运动成绩训练和运动专项训练之前，控制动作模式的局限性、不对称性、灵活性和稳定性问题，是适宜、符合道德要求和正当的。"通过运动程式即动作模式的功能筛查，可以发现受试者在底层动作或基础动作上存在的灵活性、稳定性与对称性的功能不良，能有效地预测运动损伤和功能障碍。

（2）提升FMS得分的意义。

FMS得分低于14分者，说明其存在较大的神经控制稳定性、灵活性及对称性的功能不良，通过科学且有针对性的训练后，其FMS得分提高了，则说明训练降低了其功能不良和功能障碍的程度，减少了动作功能代偿和运动损伤风险，提高了动作的效能，从理论上说肯定能促进其运动成绩的提升。而对于那些FMS得分达到良好及以上者，通过科学且有针对性的训练提高其FMS得分后，其运动成绩不一定会得到提升，但得分可以为体育教师和教练提供一条发现受试者训练薄弱环节的线索，通过该线索可以去寻找专项运动成绩与薄弱环节的关联性，为改善运动表现、提高训练效果指明方向。

（3）FMS筛查的意义。

FMS获得满分21分是不是意味着万事大吉了呢？一定不是。FMS作为一种基础动作模式筛查，受试者若获得满分，说明其基础的动作程式或动作模式没有较大的问题，运动损伤风险较低，可以进行更高级别和更大运动量的训练。但进入更高级别的训练时，由于专项技术要求的因素，也可能会造成底层动作结构的损害，进而影响动作模式，FMS得分反而会降低。所以，即使FMS筛查时获得满分，也不意味着其就不需要进行一定的专项训练了。FMS筛查作为动作模式基础功能检测的主要手段，不论专项技术动作怎么发展，受试者的FMS得分都必须保持在一个合理的范围之内，即保持动作模式的合理性在底线之上。

（4）FMS 筛查的可行性。

FMS 筛查作为一种简单有效、易于推广的运动程式或动作模式评估技术，让广大教练和体育教师找到了一种评估队员或学生基础动作质量的科学工具。虽然这个工具还存在不足之处，但 FMS 筛查的便捷有效、不需要昂贵的器械设备、没有场地限制（即使在运动场也可以使用）、能让测试者快速发现受试者的动作质量问题等优势，促使其在全球获得广泛应用。

3. 功能动作的矫正

功能动作矫正的目的是为了重新设置动作的灵活性与稳定性，以减少其他动作功能的代偿，中学体育教师有必要掌握以下矫正原则和系统路径，以便在不破坏学生神经动作发展顺序的条件下，按照"先灵活性，后稳定性，最后功能"的原则，对学生的动作模式进行矫正。

（1）灵活性优先。

在中学生动作模式矫正过程中，教师可以采用静态拉伸、动态拉伸和 PNF（本体感觉神经肌肉促进疗法）拉伸等各种提高身体柔韧性和灵活性的技术，以提高各主要关节的灵活性。当主动直膝举腿和肩部灵活性测试均达到 2 分以上时，可以开始下一步的矫正练习。

（2）稳定性是关键。

当灵活性达到标准后，躯干和盆骨的稳定功能成为提供动作功能的关键，通过稳定面和非稳定面、双腿和单腿等稳定练习的组合，提高躯干与盆骨的稳定功能。当转动稳定性和躯干稳定性俯卧撑稳定测试均达到 2 分以上时，可以进行最后一步的动作功能矫正练习。

（3）动作是检验。

动作模式矫正的根本目的是让参与者重新获得合理的功能动作。能否有效完成功能动作的筛查测试，是判断功能动作合理性的一个客观标尺。当动作模式的稳定性与灵活性达到底线要求后，可根据神经动作的发展规律，先矫正前后分腿蹲，再矫正单腿过栏架，最后矫正下蹲，当三个功能动作均达到 2 分以上时，动作模式的矫正就完成了。

四、动态功能动作评估

动态功能动作评估是指在改变支撑面条件下，对应试者功能动作进行分析和评估的方法，主要包括对走和跑的动作的分析、跳跃及落地的稳定性分析。

（一）常见错误行走动作分析

走是人类活动的基本形态，是基本的功能动作组合，分析走的动态功能动作可以有效发现行走中的各种功能障碍，为矫正和修复走的功能动作提供基本的方向。常见的行走功能障碍包括步行过程中腰椎过度前凸、单侧髋关节上提、外八字步、内八字步、膝屈驱动步态、踝屈驱动步态等不良步行动作。腰椎过度前凸、单侧髋关节上提、外八字步、内八字步产生的主要原因是协同肌群之间的肌力失衡；膝屈驱动步态和踝屈驱动步态的产生主要是由于某部分动力链过于薄弱，导致较强动力链产生代偿动作。初中学生常见错误行走动作及成因见表1-1。不论从运动实践还是从理论研究来看，肌力失衡和功能代偿，均是运动损伤发生的重要影响因素。

表1-1 常见错误行走动作分析表

动作特点	失衡类型	主要成因	锻炼方法
腰椎过度前凸步态	踝关节背屈受限	小腿三头肌紧张度过高	小腿三头肌筋膜放松与拉伸，强化胫骨前肌
	伸髋不足	臀肌抑制	激活臀肌配合拉伸屈髋肌
	髋关节内旋受限	髂胫束紧张度过高	拉伸髂胫束与强化臀中肌
单侧髋关节上提步态	摆动腿单侧髋关节上提	摆动腿侧腰方肌过度紧张，髂腰肌无力；支撑腿侧臀中肌和内收肌无力	抑制与拉伸摆动侧腰方肌；激活与强化摆动侧髂腰肌、支撑腿侧臀中肌和内收肌
外八字步态	小腿胫骨外旋	核心稳定能力不足；臀中肌无力或抑制	强化核心稳定能力；强化核心臀中肌和外展肌
	股骨外旋	外旋肌群紧张过度	抑制和拉伸外展肌群
内八字步态	踝关节旋前	核心稳定能力不足；腓肠肌紧张过度；胫骨前肌无力；胫骨后肌无力	强化核心稳定能力；抑制或拉伸腓肠肌；强化胫骨前肌；强化胫骨后肌
	髋内收及内旋	内收肌紧张过度；髂胫束紧张过度；屈髋肌群紧张过度；髋外展肌群无力	强化核心稳定能力；抑制或拉伸内收肌；抑制或拉伸屈髋肌群；强化臀中肌和外展肌群
	股骨前倾角度过大	股骨前倾角度大于25°；先天性	医学干预；辅助运动治疗
膝屈驱动步态	髋关节屈受限	核心稳定能力不足；屈髋肌群无力或抑制；股四头肌过度紧张	强化核心稳定能力；强化或激活屈髋肌群；拉伸或抑制股四头肌
踝屈驱动步态	髋关节伸受限	核心稳定能力不足；髋肌群无力或抑制；小腿三头肌过度紧张	强化核心稳定能力；强化或激活伸髋肌群；拉伸或抑制三头肌

1. 腰椎过度前凸步态

初中学生行走时出现腰椎过度前凸（如图1-42所示）的主要原因是小腿三头肌紧张度过高，导致踝关节背屈受限、臀肌抑制伸髋受限、髂胫束紧张度过高、髋关节内旋受限，从而在行走支撑末期，身体重心移过支撑腿的支点时产生困难，此时为完成重心的移动，大多数初中学生采用腰椎代偿的形式，以腰椎前凸为动力带动身体重心前移。主要矫正和锻炼手段包括：小腿三头肌筋膜放松与拉伸；强化胫骨前肌；激活臀肌、臀中肌和腘绳肌。

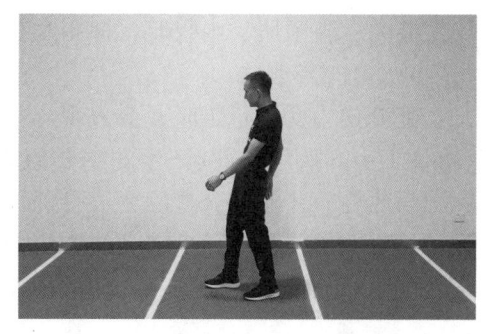

图1-42 腰椎过度前凸步态

2. 单侧髋关节上提步态

部分初中学生在行走过程中会出现单侧髋关节上提，主要表现为摆动腿在折叠前摆过程中，出现髋关节升高的现象（如图1-43所示）。其产生的主要原因是摆动腿的髂腰肌无力或被抑制，支撑腿臀中肌、外展肌群及内收肌无力或被抑制，为完成摆动腿松髋动作，导致腰方肌过代偿用力。主要矫正和锻炼手段包括：抑制与拉伸摆动侧腰方肌，强化摆动侧髂腰肌、支撑腿侧臀中肌和内收肌。

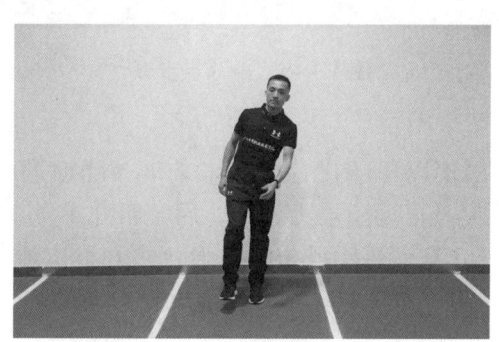

图1-43 单侧髋关节上提步态

3. 外八字步态

部分初中学生行走时出现外八字步（如图1-44所示），其产生的主要原因是核心稳定能力不足、臀中肌无力或抑制，外旋肌群紧张过度。常见的原因有三种：一是运动器官的支撑稳定能力较差，为维持单腿支撑的平衡，股外侧肌群与韧带代偿工作导致小腿胫骨外旋，出现八字脚步态；二是小时候腿部力量不足，在站立时双脚就自然地分开，使脚底面积加宽以增加稳定性；三是经常从

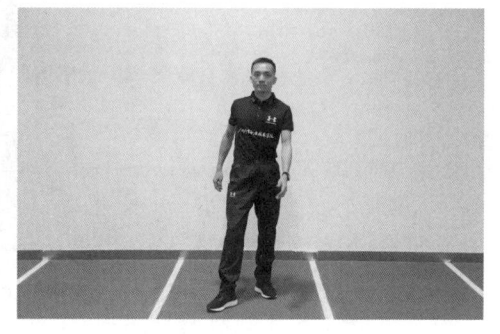

图1-44 外八字步态

事足球等需要大量外旋动作的体育活动。主要矫正和锻炼手段包括：激活和强化核心稳定能力、臀中肌、内收肌，抑制和拉伸髋旋外肌群。

4. 内八字步态

部分初中女生行走时，会表现出一种双腿交替向对侧迈步的步态，即内八字步态（如图1-45所示）。其产生的主要原因是踝关节旋前（即扁平足）、髋内收及内旋生物力学改变，还有部分是因为股骨前倾角度过大，这种情况大部分随着年龄的增长和锻炼可以改善与恢复，少部分需要积极的医学干预。主要矫正和锻炼手段包括：抑制与拉伸内收肌及内旋肌群，强化核心稳定能力，强化外展与外旋肌群。

图1-45 内八字步态

5. 膝屈驱动步态

初中学生行走时常出现以屈膝代替屈髋来带动大腿前进的步态（如图1-46所示）。其产生的主要原因是核心稳定能力不足，屈髋肌群无力，以膝关节代偿的方式带动大腿向前迈步。主要矫正和锻炼手段包括：强化核心稳定能力、屈髋肌群力量和屈肌链能量的协同传递。

图1-46 膝屈驱动步态

6. 踝屈驱动步态

体重较大的初中学生在行走时，常表现出一种以踝关节屈代替伸髋以推动身体前进的步态（如图1-47所示），常表现出小腿肌群短而宽，像倒置的酒瓶。其产生的主要原因是核心稳定能力不足、伸髋肌群及腰旁肌无力或抑制。主要矫正和锻炼手段包括：强化核心稳定能力、伸髋肌及腰旁肌运动链，抑制及拉伸屈髋肌群。

图1-47 踝屈驱动步态

（二）常见失衡跑步动作分析

跑步是初中学生的主要锻炼手段，对跑步动作进行功能分析，可以发现学生跑步时肌力量失衡和功能代偿等功能障碍，为提高跑步技术及动作效率，降低运动损伤的发生率提供有效的改进方向。初中学生常见失衡跑步动作及成因见表1-2。

表1-2 常见失衡跑步动作分析表

动作特点	失衡类型	主要成因	锻炼方法
躯干不稳，手臂左右摆动	关节受限	核心稳定能力不足；脊柱无法保持中立位，胸椎灵活度受限	强化核心稳定性；强化与激活竖脊肌和腰旁肌；提高胸椎灵活性；强化与激活屈髋肌
腰前凸、挺肚子	肌无力代偿	核心稳定能力不足；屈髋肌无力或抑制；双侧腰方肌收紧	强化核心稳定性；强化与激活屈髋肌；拉伸与抑制腰方肌；强化与激活臀中肌；强化与激活对侧腹内斜肌
仰头看天	肌无力代偿	身体屈肌链紧张度过高；伸肌链无力	拉伸与抑制屈肌链；强化与激活颈深屈肌；强化与激活臀大肌；强化与激活背部伸链

续上表

动作特点	失衡类型	主要成因	锻炼方法
躯干僵直	关节受限	胸椎灵活度下降；髋关节灵活度下降	拉伸与抑制胸大肌、胸小肌；强化与激活菱形肌；强化与激活斜方肌中下部；胸椎左右旋转；拉伸与抑制股四头肌；拉伸与抑制内收肌；强化与激活臀大肌
驼背	肌紧张代偿	盆骨前倾；腰椎前凸；胸椎后凸	拉伸与抑制髂腰肌；拉伸与抑制腰方肌；拉伸与抑制腰旁肌；强化与激活臀大肌；强化与激活腹直肌与斜肌
胸腔运动过度	肌无力代偿	胸式呼吸；呼吸肌无力	仰卧腹式呼吸；四点支撑腹式呼吸；弓步腹式呼吸

1. 跑步时双手左右摆动

初中女生跑步时常出现双手左右摆动的姿势（如图1-48所示），其产生的主要原因是核心区无力支撑躯干保持中立位，导致跑步时胸椎被锁死，腰椎代偿胸椎成为躯干轴心，依靠双手左右摆动来维持肩关节与髋关节扭转惯量的平衡。

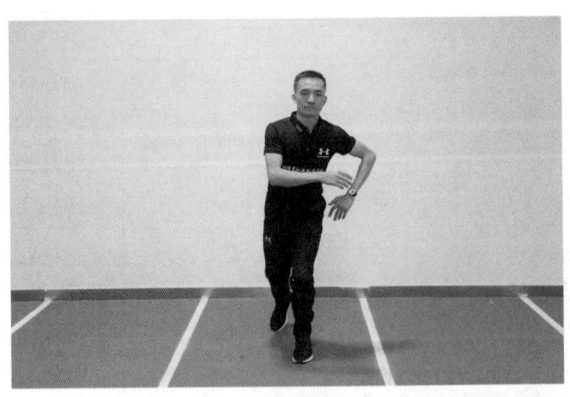

图1-48 跑步时双手左右摆动

2. 跑步时挺肚子

部分初中学生跑步时出现挺肚子姿势（如图1-49所示），其产生的主要原因是核心稳定能力不足，屈髋肌无力或抑制，为了获得有效抬腿动作，躯干通过收紧盆骨上的双侧腰方肌，将脊柱向后方牵拉，以有效拉长和激活髂腰肌完成抬髋动作，形成了外观上的挺肚子跑步姿势。

图1-49 跑步时挺肚子

3. 跑步时仰头

初中学生跑步时常出现仰头看天的姿势（如图1-50所示），其产生的主要原因是由于长期低头久坐，导致身体屈肌与伸肌群发育不协调，身体屈肌链紧张度过高，伸肌链无力或被抑制，为了有效维持跑步的平衡，学生必须靠仰头来激活伸肌链的力量。

图1-50 跑步时仰头

4. 跑步时躯干僵直

不少初中学生跑步时出现躯干像铁板一样僵直的姿势（如图1-51所示），其产生的主要原因是胸椎与髋关节灵活度大幅度下降，导致跑步时躯干与髋关节无法形成有效的反向旋转。这种状况主要发生在肌肉发育程度较高，经常从事力量锻炼，躯干灵活性较差的男生中。

图 1-51 跑步时躯干僵直

5. 跑步时驼背

中学生跑步时出现驼背姿势（如图 1-52 所示），其产生的主要原因是盆骨前倾严重，导致腰椎前凸和胸椎后凸代偿，进而在外观上出现跑步驼背姿势。

图 1-52 跑步时驼背

6. 跑步时呼吸障碍

初中女生跑步时常出现呼吸障碍，尤其表现在强度较大的长跑的最后阶段。出现这种状况的主要原因是运动时采用胸式呼吸的换气技术，到后期由于肋间肌等呼吸肌痉挛，导致无法有效换气。

（三）常见错误跳跃动作分析

跳跃与行走、跑步一样，是人类进化过程中形成的基本功能动作，也是初中生常用的体育锻炼技术。由于跳跃动作对肌肉的冲击强度大，不良的跳跃动作对关节和脊柱的伤害要比行走和跑步更大，掌握科学的跳跃技术，对提高中学生的锻炼效益具有重要的意义。初中学生常见错误跳跃动作及成因见表 1-3。

表 1-3 常见错误跳跃动作分析表

动作特点	失衡类型	主要成因	解决方案
膝主导的立定跳远	肌紧张代偿	核心稳定能力不足; 身体重心前移; 腘绳肌、臀肌无力或抑制	强化核心稳定性; 屈伸时肩、膝、趾成一条线; 激活和强化伸髋肌群
立定跳上下肢协同不足	神经肌肉协同不良	脑部动作程序错误	修正脑部动作程序; 正确程序的念动训练; 分解练习; 完整练习
跳跃落地前倾	肌紧张代偿	屈肌链紧张度过高; 伸肌链无力; 膝关节前移	拉伸与抑制屈肌链; 强化与激活臀大肌; 激活与强化背部伸肌链; 屈伸时肩、膝、趾成一条线
跳跃落地扣膝	肌无力代偿	臀中肌、臀大肌力量不足; 胫骨前后肌力量不足; 内侧腘绳肌力量不足; 内收肌紧张过度	激活与强化臀中肌、臀大肌; 激活与强化胫骨前后肌; 激活与强化内侧腘绳肌; 拉伸与抑制内收肌
连续跳停顿	快速伸缩复合延迟	臀肌离心能力差; 腘绳肌离心能力差; 股四头肌离心能力差	强化核心稳定性; 发展相关肌群离心能力; 发展离心向心转换能力
连续跳屈髋过度	肌无力代偿	技术理解错误; 屈髋、屈膝度过大; 臀肌与股四头肌离心退让能力不足	矫正技术动作; 强化核心稳定性; 强化与激活臀肌与腘绳肌链; 强化与激活背部伸链

1. 膝主导的立定跳远

初中学生立定跳远时,常出现用膝关节发力来完成立定跳远的技术动作,主要表现为完成起跳,膝关节屈曲时,髌骨位置大幅度超过支点脚尖,导致重心前移、股四头肌被过度拉长,臀肌拉长幅度小,形成股四头肌主导发力的错误动作模式(如图1-53所示)。由于股四头肌输出的功率远小于臀肌、腘绳肌、股四头肌协同联合体,导致功率输出不足,不能有效完成起跳动作。

图 1-53 膝主导的立定跳远

2. 立定跳上下肢协同不足

初中学生立定跳远时，常出现上下肢蹬摆协同错误的技术动作（如图1-54所示），主要表现为屈髋屈膝时双手上摆，伸髋伸膝时双手下摆，导致蹬摆不协同，出现下肢蹬伸，动能向上，上肢下摆，动能向下，动能相互抵消的错误动作模式，导致无法有效完成起跳。

图1-54　立定跳上下肢协同不足

3. 跳跃落地前倾

初中学生立定跳远时，常出现落地后前旋动能极大，无法有效缓冲的技术动作，主要表现在落地时躯干前倾严重，臀部后撅，膝关节无法放松并屈曲缓冲（如图1-55所示）。形成该动作表现的主要原因是起跳时双腿髌骨远超脚尖，导致躯干前倾，同时由于背部伸肌无力，导致在空中身体前旋严重。

图1-55　跳跃落地前倾

4. 跳跃落地扣膝

初中学生立定三级跳远时，常出现落地瞬间，膝关节内扣的技术动作（如图1-56所示）。主要表现在落地时双腿髌骨中线靠近人体中线，双膝彼此靠拢。出现该错误技术动作的主要原因是落地瞬间，双腿的腘绳肌、臀中肌和胫骨前肌无力或抑制，导致出现一种错误的代偿缓动作模式。这是导致膝关节运动损伤的主要动作原因。

图1-56 跳跃落地扣膝

5. 连续跳停顿

初中学生立定三级跳远时，常出现两跳之间停顿时间过久的技术动作（如图1-57所示），主要表现为两跳衔接时，无法快速起跳，导致无法发挥快速拉伸—缩短的肌梭及弹性组织的回弹速度，影响起跳效益。其产生的主要原因是离心退让能力较差，肌肉退让距离过大，导致拉伸—缩短的肌梭及弹性组织快速回弹无法在180毫秒内完成，削弱了肌梭反射的效能。

图1-57 连续跳停顿

6. 连续跳屈髋过度

初中学生立定三级跳远时，常出现落地之后屈髋过度，甚至完全屈曲的技术动作（外观动作同图1-57所示），主要表现为双腿落地后，股四头肌和臀大肌离心退让过度，导致膝关节和髋关节过度或完全屈曲，由于屈髋时间过长，无法有效利用快速伸缩复合的肌梭反射和弹性势能，起跳动作完全靠伸髋和伸膝肌群主动收缩，严重影响跳的远度。出现这种错误动作模式的主要原因：一是对技术的错误理解；二是臀肌和股四头肌的离心退让能力不足，不足以支撑快速的肌肉离心拉长动作。

本章小结

当前的初中体育课程中，运动项目的技术教学和锻炼内容较多，关于学生身体姿势的教学与锻炼的内容占比很少，甚至没有。身体姿势的锻炼在初中阶段是非常重要的，良好的身体姿势意味着人体伸屈肌群的平衡、脊柱与骨骼发育的健康、身体生物力学结构的合理与均衡，这种优化的生物力学结构为其内脏和身体发育构建了良好的神经肌肉和骨骼结构基础，也为优化功能动作模式创造了生物力学条件。通过体育课程的学习和锻炼，为初中学生打造良好的身体姿势，使他们掌握合理的基础动作模式和科学的步行、跑步、跳跃和投掷等基本运动技术动作，是初中体育课程的重要使命和担当。

思考与练习

1. 身体姿势对运动和健康的重要性。
2. 评价下自己的身体姿势是否正确，是否存在 O 形腿或 X 形腿等异常形态。
3. 在教师的指导下，同学们相互分析对方是否存在行走、跑步及跳跃等方面的错误动作。
4. 在教师的指导下，参照本章内容，设计 4~6 个矫正自己错误身体姿势的动作。
5. 在教师的指导下，参照本章内容，设计 4~6 个矫正自己在行走、跑步跳跃等方面错误的动作。
6. 观察并指出家人、朋友存在的身体姿势与运动动作错误。

第二章
初中学生体能测试与评估

体能作为人类一切生命活动和目标行为的动力基础，作为人体健康与能力评估的一个重要指标，在医学、运动训练和大众健身领域都备受关注，而中学阶段作为青少年生长发育的关键阶段，承载着人体结构与功能发展的重要使命。通过各种体育活动或训练，促进青少年身体结构与功能的完善，是中学体育课程的基本任务和根本目标。

当前，我国青少年学生存在的体质健康问题较为严峻，相关科学研究表明，将融现代人体运动科学和生命科学为一体的体能训练理论与技术运用到普通人群和广大青少年的体育锻炼过程中，对提升他们的体质健康与体能水平、预防运动损伤具有里程碑式的意义。结合目前我国初中学生的体质健康现状及青少年的生长发育规律，可推动初中学生的体质锻炼由"身体素质锻炼"向"科学体能锻炼"转型，极大地促进青少年体质健康水平的提高。科学体能锻炼的逻辑起点和技术基础，就是体能测试与评估，要切实做好初中学生的体能状态评估工作，必须构建科学、可行的体能训练课程测试与评估技术体系。

测试与评估是科学体能锻炼中的重要环节，是决定锻炼方向正确与否，衡量锻炼效果是否达标的基本手段。本章旨在以体能测试与评估的概述、体能测试与评估的方法两个方面作为切入点，阐述初中阶段学生体能水平测试与评估的技术标准，为初中体育教师在体能锻炼课程中的教学提供技术支持与科学依据。

第一节 体能测试与评估的概述

作为一名合格的体育教师，首要技能就是能在科学理论的指导下，有效地运用各种测试技术与评估方法，充分了解和掌握学生的体能水平，为发掘学生的运动天赋，提高其运动效能，预防运动损伤发挥最大的运动潜能，选择合理的训练类型、强度及训练量提供科学的依据。同时，对提高体育教师及学校的体育教研和科研水平发挥重要作用。本节就体能测试的目的与意义、类别、执行原则与组织管理以及测试数据的评估与分析这几方面进行介绍。

一、体能测试的目的与意义

（一）识别与评估运动风险

学校开展体育课程，主要是希望学生通过规律的体育活动来获得最大的健康收益，并以最小化的风险参与体育锻炼，通过运动前的测试与健康调查、体格检查、知情同意书填写等方式，了解与评估学生在体育教学和课后锻炼过程中可能产生的心血管及肌肉骨骼损伤风险，从而可严格按照医学诊断、科学监督、功能矫正和循序渐进增加运动负荷的分级处理模式，构建科学有效的学校体育运动风险防范机制，降低各种体育课程运动风险的发生概率。

（二）制定科学合理的锻炼方案

虽然初中阶段是学生生长发育的关键时期，但由于个体差异性，每个学生的快速发育阶段不完全一样，他们的运动能力及后天负荷适应也表现出多样性的特点，例如，有的学生爆发力好，有的学生耐力好。通过体能测试能够了解学生体能的真实水平，以便教师在体能训练课中充分地把握学生的个体运动能力和身体机能状况，从而有针对性地制定科学合理的体能锻炼方案，根据个体差异确定不同的运动负荷和强度，真正达到锻炼身体的目标。

（三）发现动作和体能方面的薄弱环节

科学的体能测试与评估，可以有效地对学生的体能及动作进行全面分析与评估，发现并锁定体能结构中的薄弱环节和不良功能动作，确定体能锻炼的方向，采用有针对性的手段与技术，将短板拉高补齐，以达到改善体能水平、预防运动损伤、提高运动表现的目的。

（四）评估体能锻炼课程或阶段训练的有效性

根据教学任务，定期对学生开展阶段性体能测试，有助于评估体能课程和阶段性锻炼效果的有效性，及时了解锻炼效果，清楚学生体能发展的现状，对提高学生参加锻炼的动机、教师跟进学生在体能及技能上的掌握程度、及时调整锻炼方案及课程进度都是至关重要的，也是评估课程开展有效与否的关键。

（五）评估运动天赋

评判学生是否具备某方面的运动潜能，除了赛场上的表现，运动测试也是重要手段。学生的运动能力可能因为发育程度差异、缺乏比赛经验等原因尚未被发掘，运动能力的测试与评估是选拔与发现学生运动天赋的重要依据。

（六）提高学校体育科研水平

掌握各年龄阶段学生的体质体能数据，建立相应的数据库，是了解和掌握学生体质体能水平发展的基本规律和特征的基本路径，也是学校体育科研的重要目标。体育教师应结合国家体质体能测试，定期或不定期地根据教学任务和锻炼效果评估的需要，实施整体和单独项目的体能测试与评估，以跟踪探索学生运动能力的增长与变化规律，从数据中发现体质体能变化，总结锻炼计划与实施效果的关联性规律，是学校体育教师开展体质体能锻炼领域的科学研究工作、累积训练与教学经验的主要内容。

（七）激发学生参与运动的积极性

通过体能测试与评估，学生可以清楚地了解自身体能结构的基本状况和运动能力短板，结合中考体育达标的愿景和目标，确立合理可行的体能目标，以激发、鼓励参与体能训练课程的学生的积极性，体育教师针对学生的薄弱环节在课内进行科学指导，学生在课外自觉、规律地进行锻炼，从而达到提高体质体能的目标。

二、体能测试的类别

（一）根据测试内容进行分类

根据测试内容的不同，可将体能测试分为以下几种。

1. 运动前的健康筛查

开展体能训练系列课程前，应先对学生进行运动前的健康筛查，了解学生的身体健康和身体活动的基本情况，以确定其是否可以参加相关的训练课程。常见的筛查方式包括：运动禁忌疾病前驱症状的问卷调查、体力活动准备问卷（PAR-Q）调查、美国心脏协会（American Heart Association，AHA）或美国运动医学会（American College of Sports Medicine，ACSM）等权威机构修正的运动前问卷调查等。对于存在心血管疾病隐患的学生，建议其到正规医院就医，并由医学或运动医学专业人士进行心血管疾病危险因素评估及医学评估。

PAR-Q表是由美国运动医学会（ACSM）制定的，适用于13~60岁人群在进行体力活动前的运动安全风险评估与筛查。初中体育教师在体育课程中，可以将其作为体能课程的一个重要安全评估内容，对学生进行评估。如果受试者在表2-1中某一选项的后面选择了"是",其应就此选项列出的身体问题咨询相关医生,根据医学评估结果来选择运动类型。

表 2-1 PAR-Q 运动安全风险评估与筛查表

序号	咨询问题	是	否
1	医生是否告诉过你患有心脏病的话,只能参加医生推荐的体力活动		
2	当你进行体力活动时,是否感觉胸痛		
3	自上个月以来,你是否在没做体力活动时有胸痛		
4	你是否曾因头晕而跌倒或失去知觉		
5	你是否有因体力活动变化而加重的骨骼或关节问题(如背部、膝关节或臀部)		
6	近来医生是否因为你的血压或心脏问题而给你开药(如水丸药物)		
7	你是否知道一些自己不应进行体力活动的其他原因		

2. 运动场上的测试

运动场上的测试,是体能测试与评估的主要方法,操作方便,成本低,实效性好,不需要大量训练和昂贵的实验仪器,在运动场上即可进行。

3. 临床运动测试

临床运动测试主要用于运动缺陷方面的诊断(如鉴别异常的生理反应)、预防(如诊断不良后果)和治疗(如评估特定干预方法的影响),也可用于体能活动的咨询和运动方案的制定,主要是通过特定的递增负荷运动实验(Graded Exercise Test,GXT)来进行,例如,在高水平职业运动员和疑似心脏病人中用来诊断心脏缺血和心脏功能的运动平板实验等。

4. 实验室测试

实验室测试是需要特殊的实验环境或测试仪器来进行的运动测试,如高水平职业运动员的最大摄氧量的测试。其控制较严格,由于仪器精密度较高,测量误差较场地测试要小。

(二)根据测试阶段进行分类

1. 前期测试

前期测试主要在体育锻炼、专项训练或科学研究开始前,用来评定受试者的基本运动能力、身体机能水平及体能结构状态。前期测试获得的相关数据,可以帮助体育教师或教练了解和掌握受试者客观的初试身体机能和运动能力状态,为其制定阶段性或长远的训练目标提供科学的依据。

2. 中期测试

中期测试是指在体育锻炼、专项训练或科研过程中,根据中期考核计划或需要所进行的一次以上的体能测试与评估，主要用来评估锻炼或训练的阶段性效果，依此来调整锻炼或训练计划。

3. 形成性测试

形成性测试，通常是在训练中期的固定时间内进行，可以监控每一位学生或重点学生的训练效益，并依据形成性评价调整训练计划，使训练具有新鲜感和乐趣，避免学生出现生理和心理的倦怠感。

4. 后期测试

后期测试是指在体育锻炼、专项训练或阶段性训练结束后，对学生或运动员所进行的运动能力、身体机能及体能结构特征的测试，主要用来测评体育锻炼或专项训练计划的阶段性效果，以检验是否成功地达成体育锻炼或专项训练目标。

三、体能测试的执行原则与组织管理

（一）测试设计的条件

中学体育教师在设计体能测试内容和项目时，必须综合分析其测试的效度、信度和可行性。三者缺一不可，否则测试就毫无意义。

效度是衡量测试结果能否反映测量对象的特性的指标，测试最重要的特性。测试是确定事物某种特征属性的过程，测试的效度包括两个方面的含义：一是测试能否较好地满足测试设计者的预期目标；二是该测试或测量对所需要测量特性的准确程度要求有多高，如用400米跑的成绩来反映某位学生的速度，这个测试的效度就不足。

信度可以看成是实测值与真实值的相差程度，是测量误差的另外一种表现形式。在非物理测量中，信度一般是指同等条件下，对同一受试者重复测量时测试结果的一致性程度。如测试30米跑的成绩时，人工计时的信度就没有电子计时的高。

信度与效度的关系具有非对称性的特征，也就是说，有效度的测量是可信的，但有信度的测量却不一定是有效的。

可行性是指所设计的测试的效度和信度，都能满足测试设计者的预期，能较好地反映测量或测量对象的本质属性，但在具体实施过程中，是否存在客观条件的限制，如设计采用功率车测试初中学生的最大摄氧量，显然在实验条件、经济和时间成本上均不可行，而采用1.5英里（即2 400米）有氧跑，通过公式换算出最大摄氧量则是可行的。

（二）测试项目的选择

中学体育教师在选择体能测试项目的时候，首先要考虑该项目能否有效地反映测试目标。同时，要结合学生的年龄、性别、运动经验、能量代谢特征、生物力学特征、动作模式、测试环境、运动风险等因素综合衡量学生对测试项目的运动负荷承受能力，根据能量最小原则，用最少的时间和体力支出，获得效度和信度较高的测试结果。

(三) 做好健康、安全防护

体育教师必须充分认识到测试过程中存在意外风险的可能。测试前,必须做好学生心率监控和日常健康状况的排查,观察在准备活动过程中,是否有学生心率升高过快,甚至表现出胸疼、胸闷的症状;了解学生近期是否有上呼吸道感染,甚至发热的情况,这些异常状况在体能测试过程中均是引发意外风险的潜在因素;注意学生在测试过程中水分与矿物质的补充,建议学生每隔 15 分钟饮用 150~250 毫升水,测试前尽量多食用西红柿、西瓜、黄瓜、胡萝卜等富含钾、镁的食物。同时,长跑等一些极限性及亚极限性的测试,或是在炎热、寒冷环境下的测试,也可能会引发学生的潜在疾病。因此,体育教师必须严格关注测试场地的温度变化(如表 2-2 所示),做好充分的应急预案,及时进行医疗转介,必要时寻求医疗援助。在一些力量测试过程中,应配备好辅助人员,做好必要的保护措施。

表 2-2 激烈体能测试相对湿度的场地温度限制表

相对湿度/%	场地温度限制
0	35 ℃ 或 95 ℉
1~20	32 ℃ 或 90 ℉
21~50	29 ℃ 或 85 ℉
51~90	27 ℃ 或 80 ℉
91~100	24 ℃ 或 75 ℉

建议:测试场地的温度一般低于表中该相对湿度对应的温度 5 ℉ 或 3 ℃ 都是安全的。

(四) 测试人员的选择与培训

测试的执行者,无论是不是专业人士,都应该在测试前,接受完整的测试技能培训,对所有的测试过程及步骤有全面的了解,以便在解释和执行测试时尽可能地达到一致。测试的管理人员,应按程序检查测试过程,以确保所有测试人员在执行测试和评分时的所有操作都是准确无误的。对临时测试执行者,应该更加关注并指导其测试操作。尽量做到每一个岗位的测试人员是固定的,保证测试人员具备足够的岗位技能熟练程度,使测试时的评分尽可能准确。

(五) 记录格式

测试成绩记录表应该在测试前完成准备工作,表格上要留有足够的空间来容纳所有测试结果和注解,除了填写测试信息,还要填写主测试人、测试场地、时间和环境状态(温度、湿度)等信息,测试过程中出现的突发状况也应写在备注中。为了避免在测试过程中发生遗漏或错误,测试表格背面可列出测试所需的器械清单、测试步骤等以备参考。

（六）测试的组织安排

有效、可信的测试是评估中学生体能水平与发展趋势的最佳方法，若想取得良好的测试效果，学生必须清楚测试的目的和步骤，了解测试的意义，从而调动学生参与测试的热情与积极性，提升测试的信度。制定完善的测试方案，是组织好测试的先决条件。因此，测试前应预先设计好行动方案，做好准备工作，包括测试的时间、场地、使用器械、测试流程、分组名单、人员分工、应急预案等。

（七）测试的顺序

体能测试是一个连续的身体运动过程，既要控制时间成本，又要确保测试的准确性，做到前一个测试不会影响下一个测试的结果，严格制定科学合理的测试顺序和休息期。使测试项目间的恢复时间最少化，使测试的流程更加高效。因此，可将疲劳性的无氧测试与有氧能力测试安排在不同天进行。如果必须在同一天进行，这些测试应该安排在最后，且延长休息时间。每天的测试时间应是固定的，以避免昼夜节律导致生理反应的波动。如果条件允许，重要的测试应尽可能在室内进行，以确保气候与测试环境的相对稳定。人体机能及各种运动素质测试的大致顺序如下：①非疲劳性的测试（如形态学的测试、身体成分测试、静息心率、肺活量、血压等）；②敏捷性测试（如T测试、六边形跳、折返敏捷性测试等）；③最大爆发力和肌力测试（如1RM高翻、1RM深蹲等）；④冲刺测试（如60米跑、40码跑等）；⑤局部肌耐力的测试（如1分钟卧推、YMCA卷腹等）；⑥疲劳性的无氧能力测试（如300码折返跑、400米跑、WinGate无氧功率测试等）；⑦有氧能力测试（如1 000米跑、YOYO跑、12分钟跑等）。

（八）测试组合与间歇

由于中学生的体育课程时间有限，体能测试可以采取组合测试的方法，即同一测试顺序的内容，可以由不同的测试人员同时进行，如敏捷性测试的T测试与六边形跳测试，可以由不同的测试人员同时实施，循环轮换。组合测试中，另一测试项目的等待时间以充分恢复为标准，一般为3~5分钟。

在进行多轮次取平均值的重复测试中，测试强度没有达到最大值时，间歇休息一般为2~3分钟，测试强度达到最大值时，间歇休息时间一般为3~5分钟。

（九）受试学生的测试准备

第一，为了获得较为准确的测试结果，应提前让受试学生了解测试的时间、目的、内容、步骤及注意事项等，让他们在生理和心理上能有所准备，进而合理安排休息时间及饮食搭配，以最好的生理和心理状态参与测试。可以在测验前的1~3天内进行预测试，因为测试前的练习强度往往都不是最大的，此时进行预测试是最佳的。如果测试前有进行练习，那么未来的所有测试都必须进行测试前练习。将测试前练习纳入测试的一部分，也是一种方法。

第二，给予受试学生的测试方案或操作指南应简洁明了，以增加测试的信度与客观性。测试方案或操作指南必须包含测试的目的、内容、安全要点、测试流程、热身运动时间、测试前允许的练习量和次数、各项目的测试次数、计分方法、不允许的练习尺度与最大运动表现等。

第三，在测试准备会上，相关教师除了向受试学生讲清楚测试规则与说明外，还要尽可能地向受试学生示范测试技术与方法，解答受试学生针对测试方案提出的各种问题，尽量促使受试学生以轻松稳定的心态参加测试。如果条件允许，让受试学生在进行完一个测试后，立刻知道成绩和分数，明确其定位和目标，有助于激发他们在下一个测试项目中更好地发挥。

第四，测试前指导受试学生进行热身练习。适当的热身练习能有效提高测试结果的信度。热身运动通常由一般的热身活动和特定的热身活动组成，这两种类型的热身活动应该包含与测试中相似的身体动作。测试前可以由一名教师统一带领热身，这样能够使所有人的热身程度和动作较为一致，避免出现部分学生热身不足或热身过度的情况。在热身活动中，可以有计划地安排两到三个接近测试动作的特定热身动作，为接下来的测试做好神经与肌肉的准备。按照测试程序和计划，热身后可以开始进行测试，以便得到最佳或最接近真实状态的平均测试分数。

第五，由于受试学生的心率会随着测试的进行而急速上升，因此，测试完成后，受试学生应该安排一个时间足够的恢复期，以促使身体机能进行积极性恢复。例如，在300码（274米）的折返跑后，受试学生应进行低强度的活动和轻松的伸展来促进恢复，而不是立刻坐下或躺下休息。

四、测试数据的评估与分析

数据采集是体能测试与评估的基础性工作，效度、信度较高的测试数据，为后续的分析工作和结论获得提供了可靠依据。体育教师分析测试数据时，可以结合所在学校的相关体育教研工作，并充分利用现代信息技术手段的优势，对采集的数据采用数字化存储，并进行统计学处理，从而获得测试数据平均值、标准差、独立样本检验、方差分析等科学描述，为制订或调整中学生体能锻炼计划或训练目标提供科学依据。同时，还能建立学生体能发展档案，为相关课题研究提供科学依据。

第二节 体能测试与评估的方法

体能测试的方法与评估

掌握正确的场地体能测试技术和规范的数据采集技术，对测量数据进行科学的统计与分析，据此制定标准化的比较方法，进而了解和掌握初中学生整体运动能力的现状和变化发展趋势，是初中体育教师制定教学方案，提升运动科学素养的主要依据与路径。

一、速度与敏捷性素质的测评

速度与敏捷性素质是人体基本运动能力的重要构成要素，尽管在训练学上它们是有所区别的，速度更多的是对单位时间内身体或动作的移动能力的评估，而敏捷性素质主要是对单位时间内个体对外界信号变化做出动作变化或身体反应的评估，但本节将两个指标放在一起测试与评估，灵敏性和速度是分不开的，向教师和学生们传递这样一个信息：在现实生活中之所以要区分这两个概念，是为了研究与交流的方便。速度与敏捷性素质所需的场地测试条件较为简易，配置一定的场地范围、标志物和秒表就可以。

在速度和敏捷性素质的测试中，体育教师需要关注学生的动作技术、身体协调性以及反应时间。通过测试与分析，体育教师能敏锐地发现学生速度与灵敏素质的薄弱环节，从而制订或调整体能锻炼计划。

（一）速度素质的测试与评估

速度指的是单位时间内物体位移的距离，通常用测量完成一段距离所花费的时间来计算。为了不让减速阶段影响测试的结果，速度测试的距离不能超过200米，一般冲刺测试的距离不超过100米。中学生的速度测试一般采用30米、50米、60米或100米的距离。《国家学生体质健康标准》（2014年修订版）采用50米跑进行速度测试，且不考虑变向的因素。速度测试一般记录的是一段距离的平均速度，也可以根据测试条件和需求，记录冲刺不同阶段的速度数据，如最大速度、即时速度、加速度、速度变化曲线等。

30米/50米/100米冲刺跑：

（1）测试目的。

评估学生短距离位移速度及神经激活、磷酸原系统（ATP—CP）的动员能力，是一种常用的速度测试方法。

（2）场地、器材。

在校园田径场或者能达到田径场安全要求的平坦地面，用颜色标志若干条30米/50米/100米长的跑道（跑道宽为122～125厘米），也可借助标准200米、400米田径场的直道，地质不限，但需平坦，且达到田径场安全要求，终点应有10米以上减速缓冲距离。同时，还要准备发令旗、哨子、秒表（如图2－1所示）（误差不得超过0.2秒/分）。

图2－1 计时用秒表

（3）测试方法。

受试者至少两人一组，以站立式姿势起跑，听到起跑信号后即快速跑向终点。计时员见发令旗发出的起跑信号后即开表，待受试者的躯干的任何部位到达终点线内沿的垂直平面时停表。记录以秒为单位，精确至0.1秒。

（4）注意事项。

- 需要一名发令员、一名计时员和一名记录员，记录员和发令员可由学生担任。
- 受试者需穿平底鞋或跑鞋，不准抢跑或串道，犯规时可重测。
- 测试前，应用钢尺或皮尺丈量跑道距离，并按规则要求画好起跑线、终点线、分道线。
- 测试用秒表应事先进行检查、校对，并准备备用秒表。

（5）评分。

参照2014年修订的《国家学生体质健康标准》之男生（女生）50米跑单项评分表进行评分。

（二）敏捷性素质的测试与评估

敏捷性素质一般是指受试者在动作控制过程中，身体或部分躯体快速停止、启动或改变方向的能力，也可指测试中能快速完成单次或多次变向的能力。敏捷性测试的形式也较多，可以结合特定的步法、跑、跳、爬等不同动作模式来开展。由于测试形式较多，测试难度也从简单到复杂，因此在敏捷性素质测试当中可能会包含有速度影响因素，也可能同时存在平衡、协调、反应等多种影响因素。

1. 折返5—10—5码跑

（1）测试目的。

评估学生高速移动过程中变向及身体姿势动态控制能力，是一种常用的灵敏性测试方法。

（2）场地、器材。

在平坦的地面上，标记10码（9.144米）直线跑道，每间隔5码（4.572米）画一条平行线（也可用标志桶或标志碟进行标记）（如图2-2所示）。同时，准备哨子、秒表（误差不得超过0.2秒/分）。

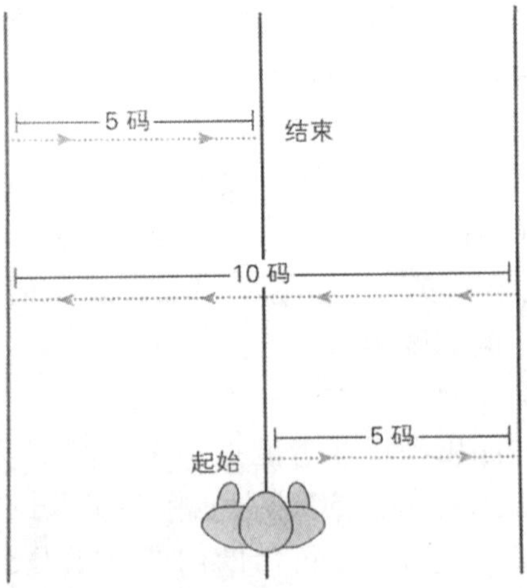

图2-2 折返5—10—5码跑道示意图

（3）测试方法。

以三条平行线的中间一条作为起跑线，受试者双脚分开，平行站立在起跑线上，以屈髋单手触线为起跑姿势，听到起跑信号后开始向右侧的平行线跑，右手触线后转向最左侧的平行线，左手触线后转向冲刺过中间平行线停表，以秒为单位记录测试成绩，精确到小数点后两位。

（4）动作图例（如图2-3所示）。

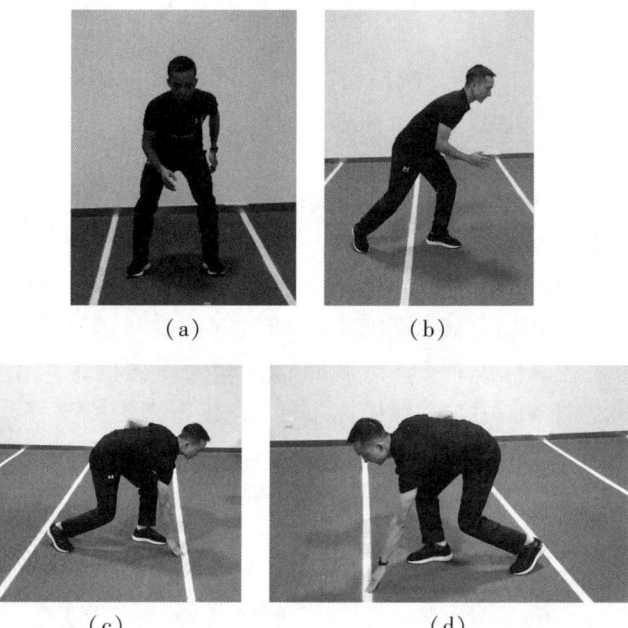

图2-3 折返5—10—5码跑测试

（5）注意事项。

①需要一名计时员、一名观察员。

②受试者需穿平底鞋或跑鞋，不得穿钉鞋、皮鞋、塑料凉鞋等。

③发现有抢跑者，要当即召回重跑，未按照规定路线测试的成绩无效。

（6）评估标准。

评估标准参考表2-3。

表2-3 初中学生灵敏性素质评估表

等级	性别	折返5—10—5码跑/秒	T测试/秒	六边形跳/秒	备注
优秀	男	4.72	9.31	8.66	
	女	5.61	11.10	9.54	
良好	男	5.31	10.81	10.96	
	女	6.10	12.50	11.74	
合格	男	5.90	12.31	13.26	
	女	6.59	13.90	13.94	

备注：表中数据由参与课题研究的广州市天荣中学、广州市第七十五中学、广州市江南外国语学校、广州市番禺实验中学、广州市铁一中学、广州市港湾中学、增城中学、广州市玉岩中学的562名初中学生现场测试数据整理而成。

2. T测试（T test）

（1）测试目的。

评估受试者向前、向后及左右移动的变向能力，是一种常用的灵敏性测试方法。

（2）场地、器材。

场地为长宽都超过15米的开阔地面，地面平坦，地质不限。准备好一个秒表（误差不得超过0.2秒/分）、卷尺、4个标志桶或标志碟。

（3）测试方法。

将4个标志桶摆成T字形。标志桶1在T字形的底部，充当起始线；将标志桶2放置在与标志桶1相隔9.114米（10码）的地方，也就是T字顶端中间的位置；标志桶2的左边放标志桶3，右边放标志桶4，它们分别与标志桶2相隔4.572米（5码）。受试者在标志桶1处采用站立式起跑姿势，听到起跑信号后开始跑，从标志桶1冲刺到标志桶2，用右手触碰标志桶2，然后侧身移动到标志桶3，用左手触碰标志桶3，接着侧身移动到标志桶4，用右手触碰标志桶4，接下来再侧身移动返回标志桶2，并用左手触碰它，最后倒退着跑向标志桶1，受试者躯干任何部位到达起跑线的垂直面即停表。以秒为单位记录测试成绩，精确到小数点后两位。

（4）动作图例（如图2－4所示）。

图2－4　T测试

（5）注意事项。

①需要一名计时员、一名发令员、一名记录员和一名保护人员，发令员、记录员和保护人员可以由学生担任，保护人员应该站在受试者后退的路线旁边。

②受试者需穿平底鞋或跑鞋，但不得穿钉鞋、皮鞋、塑料凉鞋等。
③发现有抢跑者，要当即召回重跑；未按照规定路线测试的成绩无效。
④侧向移动时采用侧滑步，不允许使用交叉步。
⑤在标志桶1后面2米处要设置保护垫。

（6）评估标准。

评估标准参考表2-3。

3. 六边形跳

（1）测试目的。

评估学生快速变向及动态身体姿势控制能力，是一种常用的灵敏性测试方法。

（2）场地、器材。

该测试最好安排在室内平坦防滑塑胶地面上，利用标识物在地面上制作一个边长为24英寸（约61厘米），夹角为120°的正六边形（可用低于10厘米高小栏架或与地面颜色反差明显的胶带进行标记）。同时，准备好哨子、秒表（误差不得超过0.2秒/分）、记录表格。

（3）测试方法。

测试开始时受试者站在六边形的中心点做准备，发令哨声一响开始计时，受试者采用双脚跳的方式，按顺时针方向由中心点跳至每一条边上再跳回中心点，直到围绕六边形完成跳跃3圈（共跳18次）再跳回中心点时结束计时。跳跃过程中，受试者始终面朝同一方向。以秒为单位记录测试成绩，精确到小数点后两位。

（4）动作图例（如图2-5所示）。

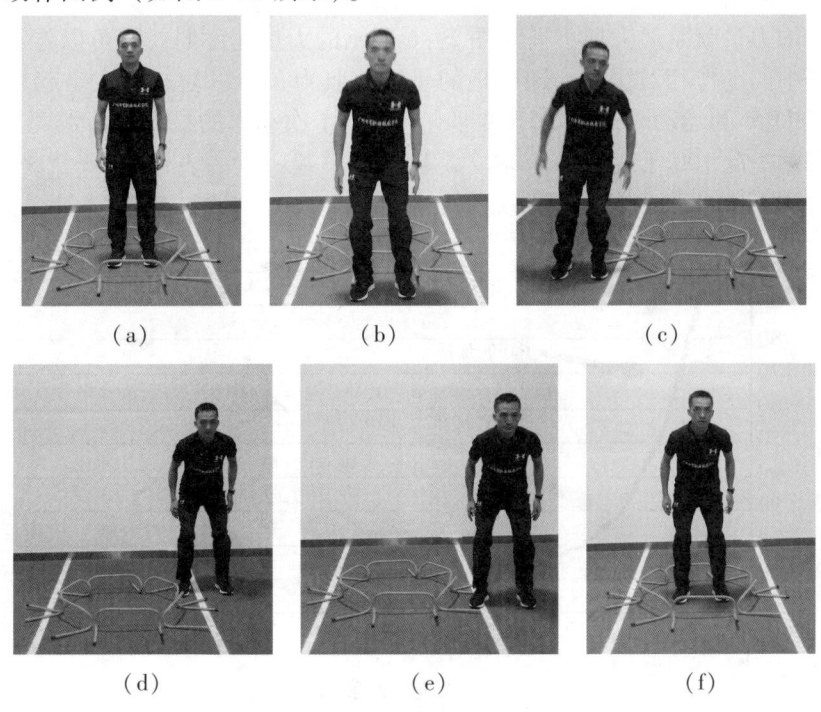

图2-5 六边形跳测试

(5) 注意事项。

①需要一名计时员、一名观察员。

②受试者需穿平底鞋或运动鞋,不得穿钉鞋、皮鞋、塑料凉鞋等。

③受试者总测试次数控制在 3 次以下。

④受试者允许在非疲劳、非最大努力的速度下进行热身或者动作练习。

⑤跳跃时双脚没有落在边线外或失去平衡,或未按照指定规则测试的成绩无效,应停止测试并重跳。

(6) 评估标准。

评估标准参考表 2-3。

二、最大肌力与爆发力的测评

无论是运动健康领域还是竞技运动领域,力量素质都是运动技能、取得优异运动成绩的基础,同时也是其他身体素质发展的重要因素。虽然影响运动表现的因素有很多,但最大肌力与爆发力始终是影响运动表现的决定性因素。所以,在条件允许时体育教师应安全有效地引导学生进行最大肌力和爆发力的测试,依据测试结果科学合理地评估学生的综合力量素质。

(一) 最大肌力的测评

肌力是指肌肉或者肌肉群在维持适当的姿势时对抗阻力所产生的力量;单次最大努力所产生的力量就是最大肌力。从图 2-6 所示的力量速度曲线图可以看出,最大肌力测试过程中的动作相对缓慢,即表现的是慢速肌力,可以通过一次举起或蹲起的最大重量,即 1RM 的运动来量化。1RM 即有效完成 1 次动作的最大负荷强度,例如,一名运动员深蹲举起 100 千克物体至站立,且只能举起一次,表示 1RM 就是 100 千克。训练中经常用 1RM% 来表示力量训练的强度。

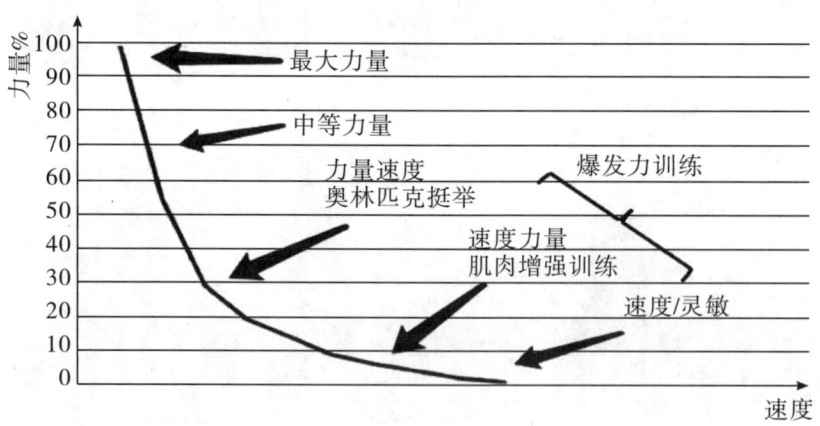

图 2-6　力量—速度曲线图

1. 1RM 或 3RM 负重后蹲

（1）测试目的。

评估学生下肢同时用力的最大肌力数值，是一种常用的力量测试方法。

（2）测试器械。

标准杠铃、杠铃架、垫肩。

（3）测试方法。

受试者双脚开立与肩同宽，全脚掌着地，髌骨中线对齐第二脚趾，肩负已调节好重量的标准杠铃，双手正握杠铃杆，下蹲至大腿呈水平为止，然后用力站起呈直立姿势，保持2秒后卸下杠铃。从低于个人最好成绩20~25千克开始，每次增加5千克或10%的重量。每一重量级最多可试蹲2次，直到完成一次最大重量终止，记录以千克为单位，取整数。考虑到1RM测试的安全问题，也可采用3RM的测试方法，即测试学生能有效完成3次试蹲的最大重量，通过多RM转换表（如表2-4所示），推算出1RM的重量。

表2-4 1RM与3RM转化表

最大重复数	1	2	3	4	5	6	7	8	9	10	12	15
1RM%	100	95	93	90	87	85	83	80	77	75	67	65
负荷/千克	10	10	9	9	9	9	8	8	8	8	7	7
	20	19	19	18	17	17	17	16	15	15	13	13
	30	29	28	27	26	26	25	24	23	23	20	20
	40	38	37	36	35	34	33	32	31	30	26	26
	50	48	47	45	44	43	42	40	39	38	34	33
	60	57	56	54	52	51	50	48	46	45	40	39
	70	67	65	63	61	60	58	56	54	53	47	46
	80	76	74	72	70	68	66	64	62	60	54	52
	90	86	84	81	78	77	75	72	69	68	60	59
	100	95	93	90	87	85	83	80	77	75	67	65
	110	105	102	99	96	94	91	88	85	83	74	72
	120	114	112	108	104	102	100	96	92	90	80	78
	130	124	121	117	113	111	108	104	100	98	87	85
	140	133	130	126	122	119	116	112	108	105	94	91
	150	143	140	135	131	128	125	120	116	113	101	98
	160	152	149	144	139	136	133	128	123	120	107	104
	170	162	158	153	148	145	141	136	131	128	114	111
	180	171	167	162	157	153	149	144	139	135	121	117
	190	181	177	171	165	162	158	152	146	143	127	124
	200	190	186	180	174	170	166	160	154	150	134	130

（4）动作图例（如图2-7所示）。

（a）　　　　　　　　　　　　（b）

图2-7　1RM负重深蹲测试

（5）注意事项。

①测试前，应认真检查杠铃重量以及所用铃片重量。

②考虑到中学生的力量水平，受试者试蹲时，必须在力量架上进行，同时在杠铃两侧安排保护人员，建议受试者骨龄应在16岁以上。

表2-5和表2-6为初、高中学生1RM深蹲测试标准和美国男性青少年足球爱好者1RM的深蹲参考值，以供初中体育教师参考。

表2-5　初高中学生1RM深蹲测试标准

等级	初中学生	高中学生
90%	175千克	211千克
80%	156千克	193千克
70%	148千克	184千克
60%	139千克	166千克
50%	134千克	152千克
40%	125千克	143千克
30%	116千克	134千克
20%	107千克	125千克
10%	93千克	114千克
平均值	134千克	158千克
标准差	33	40

注：初中女生不建议进行此项测试。

表2-6　美国男性青少年足球爱好者1RM深蹲参考值

最大重复数	1	2	3	4	5	6	7	8	9	10	12	15
1RM%	100	95	93	90	87	85	83	80	77	75	67	65
负荷/千克	100	95	93	90	87	85	83	80	77	75	67	65
	10	10	9	9	9	9	8	8	8	8	7	7
	20	19	19	18	17	17	17	16	15	15	13	13
	30	29	28	27	26	26	25	24	23	23	20	20
	40	38	37	36	35	34	33	32	31	30	26	26
	50	48	47	45	44	43	42	40	39	38	34	33
	60	57	56	54	52	51	50	48	46	45	40	39
	70	67	65	63	61	60	58	56	54	53	47	46
	80	76	74	72	70	68	66	64	62	60	54	52
	90	86	84	81	78	77	75	72	69	68	60	59
	100	95	93	90	87	85	83	80	77	75	67	65
	110	105	102	99	96	94	91	88	85	83	74	72
	120	114	112	108	104	102	100	96	92	90	80	78
	130	124	121	117	113	111	108	104	100	98	87	85
	140	133	130	126	122	119	116	112	108	105	94	91
	150	143	140	135	131	128	125	120	116	113	101	98
	160	152	149	144	139	136	133	128	123	120	107	104
	170	162	158	153	148	145	141	136	131	128	114	111
	180	171	167	162	157	153	149	144	139	135	121	117
	190	181	177	171	165	162	158	152	146	143	127	124
	200	190	186	180	174	170	166	160	154	150	134	130

2. 最大握力测试

（1）测试目的。

评估受试者手掌屈时的最大握力。有研究显示，手掌握力与心脏健康有较高的相关性，是预测心脏衰老的一个简易指标。

（2）测试仪器。

握力计。

（3）测试方法。

测试前，让受试者双脚与肩同宽开立，优势侧握住握力器，用力手离开身体斜

45°伸直外展，单手缓慢压握力器，尽力达到最大高度。测试人员观察电子显示屏幕上的数字并做记录，测试两次，取最大值。记录以千克为单位，取小数点后一位。

(4) 注意事项。

①确保测试仪器在测试前完成校准及握把调节。

②正式测试前，可进行非最大力量的动作练习。

③记录优势手的最大握力。

（二）爆发力的测评

肌肉的爆发力是指肌肉组织快速主动收缩及弹性组织产生张力的能力。爆发力的测试要求肌肉或肌肉群在尽可能短的单位时间内，产生尽可能高的功率输出。功率输出能够同时反映肌肉的力量和速度。值得注意的是，质量与发力功率存在关联，在相同的移动速度下，如垂直跳测试，体重较大的学生比体重较小的学生发力功率更低，动力输出能力也较差。常用的爆发力测试方法有立定跳远、原地垂直弹跳、抛实心球、高翻、抓举和挺举。

1. 立定跳远

(1) 测试目的。

评估受试者的下肢爆发力及身体协调能力。

(2) 场地、器材。

平坦的地面（防滑）或沙坑、卷尺。

(3) 测试方法。

受试者两脚自然开立，站在起跑线后，屈膝摆臂尽量向前跳，双足着地。丈量起跳线至最近着地点后沿之间的距离。每人试跳3次，取最好一次的成绩。记录以米为单位，取小数点后两位。

(4) 动作图例（如图2-8所示）。

(a)

(b)

 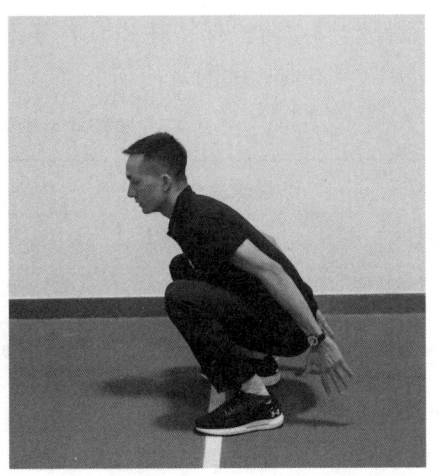

(c) (d)

图 2-8 立定跳远测试

（5）注意事项。

①需要一名记录员、一名测量员。

②做预备动作时，双脚不得离地或在地面上滑动。

③受试者起跳时，不能有垫跳动作。

2. 原地垂直弹跳

（1）测试目的。

评估受试者下肢的快速用力能力。

（2）测试器材。

电子显示纵跳仪或纵跳测试架。

（3）测试方法。

受试者站在测试板上，两腿开立与肩同宽，两臂后摆，下肢三大关节（踝关节、膝关节和髋关节）弯曲，两眼平视前方。起跳时双手上摆，尽力垂直跳起达最大高度，测试人员观察电子显示纵跳仪上显示的数字并做记录。共跳两次，取最大值。记录以厘米为单位，取小数点后一位。

（4）动作图例（如图 2-9 所示）。

（5）注意事项。

①受试者试跳前要做好充分的准备活动，防止受伤。

②受试者双脚同时跳起离地，跳前不要向前垫步，垂直上跳，落地点落在起跳点周围 10 厘米范围内。

图 2-9 静态垂直跳

③向上跳起腾空阶段保持膝关节伸直、髋关节处于中立位。

（6）初中学生垂直跳测试评估标准（如表2-7所示）。

表2-7 美国初中学生垂直纵跳测试参考值

受试者	平均垂直纵跳/厘米	平均垂直纵跳/厘米	平均垂直纵跳/厘米
七年级女生	33.2±3.3	19.8±2.6（国内）	
七年级男生		36.9±3.0	
八年级女生		20.38±0.88（国内）	35.5±3.1
八年级男生	39.2±3.2		
九年级女生	38.8±3.2	42.9±3.1	
九年级男生			

3. 快速拉伸—缩短能力测试

快速拉伸—缩短能力训练是一种新型训练技术，我国一般称之为快速伸缩复合训练，欧美国家将之命名为增强式训练（plyometrics）。其训练的生理学原理是当肌肉以低于250毫秒的速度快速拉长时，机体会保护性地产生让肌肉回缩的肌梭反应，即牵张反射，其产生的回缩力量，加上肌纤维和韧带储存的弹性势能与肌纤维收缩力，产生比普通肌肉收缩大一倍以上的收缩力量。体育运动中快速奔跑、起跳和鞭打动作，包含着大量的快速拉伸—缩短周期的动作，可以说快速拉伸—缩短能力是爆发力的核心生理机制。

（1）测试目的。

评估学生在运动过程中，相关肌群快速拉长及快速反射性收缩的能力。

（2）场地、器材。

正规的田径场或有弹性的木板、草地，皮尺和粉笔。

（3）测试方法。

让受试者分别进行三次标准立定跳远、立定二级跳远和立定三级跳远，以厘米为单位，各取最大值。要确定快速伸缩复合的牵张反射和弹性势能储备能力，需要计算标准立定跳远和弹性跳远之间的差值，弹性立定跳远应该比标准立定跳远远度大10%。我们可以用公式来表示：

弹性储备指数=（三连跳－二连跳）/跳远×100%

这个指数百分比应该大于110%，也就是说，弹性跳至少应该比原地跳远10%，快速拉伸—缩短能力才属于正常。

（4）动作图例。

快速拉伸—缩短能力测试的动作图例同图2-8，此处略。

（5）注意事项。

①为保护膝关节，受试者深蹲必须达到身体体重的1倍以上。

②测量远度时,必须观察到受试者身体姿势稳定后才开始测量,如出现由于站立不稳导致的后撤步或迈步,均判定为未完成。

4. 左右腿爆发力对称性测试

(1) 测试目的。

评估受试者双腿的快速拉伸—缩短能力,即爆发力的对称性,以判断运动损伤风险。

(2) 场地、器材。

正规的田径场或有弹性的木板、草地,皮尺和粉笔。

(3) 测试方法。

受试者双腿站在起跳线,摆动腿后撤一步,前腿为起跳腿起跳,然后双脚落地,落地后快速再次双腿起跳,以同样姿势起跳腿单腿落地,落地后单腿快速起跳,再以双腿落地,完成2—1—2跳。

受试者左右腿分别进行三次2—1—2跳,以厘米为单位,取最大值,用对称指数表示:

双腿对称指数(%) = (近的一侧距离/远的一侧距离) × 100%

对青少年学生而言,对称指数必须大于90%;对经常从事训练或半专业青少年运动员来说,对称指数必须大于95%。

(4) 动作图例(如图2-10所示)。

(a)　　　　　　　　　　(b)

图2-10　左右腿爆发力对称性测试

5. 跳跃摆臂效果测试

(1) 测试目的。

评估学生在爆发力跳跃运动中,双手的摆动对起跳动作的效益。

(2) 场地、器材。

正规的田径场或有弹性的木板、草地,皮尺和粉笔。

(3) 测试方法。

受试者分别进行三次标准立定跳远和叉腰立定跳远,以厘米为单位,各取最大值。

要确定立定跳远摆臂的动作效果是否合理有效，需要计算标准立定跳远和叉腰立定跳远之间的差值，标准立定跳远应该比叉腰立定跳远远度大15%~25%。

用公式来表示：摆臂效果指数 =（摆臂跳远/叉腰跳远）×100%。这个指数百分比应在115%~125%之间，说明立定跳远过程中摆臂效果是正常的。

（4）动作图例（如图2-11所示）。

(a)　　　　　　　　　　　　　　(b)

图2-11　跳跃摆臂效果测试

（5）注意事项。

①叉腰立定跳远时手放在髋上，站在线后，受试者尽最大能力有控制地跳出，如果落地时身体前倾，可以把手从髋部移开稳住身体。

②如果受试者在落地时后倒或脚移位，或落地前手就离开髋部，则不记录此次测量，需要重跳。测试步骤同跳远。

6. 离心减速能力测试

在爆发力测试与练习中，快速拉伸—缩短周期（stretch-shortening cycle，SSC）是爆发力的核心生理机制，在收缩完成过程中，不但有向心收缩还有离心收缩，但在体能测试中一般更倾向于进行向心收缩的评估，很少进行离心功能的评估。其实强大的离心减速能力不仅能有效提高快速拉伸—收缩动作的向心离心转换速度，也是预防运动损伤的关键要素。

（1）测试目的。

评估学生在爆发力及快速拉伸—缩短周期锻炼中，下肢肌肉的离心能力。

（2）场地、器材。

正规的田径场或草地、皮尺和粉笔。

（3）测试方法。

受试者进行六步全速短距离助跑，当躯干通过标志线后，双腿即刻开始制动减速，能在11步内将身体减速至零并成屈髋屈膝的稳定姿势，可以认为其离心减速能力合格；如果不能在11步内将身体减速至零或在11步内减速至零后不能成稳定半蹲姿势，则其离心减速能力不合格。

（4）动作图例（如图2-12所示）。

(a)　　　　　　　　　　　　(b)

图 2-12　离心减速能力测试

（5）注意事项。

①短距离助跑必须全力跑，否则会影响测试的准确度。

②减速结束以后，屈髋屈膝的稳定姿势必须保持 3 秒以上，方能离开测试跑道。

三、柔韧性与灵活度的测评

柔韧性与灵活度是身体健康素质的重要组成部分，也是人们进行运动的基础。灵活度是指一个关节或一组关节可以达到的活动量，以及关节在这个活动范围内移动的自由程度或容易程度，任何一个动作或任务的完成，都需要身体具备一定程度的灵活性。而柔韧性是指特定结构的延展性，如肌肉、肌腱、筋膜等，仅是限制关节活动程度和限制移动的因素之一。在运动过程中，过度或受限制的关节灵活度可能会影响运动表现并增加受伤的风险。因此，体育教师有必要去综合评估学生的身体柔韧性及灵活度，为提升体能训练的质量提供依据。

（一）坐位体前屈测试

1. 测试目的

评估受试者坐位姿势下，身体后肌群的柔韧性和髋关节及脊柱的屈曲灵活性。

2. 场地、器材

体前屈测量计、体操垫或草坪。

3. 测试方法

受试者赤脚，双腿分开 5~10 厘米并伸直，坐于地面，双脚跟勾紧，上体保持直立。体前屈测量计平放，固定于脚底前方。请一同伴轻轻按压受试者的膝关节，防止用力时屈膝。开始时上体尽量前屈，双手并拢掌心向下，双臂伸直尽量前伸，中指末端（不含指甲）尽力动态触摸和推动体前屈测量计的游标板，以增加其远度或距离，直到不能推进为止；连续推动两次，直到体前屈测量计的游标板不能移动，测量人员读取刻度值。每人测推两次，取最大值记录，并标明正负号。

4. 动作图例（如图2-13所示）

（a）

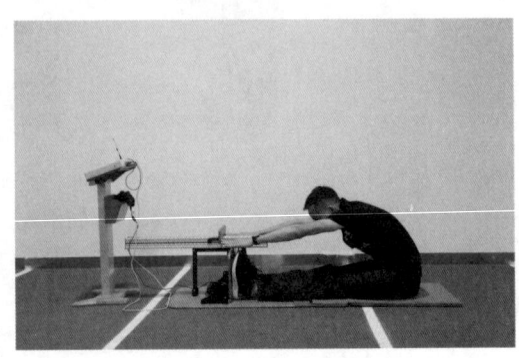
（b）

图2-13　坐位体前屈测试

5. 注意事项

①测量前受试者应做好充分的准备活动，防止拉伤；同时，校正体前屈测量计的游标刻度，并调到零位。

②要求受试者双手同时推动体前屈游标板，若两手推动距离（成绩）不同，可取平均值。

③受试者不能以突然向前振动的方式推动游标板，应以平稳缓慢的方式推动游标板，在让手指与游标板保持1~2秒的接触时间后，才能作为正式的测试值记录。否则成绩无效。

（二）站位后伸测试

1. 测试目的

评估受试者站立位姿势时，身体前肌群的柔韧性和髋关节及脊柱的伸展灵活性。

2. 场地、器材

足够开阔的空间、直尺。

3. 测试方法

双腿并拢成直立位，双手直肘垂直上举，膝关节保持笔直，身体在保持平衡的状态下向后伸展。当双肘的垂直线在脚跟后面、两个髂前上棘的垂直线在脚尖前面者，身体伸展灵活性合格；两条垂直线有一条在脚掌内侧或测试过程中出现疼痛者，身体伸展灵活性不合格。

4. 动作图例（如图 2-14 所示）

（a）

（b）

图 2-14 站位后伸测试

5. 注意事项
①测试过程中，膝关节不能弯曲。
②测试必须在身体保持稳定状态下进行，失去平衡时不能进行测试。

（三）肩部灵活性测试

1. 测试目的
评估受试者肩关节内旋和外旋的灵活性。
2. 测试工具
直尺、游标卡尺。
3. 测试方法
受试者保持站立位，一只手内旋，掌心贴背沿着脊柱方向，尽力由下往上伸起，另一只手外旋，掌心贴背沿脊柱方向，尽力由上往下滑落，双手手指能相碰者为合格；双手手指能勾成拳头者为优秀；双手手指不能相碰者为不合格。上下交换双手位置，重复以上动作，取最低分为最后得分。

4. 动作图例（如图 2-15 所示）

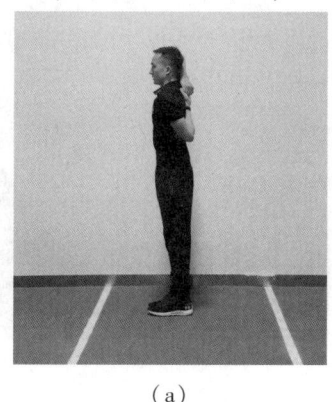
（a）

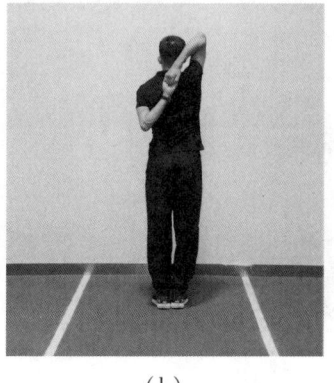
（b）

图 2-15 肩部灵活性测试

5. 注意事项

①开始姿势，站立时必须双腿及脚掌并拢，身体直立，目光平视。
②测试过程中，必须保持开始姿势，不能出现挺腰及屈膝等代偿动作。
③测试过程中保持正常呼吸，不能憋气或突然深呼吸。

（四）髋关节灵活性测试

许多体育运动如跑步、网球的正反手击球、足球的射门等都涉及髋关节的旋转及灵活性。由于髋关节直接悬挂在盆骨对称两侧，其灵活性直接体现了盆骨作为支撑平台的稳定性、神经动作控制的合理性及穿过盆骨各肌肉链的协同性。对学生实施髋关节灵活性评估，能有效地发现其是否存在下肢动作功能不良问题及其成因，为矫正不良动作，提高动作质量提供线索和路径。

1. 屈髋灵活性测试

（1）测试目的。

评估受试者髋关节屈曲的灵活性。

（2）场地、器材。

足够开阔的空间、垫子、木尺。

（3）测试方法。

受试者身体仰卧，测试腿勾脚尖，另一条腿膝关节后侧腘窝压 3~5 厘米厚的毛巾或测试板，保持盆骨与地面腿的稳定，缓慢抬起测试腿。保持姿势，从测试腿的外侧腓骨头，用木尺做一条垂线。双腿动作互换，重复上面的动作。木尺与地面交点，在地面腿髂前上棘与膝关节中点上 1/2 者，屈髋测试优秀；木尺与地面交点，在地面腿髂前上棘与膝关节中点下 1/2 者，屈髋测试合格；木尺与地面交点在膝关节以下或测试过程中出现疼痛者，屈髋测试不合格。

（4）动作图例（如图 2-16 所示）。

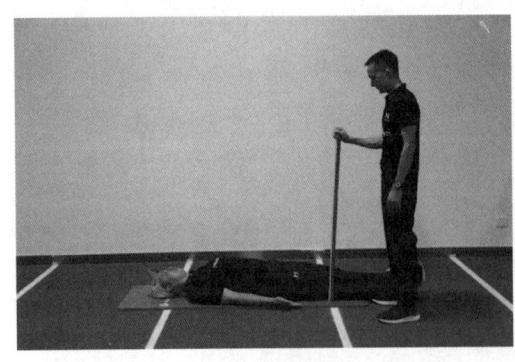 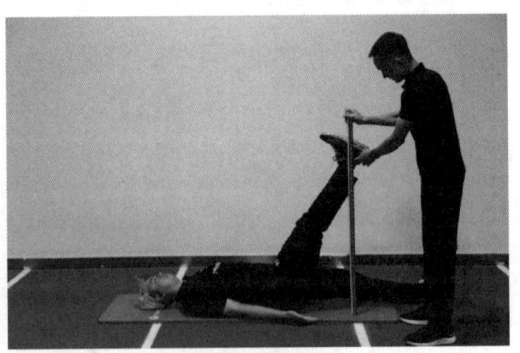

(a) (b)

图 2-16 髋关节灵活性测试

（5）注意事项。

①测试过程中，置于地面的腿不能屈曲，腘窝必须压紧毛巾。

②受试者掌心向上成30°角，置于身体两侧。

2. 伸髋灵活性测试

（1）测试目的。

评估受试者髋关节伸展的灵活性。

（2）场地、器材。

足够开阔的空间、垫子或台子，量角器。

（3）测试方法。

受试者仰卧在垫子或台子上，双腿并拢，双手置于身体两侧，一条腿贴紧垫子或台子，另一条腿膝关节放松，髋部向上伸展。测试员用量角器测量，如果受试者在保持身体平衡的条件下，伸展腿能向上展开10°以上者，髋关节后伸展灵活性合格；如果不能向上伸展10°以上或伸展过程中出现疼痛者，判定为髋伸展灵活性不合格。

（4）动作图例（如图2-17所示）。

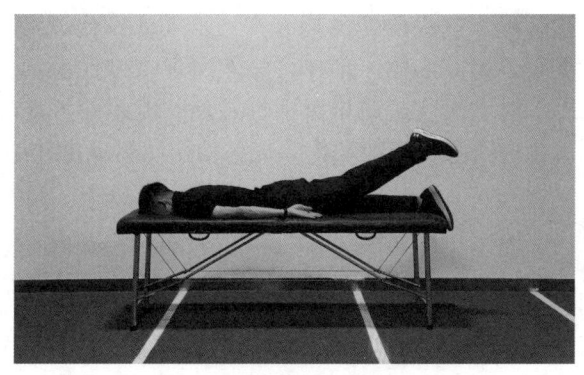

图2-17 伸髋灵活性测试

（5）注意事项。

①测试过程中，不能出现胸部前倾或腰部前凸的代偿动作，如出现上述代偿动作，测试结束，重新测试。

②必须以髋发力向后伸展，不能以膝关节带动伸展。

③大腿伸展速度不能过快，保持匀速和中等速度伸展。

3. 髋旋转灵活性

（1）测试目的。

评估受试者髋关节旋转灵活性。

（2）场地、器材。

足够开阔的空间、垫子或台子。

(3) 测试方法。

受试者平躺在垫子或台子上,双手外展30°,掌心向上,双腿伸直合并。接着,测试者一条腿屈曲外展外旋,脚踝置于另一条腿的膝关节上沿,膝关节逐步下降,降至水平面或以下者,髋关节旋转灵活性合格;如果膝关节无法降至水平面或在下降过程中出现疼痛,髋关节旋转灵活性不合格。

(4) 动作图例(如图2-18所示)。

(5) 注意事项。

①测试过程中,不能出现髋关节移动或旋转等代偿动作。

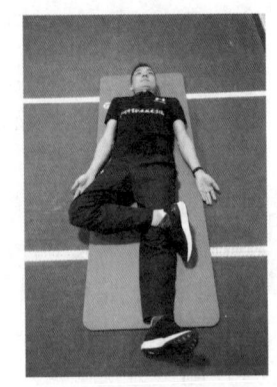

图2-18 髋旋转灵活性测试

②屈腿膝关节外旋外展速度不能过快,保持匀速和中等速度下降。

(五) 胸椎灵活性测试

许多体育运动如跑步、篮球的转身传球、网球的正手击球等,都有躯干旋转的动作。躯干旋转的关节部位是胸椎,胸椎旋转灵活度高,躯干动作就灵敏,如果胸椎灵活性较差,躯干的灵活性就受限,为完成躯干动作,必然出现腰椎代偿动作,这就是有的人运动导致腰部损伤的原因。对学生实施胸椎灵活性评估,能有效地发现躯干旋转动作功能不良的问题及其成因,为矫正不良功能动作,提高动作质量提供线索和路径。

1. 测试目的

评估受试者胸椎旋转的灵活性。

2. 场地、器材

足够开阔的空间、台子或凳子、木棍。

3. 测试方法

受试者双脚着地,身体直立坐在凳子或台子上,双手屈肘90°握置于肩部中央的木棒,旋转胸椎,观察木棍的旋转角度,如果木棍左右双侧旋转角达50°以上,胸椎灵活度合格;如果双侧或一侧木棍旋转达不到50°以上,或测试过程中出现疼痛,判定胸椎灵活度不合格。

4. 动作图例(如图2-19所示)

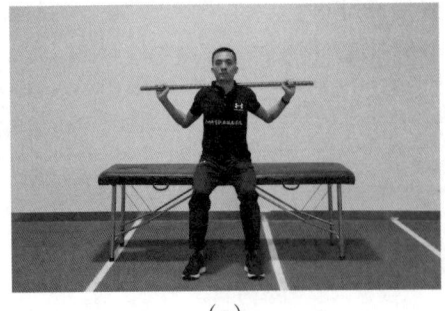
(a)

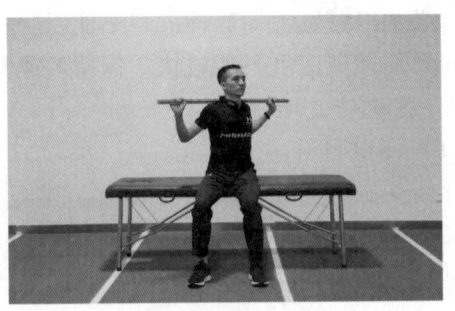
(b)

图2-19 胸椎灵活性测试

5. 注意事项

①测试过程中，身体必须保持直立姿势，不能出现驼背、挺胸或躯干左右偏移等代偿动作。

②测试旋转过程中，头部没有动作，必须与躯干保持相对稳定的位置。

③旋转速度不能过快，保持匀速和中等速度完成动作。

（六）身体滚动灵活性测试

在个体动作能力发展过程中，身体滚动是最基本的起点，它优先于位移身体的所有其他动作。身体滚动的灵活性代表身体神经动作控制与环节动作顺序的有效性，完成动作顺序过程中环节稳定性与激活时机协同性交替转换的合理性，是观察受试者基础动作模式的窗口。

1. 测试目的

评估受试者原始动作模式的神经动作控制与环节动作顺序的合理性和有效性。

2. 场地、器材

足够开阔的运动空间与两张垫子。

3. 测试方法

受试者仰卧平躺在垫子上，双腿伸展，双手微屈放在头部上方，由左上臂引导身体向右侧滚动，由仰卧变成俯卧，再右臂引导身体向左滚动，由俯卧变成仰卧，完成一侧的滚动。用同样的动作模式完成另一侧的滚动。

4. 动作图例（如图 2-20 所示）

(a)

 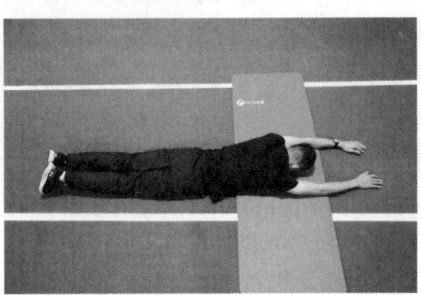

(b) (c)

(d) (e)

图 2-20 身体滚动灵活性测试

5. 注意事项

①测试前只需要告诉受试者滚动由左臂或右臂引导完成,并做示范给受试者观看,不需要讲解如何完成动作及重复训练。

②滚动速度不能过快,要以中等速度匀速完成。

③告诉受试者,不要有竞争的心态,要在情绪放松状态下完成动作。

四、肌肉耐力测试

肌肉耐力是指人体长时间进行持续肌肉工作的能力,即对抗疲劳的能力。局部肌耐力是指某局部肌肉或肌肉群在一定时间内,按一定动作模式完成重复收缩至肌肉充分疲劳的能力,或保持某一特定姿势 1RM 设定百分比的持续时间。如果测量在一定阻力下总的重复次数,其结果表示绝对肌肉耐力;如果在测试 1RM 的特定百分比(如 1RM 70%)的重复次数,其结果表示相对肌肉耐力;某些情况下也可以用保持某一特定姿势 1RM 设定百分比的持续时间来表示局部肌肉耐力。

1. 俯卧撑/跪卧撑测试

(1)测试目的。

评估受试者上肢肌肉的力量耐力。

(2)场地、器材。

足够开阔的运动空间和垫子。

(3)测试方法。

受试者用双手和脚尖撑地(女性膝关节撑地),手指向前,双手手掌与肩相距 5~8 厘米,两臂伸直,身体保持平直,成俯卧或跪卧撑姿势。接着,双臂屈肘,身体下落,直到胸部接近地面(与地面相距约一拳头距离),肘部弯成 90°,身体仍保持平直,成卧撑姿势;再将双臂伸直,还原成俯撑姿势,至此算完成一次俯卧撑动作。记录正确完成动作的次数。

(4)动作图例(如图 2-21 所示)。

(a)俯卧撑

(b)跪卧撑

图 2-21 俯卧撑/跪卧撑测试

(5)注意事项。

①男性采用俯卧撑姿势,女性采用跪卧撑姿势。

②下落和上推时不得弓背或塌腰,不符合动作标准的不计入最终完成次数。

③身体不能支持或完成的两个俯卧撑相隔时间超过 10 秒,可判断为测试结束,记录动作次数。

(6)初中学生俯卧撑测试标准评分表(如表 2-8 所示)。

表 2-8 美国初中学生俯卧撑测试参考值

等级/%	14 岁/次		15 岁/次		16 岁/次	
	男	女	男	女	男	女
90	41	21	44	23	46	26
80	37	17	40	20	41	22
70	30	12	35	18	36	19
60	25	10	32	16	32	15
50	24	9	30	15	30	13
40	21	8	27	13	28	12
30	18	6	25	11	25	10
20	15	5	21	10	23	5
10	11	2	18	5	20	3

2. 屈膝卷腹测试

（1）测试目的。

评估受试者腹部肌肉屈的力量及耐力。

（2）场地、器材。

足够开阔的运动空间和垫子。

（3）测试方法。

在测试垫子上放置两条相距 10 厘米的平行线，受试者躺在地板上，屈膝，手臂完全伸展，双手中指触碰到第一条线。受试者保持双脚不动，卷起上身使双手的中指都触碰到第二条线，然后躯干后展，手指回到第一条线，重复完成动作，直到不能完成为止。

（4）动作图例（如图 2-22 所示）。

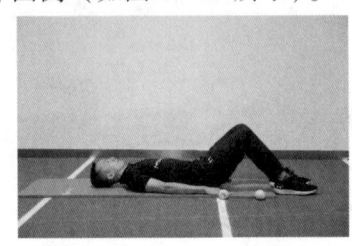 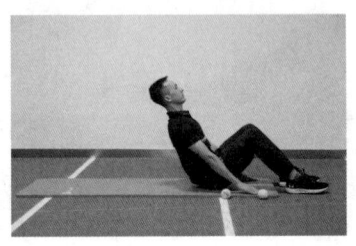

（a） （b）

图 2-22 屈膝卷腹测试

（5）注意事项。

①长期久坐，身体屈肌长期处于紧张状态，是诱发初中学生圆肩驼背的根本原因。双手抱头屈膝卷腹过程中，抱头易引发胸椎和颈椎的后凸，进而强化圆肩驼背。因此，不建议使用双手抱头屈膝卷腹。

②完成卷腹动作时，必须保持腰椎、胸椎和颈椎在一条直线上。

③完成卷腹动作时，必须保持呼吸，卷腹时呼气，伸展时吸气。

（6）初中学生屈膝卷腹测试评估标准（如表 2-9 所示）。

表 2-9 美国初中学生屈膝卷腹测试参考值

等级/%	14 岁/次		15 岁/次		16 岁/次	
	男	女	男	女	男	女
90	77	51	100	45	79	50
80	58	44	70	37	61	41
70	52	42	60	35	48	32
60	48	33	50	30	40	27
50	40	30	45	26	37	26
40	33	28	40	25	34	23
30	30	25	32	22	30	20
20	28	21	29	19	28	19
10	24	16	22	13	23	15

3. 引体向上测试

（1）测试目的。

评估受试者上肢及背部的肌肉力量和耐力。

（2）场地、器材。

足够开阔的运动空间和单杠架。

（3）测试方法。

①受试者若是男生，则需双手正握杠，双臂伸直，将身体向上拉起直到下巴超过单杠，然后回到起始姿势。

②女受试者建议采用修正版的引体向上。测试时，女生采用反式划船的姿势，将脚置于地面，整个身体保持平直，向上拉起时，每次胸部必须碰到杠，重复直到无法完成。

（4）动作图例（如图2-23所示）。

（a）　　　　　　　　（b）

图2-23　引体向上测试

（5）注意事项。

①在引体向上过程中，身体不要出现摆动，最好采用双腿交叉，以减小半径，否则直腿半径过大，摆动时易伤到腰。

②记录动作失败前能完成的最大次数。

（6）初中学生引体向上评估标准。

标准引体向上，男生评估标准参照教育部《国家学生体质健康标准（2014年修订）》引体向上评分表；女生修正版引体向上评估标准见表2-10。

表 2-10　初中女学生修正版引体向上测试参考值

年级	修正版引体向上/次	美国初中女学生引体向上/次	
七年级	8~13	90% 等级	3
		80% 等级	1
		70% 等级	1
八年级	6~12	90% 等级	2
		80% 等级	1
		70% 等级	1
九年级	6~12	90% 等级	2
		80% 等级	1
		70% 等级	1

五、平衡与稳定能力测试

平衡能力是指身体在神经系统的控制下，维持身体稳定状态的能力，或身体重心超出支撑面条件下维持身体姿势的能力。平衡能力的三个主要特点是：①具有各种运动条件下自动维持平衡的特性；②当平衡被破坏时能借助"代偿动作"来试图恢复平衡；③维持平衡的动作来自皮层下的反射效益，不需要意识的参与，时间很短，大约 40 毫米。

稳定能力和平衡能力在生理机制上是基本一致的，但稳定能力更多的是指运动过程中，在动态条件下控制身体姿势或部分肢体姿势，以便更有效地实现动作目标。

下面介绍 4 种经典的平衡能力与稳定能力测试方法，以供广大中学体育教师借鉴参考。

1. 单足闭目平衡能力测试

（1）测试目的。

评估受试者的下肢（或上肢）稳定能力和左右平衡问题。

（2）场地器材。

平坦的场地、秒表（误差不得超过 0.2 秒/分）。

（3）测试方法。

受试者保持身体直立，双手叉腰，习惯性支撑脚站在地面上，另一只脚抬离地面，双眼紧闭。听口令开始计时，当支撑脚脚跟离地或移动位置、离地腿任何一部分触地时，表明测试结束。测试 2 次，记录最好成绩，以秒为单位，保留整数。

（4）动作图例（如图 2-24 所示）。

图 2-24 单足闭目平衡测试

（5）注意事项。
①测试过程中，受试者始终保持双眼紧闭，双手不能离开腰部。
②测试中，测试人员要注意保护受试者以防摔倒。
（6）初中学生闭目单脚站测试评估标准（如表 2-11 所示）。

表 2-11 初中学生闭目单脚站测试参考值

等级	男生/秒	女生/秒
非常好	110 以上	110 以上
较好	38～109	36～109
标准	13～37	12～35
较低	5～12	4～11
非常不好	4 以下	3 以下

2. 动态单腿下蹲测试
（1）测试目的。
评估受试者单腿下蹲状态下，身体的动态稳定与平衡能力。
（2）场地、器材。
足够开阔的运动空间。
（3）测试方法。
受试者身体直立，双手叉腰，屈膝抬起右腿，左腿支撑身体，待身体稳定后，下肢屈髋屈膝，下蹲过程中膝关节与脚趾对齐。测试员从正面和侧面观察受试者，三次支撑腿下蹲至最大能力角度，再回到起始位置过程的身体姿势变化，如果下蹲及回位过程肩关节和髋关节横轴能与地面基本保持水平、膝关节与脚趾对齐，说明身体单腿动态稳定能力较好；如果下蹲及回位过程，出现膝关节与脚趾明显超过脚趾、膝关节明显内旋、肩关节和髋关节明显的相对旋转等代偿动作，说明身体单腿动态稳定能力较好。

（4）动作图例（如图2-25所示）。

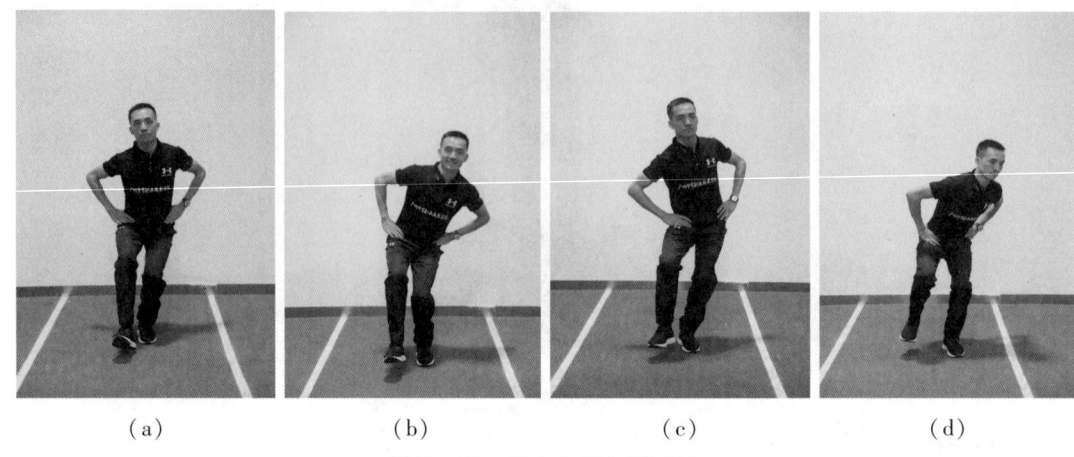

(a)　　　　　　(b)　　　　　　(c)　　　　　　(d)

图2-25　动态单腿下蹲测试

（5）注意事项。

①下蹲回位动作过程，必须保持中等匀速的运动。

②测试员必须站在正面和侧面观察身体姿势的变化。

③下蹲角度以受试者能蹲的最大角度为限制。

3．Y平衡测试

（1）测试目的。

评估受试者在单腿支撑条件下，大腿向三个不同运动方向伸够的极限身体稳定平衡能力。

（2）场地、器材。

室内或室外平坦场地，Y平衡测试仪或自行绘制的Y字形测试图、记录量表、马丁尺或皮尺。

（3）测量方法。

首先测量受试者髂前上棘到内踝（胫骨下端向内的骨突）中点的数值。然后受试者单脚站立在测试平台上，脚趾对准测试平台的红色起始线，在保持重心的前提下，另一侧腿尽可能将测试板向前方、后外侧、后内侧推动至最远端，最后再回到起始姿势。分别记录不同方向推动测试板的最远距离（精确至0.5厘米），每次动作最多完成3次，测量两侧并记录结果。如果学校没有Y平衡测试仪，可以用粉笔在地面绘制一个Y字形测试图（每方向之间夹角为120°），其他的测试技术基本一致，但准确性略有差距。

(4)动作图例(如图2-26所示)。

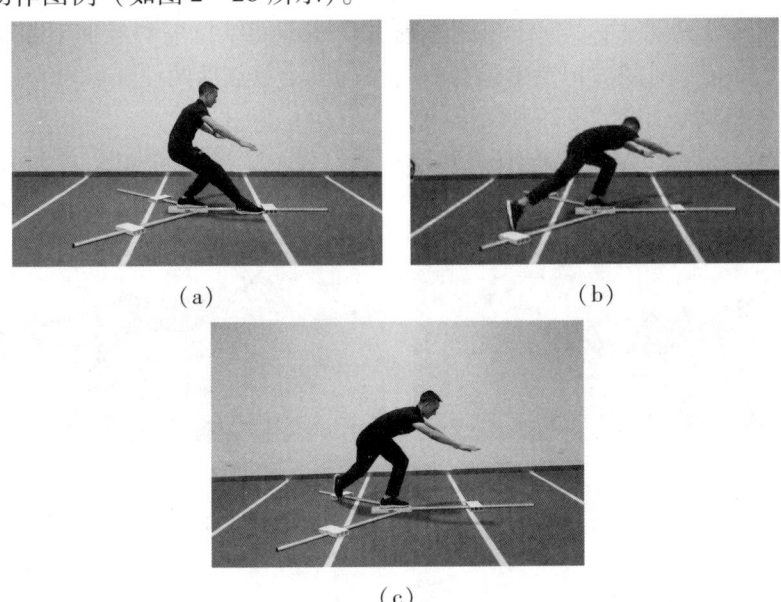

图2-26 Y平衡测试

假设记录结果分别为a_1、b_1、c_1、a_2、b_2、c_2,则综合分数 = [($a+b+c$) ÷ (腿长①×3)] ×100%,双侧差异 = {($a_1+b_1+c_1$) − ($a_2+b_2+c_2$) ÷ [($a_1+b_1+c_1+a_2+b_2+c_2$) ÷ 2]} ×100%

若综合分数<95%,提示支撑腿侧可能存在较高的损伤风险;若双侧差异>5%,提示双侧支撑腿力量或平衡差异较大。

(5)注意事项。

①在测试时,支撑腿的全脚掌不能抬离或移动。

②移动脚在向各个方向进行测试时不能以测试板或测试杆作为支撑,也不能触碰地面。

③移动脚在推动过程中应与测试板始终贴合,不能依靠惯性。

4. 平板八级桥支撑

(1)测试目的。

评估受试者四肢运动时的核心区姿势的稳定能力。

(2)场地、器材。

足够开阔的运动空间、垫子、计时器。

(3)测验方法。

受试者俯卧于垫上,两腿伸直并拢,躯干伸直,头部保持与躯干水平一致,双手上肢屈肘90°,双手握拳上臂内旋撑地。测试从平板支撑姿势,然后分别按上抬左手

---

① 腿长,即受试者髂前上棘到内踝中点的数值。

右手、左腿右腿和对侧手腿，再回到平板支撑共八个级别，每个级别有时间要求（具体时间要求和得分见评估标准），测试过程中身体不能维持姿势或明显晃动时结束测试，按表停止并记录时间。记录单位为秒，精确至小数点后两位。

（4）动作图例（如图2-27所示）。

图2-27 平板八级桥支撑

(5) 注意事项。

①条件许可的情况下，尽快可能安排一名计时记录员、一名测试员。

②测试过程中，受试者出现明显的身体侧移、塌腰或翘臀等代偿动作，可以判断为测试结束，停表并记录完成时间。

③测试过程中，受试者出现轻微的身体侧移、塌腰或翘臀等代偿动作，测试员可以提出二次警示，要受试者迅速改正，出现第三次轻微代偿动作，可以判断为测试结束，停表并记录完成时间。

(6) 初中学生平板八级桥支撑测试评估标准（如表2-12所示）。

表2-12 初中学生平板八级桥支撑测试评估

级别	七年级		八年级		九年级	
	男	女	男	女	男	女
一级分值	平板支撑30秒 1分*	平板支撑20秒 1分*	平板支撑30秒 1分	平板支撑20秒 1分	平板支撑30秒 1分	平板支撑20秒 1分
二级分值			抬右手15秒 3分	抬右手15秒 3分	抬右手15秒 3分	抬右手15秒 3分
三级分值			抬左手15秒 5分*	抬左手15秒 5分	抬左手15秒 5分	抬左手15秒 5分
四级分值					抬右腿15秒 6分	抬右腿15秒 6分
五级分值					抬左腿15秒 10分*	抬左腿15秒 10分*
六级分值					抬左腿右手15秒 15分	
七级分值					抬左腿右手15秒 25分	
八级分值					平板支撑30秒 35分	
总分	1分	1分	9分	9分	100分（25分）	25分
备注						

注：数据来源于广州体工队部分项目青少年运动员及广州市江南外语中学、广州市天荣中学等学校的初中学生的测试数据；*为本年级男女学生必须完成的最低能力等级；青少年运动员七年级时至少达四级水平以上。

六、有氧能力测试

有氧能力,也叫有氧耐力,是指人体长时间进行有氧供能的工作能力。常用最大摄氧量($VO_{2\,max}$)或主动肌的最大耗氧量来监测有氧能力。通过实验室的极限运动试验来测量有氧能力是最佳的选择,因为实验室提供了气体收集最佳条件。但在一般的中学中很难开展,很少学校有仪器设备来直接测量氧气的消耗量。因此,初中学生有氧能力的评估通常是采用1 000米、2 400米或更长距离的长跑来进行的。也可以使用其他场地测试来进行,例如,最大有氧速度测试(MAS)与YOYO间歇恢复测试都能较为有效地评估有氧能力,但这些方法具有较高的专业化特点,比较适合评估专门运动员的有氧能力。

根据我国青少年营养状况及发育特点,2014年修订的《国家学生体质健康标准》确定我国中学生有氧能力的评估方法,是采用场地测试男生1 000米和女生800米的方法,以完成固定距离的时间划分有氧能力的百分数等级测试。

1. 800米/1 000米/1 600米长跑测试

(1)测试目的。

评估受试者的心肺及肌肉群的有氧能力水平。

(2)场地、器材。

标准200米或400米田径场、发令旗、哨子、秒表(误差不得超过0.2秒/分)。

(3)测试方法。

受试者根据场地条件,一般至少四人一组,站立于起跑线后,听到起跑信号后即以站立式起跑,要求尽快跑完所规定的距离。测一次,记录受试者完成测验的时间(以秒为单位,精确至小数点后一位)。

对初三学生而言,1 600米跑更能代表学生心肺的有氧能力,而且1 600米也是国际上17岁以下青少年有氧耐力评估的习惯性指标。

(4)注意事项。

①教师关注学生的身体健康状况,出现头晕、胸闷或胸疼者不允许参加测试。

②测试前要高度关注天气温度及湿度情况,达不到测试条件的,应停止测试。

③受试者需统一穿平底鞋,不准抢跑或串道,犯规时可重测。

(5)初中学生800米/1 000米/1 600米跑的测试评估标准(如表2-13所示)。

表2-13 初中学生800米/1 000米/1 600米跑的测试评估标准

年级	1 000米(男)	800米(女)	1 600米(男)	1 600米(女)	等级
七年级	4分15秒	3分57秒	—	—	优秀
	4分30秒	4分5秒	—	—	良好
	5分20秒	4分55秒	—	—	及格

续上表

年级	1 000米（男）	800米（女）	1 600米（男）	1 600米（女）	等级
八年级	4分	3分52秒	+	−	优秀
	4分15秒	4分	+	−	良好
	5分5秒	4分50秒	+	−	及格
九年级	3分50秒	3分47秒	+	+	优秀
	4分5秒	3分55秒	+	+	良好
	4分55秒	7分30秒	7分30秒	10分50秒	

注："−"表示不建议作为测试与训练内容；"+"表示不建议作为测试，但可以作为训练内容运用。

2. YOYO间歇恢复测试

YOYO间歇恢复测试由丹麦哥本哈根大学教授詹斯·邦斯布（Jens Bangsbo）发明，以20米折返跑为主要形式，主要测试运动员在达到体能极限时，持续进行加速、减速、急停、转身的耐力。

（1）测试目的。

评估受试者在不同间歇条件下的有氧耐力。

（2）场地、器材。

室内或室外平坦防滑的场地、标志桶或角锥、皮尺、YOYO测试音频、播放器或扬声器、记录表格。

（3）测试方法。

划分一块20米长的场地作为测试场，在两端放置两个标志物（标志桶或角锥）分别作为起始线与回旋线，在起线后方测量一块5米长的场地作为缓冲区域（如图2-28所示）。受试者站在起始线前，当测试音频响起时立即跑往回旋线；在第二次讯号发起时，受试者需到达回旋线并立即跑回起始线，到达缓冲区域后恢复慢跑，等待下一次讯号的发起。随着讯号频率的逐渐增加，间隔时间的逐渐减少，受试者以不断增加的速度进行有间歇的往返跑，直到受试者不能跟上节奏为止。观察员在一旁检查受试者是否到达起始线或回旋线，每个受试者在第一次无法准时抵达起始线或回旋线时均会受到观察员的一次提醒，若出现第二次无法跟上节奏则视为测试结束，并记录成绩。

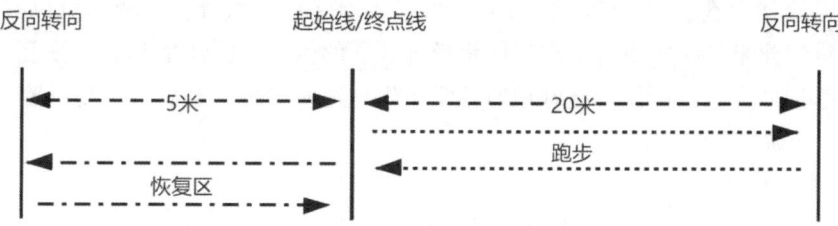

图2-28　YOYO测试路线示意图

（4）注意事项。

①至少需要两名测试人员，一位测试员/记录员，一位观察员/保护员。

②受试者在测试前应进行充分的热身活动。

七、生理机能评估及疲劳恢复监测

要获得身体刺激的良性适应和最佳的体能训练效果，除了训练本身要符合运动员或学生自身状况和运动规律外，医务监督、运动营养调控、运动心理调节等诸多因素，对训练计划的顺利执行也起着重要作用。运动性疲劳（sports fatigue）是训练过程中不可避免的问题，如何科学、及时、准确地鉴别运动性疲劳程度是实现训练科学化的一个重要环节。科学的医务监督能有效降低运动性疲劳的发生率及对参与人群身体健康的伤害程度。在专业化的运动训练团队中，疲劳程度的监控通过自我感觉、身体检查、生理生化指标检测、心理学指标检测等进行全面的测量评估。

运动性疲劳除了影响刺激机体的生理适应，还会对机体的神经系统及感觉机能产生不同程度的影响，甚至是劣性适应。根据人类在进化过程中形成的超强的自我感觉体能消耗的能力，即体力感知（perceiving exertion），瑞典心理学家伯格在20世纪70年代创立了主观体力感觉的评定方法，该评定方法是介于心理学和生理学之间的一种指标，其表现形式是心理学方面的，但反映的却是生理机能的变化。目前主观体力感觉等级（Rating of Perceived Exertion，RPE）测试表是国际上研究较多并广泛应用的一种简易且有效的评估运动负荷和疲劳程度的方法，受试者通过填写测量表格，能最便捷有效地将体力感知的程度有效地量化为可收集的监控数据，有效地实现了不同时空状态的实时体力感知变化监控。

"训练就是破坏，恢复才是提高"，深刻地揭示了训练刺激与评估的关系。在一个科学的训练体系里，训练与恢复是事物的两面，具有同等重要的意义，必须等量齐观，不可偏废或偏好。特别对于处在不同生长发育期的中学生，不同的运动负荷作用于不同学生身上，引起的生理适应往往是不同的，这种不同的适应，不仅表现在运动负荷过程中，也表现在运动之后的恢复过程中。科学监测中学生运动负荷生理机能适应与恢复状况，对提高中学生锻炼效益，预防运动过量的伤害有重要意义，也是提高中学生科学化锻炼水平的关键环节。

下面结合初中教学实际情况，简单介绍运动负荷心率测量、心功能指数测评、主观体力感知等级测量等一些适合中小学体育教师开展的生理机能评估和疲劳恢复监控方法，为广大的基层体育教育工作者更好地监控学生生理适应状况，提供参考与借鉴。

1. 运动负荷心率测量

（1）测试目的。

观察受试者分别在运动状态和安静状态下心脏节律的变化规律，以评估其心脏的负荷能力及安静状态下的心脏功能。

（2）测试器材。

秒表或心率表。

（3）测试方法。

心率的测量方法有许多种，包括触诊、听诊、多普勒超声监测和电子监控等。心电图测量心率被认为是黄金标准，但因设备限制，普通中学不便于开展，下面将介绍一些最常用的非临床性监测技术。

触诊是通过感觉血液流过动脉时引起的动脉规律性的收缩扩张来确定心率的过程。心率触诊最常用的两个位置为手腕掌面处的桡动脉和颈动脉。运动间歇过程采用颈动脉触诊（如图2-29所示），准确度较高。

近年来，个人心率监控设备技术有了很大的普及。目前可穿戴式的智能设备更将光电技术投入到心率监控的测量当中，使心率数据的获取更加实时、准确和便捷。

图2-29　颈动脉心率触诊示意图

（4）注意事项。

①最大心率是监控运动强度的重要指标，在运动过程中可以通过心率表等设备进行测量。

②晨脉是监控身体机能状态的重要指标。

③静息心率出现较大波动时，教师要注意与心血管疾病的鉴别。

2. 心功能指数的测评（30秒30次蹲起）

（1）测试目的。

评估受试者的心脏运动功能，可作为观察人体生理机能的常用指标。

（2）测试仪器。

节拍器（将节拍器调至120次/分）、秒表。

连续测试3次受试者在安静状态下的10秒钟脉搏，至少连续两次的测试结果一样，且与另一次的测试结果相差不超过1次时，视测试结果为15秒安静时心率，将所得数据乘以4，即得1分钟心率，记为P_1。接着，受试者双脚分开，与肩同宽，按30秒30次的速度，听节拍完成蹲起（节拍器每响一声蹲下并站起一次，即每秒钟完成一次蹲—起活动）。最后一次完成起立时，测量 15 秒心率，将测试结果乘以 4，记为 P_2；休息 1 分钟后，测量 15 秒脉搏，将测试结果乘以 4，记为 P_3。将测试结果代入心功能指数计算公式得出受试者的心功能指数。

心功能指数 $P = (P_1 + P_2 + P_3 - 200) \div 10$

（4）动作图例（如图 2-30 所示）。

(a)

(b)

图 2-30 心功能指数的测评

（5）注意事项。

①测量安静时心率前，受试者不得进行任何激烈运动或嬉笑打闹，并静坐休息 5~10 分钟后再测试。

②下蹲时要求全蹲，臀部贴紧小腿，两臂向前平举；起立时两臂于身体两侧自然下垂，身体保持直立。

③由专人负责测量与记录。

④受试者必须跟上节拍器发出的音响频率，连续 3 次没跟上节拍，应令其休息重测。

（6）评估标准（如表 2-14 所示）。

表 2-14 初中学生心功能指数评估参考值

对象	心功能指数（P）值	心脏功能	备注
初中学生	≤0	优秀	
	0~5	良好	
	6~10	一般	
	11~15	较差	
	>16	很差	

3. 主观体力感觉等级测量

（1）测试目的。

评估受试者主观体力感觉的状态与分级。

（2）场地、器材。

运动场地、主观体力感觉（Rating of Perceired Exertion，RPE）等级量表（如表 2-15 所示）。

表 2-15 RPE 等级量表

体力感觉分级	体力感觉描述	对应心率	备注
6 级	根本不费力	70～80 次/分	
7～8 级	极其轻松	80～90 次/分	
9 级	很轻松	90～100 次/分	
10～12 级	轻松	100～120 次/分	
12～14 级	有点累	120～140 次/分	
15～16 级	累	150～160 次/分	
17～18 级	很累	170～180 次/分	
19 级	极其累	190 次/分	
20 级	精疲力竭	200 次/分	

注：体力感觉分级未从 0 级开始，是因为伯格认为 6～20 级的量与心率从 60 次/分～200 次/分一致。

（3）测试方法。

根据受试者的年龄特征和训练水平确定其运动形式和负荷强度，询问受试者当天的身体状况及主观身体感觉。

（4）注意事项。

①根据受试者的训练水平确定运动形式和负荷强度，并询问受试者当天的身体状况及主观身体感受。

②向受试者讲述 RPE 表中每个等级的意义，强调表中每个等级反映的是本人对正在运动的强度的感觉，在每一运动强度的结束前 5～10 秒询问其 RPE 值。

③防止出现低估或高估本人 RPE 值的情况，尤其高估，应正确引导和强化受试者的体力感觉，逐步培养真实可靠的体力感觉，以便使用 RPE 值推断运动能力并监督训练强度。

④同时记录一些相关的生理指标（如心率等）。一般情况下，主观体力感觉 RPE 值乘 10，与运动即刻心率（HR）基本一致，从感觉和运动即刻心率两个角度来监控运动负荷。

本章小结

体能测试与评估是初中阶段体能锻炼的重要组成部分，是整个初中阶段提高体育课程科学化水平及锻炼效益的基础。清晰地把握学生的体能状况，不但可以为其锻炼技术及运动负荷的设计提供科学依据，还能有效地评估其体能锻炼计划的执行效果，筛查出学生群体体能素质的薄弱环节，有利于学生健康档案的建立与长期跟踪，以促进初中学生体质健康水平的全面发展。

我国现有的初中体育课程体系，对体能测试与评估环节重视不够，体能测试与评估的结构和指标体系的科学化水平仍有待提高。提升我国中小学生体能测试与评估的科学化水平，不但需要广大中学教师的积极思考、实践和参与，还需要教师们熟练掌握各种体能素质的测试、评估原理与方法，熟悉和了解处理样本数据的统计学方法，在预设测试指标和处理大量样本数据的过程中，能极大地提高中学体育教师的专业能力及科研创新能力。尽管研究和实施体能测试与评估工作，需要花费大量的时间和精力，但这一切的努力无论对社会还是教师个人都是有价值的。

思考与练习

1. 请根据体能测试结果，评价一下自己的体能状况，指出自己体能素质的优势和不足之处，并思考如何在体育教师的指导下，通过训练进行改善。
2. 为保证锻炼效果，避免运动疲劳，请于每天起床前，花1分钟测试下自己的晨脉，结合本章知识点，判断自己的疲劳状况并做好记录。
3. 根据 RPE 等级量表，结合自身的心率状况，进行自我主观体力感知等级测量。
4. 在家时，请与父母一起进行闭眼单腿平衡能力的锻炼。
5. 在体育教师的指导下做八级桥练习，以提高核心稳定性。

第三章
热 身 运 动

　　热身运动是初中生体育课程一个重要组成部分，是教学实施的首要环节，一个效果良好的热身准备是非常重要的，如果不重视热身运动，身体动员不够充分，不但会影响教学和锻炼效果，以及比赛成绩，严重时会造成身体关节或肌肉韧带组织的损伤，影响课中和课后的体育锻炼效益。热身运动还能通过各种各样、丰富多彩的运动形式，充分调动学生参与体育运动的兴趣与积极性，从而起到调动学生注意力与创造性的教学目的。

　　初中学生从教室的身体相对的安静状态进入到运动场的剧烈运动状态，需要有一定的适应和转换过程，热身运动就是动员身体从相对安静状态向运动状态过渡的桥梁与转换枢纽。热身运动能有效提高中枢神经系统的兴奋性和神经系统对肌肉协调指挥能力，还能促进各器官之间的协调配合，激活动员运动器官的工作能力，在整个热身过程中心血管系统，呼吸系统，神经激素系统和肌肉骨骼系统都将激活与动员，快速提高应急水平，使身体器官更快、更高效地参与适应运动压力状态，热身过程将使身体发生以下显著的变化，包括升高身体核心和局部的温度、激素及生物酶的活性显著增强、呼吸频率和心率明显提高，肌肉韧带的黏滞性降低，其弹性和延展性增加，各关节的运动幅度增加，肌肉的电活动明显增幅，从而有效地避免了因运动强度增加，身体动员不足造成的运动损伤，减少运动性疾病发生的风险，延迟和减低极点的出现的时间和强度，对提高运动效能和预防运动损伤具有非常重要的意义。

　　热身运动是动员和提高心血管系统、呼吸系统、激素神经系统和肌肉系统激活程度最为简单而且有效的方法与路径。下面介绍动员心血管系统，呼吸系统，激素系统，神经和肌肉系统（包括平衡能力）的激活状态的基本方法。

第一节 快走与慢跑

热身及动态拉伸

运动前的快走或慢跑是启动身体运动准备的重要部分。在该过程中，大脑会向身体各个系统发出应对运动负荷提高的动员信号，通过调节激素的释放，使支配内脏、器官活动的自主神经系统兴奋起来，提高心率及每搏输出率，增加身体的核心温度，降低肌肉韧带的黏滞性，为后续的动态拉伸和专门性准备活动创造适宜的生理条件和准备。体育教师可以根据教学情况，对以下热身运动进行自由选择及组合。

一、快走

（一）目的

提升心脏和肺部的活动水平，提高身体局部和核心部位的温度，减少肌肉的物理性黏滞，激发肌肉的兴奋性。激活和提升脑部的电活动水平，为剧烈运动做好生理和心理两方面的准备。

（二）技术标准

（1）行走时目光平视，双臂自然弯曲，摆到略低于肩关节的位置。

（2）放松膝关节，抬髋迈步，着地腿的脚掌后半部分着地，随着重心的前移过渡到前脚掌用力蹬离地面。

（3）行走速度为 120～130 步/分钟，走 10 分钟左右。

（4）行走中体温升高后，中间可以穿插一些协调动作，这样有利于身体协调功能的动员。

（三）运动负荷

在确保安全的条件下，每组动作重复完成 10～12 次，一般完成 2～3 组。可根据具体情况安排 200 米快走、接 200 米行进间协调动作组合。

（四）动作图例（如图 3-1 所示）

图 3-1　快走

二、慢跑

（一）目的

快速动员应试者的心肺应急状态和体温提升。

（二）技术标准

（1）慢跑过程中目光略向下平视，躯干略微前倾，前脚掌着地。

（2）上臂与下臂夹角略小于 90°，约 75°左右，全身放松，由上肢和膝关节发力带动身体向前运动。

（3）运动后体温在 39 ℃左右最为理想，在正式运动前要注意防止体温下降。

（4）慢跑过程中，感到微微出汗，可以与其他人正常进行语言交流为适度。

（三）运动负荷

在确保安全的条件下，体育课上的慢跑多采用 30 米折返跑，重复 10~12 次为一组，一般完成 1~2 组。慢跑时，心率一般不超过 130 次/分，慢跑 5~10 分钟或 400 米。

（四）动作图例（如图 3-2 所示）

（a）

（b）

图 3-2　慢跑

第二节 动态拉伸

动态拉伸是一种功能性较强的热身运动,由多种功能动作组合衔接构成,以中等速度激活多关节、多肌肉群的动作功能和神经动作控制能力。高效能的动态拉伸能有效地提高参与者生理和心理层面的优势,激活和促进其身体灵活性、协调性、稳定性及动作控制能力,为后续的专门性热身做好肌肉激活和神经控制的准备。

动态拉伸有三个显著的优点。其一,动作结构与运动过程中上下肢的屈伸、旋转等动作基本一致,可以说是人体各环节运动功能的高度模拟。同时,动态拉伸在动作选择上,充分考虑到神经动作控制机制的动态需求,大量地采用单腿支撑的动作结构,完全从神经机制与动作结构上模拟了功能动作的灵活性需求,这种整合神经肌肉多维度要素的拉伸方法,是以往拉伸动作所不具备的。其二,动态拉伸基本采用中等拉伸速度,有效地避免了 γ 运动神经元产生的牵张反射,使肌肉的延展性得到最大程度的释放。其三,在动态拉伸中,模拟功能动作的中等速度拉伸,能充分激发各关节周围肌群的交互抑制效应,肌群的交替收缩与舒张,能有效提高关节周围肌肉群的激活水平,起到支持保护关节稳定性、改善运动姿势、减低运动损伤风险的作用。

动态拉伸技术一般按照从下肢开始,到躯干,再到上肢,最后到神经动作控制与动作功能激活的拉伸顺序进行,通常选择 8~12 个动作,每个动作之间用慢跑衔接。相比之下,静态拉伸注重单关节、单肌群和单维度的拉伸练习,缺乏神经与肌肉的整合,不但容易导致神经兴奋度降低,还可能降低爆发力、动作速度和反应时,增加运动损伤风险;弹震式拉伸(广播体操式),主动肌与拮抗肌反复主动收缩牵拉肢体,借助弹振的力量,不断叠加运动速度和幅度,导致动作控制难度增大,容易发生运动损伤,同时,弹震式拉伸极易触发牵张反射,无法有效地提升关节灵活度,所以弹震式拉伸一般不宜作为热身的首选技术。以下练习动作,教师可以根据教学情况自由选择组合。

一、行进间脚跟、脚尖走

(一)目的

模仿跑步时踝关节的屈伸动作,拉伸小腿肌群。

(二)技术标准

(1)身体直立,目光平视,双腿分开,与髋同宽,双手呈跑步姿势。

（2）左腿向前迈步，左脚后半部分落地；脚掌快速向前滚动至左脚跟抬起，脚尖着地。

（3）右脚重复以上动作，一步一步向前走。

（三）运动负荷

在确保安全的情况下，每组动作重复完成16~20次，一般完成2~3组。

（四）动作图例（如图3-3所示）

（a）　　　　　　　　　　（b）

图3-3　脚跟脚尖走

二、行进间足内翻走

（一）目的

预先激活踝关节外侧韧带，防止初中学生在运动过程中因足内翻而导致踝关节外侧韧带损伤的发生。

（二）技术标准

（1）身体直立，目光平视，双腿分开，与髋同宽，双手呈跑步姿势。
（2）右腿向前迈步，右脚内翻，脚掌外侧沿先着地。
（3）左脚重复以上动作，一步一步向前走。

（三）运动负荷

在确保安全的情况下，每组动作重复完成16~20次，一般完成2~3组。

（四）动作图例（如图 3-4 所示）

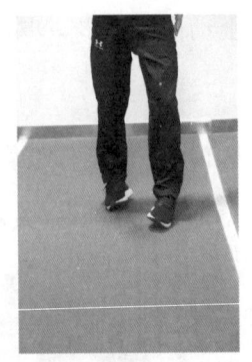

（a）　　　　　　　　（b）

图 3-4　行进间足内翻走

三、行进间拉伸小腿三头肌

（一）目的

提升小腿三头肌及韧带的柔韧性。

（二）技术标准

（1）身体直立，目光平视，双腿分开，与髋同宽。

（2）左腿向前迈一个半脚长，膝关节伸直，右腿屈曲；弯腰，双手触左脚脚尖，用中等速度反复下压 3~4 次。

（3）双腿交替完成动作，交替过程中用小步跑衔接过渡。

（三）运动负荷

在确保安全的情况下，每组动作重复完成 10~12 次，一般完成 2~3 组。

（四）动作图例（如图 3-5 所示）

图 3-5　行进间拉伸小腿三头肌

四、行进间拉伸大腿后群肌

(一) 目的

提升大腿后部腘绳肌及韧带的柔韧性。

(二) 技术标准

(1) 身体直立,目光平视,双腿分开,与髋同宽。
(2) 左腿向前迈两个脚长,膝关节伸直,右腿屈曲。
(3) 屈髋,身体前倾,双手从髋关节处开始,沿右腿大腿向下推直至脚尖,再向上推到与地面垂直。
(4) 双腿交替完成动作,交替过程中用小步跑衔接过渡。

(三) 运动负荷

在确保安全的情况下,每组动作重复完成 10~12 次,一般完成 2~3 组。

(四) 动作图例 (如图 3-6 所示)

图 3-6 行进间拉伸大腿后群肌

五、行进间提膝抱胸

（一）目的

提升大腿后群肌肉的柔韧性、髋部屈曲的灵活性及身体姿势控制能力。

（二）技术标准

（1）身体直立，目光平视，双脚分开，与髋同宽。
（2）右腿向前迈，双手抱右膝离地，小腿放松，右腿屈髋，膝盖尽可能贴胸，支撑腿（左腿）充分屈踝提踵。
（3）抱膝过程中，目光平视，保持躯干平直，不能弯腰拱背。
（4）双腿交替完成动作，交替过程中用小步跑衔接过渡。

（三）运动负荷

在确保安全的情况下，每组动作重复完成 10～12 次，一般完成 2～3 组。

（四）动作图例（如图 3-7 所示）

图 3-7　行进间提膝抱胸

六、横抱小腿上提

（一）目的

提升大腿外侧肌群和髂胫束的柔韧性，增强单腿支撑的稳定能力。

(二) 技术标准

(1) 身体直立，目光平视左手抓住右腿脚踝，右手抱着右腿膝关节，将小腿内旋至与地面平行。

(2) 支撑腿先屈膝微蹲，然后抱踝上提，重心提高，直至支撑腿充分背伸。

(3) 保持身体正直，不后仰。

(4) 双腿交替完成动作，交替过程中，用小步跑衔接过渡。

(三) 运动负荷

在确保安全的情况下，每组工作重复完成 10~12 次，一般完成 2~3 组。

(四) 动作图例 (如图 3-8 所示)

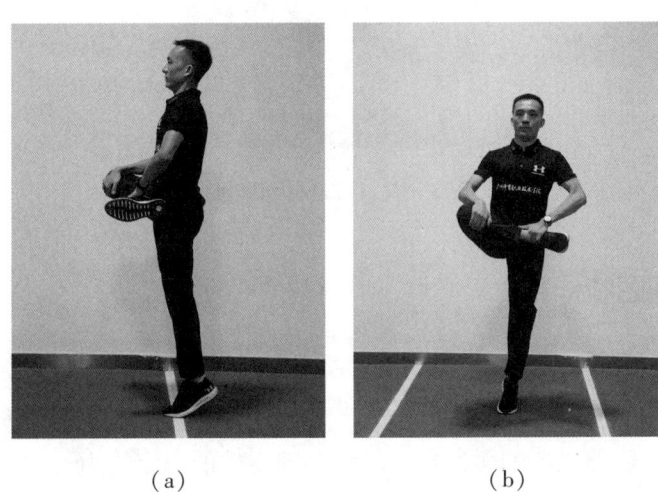

(a)　　　　　　　　　　(b)

图 3-8　横抱小腿上提

七、行进间提膝外展

(一) 目的

提升大腿内收肌群的柔韧性和髋部灵活性，增强单腿支撑的稳定能力。

(二) 技术标准

(1) 身体直立，目光平视向前抬起右腿，使大腿与地面平行。

(2) 右手推膝内侧外展大腿，与身体在同一平面，左手自然下垂。

(3) 保持身体正直，不左右摇晃。

(4) 双腿交替完成动作，交替过程中用小步跑衔接过渡。

（三）运动负荷

在确保安全的情况下，每组动作重复完成 10~12 次，一般完成 2~3 组。

（四）动作图例（如图 3-9 所示）

图 3-9　行进间提膝外展

八、行进间屈膝伸展

（一）目的

提升膝关节及髋伸肌群的柔韧性，增强单腿支撑的稳定能力。

（二）技术标准

（1）身体直立，目光平视，右手抓右腿脚背屈膝置于身后；同时左脚站立，左手半握拳上举，拇指伸向后方。

（2）身体后展挺髋至支撑腿充分背屈，右腿屈膝屈踝靠近臀部，保持约 3 秒。

（3）保持身体稳定。

（4）双腿交替完成动作，交替过程中用小步跑衔接过渡。

（三）运动负荷

在确保安全的情况下，每组动作重复完成 10~12 次，一般完成 2~3 组。

（四）动作图例（如图 3-10 所示）

图 3-10　行进间屈膝伸展

九、蠕虫爬

（一）目的

提升身体伸肌链和屈肌链的延展性，增强肩关节的灵活性。

（二）技术标准

（1）身体直立，双脚分开，与髋同宽。
（2）慢慢屈膝，屈髋，双手与肩同宽撑地。
（3）伸直膝关节，臀部上拔，双手撑地，身体呈倒 V 字形。
（4）交替移动双手向前，直到身体呈俯卧姿，然后下压髋部，直至髋部触地。
（5）向手的位置小步挪双腿，保持腿部伸直，呈倒 V 字形。

（三）运动负荷

在确保安全的情况下，每组动作重复完成 6~8 次，一般完成 2~3 组。

（四）动作图例（如图 3-11 所示）

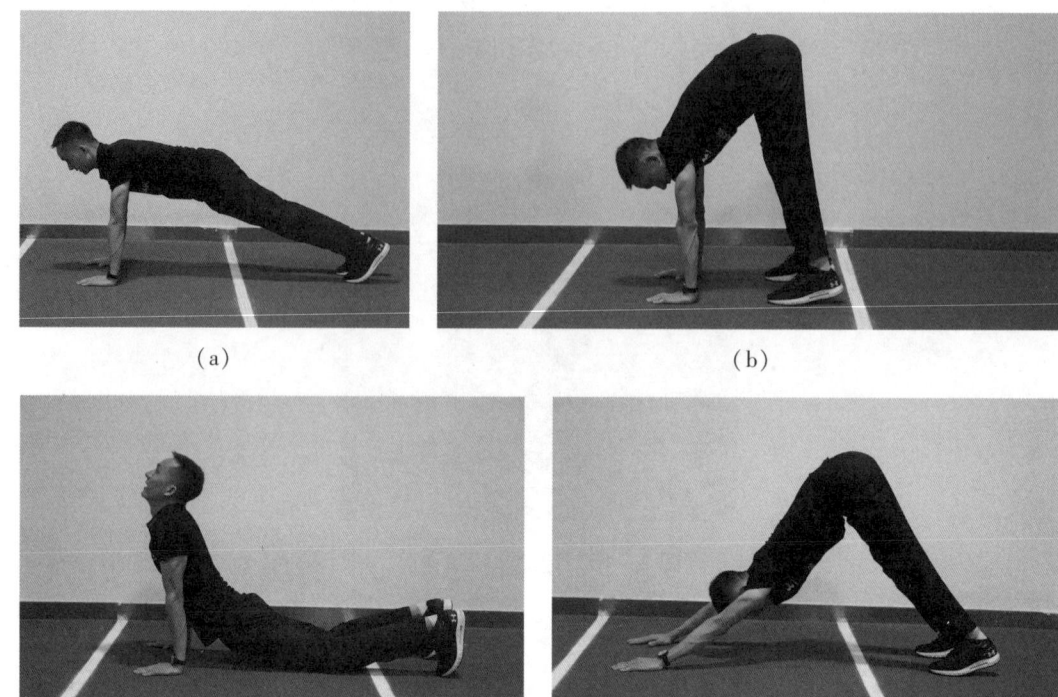

图 3-11　蠕虫爬

十、弓步转体

（一）目的

提高髋部屈肌和腹内外斜肌的柔韧性，增强弓步动态支撑的稳定性。

（二）技术标准

（1）身体直立，目光平视，双脚分开，与髋同宽。
（2）右脚往前迈一大步，右腿屈膝，直至大腿与地面平行，左腿屈膝160°后伸。
（3）双手上臂叠加平举，以胸椎为轴，带动躯干向左侧转动，双腿分别向前迈步完成动作。双腿交替完成动作，交替过程中，以小步跑衔接过渡。

（三）运动负荷

在确保安全的情况下，每组动作重复完成 6~8 次，一般完成 2~3 组。

（四）动作图例（如图 3 – 12 所示）

（a）

（b）

图 3 – 12　弓步转体

十一、最伟大拉伸

（一）目的

提升躯干、大腿和胸椎的灵活性。

（二）技术标准

（1）身体直立，目光平视，双脚分开，与髋同宽。
（2）左腿直立屈踝，双手抱右腿拉近胸部。
（3）右腿向前跨向地面，中速屈髋膝，保持膝在脚尖正上方；微屈左膝，膝关节离地 3 ~ 5 厘米。
（4）身体向前倾斜以右肘触及右脚足背，左手支撑地面以保持身体平衡；以胸椎为轴，伸直右手向正上方转体，转至右手垂直于地面。
（5）双腿交替完成动作，交替过程中用小步跑衔接过渡。

（三）运动负荷

在确保安全的情况下，每组动作重复完成 8 ~ 12 次，一般完成 2 ~ 3 组。

（四）动作图例（如图3－13所示）

(a)

(b)

(c)

图3－13　最伟大的拉伸

十二、行进间燕式平衡

（一）目的

提高单腿支撑平衡稳定能力和上下肢协调性。

（二）技术标准

（1）身体直立，双脚分开，与髋同宽。

（2）左腿向前跨步，微屈膝关节，躯干前屈至平行于地面，右膝自然微屈后伸，双臂外展，半握拳拇指向上。

（3）保持燕式平衡姿势3~5秒。

（4）双腿交替完成动作，交替过程中用小步跑衔接过渡。

（三）运动负荷

在确保安全的情况下，每次行进15~20米，一般完成2~3次。

(四) 动作图例（如图 3-14 所示）

图 3-14　行进间燕式平衡

第三节　肌肉与神经系统的激活

肌肉与神经系统的激活是指采用特定的动作和节奏对相关动作的神经控制系统和动力链实施的一种高效、系统和有针对性的神经与肌肉的激活与功能整合，以满足练习或训练的特殊需要。具体包括动力链肌群、神经控制系统激活、肌肉的神经系统功能整合三个部分。动力链肌群的激活，可以使参与运动的肌肉运动链得到有效动员与唤醒，提升运动链条上各肌群的肌电兴奋水平，提高运动链肌群间动作协同和能量传递功能，增强身体与动作的控制力。神经控制系统激活及肌肉与神经系统功能整合则是在肌肉激活的基础上，以动员保护性反射、稳定性反射和中枢神经的控制功能为目标，采用频率多变，条件不稳定、不对称的动作模拟技术，以增加神经系统兴奋性，强化大脑与周围神经系统的指挥协调，增强机体的动态稳定性。神经肌肉激活可以很好地提高运动员神经系统的专注度与参与度、神经对肌肉的支配能力和动作质量，加强运动中枢与肌肉运动链的相互协调，使躯体在神经系统的支配下，有序、准确、协调地完成动作。在初中体育课程中，增加肌肉神经激活的锻炼内容，能极大地提高初中生体育课程质量与效率，提升参与者的锻炼效果和运动表现，预防运动损伤。以下练习动作，体育教师可以根据教学情况自由选择组合。

一、蹲步走

(一) 目的

激活下肢、髋关节及核心区肌肉力量。

（二）技术标准

（1）身体直立，目光平视，双脚分开，与髋同宽。

（2）一条腿向前迈，弯曲双膝降低臀部，使身体下降，直至后腿膝盖几乎接触地面；同时，保持上身直立，前腿膝盖不要超过脚尖。

（3）前脚脚跟发力，将身体支撑向上站立，同时后腿向前迈出，重复弓步蹲动作。

（4）双腿交替以弓步蹲的动作向前行走。

（三）运动负荷

在确保安全的情况下，每次连续弓步走 10~15 米，一般重复 3~4 次。

（四）动作图例（如图 3-15 所示）

图 3-15 蹲步走

二、盘腿下蹲

（一）目的

激活单腿支撑的稳定性及髋、膝关节的屈伸能力。

（二）技术标准

（1）身体直立，目光平视，双脚分开，与肩同宽。

（2）双臂体前屈肘，前臂上下相叠，与肩平齐。

（3）右腿屈膝上抬并外旋，将脚踝放在左腿膝关节上方，左腿屈髋屈膝缓慢下蹲，使大腿接近与地面平行，双腿交换完成。

（三）运动负荷

在确保安全的情况下，每组左右腿各做 4~6 次，一般完成 2~3 组。

（四）动作图例（如图 3-16 所示）

（a）

（b）

图 3-16　盘腿下蹲

三、弹力带高蹲侧向走

（一）目的

激活臀中肌及其他外展肌群。

（二）技术标准

（1）身体直立，双脚分开，与肩同宽，将弹力带环绕固定在大腿中间，屈膝、屈髋成高蹲姿势，双手成跑步姿势。

（2）右脚向身体右侧迈出 1~2 个脚掌的距离，双手自然摆动，左脚向右侧迈出同样的距离完成一次侧步周期；完成右侧走，再向左侧走，完成一个循环。

（3）运动过程中保持头、颈、躯干、肩、膝、脚尖在一条直线上，脚尖与膝关节始终朝前。

（4）根据自身力量选择弹力带，原则上弹力带力量在 1RM 70%~80%。

（三）运动负荷

在确保安全的情况下，每组动作左右腿各做 5~8 次，一般完成 3~4 组。

（四）动作图例（如图3-17所示）

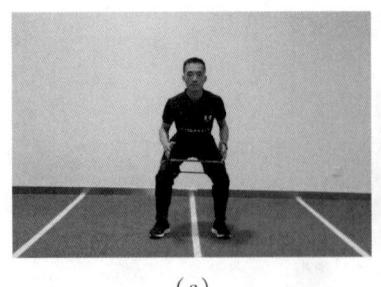

(a)　　　　　　　　　　　(b)　　　　　　　　　　　(c)

图3-17　弹力带高蹲侧向走

四、下肢转动

（一）目的

激活上下肢协同配合能力。

（二）技术标准

（1）身体直立，双肩正对前方，双脚分开，与肩同宽。
（2）向左或向右转动双髋45°，双肩保持平稳不动。
（3）手臂与双髋动作正好相反，当双髋向左时，手臂向右转动。
（4）转髋动作不要过猛，注意在中等强度状态下完成动作。

（三）运动负荷

在确保安全的情况下，每组动作左右旋转10~12次，一般完成3~4组。

（四）动作图例（如图3-18所示）

(a)　　　　　　　　　　　(b)

图3-18　下肢转动

五、站姿 Y 字举

（一）目的

以上肢外展外旋45°的姿势，激活肩部及肩胛骨周围的肌肉群。

（二）技术标准

（1）双脚分开，与肩同宽，微屈膝屈髋，挺胸直背，目光平视，双手放于身体两侧半握拳，拇指指向前方。
（2）双侧肩胛骨向下内收紧，然后双手抬起举过头顶，与躯干形成"Y"字形。
（3）完成一个动作周期就回到起始姿势，完成规定的次数练习。
（4）动作过程中始终保持背部平直，肩、膝、脚尖在一条直线上，拇指向上。

（三）运动负荷

在确保安全的情况下，每组动作重复8~12次，一般完成2~3组。

（四）动作图例（如图3-19所示）

（a） （b）

图3-19 站姿Y字举

六、站姿 T 字举

（一）目的

以上肢外展平举姿势激活肩部及肩胛骨周围的肌肉群。

（二）技术标准

（1）双脚分开，与肩同宽，微屈膝屈髋，抬头挺胸，目光平视，双手放于身体两侧半握拳，拇指指向前方。

(2) 双侧肩胛骨向下内收紧，然后双手侧向抬起，与躯干形成"T"字形。

(3) 完成一个动作周期就回到起始姿势，完成规定的次数练习。

(4) 动作过程中始终保持背部平直，肩、膝、脚尖在一条直线上，拇指向上。

（三）运动负荷

在确保安全的情况下，每组动作重复 8~12 次，一般完成 2~3 组。

（四）动作图例（如图 3-20 所示）

(a)

(b)

图 3-20　站姿 T 字举

七、站姿 W 字举

（一）目的

以屈肘外旋 45°的姿势激活肩部及肩胛骨周围的肌肉群。

（二）技术标准

（1）双脚分开，与肩同宽，微屈膝屈髋，抬头挺胸，背部平直，双手放于身体两侧半握拳，拇指指向前方。

（2）双侧肩胛骨向下内收紧，然后屈肘抬起双臂，与躯干形成"W"字形。

（3）完成一个动作周期，回到起始姿势，完成规定的次数练习。

（4）注意背部平直，拇指向上，肩胛骨收紧后开始抬起手臂。

（三）运动负荷

在确保安全的情况下，每组动作重复 10~15 次，一般完成 2~3 组。

（四）动作图例（如图 3-21 所示）

（a） （b）

图 3-21 站姿 W 字举

八、双臂绕环

（一）目的

以上肢平举沿额状轴环绕的姿势，激活肩部以及肩胛骨周围的肌肉群。

（二）技术标准

（1）双脚分开，与肩同宽，微屈膝屈髋，抬头挺胸，目光平视，双手侧平举半握拳，拇指指向前方。

（2）双臂以肩关节盂为轴，顺时针环绕 10~20 秒，然后再逆时针环绕 10~20 秒。

（三）运动负荷

在确保安全的情况下，一般完成 3~4 组。

（四）动作图例（如图 3-22 所示）

图 3-22 双臂绕环

九、四马支撑髋外展

（一）目的

激活与提高核心稳定功能及髋部外展肌群的力量。

（二）技术标准

（1）俯身成四马支撑，双手与肩同宽直臂垂直撑于地面，双腿与髋同宽屈膝垂直跪于地面。

（2）右膝向胸部方向抬起，髋外展肌群发力，让腿沿髋关节外展。

（3）按原路径，经胸部返回起始姿势，然后左腿重复练习。左右腿各两次为一个循环练习。

（4）练习过程保持腹式呼吸，不要憋气。

（三）运动负荷

在确保安全的情况下，一般完成 4～5 组循环练习。

（四）动作图例（如图 3-23 所示）

（a）

（b）

图 3-23　四马支撑髋外展

十、俯撑前伸臂

（一）目的

激活与提高躯干中段核心区、肩关节以及髋关节的稳定功能。

（二）技术标准

（1）双手屈臂90°角成俯卧撑姿势，头、肩、臀和脚跟成一条直线。
（2）保持腹式呼吸，不要憋气。
（3）俯式支撑稳定10秒左右，抬起一只手臂向前伸，保持3秒，换另一侧练习。
（4）初二男生和初三女生同时抬起对侧手和脚，做完后换另一侧练习。

（三）运动负荷

在确保安全的情况下，各进阶动作保持3秒，一般完成4~6个动作。

（四）动作图例（如图3-24所示）

图3-24　俯撑前伸臂

十一、单臀肌桥伸髋

（一）目的

激活和提高单腿支撑的稳定性和臀部、大腿后侧背部肌群的功能。

（二）技术标准

（1）仰卧于垫子上，双手放于身体两侧，屈膝勾脚，臀肌收缩抬起髋部，直至肩、躯干、髋、膝在一条直线上。
（2）保持臀肌桥姿势，屈膝抬起右腿，膝关节尽量向胸部贴近。
（3）回到起始姿势，抬起左腿，重复前面动作。
（4）回注意不要弓背，膝关节贴近胸部时，髋部保持抬起高度。

（三）运动负荷

在确保安全的情况下，左右腿各做 6~10 次为一组，一般完成 3~4 组。

（四）动作图例（如图 3-25 所示）

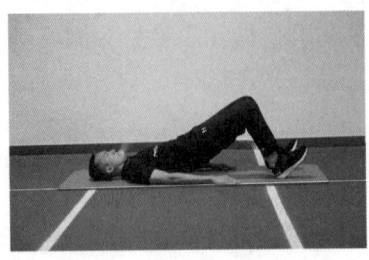
(a)

(b)

图 3-25　单臀肌桥伸髋

十二、双腿快速前后跳

（一）目的

激活和提高下肢的神经——肌肉牵张反射功能。

（二）技术标准

（1）双脚分开立与髋同宽，屈髋屈膝，肩、膝与脚尖在一条直线上，双手屈肘置于身体两侧。

（2）反向摆臂，伸髋伸膝向前跳过障碍物，双脚前脚掌着地后再次迅速向后跳起，双腿有节奏地反复跳跃。

（3）由慢逐步到快，到达极限频率。

（三）运动负荷

在确保安全的情况下，每组跳跃维持 8~10 秒，一般完成 4~6 组。

（四）动作图例（如图 3-26 所示）

(a)

(b)

图 3-26　双腿快速前后跳

十三、碎步跑多向移动

（一）目的

激活和提高上下肢快速协同能力。

（二）技术标准

（1）双脚分开，与髋同宽，屈髋屈膝，肩、膝与脚尖在一条直线上，双手屈肘置于身体两侧，脚跟稍抬起。

（2）大腿抬起30°角，用最快的频率碎步向前运动，同时在运动中不断地前后左右变换方向。

（3）速度由慢逐步到快，到达极限。

（三）运动负荷

在确保安全的情况下，每组动作维持15～20秒，一般完成4～6组。

（四）动作图例（如图3-27所示）

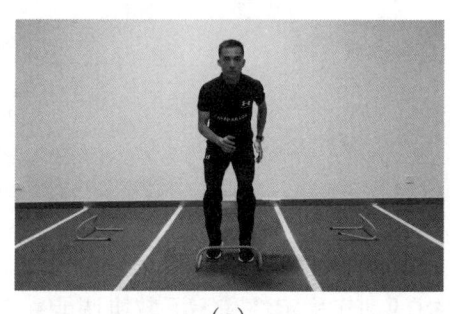 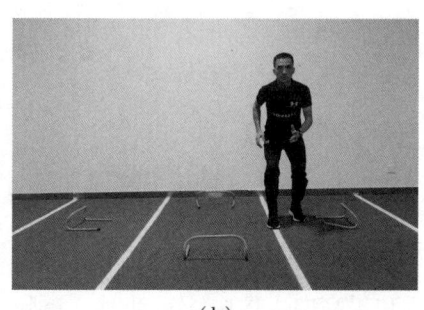

(a)　　　　　　　　　　　　(b)

图3-27　碎步跑多向移动

十四、外侧跳跃

（一）目的

激活和提高身体向两侧运动时，单腿支撑的动作稳定性和上下肢协调能力。

（二）技术标准

（1）身体直立，双脚开立与髋同宽，屈髋屈膝，双手置于身体两侧。

（2）左腿伸髋伸膝蹬地，右腿向右前45°方向摆动跳出；右腿落地后稳定3秒，左腿向左前45°摆动跳出，跨度根据自身能力确定。

（3）注意落地后身体保持直立，双腿交替向左前、右前跳跃。

（三）运动负荷

在确保安全的情况下，左右侧各做6~8次，一般完成3~4组。

（四）动作图例（如图3-28所示）

（a）　　　　　　　　　（b）

图3-28　外侧跳跃

十五、内侧跳跃

（一）目的

激活和提高向人体中线运动时，单腿支撑的动作稳定性和上下肢协调能力。

（二）技术标准

（1）身体直立，双脚分开与髋同宽，膝关节微屈。

（2）左腿伸髋伸膝蹬地，右腿向身体中心方向，摆动跳出，右腿落地后稳定3秒；左腿向身体中心方向，摆动跳出。

（3）重复以上动作，双腿交替向中线方向跳跃。

（三）运动负荷

在确保安全的情况下，左右侧各做6~8次，一般完成3~4组。

（四）动作图例（如图 3-29 所示）

（a）　　　　　　　　　　　　（b）

图 3-29　内侧跳跃

十六、反向摆动纵跳

（一）目的

激活和提高下肢牵张反射及身体整体协同用力的能力。

（二）技术标准

（1）身体直立，目光平视，双脚分开与髋同宽，屈髋屈膝，双手直肘上举于头上。
（2）做反向运动，屈膝下蹲至大小腿成 120°~135°角，双手后摆至身体后方。
（3）屈膝至最低点，以最快的速度伸髋伸膝，向上摆臂。
（4）落地时自然屈髋屈膝，回到反向运动起点位置。

（三）运动负荷

在确保安全的情况下，纵跳 6~8 次为一组，一般完成 4~6 组。

（四）动作图例（如图 3-30 所示）

（a）　　　　　（b）　　　　　（c）

图 3-30　反向摆动纵跳

（五）动作进阶：单腿反向摆动纵跳

（1）目的：提高垂直方向单腿落地动作的稳定能力及身体整体协同用力能力。

（2）技术标准：除单腿支撑和发力外，其他技术环节与反向摆动纵跳一致。

第四节 专门性准备活动

体育课程或训练课程的专门性准备活动是针对参加锻炼或训练的具体内容而专门设计的激活和动员肌肉—神经系统的热身运动，其重要特点是，准备活动在神经反射与控制、动作结构、代谢及运动学特征等方面与课程教学或训练的动作相似或相近，使学生在生理和心理上做好体育技能学习和训练的准备，如跑步的专门性准备活动包括小步跑、高抬腿、车轮跑、加速跑等；篮球的专门性准备活动包括助跑摸高、运球变向移动、传接球等练习，可根据项目特点进行徒手或利用轻器械进行练习。其主要作用包括：一是保证学生在练习或比赛时直接使用的肌肉能有适合的肌肉温度和血液供应，以减少肌纤维的黏滞性，提高代谢效率，从而增强练习效果和提高比赛成绩；二是促使学生在体育课练习或比赛时，改善手、眼、腿及其他神经动作机制的协同作用，是中枢神经系统支配运动程式的预演和激活，以便学生获得更高的动作技能的准备水平、更好的空间信息输入及处理能力，以调动学生课堂练习的积极性，加快信号处理及动作技能激活的多维度目的。专门性准备活动运动负荷量不要太大、持续时间不宜过长，要保证活动强度渐进式增加，否则容易出现兴奋过度或身体疲劳。下面主要介绍赛跑类运动与球类运动的专门性准备活动。

一、赛跑类专门性练习

（一）辅助启动训练

赛跑类专门性练习

1. 目的

利用重心力矩产生的翻转效应，发展身体快速克服静止惯性的能力。

2. 技术标准

（1）身体直立，双腿并立与髋同宽，双手自然下垂于身体两侧，同伴面对训练者并搭着其双肩。

（2）身体逐步前倾至一定的斜度，同伴用手顶住其双肩。

（3）同伴松手侧身，让出跑道。

（4）训练者利用身体前倾的翻转力矩，以快步频的方式，向前启动加速。

3．运动负荷

在确保安全的情况下，每次运动 15～20 米，一般完成 3～4 次。

4．动作图例（如图 3－31 所示）

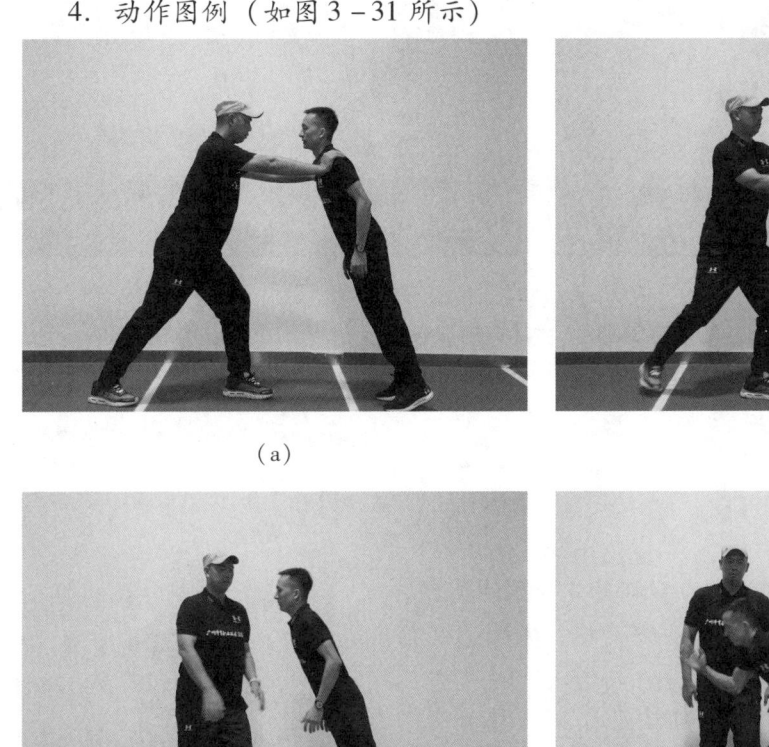

图 3－31　辅助启动训练

（二）主动启动训练

1．目的

利用身体前倾的重心力矩产生的翻转效应，发展身体快速克服静止惯性的能力。

2．技术标准

（1）身体直立，目光平视，双腿开立与髋同宽。

（2）保持头、肩、臀和脚跟在一条直线上，身体逐步前倾。

（3）当身体前倾到一定角度，快速摆动左手和右腿，支撑腿蹬地，利用身体前倾的翻转力矩，以快步频的方式，向前启动加速。

3．运动负荷

在确保安全的情况下，每次运动 15～20 米，一般完成 3～4 次。

4. 动作图例（如图 3-32 所示）

(a)

(b)

图 3-32 主动启动训练

（三）快速半高抬腿

1. 目的

发展下肢动作节奏和速度。

2. 技术标准

（1）身体直立，目光平视，双腿开立与髋同宽。

（2）手腿配合，进行小幅度高抬腿，大腿抬起与地面成 40°角。

（3）手腿协同，采用逐渐加快动作速度和节奏的方式，以最高速度和节奏完成。

3. 运动负荷

在确保安全的情况下，每次运动 8~10 秒，一般完成 3~4 次。

4. 动作图例（如图 3-33 所示）

图 3-33 快速半高抬腿

（四）高抬腿 + 冲刺跑

1. 目的

加强核心稳定能力，提升屈髋、伸髋能力及双腿快速交换的速率。

2. 技术标准

（1）身体直立，目光平视，双腿开立与髋同宽，双手置于身体两侧。

（2）一条腿以髋发力，带动屈链、屈髋、屈膝、屈踝；另一条腿单腿支撑，稳定身体。

（3）双手成跑步摆动姿势与大腿协同，双腿进行快速地交替上抬。

（4）高抬腿跑 8~15 米，达到最高频率后，冲刺跑 15~20 米为一组。

3. 运动负荷

在确保安全的情况下，一般完成 3~4 组。

4. 动作图例（如图 3-34 所示）

（a） （b）

图 3-34 高抬腿+冲刺跑

（五）折叠跑

1. 目的

提高跑步过程中大小腿的折叠前摆技术。

2. 技术标准

（1）上体正直或稍前倾，两臂呈跑步姿势前后摆动。

（2）足前掌着地，离地时足前掌用力扒地。

（3）脚掌蹬离地后，小腿顺势与大腿折叠，在膝关节的引领下向前摆动。

3. 运动负荷

在确保安全的情况下，每次运动 15~20 米，一般完成 3~4 次。

4. 动作图例（如图 3-35 所示）

图 3-35 折叠跑

（六）转髋扒地跳

1. 目的

提高跑步过程中大小腿的扒地技术。

2. 技术标准

（1）上体正直或稍前倾，两臂呈跑步姿势前后摆动。

（2）一条腿的髋关节向前转出带动大腿，折叠摆向人体中线，并与地面平行，另一条腿撑地小跳。

（3）摆动腿摆至与地面平行或略高于地面，以髋发力带动大小腿以脚掌扒地。

（4）一条腿完成扒地动作，另一条腿的髋关节向前转出带动大腿前摆，双腿交替进行。

3. 运动负荷

在确保安全的情况下，每次运动15～20米，一般完成3～4次。

4. 动作图例（如图3-36所示）

图3-36 转髋扒地跳

(七) 车轮跑

1. 目的

改善跑步过程中大小腿折叠、前摆及扒地技术。

2. 技术标准

(1) 身体直立，目光平视，双腿开立与髋同宽。

(2) 身体直立或后仰，一条腿提膝，大小腿折叠前摆，脚跟与着地腿膝平或略高于着地腿膝，另一条腿着地支撑。

(3) 当摆动腿超过水平面时，立即快速前伸下压，展髋后摆，前脚掌着地后扒，完成扒地动作后，另一条腿折叠前摆，双腿交替进行。

(4) 在整个折叠前摆及扒地过程中，始终保持以髋关节发力带动大小腿。

3. 运动负荷

在确保安全的情况下，每次运动 10~15 米，一般完成 3~4 次。

4. 动作图例（如图 3-37 所示）

(a) （b）

图 3-37 车轮跑

(八) 后退跑

1. 目的

激活大腿后群伸链的运动功能。

2. 技术标准

(1) 身体直立，双腿开立与髋同宽，背对跑道。

(2) 一条腿向背后伸髋，同时膝关节折叠向前进方向迈出，另一条腿向前进方向蹬伸。

(3) 摆动腿着地后，蹬地屈膝向前进方向前摆，双腿交替向后跑。

(4) 双手成跑步姿势，向前进方向摆动。

3. 运动负荷

在确保安全的情况下，每次运动 15~20 米，一般完成 3~4 次。

4. 动作图例（如图 3-38 所示）

(a) (b)

图 3-38 后退跑

（九）立定多级跳

1. 目的

发展向心离心转换能力和下肢爆发力。

2. 技术标准

（1）身体直立，双腿开立与髋同宽，双腿屈膝成 100°～135°；双腿伸髋、伸膝、伸踝向前上蹬地跳起，双臂协同屈肘向前上摆。

（2）落地时双腿屈髋、屈膝快速完成缓冲，尽可能快地再次起跳（200毫秒以内）。

（3）落地时，肩膝和脚尖在一条直线上。

3. 运动负荷

在确保安全的情况下，每组跳 8～10 次，一般完成 2～3 组。

4. 动作图例（如图 3-39 所示）

(a) (b)

图 3-39 立定多级跳

（十）连续跨步跳

1. 目的

改善下肢拉长—缩短周期的快速转换能力，提高肌肉的爆发性用力能力。

2. 技术标准

（1）身体直立，双腿开立与髋同宽，目光平视。

（2）起跳腿蹬地，快速有力地蹬伸并后折；摆动腿髋发力，膝关节折叠积极向前上方摆出，双手协同上摆。

（3）摆动腿屈髋屈膝屈踝缓冲，全脚掌落地成支撑腿，另一条腿屈膝前摆，支撑腿侧手臂配合摆动。

（4）支撑腿缓冲后迅速伸髋伸膝，同侧手与另一侧腿协同快速向前上摆，将身体蹬离地面，进入腾空阶段，以完成一个周期的跨步跳。

（5）摆动腿退让着地，进入另一个跳跃周期，双腿交替完成动作。

（6）在跨步跳过程中，尽量缩短全脚掌与地面接触的时间，以提高下肢爆发力。

3. 运动负荷

在确保安全的情况下，每次跳 5~7 级，一般完成 4~6 次。

4. 动作图例（如图 3-40 所示）

（a）　　　　　　　　　（b）

图 3-40　连续跨步跳

二、球类专门性练习

（一）侧弓步转髋

1. 目的

发展身体多方向移动能力，以及髋的灵活性。

球类专门性练习

2. 技术标准

（1）双脚分开与肩同宽，脊柱保持中立位。

（2）右脚往右侧跨一大步，呈侧弓步，同时左手触及右脚踝处，右手后摆。

（3）右脚蹬地，右髋后转将腿与左腿交叉，左手后摆，右手前摆。

（4）再将左腿向左侧跨出，成弓步循环右腿动作。

（5）始终保持腰部的中立位，转动部位主要在髋部。

3. 运动负荷

在确保安全的情况下，每组训练左右侧共 8~12 次，一般完成 3~4 组。

4. 动作图例（如图 3-41 所示）

图 3-41 侧弓步转髋

（二）交叉步侧小跑

1. 目的

提高髋关节的灵活性和髋关节旋转肌的柔韧性。

2. 技术标准

（1）躯干直立，目光平视，双腿开立与髋同宽，两臂侧平举，身体侧对前进方向，右脚经左脚向前迈步。

（2）左脚向前进方向侧迈步，右脚再次经左脚向前迈步，完成一个交叉步。

（3）右腿连续侧迈步 10~15 米后，换左腿练习，双腿交替进行。

3. 运动负荷

在确保安全的情况下，左右腿各行进 10~15 米为一组，一般完成 3~4 组。

4. 动作图例（如图 3-42 所示）

(a) (b) (c)

图 3-42 交叉步侧小跑

（三）踏跳提膝展髋

1. 目的

提高髋关节的灵活性及四肢的动作协调能力。

2. 技术标准

（1）身体直立，双腿开立与髋同宽，两臂侧平举，侧向前进方向。

（2）右膝快速上提至腋下，随即下踩踏地，前脚掌着地时带动身体向右侧移动。

（3）右脚踏地瞬间，左膝上提至腋下，然后立即下踩踏地，两腿交替提踏向右侧行进。

3. 运动负荷

在确保安全的情况下，左右侧各做 4~8 次。

4. 动作图例（如图 3-43 所示）

(a) (b)

(c) (d)

图 3-43 踏跳提膝展髋

(四) 8米变向移动

1. 目的

提高与激活人体直线和侧向移动时的动作系统。

2. 技术标准

(1) 双腿开立与髋同宽，双腿微屈，目视前方。

(2) 先向前直线跑8米。

(3) 转身向后，再向右侧滑步跑8米。

(4) 从右侧回到原前进路线，再向左侧滑步跑8米。

(5) 从左侧回到原前进路线，再倒退跑8米。

(6) 再向右侧交叉步跑8米。

(7) 从右侧回到起点，再向左侧交叉步跑8米，回到起点。

3. 运动负荷

在确保安全的情况下，以80%最大速度完成每一次8米动作，一般完成4~5次。

4. 动作图例（如图3-44所示）

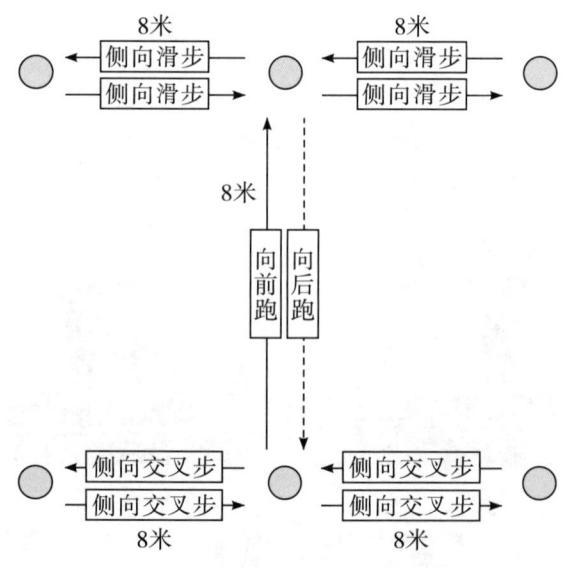

图3-44 8米变向移动示意图

(五) T字形跑

1. 目的

提高上下肢的协同性及身体向前后左右多方向移动时的速度。

2. 方法

训练者完成向前、向右、向左再向后的移动。一般采用T字形移动。

3．技术标准

(1) 双脚站立，与髋同宽，目光平视。

(2) 从起点标志点出发，向前移动9.2米（10码）到达中心标志点，然后向右移动4.6米（5码）到右达标志点，再向左移动9.2米到达左标志点，再向右移动4.6米到达中心标志点，然后向后跑，回到起始标准点。

(3) 回到起始标志点时，仍保持面向前方，采用后退跑技术。

4．运动负荷

在确保安全的情况下，每完成一整套36.8米的移动跑为一组，一般完成3~4组。

5．动作图例（如图3-45所示）

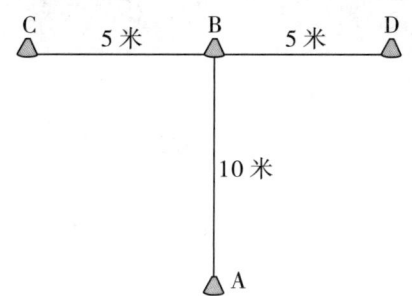

图3-45　T字形跑示意图

（六）收腹跳接冲刺

1．目的

提高肌肉的反射动作速度及下肢爆发力。

2．技术标准

(1) 双腿开立与髋同宽，双腿跳起完成收腹跳二次。

(2) 完成第二次收腹跳后，立即以最快的速度向前冲刺。

(3) 收腹跳落地后，身体立刻前倾约45°，以最快的频率摆臂及摆腿。

3．运动负荷

在确保安全的情况下，二次收腹跳接加速跑10~15米为一组，一般完成4~6组。

4. 动作图例（如图 4-46 所示）

(a)

(b)

图 3-46 连续二次收腹跳接冲刺

（七）行进间抛推球

1. 目的

激活及动员躯干旋转的神经肌肉链。

2. 技术标准

（1）双腿开立与髋同宽，膝关节微屈，双手屈肘持球置于胸前。

（2）持球向前跑，跨左腿在前时，躯干旋转，向左侧抛推球。

（3）无球时，自行调整步伐，右腿在前时接球。

（4）相反方向重复抛接球动作。

3. 运动负荷

在确保安全的情况下，每行进 20~30 米为一组，一般完成 4~6 个来回。

4. 动作图例（如图 3-47 所示）

(a)

(b)

图 3-47 行进间抛推球

（八）弓步分腿跳

1. 目的
提高与激活全身及下肢的爆发力。

2. 技术标准
（1）身体直立，双腿开立与髋同宽，目光平视。
（2）左腿向前跨出成弓步，前腿膝关节在脚尖正上方，后腿膝关节处成160°角，双手屈肘90°置于体侧。
（3）前腿先做一个微蹲动作，然后爆发性跳起，双手协同向上摆动。
（4）双腿蹬离地面后在空中做前后交换，落地后保持弓步姿势，再快速跳起。
（5）弓步大小结合自身实际情况确定。

3. 运动负荷
在确保安全的情况下，每组重复整套动作6~10次，一般完成3~4组。

4. 动作图例（如图3-48所示）

（a） （b）

图3-48 弓步分腿跳

第五节 静态拉伸

静态拉伸

静态拉伸是指通过缓慢而持续的动作，将肌肉、韧带等软组织拉长或延展的一种训练技术，一般单个动作持续时间在40~60秒。实践表明，静态拉伸能有效改善肌肉的延展性，提高关节活动的灵活度，缓解机体疲劳并减少运动损伤。

与其他拉伸技术相比，静态拉伸有以下特点：其一，拉伸动作简单易学，时间易控制，不受场地限制，不依赖于体育器械；其二，有效避免牵张反射等，在各类拉伸动作中效果较好，且具有较强的针对性。

由于静态拉伸动作匀速缓慢，牵张反射会受到抑制，拉伸过程中虽然软组织可能会有不适的牵拉感，但当拉伸时间足够长时，会激活高尔基腱器而导致肌肉放松，因此在训练与比赛结束后经常使用其作为恢复手段。

静态拉伸曾长期用于比赛或锻炼前的热身准备活动中，作为提升运动准备状态、减少肌肉酸痛、预防运动损伤的方法，但相关研究表明，静态拉伸会通过神经反射诱发肌肉放松，导致肌肉的收缩速度下降，进而影响身体力量、爆发力和反应时间的激活能力。从体能训练的角度来看，更建议静态拉伸作为运动后的肌肉纤维和组织液的恢复促进手段，作为动态拉伸及热身活动不足的补充部分。静态拉伸一般按自下而上，强度从大到小的顺序，循序渐进地实施。体育教师可根据教学情况自由选择以下动作进行组合练习。

一、仰卧直腿拉伸

1. 目的

拉伸大腿腘绳肌群。

2. 技术标准

（1）身体仰卧平躺成标准解剖姿势。

（2）缓慢将其中一条需要拉伸的腿，直膝抬到最大位置。

（3）双手抱住大腿膝关节下部，缓慢拉向胸部。

（4）保持30~40秒，双腿交替进行最大拉伸位置。

3. 运动负荷

在确保安全的情况下，每条腿拉伸2~3次。

4. 动作图例（如图3-49所示）

图3-49 仰卧直腿拉伸

二、坐姿4字拉伸

1. 目的

拉伸大腿腘绳肌群。

2. 技术标准

（1）正面坐姿，左腿直膝置于地面，右腿屈膝立于左腿外侧。

（2）躯干前屈，拉伸大腿腘绳肌。
（3）保持最大拉伸位置30~40秒，双腿交替进行。
3. 运动负荷
在确保安全的情况下，每条腿拉伸2~3次。
4. 动作图例（如图3-50所示）

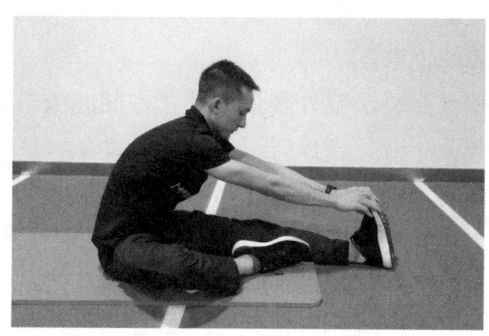

图3-50 坐姿4字拉伸

三、仰卧抱膝拉

1. 目的
拉伸大腿臀大肌、对侧髂腰肌。
2. 技术标准
（1）身体仰卧平躺成标准解剖姿势。
（2）屈膝抬起其中一条腿，双手抱膝关节前部，最大限度地拉向胸部。
（3）保持最大拉伸位置30~40秒，双腿交替进行。
3. 运动负荷
在确保安全的情况下，一般每条腿拉伸2~3次。
4. 动作图例（如图3-51所示）

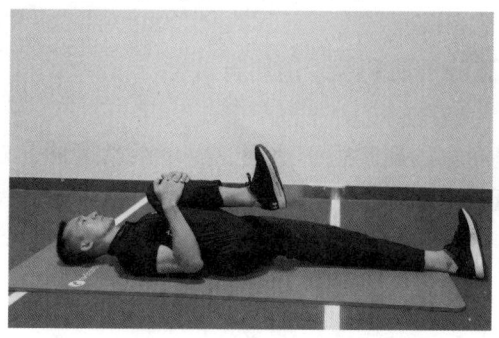

图3-51 仰卧抱膝拉

四、仰卧屈膝横压

1. 目的

拉伸梨状肌和大腿双侧臀大肌。

2. 技术标准

(1) 身体仰卧平躺成标准解剖姿势。

(2) 双腿屈膝,右腿外翻将小腿外踝上方置于左腿膝关节的上方。

(3) 双手抱左腿膝关节下方,缓慢将双腿拉向胸部。

(4) 保持最大拉伸位置30~40秒,双腿交替进行。

3. 运动负荷

在确保安全的情况下,一般每条腿拉伸2~3次。

4. 动作图例(如图3-52所示)

图3-52 仰卧屈膝横压

五、跪撑后仰

1. 目的

拉伸股四头肌、小腿胫前肌和躯干前肌群。

2. 技术标准

(1) 双腿分开与髋同宽,屈膝跪于地面,躯干微微后伸,双手撑于足跟。

(2) 双腿伸髋,躯干与头部后仰(后伸)。

(3) 保持最大拉伸位置30~40秒。

3. 运动负荷

在确保安全的情况下,一般拉伸3~4次。

4. 动作图例（如图3-53所示）

图3-53　跪撑后仰

六、站姿屈膝拉伸

1. 目的
拉伸髂腰肌、股四头肌和胫骨前肌。
2. 技术标准
（1）支撑腿离肋木或栏杆40~50厘米站立，另一腿屈膝置于栏杆上，双手反握杆。
（2）身体后仰，利用身体重量最大限度地屈膝。
（3）保持最大拉伸位置30~40秒，左右腿交替。
3. 运动负荷
在确保安全的情况下，每条腿拉伸2~3次。
4. 动作图例（如图3-54所示）

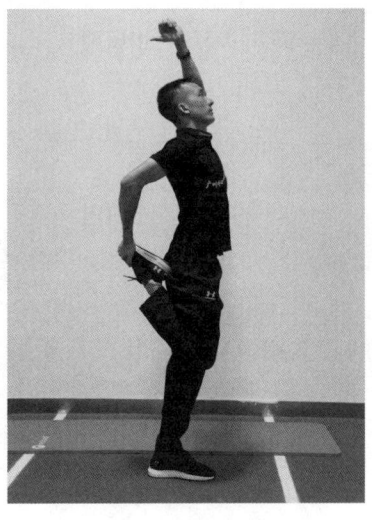

图3-54　站姿屈膝拉伸

七、弓步压腿

1. 目的

拉伸前腿股四头肌、对侧腿髂腰肌。

2. 技术标准

(1) 身体直立与髋同宽,迈腿成弓步,前腿膝关节与脚趾在一条直线上,后腿膝关节自然放松,离地约一个拳头(约10厘米)远,双手叉腰。

(2) 双腿缓慢下压,在极限拉伸位置保持10秒,恢复到起始位置,下压4~6次后双腿交替进行。

3. 运动负荷

在确保安全的情况下,每条腿拉伸2~3次。

4. 动作图例(如图3-55所示)

图3-55 弓步压腿

八、蝶式前压

1. 目的

拉伸双腿侧内收肌和缝匠肌。

2. 技术标准

(1) 坐姿,双腿外旋,两脚掌相触成蝴蝶状,双手握胫骨下沿,双肘分别置于左右膝关节处。

(2) 躯干前屈,同时双手肘关节下压膝关节。

(3) 保持最大拉伸位置10秒,恢复到起始位置,下压4~6次。

3. 运动负荷

在确保安全的情况下,拉伸3~4次。

4．动作图例（如图 3－56 所示）

图 3－56　蝶式前压

九、站姿侧压腿

1．目的

拉伸内收肌、臀肌和脊柱长肌。

2．技术标准

（1）身体直立，双腿开立与肩同宽，立于肋木或栏杆旁边。

（2）单腿直立，一条腿屈膝外展，躯干向地面前屈下压，双手尽可能触地。

（3）保持极限拉伸位置持续 10 秒，保持姿势放松身体，再次下压 4～6 次，双腿交替进行。

3．运动负荷

在确保安全的情况下，每条腿拉伸 3～4 次。

4．动作图例（如图 3－57 所示）

图 3－57　站姿侧压腿

十、坐位体前屈

1. 目的

拉伸小腿三头肌、大腿后群肌。

2. 技术标准

（1）直膝双脚并拢坐在地上，双手放在大腿上面。

（2）躯干前屈，双手前伸尽可能触摸脚尖。

（3）保持极限拉伸位置持续10秒，保持姿势放松身体，再次下压4~6次。

3. 运动负荷

在确保安全的情况下，拉伸3~4次。

4. 动作图例（如图3-58所示）

图3-58　坐位体前屈

十一、弓步拉小腿

1. 目的

拉伸小腿三头肌。

2. 技术标准

（1）身体直立，双腿开立与髋同宽，双手伸直以手掌撑墙，右腿后撤一步成弓步。

（2）双手缓慢屈肘，身体前倾。

（3）身体前倾过程中，右腿脚跟不能离开地面，缓慢拉伸小腿三头肌。

（4）保持极限位置持续10秒，保持姿势放松后腿，再次下压4~6次，双腿交替进行。

3. 运动负荷

在确保安全的情况下，每条腿拉伸3~4次。

4．动作图例（如图3-59所示）

图3-59　弓步拉小腿

十二、单腿直立压小腿

1．目的
拉伸小腿三头肌。

2．技术标准

（1）身体直立，双腿开立与髋同宽，一条腿直膝前伸，以脚跟着地勾脚尖，另一条腿适度屈膝为支撑腿。

（2）躯干前屈，双手向前触摸勾起的脚尖。

（3）保持极限位置持续10秒，保持姿势放松小腿，再次下压4~6次，双腿交替进行。

3．运动负荷
在确保安全的情况下，拉伸3~4次。

4．动作图例（如图3-60所示）

图3-60　单腿直立压小腿

十三、侧拉髂胫束

1. 目的

拉伸髂胫束。

2. 技术标准

（1）身体与墙面间隔50~70厘米，侧对直立，一只手屈肘以上臂支撑墙面，另一只手叉腰。

（2）外侧腿屈膝交叉越过内侧腿，内侧腿伸直，髋关节位置保持不变。

（3）内侧腿以髋为中心向墙面推压。

（4）保持极限位置持续10秒，保持姿势放松内侧腿，再次下压4~6次，双腿交替进行。

3. 运动负荷

在确保安全的情况下，每条腿拉伸3~4次。

4. 动作图例（如图3-61所示）

图3-61 侧拉髂胫束

十四、坐姿胸前拉

1. 目的

拉伸三角肌和肩带肌肉。

2. 技术标准

（1）双腿屈膝交叉坐于地面，右手内收举于胸前，左手握右手肘关节处。

（2）左手向左侧推拉右手肘关节，保持躯干稳定。

（3）保持极限位置持续10秒，保持姿势放松右手，再次下压4~6次，双手交替进行。

3. 运动负荷

在确保安全的情况下,每只手拉伸3~4次。

4. 动作图例(如图3-62所示)

图3-62 坐姿胸前拉

十五、坐姿颈后拉

1. 目的

拉伸斜方肌上部和肩袖肌群。

2. 技术标准

(1) 双腿屈膝交叉坐于地面,右肩屈肘外旋外展,左手抓右胳膊肘部。

(2) 左手缓慢向后下拉伸右手,右手指尽可能触及左肩胛骨。

(3) 保持极限位置持续10秒,保持姿势放松右手,再次下压4~6次,双手交替进行。

3. 运动负荷

在确保安全的情况下,每只手拉伸3~4次。

4. 动作图例(如图3-63所示)

图3-63 坐姿颈后拉

十六、坐姿肩部肌群拉伸

1. 目的

拉伸背阔肌。

2. 技术标准

（1）双腿屈膝交叉坐于地面，双手十指交叉，直臂上举，掌心向上。

（2）保持脊柱中立位，缓慢向上推举双手。

（3）保持极限位置持续 10 秒，保持姿势放松，再次下压 4~6 次。

3. 运动负荷

在确保安全的情况下，拉伸 3~4 次。

4. 动作图例（如图 3-64 所示）

图 3-64 坐姿肩部肌群拉伸——背后伸臂

十七、仰卧旋转拉

1. 目的

拉伸竖脊肌、斜方肌中部。

2. 技术标准

（1）仰卧伸直双腿，双手水平外展，掌心向上，右腿屈膝立于左腿外侧。

（2）保持盆骨与下肢稳定，左手向右手运动靠拢，旋转拉伸竖脊肌。

（3）保持极限位置持续 10 秒，保持姿势放松，再次下压 4~6 次。

3. 运动负荷

在确保安全的情况下，每侧拉伸 3~4 次。

4. 动作图例（如图 3-65 所示）

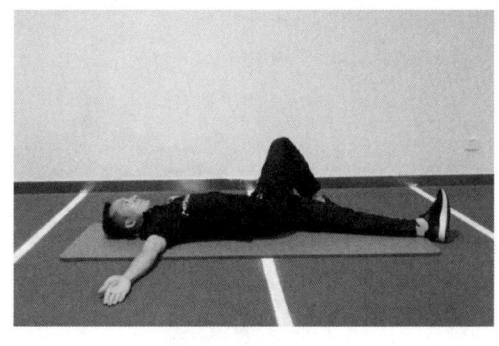
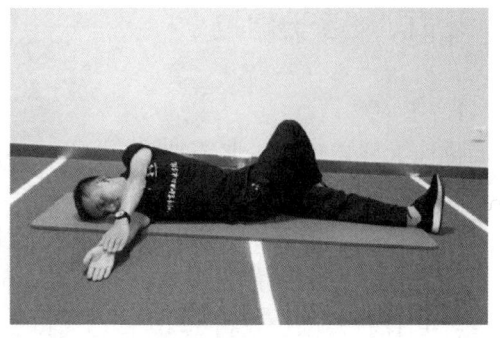

(a) (b)

图 3-65 仰卧旋转拉

十八、坐姿旋转拉

1. 目的

拉伸颈内外斜肌、梨状肌和竖脊肌。

2. 技术标准

（1）坐姿两腿伸直，然后右腿屈膝立于左腿外侧，右手后撑，左手置于右膝之上。

（2）保持脊柱中立位，身体缓慢右旋。

（3）保持极限位置持续 10 秒，保持姿势放松，再次下压 4~6 次。

3. 运动负荷

在确保安全的情况下，每侧拉伸 3~4 次。

4. 动作图例（如图 3-66 所示）

图 3-66 坐姿旋转拉

十九、坐姿分腿拉

1．目的

拉伸大腿后群肌、竖脊肌。

2．技术标准

（1）双腿屈膝外旋成碟状坐姿，双臂平举。

（2）躯干倾斜，双手尽可能向双腿中间位置的远处前伸。

（3）保持极限位置持续10秒，保持姿势放松，再次下压4~6次。

3．运动负荷

在确保安全的情况下，拉伸3~4次。

4．动作图例（如图3-67所示）

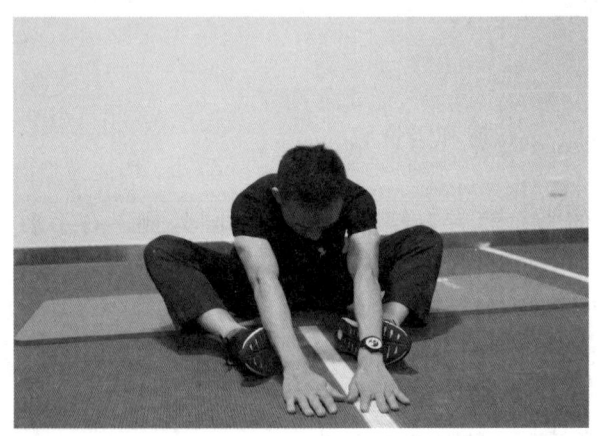

图3-67　坐姿分腿拉

二十、背弓举腿

1．目的

拉伸竖脊肌和臀肌。

2．技术标准

（1）仰卧直膝分腿与髋同宽，双手成40°掌心向下压住地面。

（2）以肩胛骨支点，抬双腿举过肩部，肩和双手用力支撑身体。

（3）特别强调，举腿过肩时，不能以颈椎为支点实施翻转。

（4）保持举腿背翻姿势10秒，放腿回到原位。

3．运动负荷

在确保安全的情况下，拉伸4~6次。

4. 动作图例（如图3-68所示）

图3-68 背弓举腿

二十一、俯卧转髋

1. 目的

拉伸腹内外斜肌和大腿前群肌。

2. 技术标准

（1）俯卧分腿与髋同宽，双手平举掌心向下。

（2）一条腿置于地面，另一条腿屈膝向上、向人体中线抬转。

（3）抬腿侧的髋关节随腿一起上抬，身体形成旋转的姿势。

（4）膝关节到达人体中线，放下大腿回到起始位置。

（5）抬转过程中，注意侧旋不宜过大过猛，否则易造成腰椎损伤。

3. 运动负荷

在确保安全的情况下，双腿各上抬8~10次为一组，完成3~4组。

4. 动作图例（如图3-69所示）

 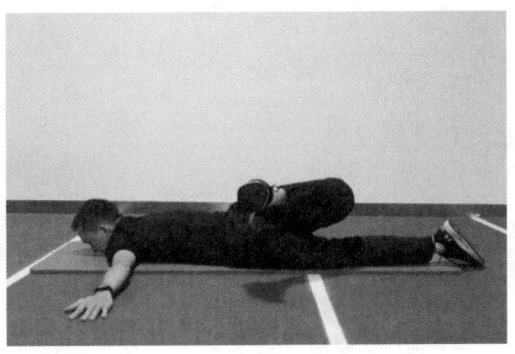

(a) (b)

图3-69 俯卧转髋

二十二、侧位体前屈

1. 目的

拉伸臀大肌、臀中肌和髂胫束。

2. 技术标准

(1) 身体直立,双腿开立与髋同宽,双手自然下垂置于身体两侧。
(2) 左腿屈膝从前方交叉过右腿,右腿直立为支撑腿。
(3) 身体向左侧下压,双手尽可能向地面伸展。
(4) 保持极限位置持续10秒,保持姿势放松,再次下压4~6次。

3. 运动负荷

在确保安全的情况下,每侧腿做3~4次。

4. 动作图例(如图3-70所示)

(a)

(b)

图3-70 侧位体前屈

二十三、站姿旋转拉

1. 目的

拉伸腰方肌。

2. 技术标准

(1) 双腿开立与肩同宽,屈膝成高蹲位(屈135°角),双手直肘撑同侧膝关节。
(2) 一侧肩关节前旋,拉长同侧腰方肌,左右交替完成。
(3) 保持极限位置持续10秒,保持姿势放松,再次下压4~6次。

3. 运动负荷

在确保安全的情况下,每侧拉伸3~4次。

4. 动作图例（如图 3-71 所示）

（a） （b）

图 3-71 站姿旋转拉

第六节 本体感觉神经肌肉促进疗法拉伸

本体感觉神经肌肉
促进疗法拉伸

本体感觉神经肌肉性促进法拉伸（简称"PNF 拉伸"）最早用于临床医疗康复、偏瘫一类，作为牵伸练习、康复方法的一部分。PNF 拉伸通过刺激人体腱梭等本体感受器，来激活和募集最大数量的运动肌纤维参与活动，通过肌肉的保护性反射和主动肌与拮抗肌的交互抑制，改变肌肉的张力特征，有效地放松和拉长肌肉，扩大关节活动范围。PNF 拉伸既可以在训练的热身活动中采用，也可以在恢复再生阶段采用。从练习形式上看，PNF 拉伸和静态拉伸方法相似，但机理上有本质的区别。PNF 拉伸的生理学理论依据是利用逆牵张反射而达到使肌肉放松的目的，肌肉做等长收缩，会对肌肉产生强烈的刺激，肌肉中的腱梭会将信号传入中枢神经，反射性地使肌肉放松，导致逆牵张反射的产生。也就是说，被牵拉肌肉的主动收缩抵消所产生的牵张放射，其收缩后放松加大，再者就是拮抗肌的收缩也可以加大动肌的放松。在 PNF 拉伸过程中，包含了三种特定的肌肉运动方式的组合用来促进肌肉的被动伸展：其一是等长收缩机制，通过维持一定时间，肌肉保持长度的向心收缩，起到激活腱梭的作用；其二是拮抗交互抑制，对需要拉伸肌肉的拮抗肌，运用向心等长收缩技术，通过交互抑制放松目标肌群；其三是被动拉伸，通过同伴施加的外力，被动拉长目标肌群。

PNF 拉伸技术主要由静态伸展、等长收缩、被动伸展与交互抑制和放松构成，一次完整的 PNF 拉伸包括撑住—放松、收缩—放松、主动肌收缩时撑住—放松三种技术，每个技术又包含三个阶段，每种技术的第一阶段，均包含 10 秒被动预伸展，而第二和第三阶段的肌肉动作对于三种伸展技术有所不同，并分别命名。但它们的持续时间相同，第二阶段持续 6 秒，第三阶段持续 30 秒。下面分别以大腿后群腘绳肌、小腿三头肌、股四头肌、胸部及肩部肌群为例，介绍 PNF 拉伸技术。

一、PNF 拉伸大腿后部肌群

1. 目的

增加大腿后部肌群腘绳肌的柔韧性。

2. 技术标准

阶段一：撑住—放松。

（1）被拉伸者仰卧在垫子上，先被动预拉伸 10 秒，然后同伴施加一个屈髋的力，并提示被拉伸者撑住，不要让同伴移动他的腿。

（2）被拉伸者撑住，对抗阻力，此时练习腿采用等长收缩，维持 6 秒。

（3）然后拉伸者放松，再被动伸展保持 30 秒。

阶段二：收缩—放松。

（1）被拉伸者先被动预拉伸 10 秒，然后伸髋抵抗同伴阻力 6 秒。

（2）被拉伸者放松，被动拉伸 10 秒。

阶段三：主动肌收缩时撑住—放松。

被拉伸者先预拉伸 10 秒，然后主动肌同向收缩 6 秒，最后被动拉伸 30 秒。

3. 运动负荷

在确保安全的情况下，共坚持 118 秒。

4. 动作图例（如图 3-72 所示）

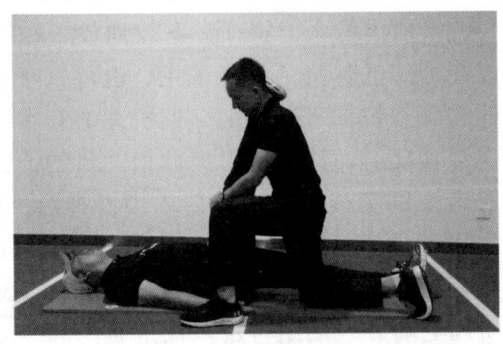

图 3-72　PNF 拉伸大腿后部肌群

二、PNF 拉伸小腿脚踝肌群

1. 目的

增加小腿肌三头肌群的柔韧性。

2．技术标准

阶段一：撑住—放松。

（1）被拉伸者坐在垫子上，先被动预拉伸 10 秒，然后同伴施加一个屈踝的力，并提示被拉伸者撑住，不要让同伴移动他的脚。

（2）被拉伸者撑住，对抗阻力，此时练习腿采用等长收缩，维持 6 秒。

（3）然后被拉伸者放松，再被动伸展保持 30 秒。

阶段二：收缩—放松。

（1）被拉伸者先被动预拉伸 10 秒，然后伸髋抵抗同伴阻力 6 秒。

（2）被拉伸者放松，被动拉伸 10 秒。

阶段三：主动肌收缩时撑住—放松。

被拉伸者先预拉伸 10 秒，然后主动肌同向收缩 6 秒，最后被动拉伸 30 秒。

3．运动负荷

在确保安全的情况下，共坚持 46 秒。

4．动作图例（如图 3-73 所示）

图 3-73　PNF 拉伸小腿脚踝肌群

三、PNF 拉伸大腿前部肌群

1．目的

增加大腿前部肌群的柔韧性。

2．技术标准

阶段一：撑住—放松。

（1）被拉伸者俯卧在垫子上，先被动预拉伸 10 秒，然后同伴施加一个髋伸展的力，并提示被拉伸者撑住，不要让同伴移动他的腿。

（2）被拉伸者撑住，对抗阻力，此时练习腿采用等长收缩，维持 6 秒。

（3）然后被拉伸者放松，再被动伸展保持 30 秒。

阶段二：收缩—放松。

（1）被拉伸者先被动预拉伸 10 秒，然后屈髋抵抗同伴阻力 6 秒。

（2）被拉伸者放松，被动拉伸 10 秒。

阶段三：主动肌收缩时撑住—放松。

被拉伸者先预拉伸 10 秒，然后主动肌同向收缩 6 秒，最后被动拉伸 30 秒。

3．运动负荷

在确保安全的情况下，共坚持 46 秒。

4．动作图例（如图 3-74 所示）

图 3-74　PNF 拉伸大腿前部肌群

四、PNF 拉伸大腿内侧肌群

1．目的

增加大腿内侧肌群的柔韧性。

2．技术标准

阶段一：撑住—放松。

（1）被拉伸者坐在垫子上，先被动预拉伸 10 秒，然后同伴施加一个髋外展的力，并提示被拉伸者撑住，不要让同伴移动他的腿。

（2）被拉伸者撑住，对抗阻力，此时练习腿采用等长收缩，维持 6 秒。

（3）然后被拉伸者放松，再被动伸展保持 30 秒。

阶段二：收缩—放松。

（1）被拉伸者先被动预拉伸 10 秒，然后内旋髋抵抗同伴阻力 6 秒。

（2）被拉伸者放松，被动拉伸 30 秒。

阶段三：主动肌收缩时撑住—放松。

被拉伸者先预拉伸 10 秒，然后主动肌同向收缩 6 秒，最后被动拉伸 30 秒。

3．运动负荷

在确保安全的情况下，共坚持 46 秒。

4．动作图例（如图 3-75 所示）

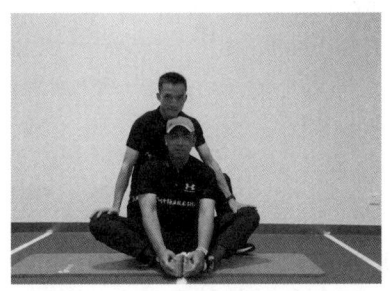

图 3-75　PNF 拉伸大腿内侧肌群

五、PNF 拉伸胸部肌群

1．目的
增加胸部肌群的柔韧性。
2．技术标准
阶段一：撑住—放松。
（1）被拉伸者坐在垫子上，先被动预拉伸 10 秒，然后同伴施加一个肩外展的力，并提示被拉伸者撑住，不要让同伴移动他的手。
（2）被拉伸者撑住，对抗阻力，此时采用等长收缩，维持 6 秒。
（3）然后被拉伸者放松，再被动伸展保持 30 秒。
阶段二：收缩—放松。
（1）被拉伸者先被动预拉伸 10 秒，然后内收肩抵抗同伴阻力 6 秒。
（2）被拉伸者放松，被动拉伸 10 秒。
阶段三：主动肌收缩时撑住—放松。
被拉伸者先预拉伸 10 秒，然后主动肌同向收缩 6 秒，最后被动拉伸 30 秒。
3．运动负荷
在确保安全的情况下，共坚持 46 秒。
4．动作图例（如图 3-76 所示）

图 3-76　PNF 拉伸胸部肌群

六、PNF 拉伸肩部肌群

1. 目的

增加肩部肌群的柔韧性。

2. 技术标准

阶段一：撑住—放松。

（1）被拉伸者坐在垫子上，先被动预拉伸 10 秒，然后同伴施加一个手外展的力，并提示被拉伸者撑住，不要让同伴移动他的手。

（2）被拉伸者撑住，对抗阻力，此时采用等长收缩，维持 6 秒。

（3）然后被拉伸者放松，再被动伸展保持 30 秒。

阶段二：收缩—放松。

（1）被拉伸者先被动预拉伸 10 秒，然后内收抵抗同伴阻力 6 秒。

（2）被拉伸者放松，被动拉伸 10 秒。

阶段三：主动肌收缩时撑住—放松。

被拉伸者先预拉伸 10 秒，然后主动肌同向收缩 6 秒，最后被动拉伸 30 秒。

3. 运动负荷

在确保安全的情况下，共坚持 46 秒。

4. 动作图例（如图 3-77 所示）

图 3-77　PNF 拉伸肩部肌群

本章小结

现行的初中体育课程，运动前的热身活动多数是慢跑加上静态拉伸或者弹震式拉伸，没有形成系统的热身体系，导致在运动中发生运动损伤的情况时常出现，严重影响课程效果和学生的身体健康。其实热身活动在整堂体育课中极其重要。良好的热身体系有助于减少运动损伤的发生，提高运动成绩，提升身体功能，为整堂体育课程打下良好的身体基础，增强体育课堂的训练功效。

思考与练习

1. 动态拉伸的主要作用是什么？其与传统的静态拉伸和摆振式拉伸有什么区别？
2. 慢跑热身的主要作用是什么？一般跑多少米比较合适？
3. 一个静态拉伸动作每次需要持续多长时间？静态拉伸一般放在体育课的什么阶段合适？

第四章
基于动作发育的功能动作重置与锻炼技术

人类在进化过程中,从四肢爬行和上肢悬吊,到双腿直立行走,身体姿势和动作结构发生了根本性的演进,逐步形成了一套适应双腿直立行走和奔跑的运动程式和功能动作。从婴幼儿爬的发育过程中,可以看到人类功能动作的雏形和原始特征。随着生长发育,特别是进入学龄阶段,久坐低头的动作形态使得孩子们逐步退化或部分丧失了进化和发育过程中获得的动作能力。进化动作功能的丧失,使得人们在生活和运动过程中脊柱更容易损伤,引发成年后的腰椎与颈椎疾病,同时也损伤肌肉和肌腱,降低运动表现。要恢复原有的动作功能,必须根据人类神经动作发育规律对动作功能进行重置,或"再学习",重建神经肌肉的运动模式。本章主要讲述如何通过对发育动作的重置,帮助久坐低头的中学生们,恢复原有的但已退化或丧失的功能动作。

第一节　呼吸功能锻炼技术

呼吸功能锻炼技术

功能动作退化或丧失对青少年影响最明显的就是脊柱侧弯,调查表明,近些年来,青少年脊柱侧弯发病率呈现上升趋势,这让人们意识到身体姿势和腰椎稳定的重要性。而身体姿势和腰椎的稳定必须依靠腹内压系统和肌肉—韧带链来维持,但是很多人对核心肌群和核心稳定的意义认识不足,常局限在腹肌和背肌的训练上,常用八块腹肌作为核心功能稳定的标志。

核心稳定的关键在于神经肌肉系统的控制,只有在合适时机正确地启动膈肌和腹横肌执行呼吸,再借助呼吸作用激活腹壁肌肉协同作用以增加腹内压才能对腰椎提供稳定的支撑。正确的呼吸需要横膈膜和腹横肌协同用力，上胸部、脖子或脸颊要保持放松，不必主动发力，正确合理的呼吸不但可以强化核心稳定，还能优化动作，激活动作顺序及骨排列，同时能缓解并减轻腰痛，有效预防脊柱侧弯的发生和发展。以下练习动作，教师可以根据教学情况自由选择及组合。

一、膈膜呼吸技术训练

膈膜呼吸技术训练着重强调呼吸模式及膈肌的功能。临床研究表明，该呼吸方式对于下背痛和骶、髂关节痛的恢复与改善具有良好的疗效。近年来，美国四大体育联盟（包括美国国家橄榄球联盟、美国职业棒球大联盟、美国职业篮球赛和国家冰球联盟）的许多体能教练开始将膈膜呼吸技术训练置于动态热身前。

1. 目的

有助于在较短时间内促进身体骨骼排列结构的改善与恢复。

2. 技术标准

（1）髋与膝、膝与踝分别呈90°角，双脚脚底平踩在墙上。

（2）两膝盖之间夹着直径为10~15厘米的球。

（3）右手伸直放右耳旁，左手拿气球并放入嘴中。

（4）用鼻子吸气，同时骨盆后倾让骶骨离开垫子，背平贴在垫子上，大腿后肌的发力使脚跟沿墙面下拉，而不是脚向墙壁垂直用力。

（5）伴吸气舌头上卷至口腔上壁，暂停3秒，再用嘴巴呼气，将其排入气球中。

（6）不要用手捏气球，再次开始鼻子吸气过程。

（7）呼吸4次后把气球吹大，右手帮忙扶着就好。

（8）捏住气球口，从嘴边拿开，并把气放掉。

3. 运动负荷

在确保安全的情况下，每组吹气球3~4次，完成3~5组训练。

4. 动作图例（如图4-1所示）

图4-1 膈膜呼吸技术训练

二、仰卧举腿腹式呼吸训练

1. 目的

通过呼吸能力的重置，恢复正确的呼吸模式，激活核心稳定功能，减少由于胸式呼吸带来的呼吸功能障碍及核心稳定功能减退的发生。

2. 动作标准

（1）身体仰卧，目光正视上方，颈椎、腰椎和骶骨呈一条直线。

（2）双腿抬起与髋关节同宽，屈髋屈膝，髋与膝、膝与踝之间分别成90°角，置于墙面。

（3）双手放在第十二肋骨与肚脐之间（也可以用球代替手）。

（4）吸气时手被推离脊柱，气向脊柱四周膨胀，四周包括腹部四壁、膈肌和盆底肌，原则上胸部和肩保持不动。

（5）呼气时收吸，气向脊柱、腹部四壁收紧。

（6）越慢越好，呼吸的时间比为3∶4，一呼一吸完成一个循环。

3. 运动负荷

在确保安全的情况下，每组呼吸10～12次，完成3～5组训练。

4. 动作图例（如图4-2所示）

图4-2 仰卧举腿腹式呼吸训练

三、四马式呼吸技术Ⅰ训练

1. 目的

利用四马爬行呼吸姿势，强化核心的稳定性及对称条件下的呼吸模式，激活肩关节、脊柱和髋关节的周围肌群，提升核心区及重要关节点的稳定性。

2. 技术标准

（1）双手和双膝四点支撑跪地，双手与大腿垂直于地面，躯干与地面平行，四肢垂直地面。

（2）腹横肌和膈肌主导进行呼气和吸气练习，一呼一吸为一个呼吸循环。

3. 运动负荷

在确保安全的情况下，呼吸循环 10～12 次为一组，完成 3～4 组训练。

4. 动作图例（如图 4-3 所示）

图 4-3　四马式呼吸技术Ⅰ训练

四、四马式呼吸技术Ⅱ训练

1. 目的

通过三点支撑的四马式呼吸姿势，强化非稳定外展条件下的呼吸模式，激活肩关节、髋关节和脊柱周围的肌群，提升核心区及重要关节点的稳定性。

2. 技术标准

（1）双手和双膝四点支撑跪地，躯干与地面平行，四肢垂直地面。

（2）一侧髋部外展肌发力做髋关节外展，并保持与地面平行。

（3）腹横肌和膈肌主导进行呼气和吸气练习，一呼一吸为一个呼吸循环。

（4）完成一条腿外展的呼吸后，腿回到起始位置，换腿重复练习。

3. 运动负荷

在确保安全的情况下，一般完成 6～10 个呼吸循环为一组，完成 2～3 组。

4. 动作图例（如图 4-4 所示）

图 4-4　四马式呼吸技术Ⅱ训练

五、四马式呼吸技术Ⅲ训练

1. 目的

通过二点支撑的四马式呼吸姿势，强化非稳定对侧运动条件下的呼吸模式，激活肩关节、髋关节和脊柱周围的肌群，提升核心区及重要关节点的稳定性。

2. 技术标准

（1）从四点支撑四马式开始，垂直抬起异侧手腿并伸展，成手膝两点支撑。

（2）抬起伸展的对侧手腿，与躯干成直线，与地面平行。

（3）以腹横肌和膈肌激活引导，在两点支撑姿势下进行腹式呼吸，一呼一吸为一个呼吸循环。

（4）完成一侧支撑呼吸后，腿回到起始位置，换腿重复练习。

3. 运动负荷

在确保安全的情况下，每侧呼吸8~12次一组，完成3~4组。

4. 动作图例（如图4-5所示）

图4-5　四马式呼吸技术Ⅲ训练

六、单桥呼吸技术训练

1. 目的

通过单腿支撑的单桥呼吸姿势，强化非稳定伸髋条件下的呼吸模式，激活膝关节、髋关节和脊柱周围的肌群，提升核心区及重要关节点的稳定性。

2. 技术标准

（1）身体平躺，双腿分开与髋同宽，屈膝90°，以脚跟着地，双手掌心向下置于体侧。

（2）伸髋抬起其中一条腿与躯干成一条直线，以另一条腿脚跟及背部支撑地面。

（3）以腹横肌和膈肌激活引导，在两点支撑姿势下进行腹式呼吸，一呼一吸为一个呼吸循环。

（4）完成一侧支撑呼吸后，腿回到起始位置，换腿重复练习。

3. 运动负荷

在确保安全的情况下，每侧呼吸 8~12 次为一组，完成 3~4 组。

4. 动作图例（如图 4-6 所示）

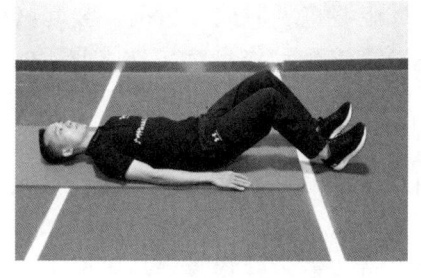
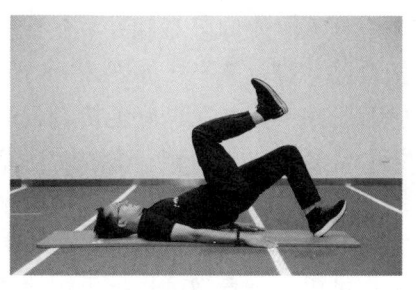

（a）　　　　　　　　　　　　　　（b）

图 4-6　单桥呼吸训练

七、仰卧收腹举腿呼吸训练

1. 目的

通过一点支撑的收腹举腿呼吸姿势，强化非稳定举腿条件下的呼吸模式，提升核心区的稳定性。

2. 技术标准

（1）身体仰卧，肩胛骨贴地面，颈椎和脊柱成一条直线。

（2）收腹举腿，双手握双脚的脚趾头。

（3）保持稳定举腿的姿势，腹横肌和膈肌激活引导，在一点支撑姿势下进行腹式呼吸，一呼一吸为一个呼吸循环。

3. 运动负荷

在确保安全的情况下，呼吸 8~12 次为一组，完成 3~4 组。

4. 动作图例（如图 4-7 所示）

图 4-7　仰卧收腹举腿呼吸训练

第二节 重心转移功能重置技术

重心转移重置技术

婴儿 3 个月大时能仰卧举腿；4 个月大时能够将手肘放在肩前，竖起胸椎让头抬起，从而把自己"撑起来"（如图 4-8 所示），这个动作只有在身体前后的肌肉同步激活，肩胛带肌肉与前锯肌良好地协调，维持肩胛骨在中立位的情况下才能实现。此时，身体重心已经发生了转移和变化。人们在发育初期对身体重心移动和控制模式建立的合理性和有效性，对未来身体灵活性和对重心的控制能力具有极其重要的奠基作用。按照婴儿的发育模式进行动作重置，是从根本上解决成年人灵活性不足的创造性方法。同学们可以在体育教师指导下，运用下面的重心转移重置技术，重新学习和掌握重心移动和控制技术，为运动技术的提升奠定基础。

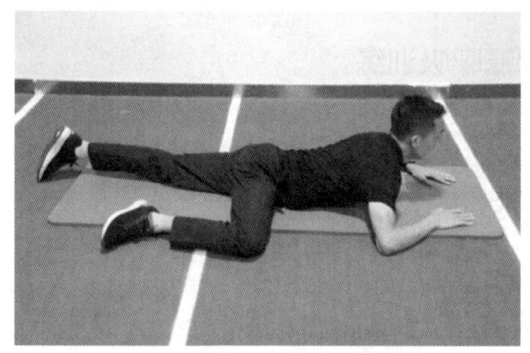

图 4-8 婴儿抬头动作模式示意图

一、仰卧举腿

1. 目的

提高举腿时身体的重心控制能力及核心稳定性。

2. 技术标准

（1）身体仰卧，肩胛骨贴地面，颈椎和脊柱成一条直线。

（2）收腹举腿，双手握双脚的脚趾头。

（3）保持稳定举腿的姿势 10 秒，屈膝以脚跟着地将双腿放下，再次举腿。

3. 运动负荷

在确保安全的情况下，10 秒静态举腿为一组，完成 3~4 组。

4．动作图例（如图 4-9 所示）

图 4-9　仰卧举腿

二、俯身抬头

1．目的

提高身体上抬时，身体重心控制能力及胸椎灵活性。

2．技术标准

（1）身体俯卧，一条腿伸直，另一条腿屈膝成 90°角，双手掌心向下，屈肘成 90°角。

（2）颈椎与脊柱保持中立位，以盆骨、耻骨联合处作为支撑点。

（3）双手向下用力，头与肩位置不变，抬肩胛骨，使重心上移。

（4）肩胛骨保持中立完成向上向下动作，使重心上下移动。

3．运动负荷

在确保安全的情况下，每个循环完成 8～10 次为一组，完成 2～3 组。

4．动作图例（如图 4-10 所示）

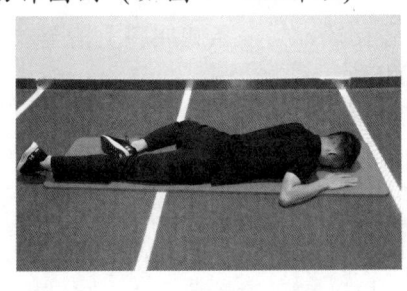 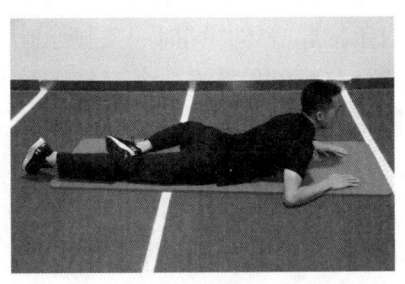

（a）　　　　　　　　　　　　（b）

图 4-10　俯身抬头

三、单侧俯撑抬手

1．目的

提高身体重心控制能力及核心稳定性。

2．技术标准

（1）身体俯卧，一条腿伸直，另一条腿屈膝成 90°角，双手掌心向下，屈肘成 60°角。

（2）脊柱与颈椎保持中立位，双侧肩胛骨平行于地面。
（3）支撑侧以肘撑起身体时，另一侧同时直臂举手，关节保持稳定。
（4）还原至另一侧举手，双手交替完成动作。

3. 运动负荷

在确保安全的情况下，双侧完成 8~10 次为一组，完成 3~4 组。

初一、初二学生可徒手完成练习，初三学生可持小哑铃完成练习。

4. 动作图例（如图 4-11 所示）

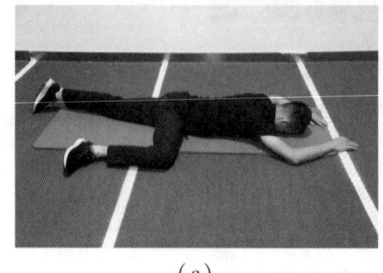
(a)
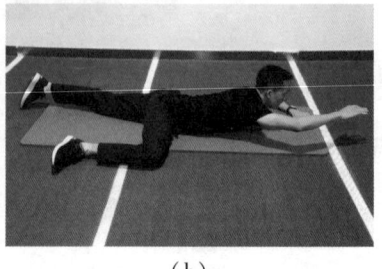
(b)

图 4-11　俯撑抬手

四、跪撑屈膝伸腿

1. 目的

提高身体重心控制能力及手臂力量。

2. 技术标准

（1）身体俯卧，双手置于肩侧，双腿分开与髋同宽。
（2）双手推起身体，同时一条腿屈髋屈膝支撑，另一条腿屈膝上抬至水平。
（3）脊柱与颈椎保持在一条直线，核心收紧。
（4）恢复至原位，另一条腿屈膝上抬，双腿交替进行。

3. 运动负荷

在确保安全的情况下，两侧各完成 8~12 次为一组，完成 2~3 组。

初一、初二学生双手可置于肩部两侧，初三学生双手下移至颌平齐位置。

4. 动作图例（如图 4-12 所示）

(a)

(b)

图 4-12　跪撑屈膝伸腿

五、三点支撑多向控腿

1. 目的

提高身体重心控制能力及核心稳定性。

2. 技术标准

（1）身体成四马式支撑，双手直肘垂直撑地，双腿屈髋屈膝90°以小腿前侧跪地。

（2）保持脊柱与盆骨的中心位，抬起一条腿离地，中速向前侧屈髋、后侧伸髋和外侧展髋。

（3）保持腹式呼吸，每条腿完成3个动作为一个循环，双腿交替完成。

3. 运动负荷

在确保安全的情况下，每条腿完成3个动作为一组，完成2~3组。

4. 动作图例（如图4-13所示）

（a） （b）

图4-13 三点支撑多向控腿

六、三点支撑抬举

1. 目的

提高四肢运动时身体重心控制能力及核心稳定性。

2. 技术标准

（1）身体成四马式支撑，双手直肘垂直撑地，双腿屈髋屈膝90°以小腿前侧跪地。

（2）保持肩胛骨、脊柱与盆骨中立位，用中等速度同时举右手、伸左腿至与地面平行。

（3）回到原位，再中速同时抬起左手、右腿至与地面平行，双腿交替进行。

（4）对侧抬举过程中保持腹式呼吸，身体姿势稳定。

3. 运动负荷

在确保安全的情况下，对侧手腿各抬举2~3次为一组，完成4~6组。

4. 动作图例（如图 4-14 所示）

（a）　　　　　　　　　　　　（b）

图 4-14　三点支撑抬举

七、蜘蛛爬行

1. 目的

提高移动过程中身体重心控制能力及盆骨、肩关节的稳定性。

2. 技术标准

（1）双手直肘撑地，面朝地面，双腿分开与肩同宽，一条腿伸直，另一条腿屈膝，颈椎与脊柱保持在一条直线上。

（2）一侧手与对侧腿协同向前爬行，手以掌心爬行，腿以膝关节内侧爬行。

（3）爬行中保持肩、脊柱与盆骨的中立位，始终保持腹式呼吸。

3. 运动负荷

在确保安全的情况下，爬行 10~15 米为一组，完成 3~4 组。

4. 动作图例（如图 4-15 所示）

（a）　　　　　　　　　　　　（b）

图 4-15　四肢蜘蛛爬行

八、四肢跪地爬行

1. 目的

提高爬行过程中身体重心变化控制能力及盆骨、肩关节的稳定性。

2. 技术标准

（1）双手直肘撑地，面朝地面，双腿分开与髋同宽，屈膝90°直肘成四马式跪撑姿势。

（2）一侧手与对侧腿协同向前爬行，手以掌心着地爬行，腿以胫骨粗隆及脚趾着地蹬腿爬行。

（3）爬行过程中保持肩、脊柱与盆骨处于中立位，始终保持腹式呼吸。

3. 运动负荷

在确保安全的情况下，爬行10～15米为一组，完成3～4组。

4. 动作图例（如图4-16所示）

（a）

（b）

（c）

图4-16 四肢跪地爬行

九、跪姿蹲起

1. 目的

提高跪蹲转换过程中身体重心控制能力及核心区稳定性。

2. 技术标准

（1）躯干直立，双腿屈膝90°跪立，双手置于体侧。

（2）一侧腿先屈髋抬起至半蹲位，然后另一条腿再抬起至半蹲位。

（3）跪蹲转换过程保持肩、脊柱与盆骨处于中立位，双手跑步姿势配合腿部动作。

（4）速度中等，控制好重心，双腿完成一次跪蹲为一个循环。

3. 运动负荷

在确保安全的情况下，双腿两个循环为一组，完成3～4组。

4. 动作图例（如图 4-17 所示）

(a)

(b)

(c)

图 4-17　跪姿蹲起

第三节　同侧滚动功能重置技术

同侧滚动重置技术

同侧运动模式是人类的一项基本技能，是支撑人类运动的一个底层神经控制模式，作为动作发育的基本模式之一。在婴幼儿时期，同侧运动模式表现为滚动和翻滚，他们只有从仰卧位通过滚动和翻滚，变成俯卧位才能为视觉定位创造空间条件，提高适应生存，探索世界的能力。因此，学习和掌握滚动和翻滚技术就显得至关重要。

初中生通过同侧运动模式的学习，不仅能很好地掌握滚动、翻滚锻炼技术，有效地增强核心稳定性、屈肌与伸肌协调用力能力和同侧运动链的协同能力，还能将以滚动和翻滚为基础的同侧运动模式，运用到各种球类转向技术、反手技术和侧向跑步等技术中去，以有效地提高动作效能。

一、举腿侧滚

1. 目的
提高脊柱的灵活性及核心控制能力。
2. 技术标准
（1）身体仰卧，屈髋屈膝成 90°角，双手呈抱球姿势，平举于胸前，颈椎与脊柱保持中立位。
（2）保持起始姿势及腹式呼吸，先向左侧滚动至左侧手及腿着地。
（3）左侧手腿支撑稳定 2~3 秒后，保持姿势向起始位置滚动。
（4）起始位置稳定 2~3 秒后，保持姿势向右侧滚动至右侧手及腿着地，再回到起始位置，完成一个滚动周期。
3. 运动负荷
在确保安全的情况下，每组做 2 个滚动周期，完成 4~6 组。

4．动作图例（如图 4-18 所示）

（a） （b）

图 4-18 举腿侧滚

二、抱膝翻滚

1．目的
提高脊柱的灵活性及核心控制能力。
2．技术标准
（1）身体以坐姿抱膝团身，颈椎和脊柱保持在一条直线上。
（2）吸气时，双手抱紧膝关节，向后团身翻滚，翻滚至双肩着地，呼气时滚动回坐姿。
（3）注意翻滚到双肩着地即停止，不能翻滚至颈椎位置。
3．运动负荷
在确保安全的情况下，每组翻滚 4~6 次，完成 2~3 组。
4．动作图例（如图 4-19 所示）

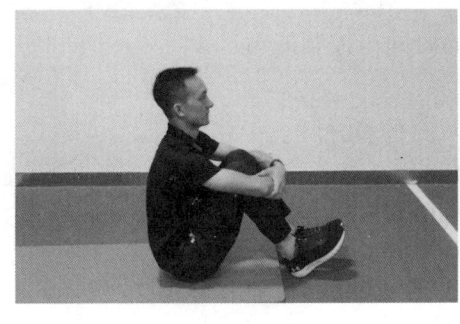 

（a） （b）

图 4-19 抱膝翻滚

三、手臂引导仰卧滚动

1. 目的

提高胸椎与盆骨的灵活性及旋转肌群的协同与控制能力。

2. 技术标准

（1）身体仰卧，双手置于耳旁并伸直，双腿伸直并腿。

（2）手臂引导肩关节前旋内收，身体旋转肌群协同，促使身体发生滚动至俯卧。

（3）俯卧时异侧手臂引导身体向同方向转动，下肢不参与用力，完成一周旋转。

（4）翻滚过程中保持颈椎、脊柱处于中立位，向一侧旋转4~5周，再向相反方向转4~5周。

3. 运动负荷

在确保安全的情况下，每组双向各翻滚4~5周，完成2~3组。

4. 动作图例（如图4-20所示）

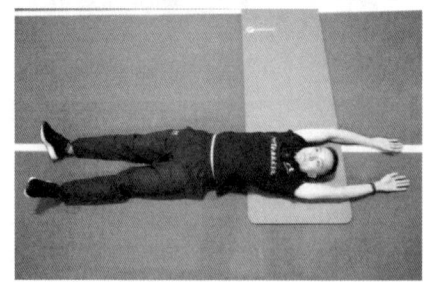 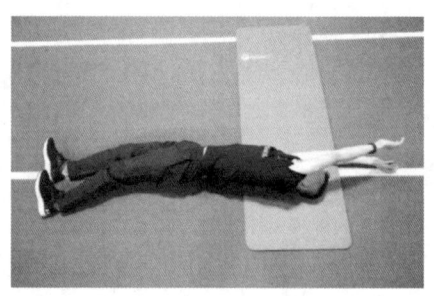

（a）　　　　　　　　　　　　（b）

图4-20　手臂引导仰卧滚动

四、手臂引导俯卧滚动

1. 目的

提高胸椎与髋关节的灵活性及旋转肌群的协同与控制能力。

2. 技术标准

（1）身体俯卧，双手置于耳旁并伸直，双腿伸直并腿。

（2）手臂引导肩关节后旋外展，身体旋转肌群协同，促使身体发生滚动至仰卧。

（3）仰卧时异侧手臂引导身体向同方向转动，下肢不参与用力，完成一周旋转。

（4）翻滚过程中保持颈椎、脊柱中立位，向一侧旋转4~5周，再向相反方向旋转4~5周。

3. 运动负荷

在确保安全的情况下，每组双向各翻滚4~5周为一组，完成2~3组。

4. 动作图例（如图4-21所示）

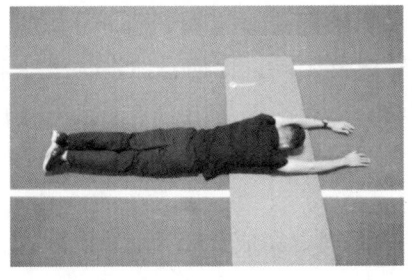 

（a） （b）

图4-21 手臂引导俯卧滚动

五、下肢引导仰卧滚动

1. 目的

提高髋关节与胸椎的灵活性及旋转肌群的协同与控制能力。

2. 技术标准

（1）身体仰卧，双手置于耳旁并伸直，双腿伸直并腿。

（2）下肢引导髋关节前旋内收，身体旋转肌群协同，促使身体发生滚动至俯卧。

（3）俯卧时异侧腿引导身体向同方向转动，下肢不参与用力，完成一周旋转。

（4）翻滚中保持颈椎、脊柱中立位，向一侧旋转4~5周，再向相反方向旋转4~5周。

3. 运动负荷

在确保安全的情况下，每组双向各翻滚4~5周，完成2~3组。

4. 动作图例（如图4-22所示）

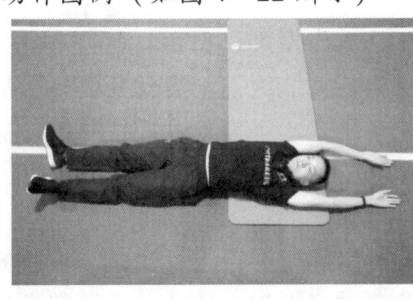 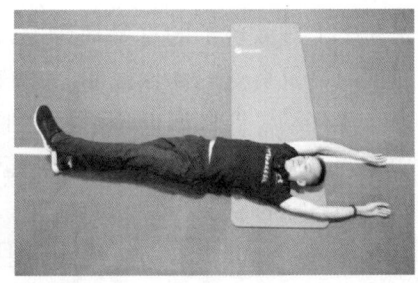

（a） （b）

图4-22 下肢引导仰卧滚动

六、下肢引导俯卧滚动

1. 目的

提高髋关节与胸椎的灵活性及旋转肌群的协同与控制能力。

2. 技术标准

（1）身体俯卧，双手置于耳旁并伸直，双腿伸直并腿。

（2）下肢引导髋关节后旋后伸，身体旋转肌群协同，促使身体发生滚动至仰卧。

（3）仰卧时异侧腿引导身体向同方向转动，下肢不参与用力，完成一周旋转。

（4）翻滚中保持颈椎、脊柱中立位，向一侧旋转4～5周，再向相反方向转4～5周。

3. 运动负荷

在确保安全的情况下，每组双向各翻滚4～5周，完成2～3组。

4. 动作图例（如图4－23所示）

（a）　　　　　　　　　　　　　　（b）

图4－23　下肢引导俯卧滚动

第四节　爬行功能重置技术

爬行重置技术

爬行是8～11月大孩子的重要动作模式。其动作发展，需要具备稳定的核心、协同的四肢屈伸肌群及有效的动作控制。在获得爬行技能之前，婴幼儿需要激活并完善腹内压，为身体移动、四肢屈伸创造稳定的力学平台。当婴幼儿完成核心—盆骨复合体的稳定功能发育后，就能将自己的上半身抬起来，进而过渡到可以把骨盆抬离地面，最后实现四肢的有序移动。

爬行虽然是婴幼儿的重要动作模式，但其对发展核心稳定及身体与四肢的协同具有极为重要的作用，是大脑神经系统在动作发育过程中建立的几条主要的全身神经链之一，是人类姿势稳定功能与四肢协同的奠基性动作模式。爬行动作模式在站立运动中，是运用得最为广泛的动作模式，如爬山、跑步、走路、站立式实心球和网球发球动作等，都是由爬行动作模式演变而成的。

初中生学习爬行技术，不仅可以对已经发生模式退化的功能动作进行修补与重置，优化动作模式，还能有效提高跑步和投掷等运动效能。以下练习动作，教师可根据实际情况自由选择及组合。

一、俯卧背撑起

1. 目的

提高核心稳定能力，发展背部伸展动力链。

2. 技术标准

（1）身体俯卧，双腿分开与肩同宽，双手上臂与躯干成60°角置于体侧。

（2）抬起头部及胸部，同时用上臂将胸部撑起。

（3）双手逐步直肘将盆骨撑离地面，用膝关节及小腿支撑。

（4）保持直臂撑姿势3~5秒，回到起始姿势，始终保持颈椎与脊柱中立位。

3. 运动负荷

在确保安全的情况下，每组做6~8次，完成3~4组。

4. 动作图例（如图4-24所示）

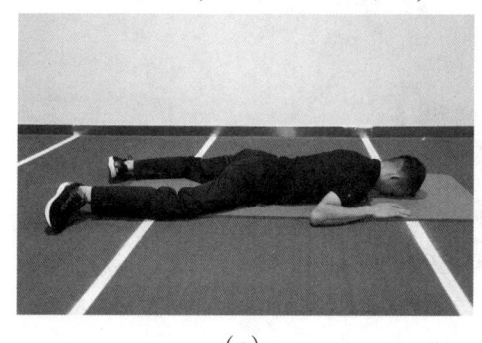
(a)

(b)

图4-24 俯卧背撑起

二、蜘蛛爬行与四肢爬行

具体内容见本章第二节。

三、四肢后爬

1. 目的

提高向后爬行过程中的核心稳定能力及盆骨、肩关节的稳定性。

2. 技术标准

（1）双手直肘撑地，面朝地面，双腿分开与髋同宽，屈膝90°成四马式跪撑姿势。

（2）一侧手与对侧腿协同向后爬行，手以掌心着地爬行，腿以胫骨粗隆及脚趾着地蹬腿爬行。

（3）爬行过程中保持肩、脊柱与盆骨处于中立位，始终保持腹式呼吸。

3. 运动负荷

在确保安全的情况下，爬行 10~15 米为一组，完成 3~4 组。

4. 动作图例（如图 4-25 所示）

（a）

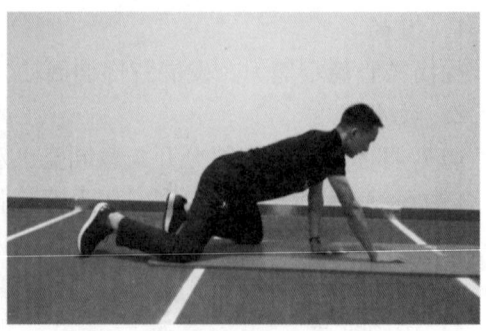
（b）

（c）

图 4-25　四肢后爬

四、熊爬

1. 目的

提高核心稳定性，恢复丧失的核心控制能力。

2. 动作标准

（1）双手直肘撑地，面朝地面，双腿分开与髋同宽，屈膝 90°成四马式跪撑姿势。

（2）保持颈椎与脊柱在一条直线，双膝离地，以手掌和脚趾支撑身体。

（3）保持身体姿势的同时，一侧手臂及对侧膝关节向前移动，每侧手腿移动不超过 20 厘米，不撅臀部，保持肩、颈椎与脊柱处于中立位，两侧交替前进。

（4）髋、膝的运动靠腹部动作带动，爬行过程中保持腹式呼吸。

3. 运动负荷

在确保安全的情况下，每组移动 15~20 米，完成 3~4 组。

4. 动作图例（如图4-26所示）

图4-26 熊爬

五、侧向熊爬

1. 目的

提高核心稳定性，恢复丧失的核心控制能力。

2. 动作标准

趾跪撑爬行，保持身体稳定的同时，一侧手臂及对侧膝关节协同向侧方向移动，双侧交替前进。除运动方向不同，其他技术要求与熊爬的一致。

3. 运动负荷

同熊爬。

4. 动作图例（如图4-27所示）

图4-27 侧向熊爬

第五节 旋转功能重置技术

旋转重置技术

人类在进化及婴幼儿生长发育的过程中，逐步发展并形成了更适应生存的动作模式，并通过遗传与变异，建立了完善的神经动作控制与动作模式，奠定了现代人类的行为基础。但随着社会的发展、科技的进步，尤其是汽车等交通工具汽车和计算机、智能手机的普及，长时间的低头久坐越来越常态化，导致人们原有的动作功能逐步退化，甚至部分丧失。低头久坐不仅会强化人体前后侧伸屈运动链，还会弱化其旋转功能链，使得动作模式僵硬，缺乏弹性和多向旋转的灵活性。为了初中学生重新获得动作的灵活和弹性，本节通过对旋转动作的重置和锻炼，促进已经退化或丧失的动作功能得以恢复。以下练习动作，教师可以根据实际情况自由选择及组合。

一、侧撑横滚

1. 目的

提高髋关节和胸椎的旋转灵活性。

2. 技术标准

模仿7个月大婴幼儿的转身动作，侧坐转体。

（1）侧斜坐于瑜伽垫上，面朝侧下方向，下侧手屈肘与同侧外侧屈膝腿支撑身体，上侧手置于体侧，上侧腿屈膝立于地面。

（2）下侧手肘关节与屈膝腿用力撑起上半身，使盆骨离地。

（3）盆骨离地后，保持颈椎与脊柱在一条直线上，肩胛骨保持中立位。

（4）下侧手肘关节与双腿一起用力，使身体旋转面朝下方。

（5）旋转至上侧手屈肘撑地，两侧交替支撑旋转。

3. 运动负荷

在确保安全的情况下，每组身体旋转8~10次，完成2~3组。

可安排七年级学生徒手做，八年级学生可用非支撑手持小哑铃做，九年级学生可在髋关节处增加弹力带。

4. 动作图例（如图4-28所示）

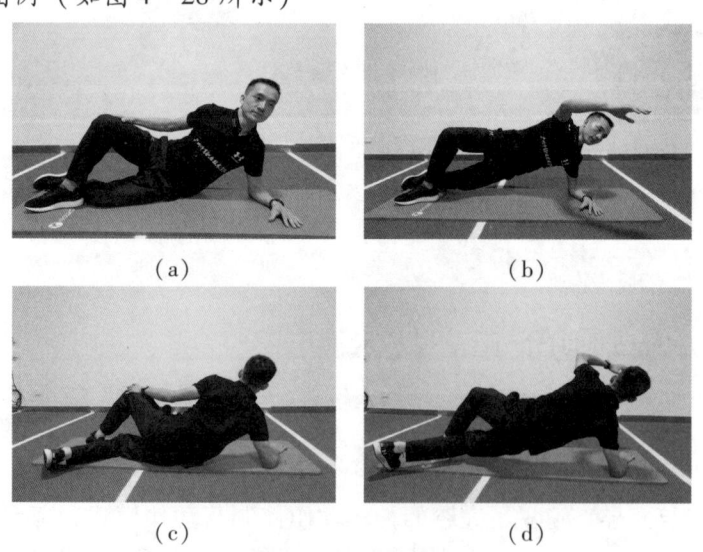

图4-28 侧撑横滚

二、斜坐滚爬

1. 目的

提高脊柱与髋关节的灵活性及核心控制能力。

2. 技术标准

模仿8个月大婴幼儿由斜坐翻滚成爬行姿势。

（1）侧斜坐于瑜伽垫上，面朝前方，斜侧手直肘与同侧外侧屈膝腿支撑身体，另一只手置于体前撑地，另一条腿屈膝立于地面，颈椎与脊柱保持中立位。

（2）双手与支撑腿的髋关节、屈膝直立腿共同发力，滚动转体成四肢爬行姿势。

（3）爬行姿势维持3~4秒，向起始姿势相反的位置，回到支撑斜坐位置。

（4）完成左右两侧各1次斜坐滚爬为一个动作周期。

3. 运动负荷

在确保安全的情况下，每组完成2个动作周期，完成3~4组。

4. 动作图例（如图4-29所示）

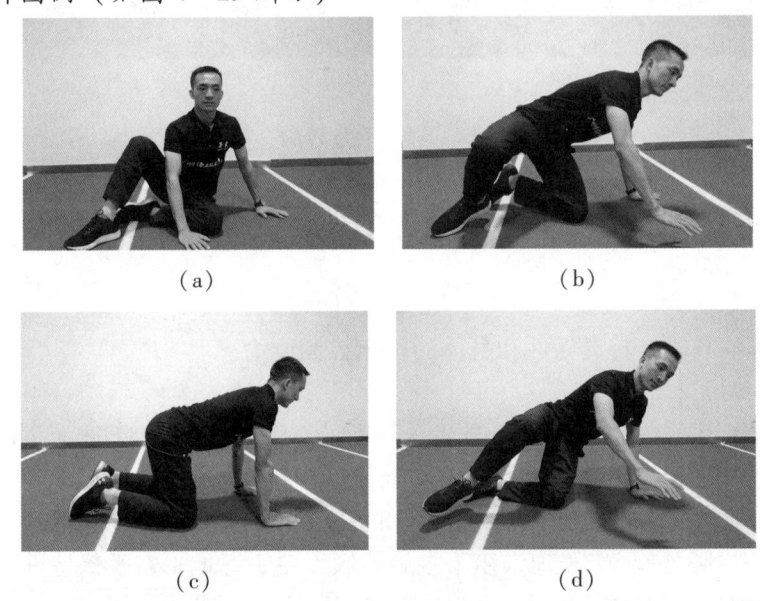

图4-29 斜坐滚爬

三、弓步转髋

1. 目的

提高核心稳定性及胸椎和髋关节的旋转灵活性。

2. 技术标准

（1）身体直立，双腿分开与髋同宽，双手置于身体两侧。

(2) 一条腿前迈成弓步，对侧手臂平举，另一条腿自然弯曲，同侧手臂后摆。
(3) 后面腿屈髋旋转脊柱与髋关节，同侧手臂协同前摆；前迈腿伸直，同侧手臂后摆，呈单腿支撑姿势。
(4) 运动过程中保持脊柱中立位，摆动腿摆至与地面平行，单腿姿势稳定 5 秒。
(5) 摆动腿后撤回到弓步，重复动作。
(6) 完成一侧腿重复动作，回到直立起始姿势，开始另一条腿的动作。

3. 运动负荷

在确保安全的情况下，每组两条腿各完成 6~8 次，完成 2~3 组。

4. 动作图例（如图 4-30 所示）

(a)

(b)

图 4-30 弓步转髋

四、仰卧旋转蹲起

1. 目的

提高身体各节段旋转灵活性和身体的稳定控制能力。

2. 技术标准

(1) 身体仰卧，双腿分开与髋同宽，右腿屈膝 90°，以脚踏于地面，左腿伸直。
(2) 右手直肘小哑铃于肩上并垂直于地面，左臂掌心朝下与身体约成 90°角。
(3) 身体向左侧旋转，躯干、左上臂和左髋依次旋转离地，以左前臂撑起身体。
(4) 左腿屈膝外旋 50°跪地，躯干左旋前倾以左手撑地；右手保持垂直姿势不变。
(5) 移动躯干，身体成右手直肘上举哑铃，半跪姿势。
(6) 后腿向左腿并拢与髋同宽，由蹲位伸髋成直立姿势。
(7) 运动过程中保持颈椎与胸椎在一条直线上，采用腹式呼吸。
(8) 回到起始姿势，重复规定次数；换至对侧，重复以上步骤。

3. 运动负荷

在确保安全的情况下，每组左右旋转各 1 次，完成 4~6 组。

初一、初二学生徒手练习，初三学生可根据个人情况加轻哑铃。

4. 动作图例（如图4-31所示）

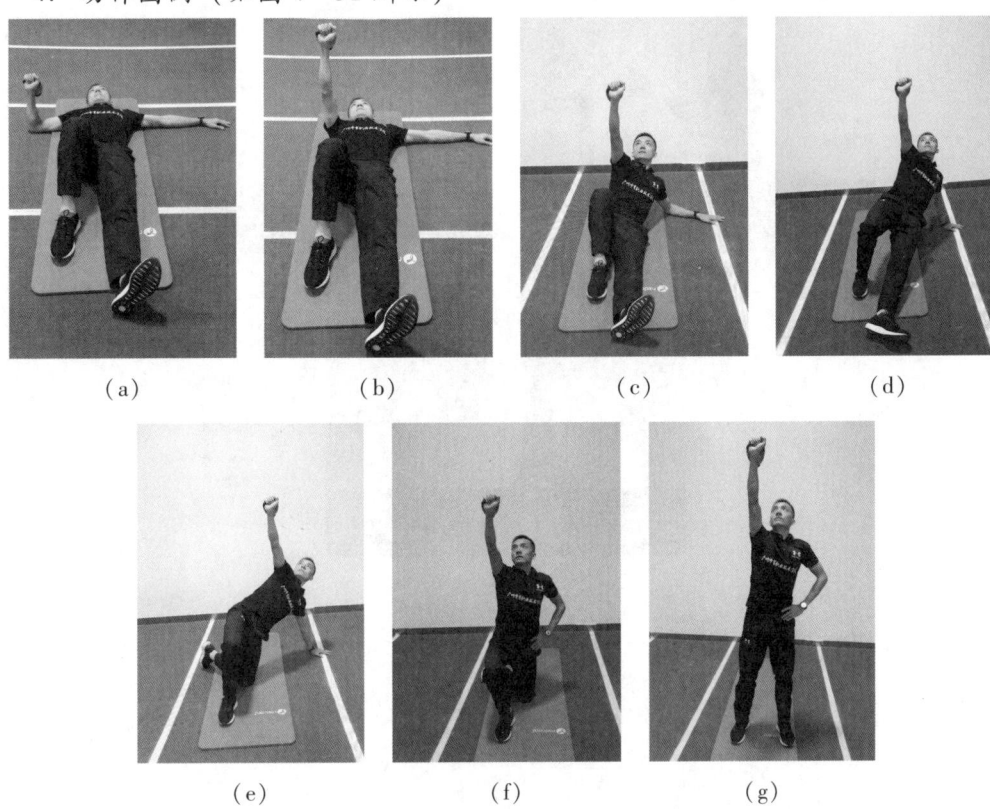

图4-31 仰卧旋转蹲起

五、抗阻力转髋

1. 目的
提升髋关节和胸椎的旋转灵活性及核心稳定性。
2. 技术标准
（1）将一条弹力带固定在地面或柱子下方，与胸骨成30°角。
（2）身体略微前倾，双腿开立，屈膝45°与肩同宽，屈肘双手紧握弹力带于胸前。
（3）靠近弹力带一侧髋发力前旋，带动同侧胸椎前旋，同时双手伸肘沿弹力带向斜上拉。
（4）运动过程中，颈椎与胸椎旋转，但保持在一条直线上。
3. 运动负荷
在确保安全的情况下，每组左右各旋转4~6次，完成4~6组。

4. 动作图例（如图 4-32 所示）

(a)

(b)

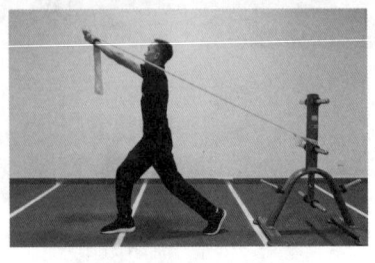
(c)

图 4-32 抗阻力转髋

六、抗阻前旋胸椎

1. 目的

提升胸椎的灵活性和前斜链的协同能力。

2. 技术标准

（1）双腿前后分腿，前腿侧手直肘前平举，后腿侧手屈肘握后方弹力带。

（2）后腿侧手发力伸直，前旋胸椎推拉弹力带成前平举，同时后侧手屈肘回收。

（3）回到起始位置，重复完成上述动作，动作过程中始终保持颈椎及脊柱处于中立位。

（4）双手交替完成动作。

3. 运动负荷

在确保安全的情况下，每组左右各旋转 4~6 次，完成 4~6 组。

4. 动作图例（如图 4-33 所示）

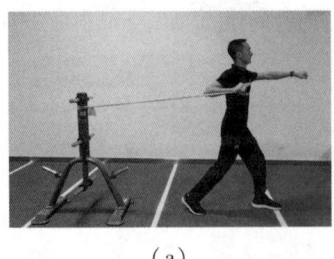
(a)

(b)

图 4-33 抗阻前旋胸椎

七、抗阻后旋胸椎

1. 目的

提升胸椎的灵活性和后斜链的协同能力。

2. 技术标准

（1）双腿前后分腿，前腿侧手直肘前平举握前方弹力带，后腿侧手屈肘平举。

（2）前腿侧手发力屈肘，后旋胸椎拉弹力于肩部，同时后侧手直肘前伸。

（3）回到起始位置，重复完成动作，动作过程中始终保持颈椎和脊柱处于中立位。

（4）双手交替完成动作。

3. 运动负荷

在确保安全的情况下，每组左右各旋转 4~6 次，完成 4~6 组。

4. 动作图例（如图 4-34 所示）

（a）

（b）

图 4-34 抗阻后旋胸椎

八、旋转跳跃

1. 目的

提高在运动过程中身体旋转变向的能力。

2. 技术标准

（1）双腿开立屈膝与髋同宽，颈椎与脊柱保持中立位，双手前后摆成跑步姿势。

（2）手臂后摆一侧的胸椎与髋关节旋转，同时下肢伸髋伸膝起跳。

（3）身体空中旋转成起始姿势落地。

（4）连续做四个角度的 90° 旋转跳，运动过程中保持颈椎与脊柱处于中立位。

3. 运动负荷

在确保安全的情况下，每组顺时针、逆时针各旋转跳 2 圈，一般做 4~6 组。

4. 动作图例（如图4-35所示）

图4-35 旋转跳跃

本章小结

呼吸是人类重要的奠基性动作，没有良好的呼吸，就不可能有良好的姿态与身体稳定性，也不可能有出色的运动表现，运动损伤风险也将大大增加；人类在进化过程中形成的其他动作模式如爬行、旋转等，也由于低头久坐、缺乏相关的运动而逐步退化甚至部分丧失，使得动作变得僵硬，缺乏弹性和灵活性，腰椎和颈椎的疾病日益增多。而体育锻炼不但能促使我们取得更好的运动成绩，还能恢复和重建天然的动作模式，促使我们的体质水平和动作功能更加出色。

思考与练习

1. 在教师的指导下,观察自己是腹式呼吸还是胸式呼吸,回家后判断父母的呼吸方式是否正确。
2. "腹式呼吸就是吸气时把肚子向上鼓起"这一说法对吗?相比胸式呼吸,腹式呼吸有什么优点?
3. 爬行时出现肩胛骨下角向上翘即翼状肩胛者,其肩部哪些肌肉存在问题?
4. 在教师的指导下,观察自己胸椎的灵活性,并设计几个动作进行改善。
5. 在教师的指导下,观察自己的直体翻滚是否流畅。并每周至少做 3 次翻滚练习,每次左右翻滚 10 次,以确保前后肌群和旋转肌群的平衡。
6. 在教师的指导下,每周在课中和课后安排一定数量的手腿爬(四肢同时屈伸跑爬)和熊爬。

第五章
基于运动与生活方式的基本技能锻炼技术

青春期，尤其初中阶段是人体生长发育的重要时期，此时若具有良好的生物力学结构和合理的功能动作模式，将为初中生的生长发育奠定良好的骨骼结构和神经肌肉基础，能有效提升初中生的发育质量，并促进运动效能的发展，预防运动系统损伤的发生。不少初中生在幼儿和小学阶段，由于种种原因，原本的动作模式和身体姿态或多或少地受到干扰，导致在日后的生活和运动中都表现出基本动作技能偏离自然的动作模式和姿势，并反复出现各种功能及姿势代偿。当然，除个别属于严重偏离外，大多数偏离都是轻度或中等程度的，可以通过合理科学的锻炼，重构功能动作，使人体运动系统恢复到原有的功能动作模式，提高基础动作的技能水平。

第一节 步行与跑步的基本动作技能

步行与跑步的基本动作技能

步行和跑步是人们运用得最多的动作形态。教会初中生合理地运用基本动作模式，将能量有效地运用到运动中去，提高动作效率，减少运动损伤，是体育课程的一项根本任务。

一、步行与跑步的动作原理

步行周期可分为支撑相和摆动相，两相又可分为前期、中期和后期，这些周期是由一系列的髋关节、膝关节和踝关节共同完成的运动模式。步行与跑步在动作技术原理上是一致的，最大的区别就是跑步有腾空动作，而步行则一直有一条腿支撑在地面。

下面从动作功能的角度来讲解步行和跑步的动作原理。

（一）步行与跑步的运动链

步行与跑步的运动链都包括前侧链和后侧链，这两者共同组成由上下肢同步激活的手足交互动作模式。前侧链是屈链，从摆动腿的屈髋开始，将动能由筋膜和腹内斜肌组成的对侧链，通过核心传导到对侧肩臂的屈链，与对侧肩臂的屈肌动能叠加，形成前摆动作，完成步行跑步的摆动动作；后侧链是伸肌链，从支撑腿的伸髋伸膝跖屈开始，将动能叠加传导到地面，地面反作用力沿链索将动能通过核心区沿筋膜和背部肌群组成的对侧背链，传导到对侧肩臂伸链，与肩臂伸肌动能叠加形成后摆动作，完成步行和跑步的蹬伸动作。

（二）支撑阶段的稳定功能

步行和跑步均有单腿支撑阶段，此时躯干和髋、膝、踝的反射性稳定，对有效完成步行和跑步来说非常重要。这个阶段的姿势稳定来源于大脑神经和脊柱神经的反射，如果没有干扰信号的介入，姿势稳定属于自动化过程。姿势稳定的锻炼方法与技术详见第六章。

（三）支撑阶段的伸髋伸膝

当支撑阶段进入后期，支撑腿在获得躯干核心区稳定的条件下，动力链由大关节带动小关节，完成盆骨向外旋伸髋、伸膝、屈踝动作，推动人体重心向前运动。

（四）摆动阶段的屈髋屈膝

当一条腿的支撑阶段开始，另一条腿就进入了摆动阶段，此时摆动腿屈髋屈膝向前摆动，配合伸髋动作，推动重心向前运动。

（五）前后交替的摆臂动作

在步行和跑步的整个过程中，手臂前后交替的摆动，与大腿的支撑与摆动形成对侧相向运动，以旋转链的形式与大腿协同，完成迈步或蹬地动作。

二、步行与跑步的基本动作技能锻炼方法

以下练习动作，教师可以根据教学情况自由选择及组合。

（一）双腿高蹲起

1. 目的
构建步行或跑步的以髋发力的基本动作模式。

2. 技术标准

（1）双腿分开与髋同宽，第二脚趾尖与髌骨中线对齐。

（2）肩胛骨前伸，双臂肘关节屈90°，一前一后置于身体两侧，目光前视。

（3）吸气，髋关节屈曲下蹲至135°，臀部后坐，肩、膝关节与脚尖基本齐平。

（4）伸髋、伸膝、屈踝（跖屈），重心从足后侧移至足内侧，呈提踵姿势。同时配合双臂摆动，自然呼气。

（5）配合摆臂和呼吸，重复髋关节屈伸过程。

3. 运动负荷

在确保安全的情况下，每组重复练习8~10次，完成4~6组。

4. 动作图例（如图5-1所示）

（a）　　　　　　　　（b）　　　　　　　　（c）

图5-1　双腿高蹲起

（二）单腿高蹲起

1. 目的

改进或重建单腿动作的髋发力基本动作模式。

2. 技术标准

（1）支撑腿直立，后腿置于台上，后腿大小腿呈约120°，目光平视。

（2）重心在支撑腿脚跟，双手呈跑步摆臂姿势，支撑腿侧手臂置于体前。

（3）支撑腿吸气下蹲45°，膝关节与脚尖平齐，躯干保持直立，手臂交替摆动。

（4）伸髋伸膝伸踝（跖屈），同时呼气，左右腿替换。

3. 运动负荷

在确保安全的情况下，每组双腿各练习6~8次，完成3~4组。

4. 动作图例（如图5-2所示）

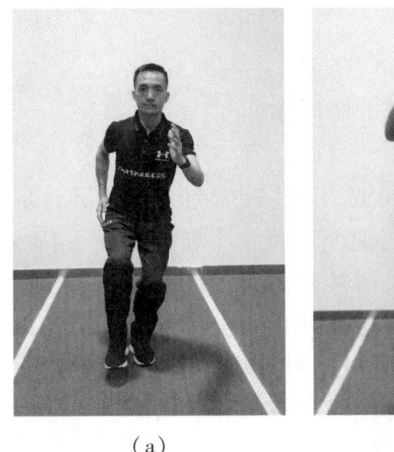

（a） （b）

图5-2 单腿高蹲起

（三）后侧链伸展进阶

1. 目的

发展步行或跑步时后侧链及后链的功能。

2. 技术标准

（1）第一进阶：直腿俯卧，双腿分开与髋同宽，双臂伸直，掌心相对，双手握拳拇指向上。抬一侧手臂时（大拇指朝上），同时抬起异侧腿，保持头与躯干的相对固定，双腿交替进行。

（2）第二进阶：直腿俯卧，双腿分开与髋同宽，双手交叉置于脑后，同伴双手按住练习者踝关节后面，练习者做躯干伸展动作。

3. 运动负荷

在确保安全的情况下，每组第一进阶、第二进阶各练习10次，完成3～4组。

4. 动作图例（如图5-3所示）

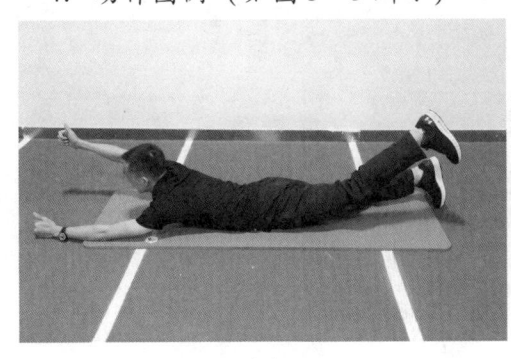

（a） （b）

图5-3 后侧链伸展进阶

(四) 交替屈髋进阶

1. 目的
提升屈髋抬腿的灵活性及上下肢的协同性。

2. 技术标准
(1) 直腿仰卧，双腿分开与髋同宽，双手屈臂置于两耳侧，掌心相对。

(2) 第一进阶：抬下肢至大腿与地面垂直、小腿与地面平行，同时伸双手，以掌心触摸膝关节。每次动作结束时，灵活性强的练习者能做到双腿屈膝不着地，稍弱者双腿屈膝时脚跟会着地。此练习建议七年级学生选用，每组练习15～20次，完成4组。

(3) 第二进阶：上抬下肢至大腿与地面垂直，膝关节微屈，伸双手触双脚脚尖。每次动作结束时，灵活性强的练习者能做到双腿屈膝时脚跟不着地，稍弱者双腿屈膝时脚跟会着地。此练习建议八年级学生选用，每组练习15～20次，完成4组。

(4) 第三进阶：屈髋屈膝上抬下肢，同时屈体（保持颈椎与脊柱中立位），伸双臂手触异侧足内侧。每次动作结束时，灵活性强的练习者能做到双腿屈膝不着地，稍弱者屈膝时脚跟会着地。此练习建议九年级学生选用，每组练习8～12次，完成4组。

3. 运动负荷
按各进阶要求实施练习，体育教师做好安全措施，掌控好运动负荷。

4. 动作图例（如图5-4所示）

(a)

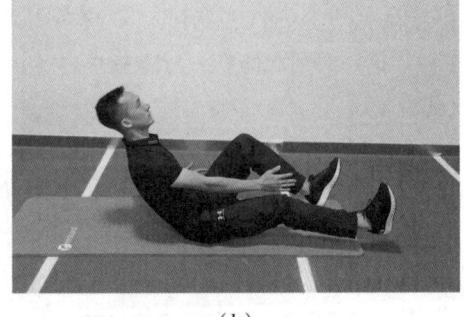

(b)

(c)

图5-4 交替屈髋进阶

（五）侧向换腿跳

1. 目的
提高步行或跑步时盆骨额状面的稳定性。

2. 技术标准
（1）双腿屈膝与肩同宽，躯干直立，目光平视。

（2）左腿抬腿，往正左向侧跳 40~50 厘米，屈膝 35°，右腿自然屈膝离地，双手呈跑步姿势，右手前摆，左手后摆。

（3）稳定 2~3 秒，右腿抬腿，往正右侧跳出 50~60 厘米，双腿交替跳。

3. 运动负荷
在确保安全的情况下，每组左右腿各跳 10 次，完成 3~4 组。

4. 动作图例（如图 5-5 所示）

(a)   (b)

图 5-5　侧向换腿跳

（六）仰卧摆腿挺髋

1. 目的
提高步行或跑步过程中摆腿送髋和伸髋的动作能力。

2. 技术标准
（1）仰卧，双腿屈膝，脚跟立起，双手掌心向下置于体侧与身体成 30°角，协助稳定躯干。

（2）摆动腿摆髋，将髋带离地面；支撑腿脚跟着地，伸髋，肩关节压实地面。

（3）双腿交换进行。

3. 运动负荷
在确保安全的情况下，左右腿各练习 10 次为一组，完成 3~4 组。

4. 动作图例（如图 5-6 所示）

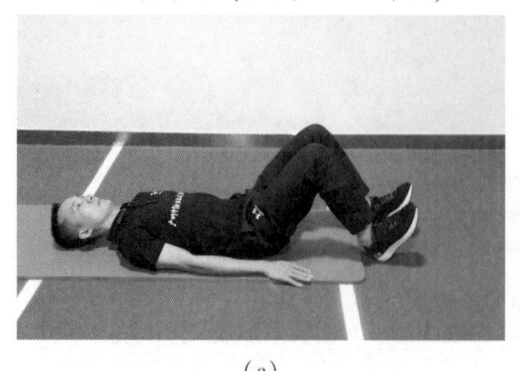
(a)

(b)

图 5-6 仰卧摆腿挺髋

（七）八星小弓步

1. 目的

提高人体多方向摆腿和落地离心能力。

2. 技术标准

（1）按上、左上、左、左下、下、右下、右、右上的顺序在地面上画一个八方向的图形，相邻两条边的夹角为 45°。

（2）人站在图形中间，身体直立。

（3）一条腿单腿支撑，另一条腿向同侧四个方向做弓步，双腿交替完成。

（4）运动过程中保持颈椎与脊柱中立位，前腿膝关节与脚趾对齐，后腿自然放松。

3. 运动负荷

在确保安全的情况下，每组做 3 圈，完成 4~6 组。

4. 动作图例（如图 5-7 所示）

(a)

(b)

(c)　　　　　　　　　(d)

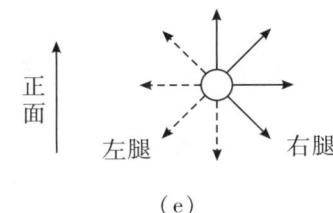

(e)

图 5-7　八星小弓步

（八）小步跑或走

1. 目的

提高步行或跑步过程中近端发力能量叠加传导的能力。

2. 动作标准

（1）目光平视，身体直立或者微向前倾，双手肘屈90°，手掌张开或微屈。

（2）支撑腿的髋、膝、踝伸直，摆动腿屈髋摆到45°角，以髋带动膝、踝向后扒地，双腿交替进行，双手以跑步姿势协同摆动。

（3）运动过程中保持颈椎、肩与脊柱处于中立位。

3. 运动负荷

在确保安全的情况下，每组小步跑或走20米2次，完成3~4组。

4. 动作图例（如图5-8所示）

图 5-8　小步跑或走

(九) 折叠跑或走

1. 目的

提高步行或跑步过程中大小腿折叠前摆的能力。

2. 技术标准

（1）目光平视，身体直立或者微向前倾，双手肘屈90°，手掌张开或微屈。

（2）支撑腿的髋、膝、踝伸直，摆动腿在支撑阶段结束后，大小腿立刻充分折叠，以髋带膝向前运动，双手以跑步姿势协同摆动。

（3）运动过程中保持颈椎、肩与脊柱处于中立位。

3. 运动负荷

在确保安全的情况下，每组折叠跑或走20米2次，完成3~4组。

4. 动作图例（如图5-9所示）

图5-9 折叠跑或走

（十）高抬腿跑

1. 目的

提高单腿支撑时的平衡能力和上下肢的协调性。

2. 技术标准

（1）目光平视，身体直立或者微微向前倾，双手肘屈90°，手掌张开或微屈。

（2）支撑腿的髋、膝、踝伸直，摆动腿屈髋，膝上摆至水平位，双手以跑步姿势协同摆动。

（3）运动过程中保持颈椎、肩与脊柱处于中立位。

3. 运动负荷

在确保安全的情况下，每组高抬腿跑20米2次，完成3~4组。

4．动作图例（如图 5–10 所示）

图 5–10　高抬腿跑

（十一）车轮跑

1．目的

提高步行或跑步过程中，大小腿折叠前摆及扒地的能力。

2．动作标准

（1）目光平视，身体直立或者微向前倾，双手肘屈 90°，手掌张开或微屈。

（2）支撑腿的髋、膝、踝伸直，摆动腿在支撑阶段结束后，大小腿立刻充分折叠，以髋带膝向前运动，当摆动腿超过水平面后，以髋发力带动小腿伸膝扒地。

（3）双手以跑步姿势协同摆动，运动过程中保持颈椎、肩与脊柱处于中立位。

3．运动负荷

在确保安全的情况下，每组跑或走 20 米 2 次，完成 3~4 组。此练习建议九年级女生，八年级、九年级男生选用。

4．动作图例（如图 5–11 所示）

图 5–11　车轮跑

(十二) 弓步分腿跳

1. 目的
发展全身及下肢伸髋伸膝的快速力量。

2. 技术标准
(1) 保持弓步姿势,一条腿屈膝 90°置于身体前方,膝关节不超过脚尖;另一条腿的膝关节适度屈曲,置于身体后方。
(2) 先做一个微蹲动作,然后快速伸髋伸膝跳起,双手以跑步姿势协同摆动。
(3) 当离开地面上升时,双腿交换前后位置,落地时,保持弓步姿势跳起。

3. 运动负荷
在确保安全的情况下,双腿交替跳跃 10~12 次为一组,完成 4~6 组。

4. 动作图例(如图 5-12 所示)

(a)

(b)

图 5-12 弓步分腿跳

第二节 抬起与搬运物体的基本动作技能

抬起与搬运物体的基本动作技能

抬起与搬运物体的动作是人类生存与发展的核心运动技能之一。此动作对保持人体伸肌群激活水平、肩关节髋关节的稳定性、维持人类的直立行走都起到了不可替代的作用。如果不会正确地使用身体,完成走、搬、抬和举的动作,常常会导致身体发力位置错误、负荷不平衡,进而造成腰部、膝盖的急性损伤。本节希望通过抬起和搬运动作模式的学习,教会广大青少年在生活和工作中正确使用身体功能,合理运用动作,有效完成生活和运动中的目标任务。

一、抬起物体的动作原理

抬起物体既是人类生存与生活的必备技能,也是锻炼并维持人体直立肌群功能的最有效的手段,人人应该掌握并熟练运用。

(一) 抬起物体的动力链

抬起物体的动力链是人体下肢和背部的伸链,下蹲姿势充分拉长了臀肌及膝、踝肌群,为抬起物体提供了良好的姿势和动能储备。动力链从伸髋、伸膝、屈踝(趾屈)开始,依次加速,实现动能叠加,将力量传向地面,地面的反作用力沿伸链通过由筋膜和肌肉组成的胸腰筋膜链,将动作传导到背部,与伸背动作的动能叠加,完成伸髋伸膝及伸背动作,通过手将物体抬起。

(二) 抬起物体的发力姿势与核心肌群

要抬起物体,首先要形成良好的身体姿势,以便最大限度地运用身体各运动系统的功能,达到提高动作效益、避免运动损伤的目的。

1. 抬起物体的最佳身体姿势

抬起物体的最佳力学姿势是身体适度前倾,下蹲将物体置于双腿中间,双手抓握物体,此时肩、膝、脚尖在一条直线上。同时肩胛骨前伸,腰背挺直,颈椎与脊柱保持中立位(如图5-13所示)。

图5-13 抬起物体的最佳身体姿势

2. 抬起物体的动作过程(如图5-14所示)

(1) 抬起前反馈。

在最佳力学姿势的基础上,当身体要抬起物体时,大脑神经系统会自动启动前反馈机制,激活腹横肌及多裂肌,通过腹式呼吸激活腹周围肌群的收缩,提高腹部核心部位的内压，形成核心稳定状态，为伸髋创造条件。

（2）抬起肌群的激活程序。

当核心稳定后，在呼气的同时按照动力链的顺序依次激活和收缩伸髋伸膝肌群，从腘绳肌激活收缩开始，再到臀肌、股四头肌，最后到伸背肌群。

（a）　　　　　　　（b）

图5-14　发力抬起的动作过程

（三）错误的身体姿势与激活程序

1. 错误的身体姿势

抬起物体的动作过程中，常见的错误身体姿势是躯干前倾，弯腰成弓形，双手几乎垂直于地面抓握物体，躯干与大腿夹角很小，膝关节角度很大，重心较高（如图5-15所示）。

图5-15　错误的身体姿势

2. 异常的激活程序

在抬起物体的动作过程中，错误的身体姿势会造成肌群激活和收缩程序的异常。首先，躯干前倾会造成膈肌和腹周围肌严重受压，影响前反馈的动员效应，使得躯干无法有效激活核心稳定功能，降低了动作平台的支撑功能；其次，改变了完成动作的肌群激活和收缩程序，由伸髋肌群率先激活，变成了腰背部肌群率先激活，再按伸髋肌群、伸膝肌群顺序依次激活收缩。

3. 异常姿势与激活程序的危害

（1）异常姿势的危害。

异常的身体姿势，会造成抬起动作的力学支点，从股骨头转移到了腰的第3、第4椎体，增加了腰椎的负荷，在腰部运动过程中，对腰椎产生了一个始终垂直向下的剪切力，这个剪切力容易破坏腰椎的力学结构，是大多数成年人腰痛的重要成因之一。

（2）异常激活程序的危害。

异常激活程序干扰了大脑皮层的动作程式，干扰了基本动作模式的运行，严重影响动力链的顺序与肌肉的相互协调，是造成大腿后群损伤重要原因之一。

二、搬运物体的动作原理

搬运物体的本质是双手持物或负重的步行，其动作原理及动力链与前面阐述的步行的基本一致，此处不再赘述。下面主要讲述双手持物的最佳身体姿势。

（一）搬运物体的动力链

搬运物体的动力链动能传递与步行、跑步的基本相同，此处不再赘述。

（二）双手持物的最佳身体姿势

双手持物，物体的负荷必须通过肩传递到盆骨，再传递到双腿，然后到地面（如图5-16所示），这样就不会给身体其他节段带来额外的旋转力矩与负荷。要达到这个要求，必须保持目光平视，躯干直立，肩胛骨前伸，颈椎与脊柱保持中立位，使持物双肩的肩峰和物体重心在一条直线上，额状面与身体重力线重叠。

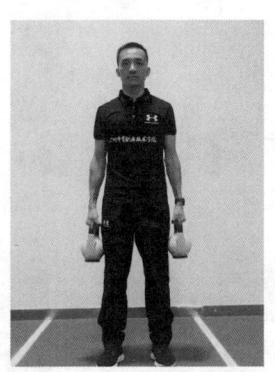

图5-16 双手持物的最佳身体姿势

（三）双手持物步行的动作过程

双手持物步行时，首先腹横肌和多裂肌产生前反馈，激活腹周围肌群形成腹内压以支撑躯干；随后前锯肌、菱形肌和斜方肌中下部收缩，将肩胛骨稳定在合理的位置，为双手提起物体提供了发力平台。在行走过程中，由于有稳定的肩胛骨，为斜方肌上部、肩胛提肌和三角肌收缩创造了有利的条件，可起到抵抗物体重力，维持物体稳定的作用。

三、抬起与搬运物体基本动作技能的锻炼技术

以下练习动作，教师可以根据教学情况自由选择及组合。

（一）前屈下蹲举

1．目的
感知身体下蹲时重心上下移动的本体感觉，学习控制重心移动。
2．技术标准
（1）双腿直立与肩同宽，双手上举，弯腰双手触摸脚尖。
（2）由站立体前屈位，屈髋屈膝至完全蹲下，顺势双手上举过头。
（3）保持下蹲上举姿势，伸髋伸膝站起。
3．运动负荷
在确保安全的情况下，每组练习5次，完成4~6组。
4．动作图例（如图5-17所示）

图5-17　前屈下蹲举

（二）实心球蹲举

1. 目的

发展利用躯干与臀肌抬举物体的能力。

2. 技术标准

（1）躯干直立，双腿开立与肩同宽，膝关节微屈，双手屈肘，掌心相对握住实心球置于胸前，目光平视。

（2）屈髋屈膝下蹲，至大腿平行或接近平行于地面，使肩、膝、脚尖在一条垂线上，下蹲时腹部吸气。

（3）伸髋伸膝站起，双手顺势将实心球推至头顶，膝关节和肘关节保持微屈。

（4）屈髋屈膝下蹲，顺势屈臂将实心球收至胸前。

3. 运动负荷

每组练习8~12次，练习4~6组。实心球也可用哑铃代替。

4. 动作图例（如图5-18所示）

(a) (b) (c)

图5-18 实心球蹲举

（三）上举实心球左右移动

1. 目的

发展躯干与髋关节左右移动时控制身体稳定的能力。

2. 技术标准

（1）躯干直立，双腿开立与肩同宽，膝关节微屈，双手掌心相对上举实心球至头上，目光平视。

（2）屈髋屈膝下蹲45°，肩、膝、脚尖在一条垂线上。

（3）保持屈膝屈髋，上举实心球的姿势。

（4）髋关节带动躯干，交替向左、右侧移动。

3. 运动负荷

在确保安全的情况下，每组左右侧各移动5次，完成4~6组。

4. 动作图例（如图 5-19 所示）

(a)

(b)

图 5-19 上举实心球左右移动

（四）蹲起跳抛实心球

1. 目的

提高蹲起过程中核心稳定能力与快速伸髋的力量。

2. 技术标准

（1）躯干直立，双腿开立与肩同宽，膝关节微屈，双手肘关节伸直，掌心相对握住实心球置于大腿内侧，目光平视。

（2）屈髋屈膝下蹲，至大腿平行或接近平行于地面，使肩、膝、脚尖在一条垂线上，下蹲时腹部吸气。

（3）伸髋伸膝站起，双手顺势将实心球向后斜上方抛出，注意安全距离。

3. 运动负荷

在确保安全的情况下，每组练习 6~8 次，完成 4~6 组。

4. 动作图例（如图 5-20 所示）

(a)

(b)

(c) (d)

图 5-20 蹲起跳抛实心球

（五）农夫走

1. 目的

提高持重物行走的能力。

2. 技术标准

（1）双腿分开与髋同宽，脚尖朝向正前方，双手抓握置于身体两侧的壶铃。

（2）身体直立，目光平视，按步行技术动作向前行进，行进过程中注意保持腹式呼吸。

3. 运动负荷

根据学生力量情况，选择单个 1 千克、3 千克、5 千克的壶铃。在确保安全的情况下，每组行进 20 米 2~3 次，完成 3~4 组。

4. 动作图例（如图 5-21 所示）

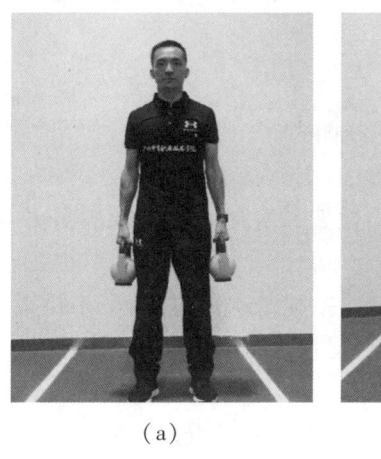 

(a) (b)

图 5-21 农夫走

（六）负重多向走

1. 目的

提高身体搬运物体时的多方向移动技术。

2. 技术标准

（1）在前、后、左、右四个方向设置4个小栏架，人在栏架围成的方形中间，身体直立，双腿分开与髋同宽，双手抓握置于身体两侧的壶铃。

（2）一条腿向前迈步跨过正前方栏架，后腿跟上并腿，前导腿后退回到起始位置，两条腿各走一次。

（3）按顺时针方向，完成前、右、后、左每个方向各2次的前后跨步。

3. 运动负荷

根据学生力量情况，选择单个1千克、3千克、5千克的壶铃。在确保安全的情况下，每组绕栏架2圈，完成3~4组。

4. 动作图例（如图5-22所示）

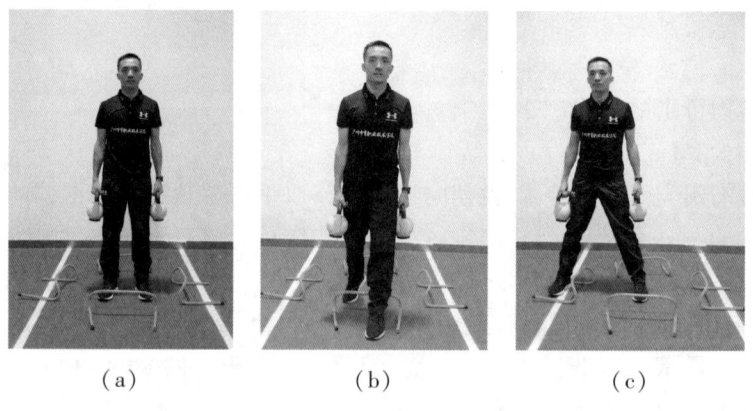

(a)   (b)   (c)

图5-22 负重多向走

（七）上举实心球跨栏架

1. 目的

提高移动过程中重心转换时的身体控制能力。

2. 技术标准

（1）在正前方设置10个50厘米高小栏架，身体直立，双腿分开与髋同宽，双手举实心球置于头顶。

（2）高举实心球维持身体姿势的稳定，抬腿依次跨过10个小栏架。

（3）按步行技术动作，向前行进，行进过程中注意保持腹式呼吸。

3. 运动负荷

每组10个栏架，栏架之间间隔1米，走5次为一组，完成4组。建议上举实心球安排九年级学生练习，七年级、八年级学生安排徒手练习。体育教师做好安全措施，掌控好运动负荷。

4. 动作图例（如图 5-23 所示）

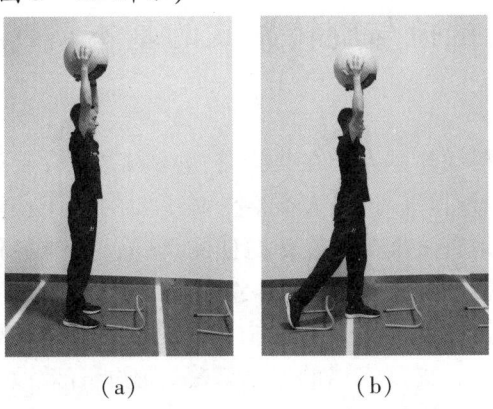

(a)　　　　(b)

图 5-23　上举实心球跨栏架

（八）上举实心球多向走

1. 目的

提高双腿多方向行走过程中，重心转换时的身体控制能力。

2. 技术标准

（1）在前、后、左、右各个方向设置 5~8 个 50 厘米高的小栏架，人在栏架围成的方形中间，身体直立，双腿分开与髋同宽，双手举实心球置于头顶。

（2）一条腿向前迈步跨过正前方第一个栏架，后腿折叠迈过第二个栏架，依次跨完前方栏架，再退回到起始位置。

（3）按顺时针方向，完成 4 个方向的跨栏行走，每个方向跨过 5~8 个栏架。

3. 运动负荷

根据学生力量情况，选择单个 1 千克、3 千克的实心球。在确保安全的情况下，每组完成四个方向的跨步，完成 3~4 组。体育教师做好安全措施，掌控好运动负荷。

4. 动作图例（如图 5-24 所示）

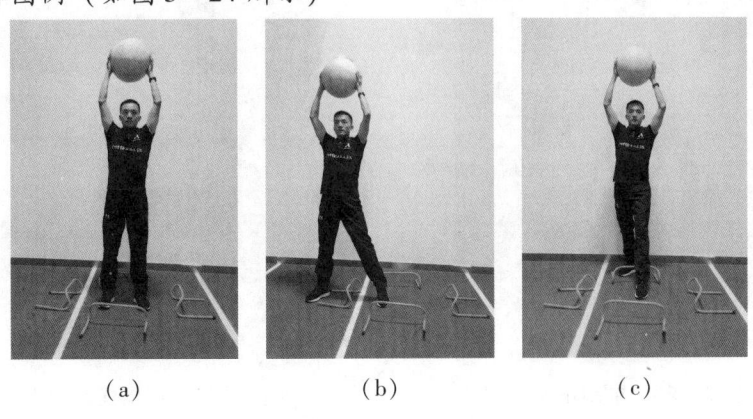

(a)　　　　(b)　　　　(c)

图 5-24　举实心球多向走

第三节 直线推拉与旋转抛砍的基本动作技能

直线推拉与旋转抛接动作是人类在与野兽搏斗和寻找食物的过程中逐步形成的基本动作技能，直到冷兵器时代，仍是人类格斗时主要的动作技能。即使在现代生活和工作中，人们仍然要运用直线推拉或旋转抛砍的动作，完成各种生活、工作与体育运动任务，例如，推动手推车、打篮球时传接球、打网球时正反手击球、砍树等。学习和掌握好直线推拉与旋转抛砍动作，不仅能有效地维持身体的旋转与推拉功能，防止久坐少动导致的功能退化，提高人体的运动效率，还能有效改善网球、乒乓球、格斗等运动项目的动作效能，减少运动损伤。

一、直线推拉的动作原理

直线推拉动作主要是指人类在直立、俯卧或仰卧状态下用双手或单手完成的推或拉的动作。直立推拉动作包括双手或单手推、拉门、引体向上等，俯卧或仰卧推拉动作包括俯卧撑的推起身体、俯身拉杠铃及军事训练中的墙上拉同伴等动作。

（一）直线推拉的肌肉链

直线推拉动作，要建立在核心稳定和肩胛骨稳定的基础上，完成推动作的肌肉链主要是支撑腿的内收肌、外展肌和同侧腹内斜肌及对侧腹内斜肌组成的前斜链（如图 5-25 所示），完成拉动作的肌肉链主要是支撑腿的臀大肌、对侧胸腰筋膜和背阔肌组成的后斜链（如图 5-26 所示）。

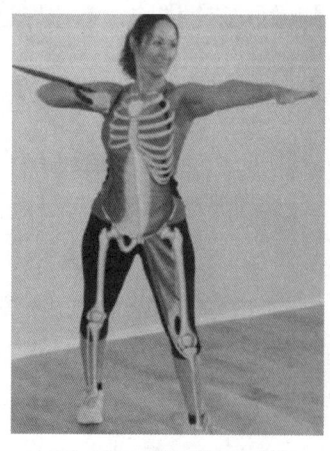 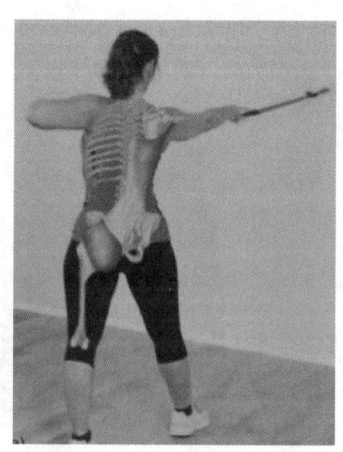

图 5-25　前斜链示意图　　　　图 5-26　后斜链示意图

（二）直立姿势的推拉动作技术要领

初中阶段是青少年生长发育的重要时期，也是发展姿势稳定及控制的关键时期。人体的推拉动作大多数是在直立状态下完成的，要想有效地完成推或者拉的动作，就必须建立人体直立状态下的身体稳定和肩胛骨稳定，在保证动作肌群依附平台稳定的情况下，推或拉的动作才能输出较大的功率，并且减少自身的动作损伤。

1. 直立姿势的稳定

要有效地完成直立姿势的推或者拉动作，激活核心区及髋、膝、踝的稳定功能非常重要（稳定系统锻炼见第六章）。姿势系统稳定首先要激活腹横肌、膈肌及腹周围肌群，提高腹部内压，再激活脊柱稳定肌群，以稳定盆骨与脊柱；当核心区稳定后，膝关节和踝关节的肌肉和韧带等感知觉系统，通过小脑不断发出的指令调整身体姿势，以达到稳定身体姿势的目的。

2. 肩胛骨的稳定

当身体姿势稳定建立后，要保证手臂力量的输出，肩胛骨必须具备一定的稳定性，只有这样，来源于下肢与地面的反作用力，才能有效地传导到手臂。要稳定肩胛骨就要加强前锯肌、菱形肌、斜方肌中下部及背部伸肌群的锻炼，保证肩胛骨处与胸廓成30°角的中立位，并与胸廓相对位置处于稳定的状态，避免因为手臂的运动，出现肩胛骨的代偿动作。

3. 手臂的推拉动作

当肩胛骨稳定后，完成推的动作时，大腿给地面的反作用力及各关节的动能叠加，就会通过躯干核心区和肩胛骨传导到手臂上，加上胸大肌、肱三头肌和三角肌前部的向心协同收缩，极大地提高了推的动作输出。

通过稳定躯干核心区和肩胛骨，适度地屈膝屈踝，降低重心，形成稳定的直立姿势，臀大肌、胸腰筋膜系、背阔肌、斜方肌中部、菱形肌及肱二头肌和三角肌后部协同用力，有效地完成了曲臂拉的动作。

（三）俯卧或仰卧姿势下的推拉动作技术要领

1. 俯卧或仰卧姿势的稳定

俯卧或仰卧姿势的拉或推，也需要建立有效的核心稳定。相较于直立姿势的躯干核心区稳定，由于具有更多的支撑点或更大的稳定面，俯卧或仰卧姿势的躯干核心区稳定，动作的难度更小，更不具备功能性。

2. 肩胛骨的稳定

俯卧或仰卧姿势肩胛骨的稳定原理与直立姿势的基本一致，此处不再重复。

3. 手臂的推拉动作

俯卧或仰卧姿势手臂的推拉动作，由于缺少了来自下肢的动能叠加，肩胛骨成为主要收缩肌群的依附平台与负荷承载区。推的动作靠胸大肌、肱三头肌和三角肌前部的向心协同收缩，拉的动作靠背阔肌、斜方肌中部、菱形肌、肱二头肌和三角肌后部协同用力。

二、旋转抛、砍的动作原理

旋转是指物体围绕一个点或一个轴做圆周运动,例如,地球绕地轴的自转及绕太阳的公转。旋转运动(rotational motion)是生物物理学名词,膜脂分子围绕与膜平面垂直的轴进行的快速旋转。而本书中的旋转运动指旋转的运动形式,如髋关节和膝关节的股骨头和胫骨运动。旋转的运动形式,为各关节在运动中的灵活性和稳定性,提供了结构与功能的保障,其包含的运动是人类所有动作的基本形式。而旋转的抛砍动作是人类进化过程中形成的最重要的旋转动作技能之一。

(一)兼具稳定与灵活的旋转动力链

1. 旋转抛的动力链

旋转抛(如图 5-27 所示)的动力链,以双腿髋关节和膝关节的旋转伸蹬为先导,地面反作用力沿着伸肌链,从踝关节跖屈开始,将动能依次传导到膝关节与髋关节,膝、髋关节在传导能量的同时,通过旋转股骨和盆骨进行动能的叠加。下肢叠加获得的动能,通过旋转前一侧的前锯肌、胸小肌和腹外斜肌与对侧腹内斜肌、内收肌组成旋转链的向心收缩;另一侧旋转链的离心收缩,将动能传递到胸椎,胸椎旋转对动能进行再一次叠加;此时聚集的下肢与躯干动能,通过肩肘腕关节旋转,再一次实现动能叠加,完成旋转抛的动作。

图 5-27 旋转抛

2. 旋转砍的动力链

旋转砍（如图5-28所示）的动力链，通过胸椎旋转，将旋转后一侧的前锯肌、胸小肌和腹外斜肌与对侧腹内斜肌、内收肌组成旋转链的离心收缩，旋转后一侧旋转链的向心收缩，产生的动能储蓄在旋转拉长的肌肉及筋膜里。砍动作的旋转从胸椎开始，将拉长的肌筋膜能量释放出来，传递到髋关节，并通过髋、膝、踝的旋转蹬伸，对躯干实施了旋转加速度，让躯干以更快的速度带动肩轴的旋转，有效地完成旋转砍的动作。

图5-28 旋转砍

(二) 旋转抛的动作技术要领

要想有效地完成旋转抛动作，必须采取双腿下蹲的姿势，以便充分拉长臀部和膝关节的相关肌群。从双腿伸髋伸膝开始，利用伸髋伸膝跖屈踝关节对地面产生的反作用力，推动以髋关节和胸椎为转轴的躯干加速旋转，然后以肩带动双手或单手做出旋转抛的动作。

(三) 旋转砍的动作技术要领

要想有效地完成旋转砍动作，必须采取双腿下蹲的姿势，以便充分拉长臀部和膝关节的相关肌群。从胸椎旋转开始，带动躯干旋转，当躯干旋转到盆骨位置时，双腿快速伸髋伸膝，以盆骨旋转的力量，加快躯干的旋转，躯干带动肩，肩带动手臂完成劈砍动作。

三、直线推拉与旋转抛砍的基本动作技能锻炼技术

以下动作，教师可根据教学情况自由选择组合。

（一）跪姿俯卧撑

1. 目的

提高俯卧姿势的核心稳定性，促进俯卧推拉能力的发展。

2. 技术标准

（1）身体俯卧呈俯卧撑姿势，屈膝，双腿交叉，双手屈肘置于双肩侧。
（2）双手向心用力，将身体推离地面。
（3）双手离心用力，将身体拉近地面。

3. 运动负荷

在确保安全的情况下，每组练习 15~20 次，完成 4~6 组。

4. 动作图例（如图 5-29 所示）

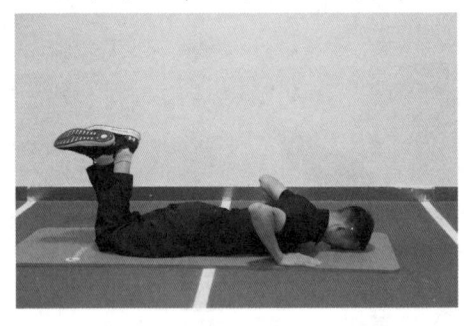
(a)

(b)

图 5-29　跪姿俯卧撑

（二）仰卧举腿双手推拉

1. 目的

提高仰卧姿势核心稳定性，促进仰卧推拉能力的发展。

2. 动作标准

（1）身体仰卧，双腿屈膝举腿与髋同宽，脊柱保持一条直线。
（2）腹部吸气，双手屈肘，掌心相对持哑铃或实心球于胸前。
（3）呼气，双手平推哑铃或实心球至肘关节微屈。
（4）吸气，双手拉回哑铃或实心球于胸前，进入下一个循环。

3. 运动负荷

在确保安全的情况下，每组练习 6~8 次，完成 3~5 组。

4. 动作图例（如图5-30所示）

(a)

(b)

图5-30 仰卧举腿双手推拉

（三）直立双手推拉

1. 目的

提高直立姿势的核心稳定性，促进直立推拉能力的发展。

2. 技术标准

（1）双腿分开与肩同宽，轻微屈髋屈膝，肩胛骨前伸，躯干直立，目光平视。

（2）腹部吸气，双手屈肘，掌心相对持哑铃或实心球于胸前。

（3）呼气，双手平推哑铃或实心球至肘关节微屈。

（4）吸气，双手拉回哑铃或实心球于胸前，进入下一个循环。

3. 运动负荷

在确保安全的情况下，每组练习6~8次，完成3~5组。

4. 动作图例（如图5-37所示）

(a)

(b)

图5-31 直立双手推拉

（四）弓步双手推实心球

1. 目的

提高直立姿势的核心稳定性，促进直立推拉能力的发展。

2. 动作标准

（1）双腿分开与肩同宽，屈髋屈膝成弓步，肩胛骨前伸，躯干直立，目光平视。

（2）腹部吸气，双手屈肘，掌心相对，持哑铃或实心球于胸前。

（3）呼气，双手平推哑铃或实心球至肘关节微屈。

（4）吸气，双手拉回哑铃或实心球于胸前，进入下一个循环。

3. 运动负荷

在确保安全的情况下，每组练习8~10次，完成3~5组。

4. 动作图例（如图5-32所示）

（a）

（b）

图5-32 弓步双手推实心球

（五）俯卧左右横滚

1. 目的

提升身体核心稳定与基本旋转能力。

2. 技术标准

（1）身体仰卧，双腿与髋同宽，双手伸直举过头顶。

（2）以肩关节引领，身体向两侧旋转。

（3）分别向左、右方向滚5米。

3. 运动负荷

在确保安全的情况下，滚动2个来回为一组，完成4组。每组完成后休息30秒再开启下一组运动。如出现头晕现象，应立即停止运动。

4. 动作图例（如图5-33所示）

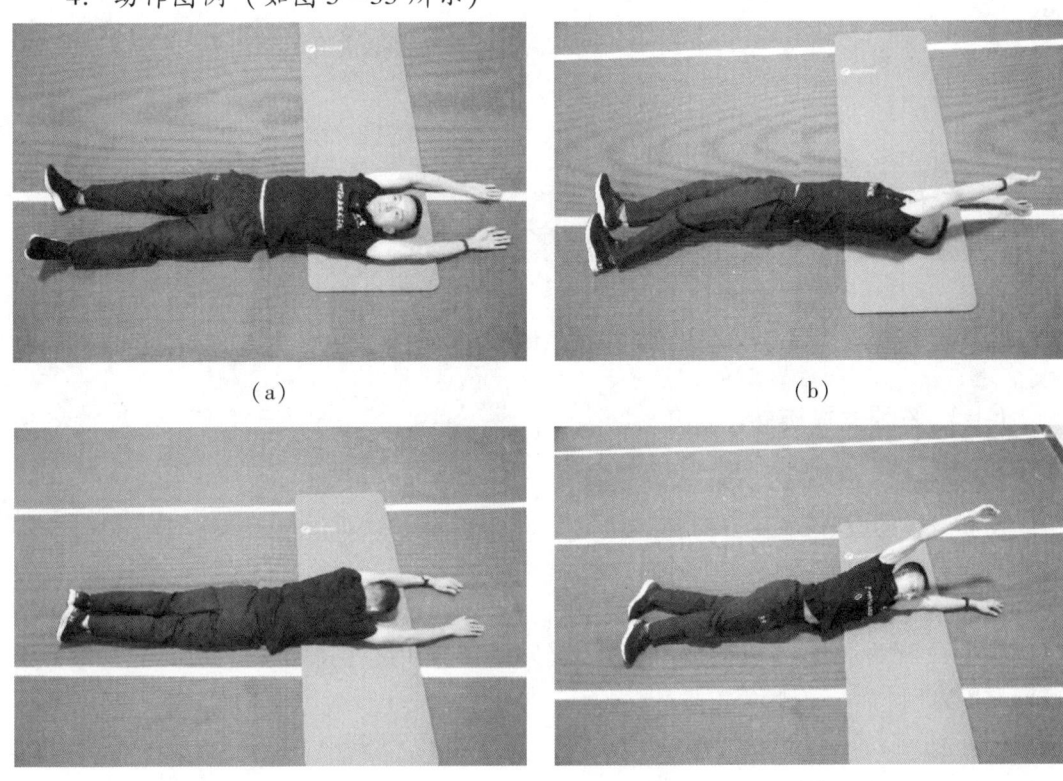

图5-33 俯卧左右横滚

（六）侧支撑旋转

1. 目的

发展以胸椎为轴的躯干旋转能力。

2. 技术标准

（1）一只手臂屈肘90°与躯干垂直，呈侧卧撑姿势；另一只手外展垂直地面；一条腿触地伸直抬起，髋关节离地，以小腿外侧支撑地面；上方腿直膝以足内侧撑地，下方髋关节离地颈椎与脊柱成一条直线。

（2）以胸椎为旋转轴，以触地腿和触地臂为支点，上方手穿过躯干下面，带动一侧身体做旋转，旋转后返回至手臂垂直地面。

（3）旋转过程中，保持颈椎与脊柱成一条直线，双腿双臂交替进行。

3. 运动负荷

在确保安全的情况下，每组每侧各练习8~10次，完成4~6组。

4. 动作图例（如图 5-34 所示）

(a)   (b)

图 5-34 侧支撑旋转

（七）俯卧支撑旋转

1. 目的

发展身体的旋转稳定与控制能力。

2. 技术标准

（1）身体呈俯卧姿势，双臂直肘支撑，头与躯干成一条直线，保持腹式呼吸。

（2）一侧手离地，以胸椎为轴向上旋转。与此同时，同侧大腿以对侧髋为轴，屈膝向对侧方向旋转，以脚尖着地。

（3）回到支撑姿势，然后旋转另一侧。

3. 运动负荷

在确保安全的情况下，每侧旋转 2 次，每组完成 4 次交替，完成 3～5 组。

4. 动作图例（如图 5-35 所示）

图 5-35 俯卧支撑旋转

（八）跪姿单手推实心球

1. 目的

提高跪姿核心稳定性，发展利用身体旋转推动物体的能力。

2. 技术标准

（1）躯干直立，双膝跪地，大腿与地面成直角，双手屈肘掌心相对，持实心球于胸前，目光平视。

（2）以胸椎为轴，躯干带实心球向一侧旋转，旋转至同侧手掌心朝前方，头部随躯干转动，另一侧手掌扶住实心球，同时吸气。

（3）呼气，同时躯干快速回旋，掌心向前，手顺势向前推出实心球。

（4）左右侧轮换交替推。

3. 运动负荷

本练习建议九年级女生、八年级、九年级男生选用。在确保安全的情况下，每组左右侧各练习2次，完成3~5组。

4. 动作图例（如图5-36所示）

图5-36 跪姿单手推实心球

（九）半蹲单手推实心球

1. 目的

提高半蹲姿势的核心稳定性，发展利用身体旋转推动物体的能力。

2. 动作标准

（1）躯干直立，双腿屈髋屈膝下蹲，膝关节成135°~140°角，双手屈肘掌心相对，持实心球于胸前，目光平视。

（2）以胸椎为轴，躯干带动实心球向一侧旋转，旋转至同侧手掌心朝前方，头部随躯干转动，另一侧手掌扶住实心球内侧，同时吸气。

（3）完成旋转后呼气，充分利用肌肉旋转拉长的弹性，快速边伸髋伸膝边旋转，带动躯干及双臂旋转向正前方，顺势向前推出实心球。

3. 运动负荷

在确保安全的情况下，每组左右侧各推 4~6 次，完成 3~5 组。

4. 动作图例（如图 5-37 所示）

图 5-37 半蹲单手推实心球

（十）半蹲旋转侧拉弹力带

1. 目的

提高半蹲姿势核心稳定性，发展利用身体旋转拉动物体的能力。

2. 动作标准

（1）躯干直立，目光平视，双腿屈髋屈膝下蹲，膝关节成 135°~140° 角，双手屈肘掌心相扣握弹力带于胸前，弹力带另一头成 40° 角固定于侧后面。

（2）以胸椎和髋关节为轴，躯干向一侧旋转 50°，头部随躯干转动，同时吸气。

（3）完成旋转后呼气，充分利用肌肉旋转拉长的弹性，快速边伸髋伸膝边旋转，带动躯干转向另一侧，顺势伸肘拉弹力带到对侧肩关节上方。

3. 运动负荷

在确保安全的情况下，每组左右侧各拉 4 次，完成 3~5 组。

4. 动作图例（如图 5-38 所示）

(a)

(b)

(c)

图 5-38 半蹲旋转侧拉弹力带

（十一）单腿半蹲侧抛实心球

1. 目的

提高单腿姿势的核心稳定性，发展单腿支撑旋转抛出物体的能力。

2. 技术标准

（1）躯干直立，单腿屈髋屈膝下蹲，膝关节成 135°~140°，另一条腿离地，自然屈膝；双手伸直掌心相对，持实心球于下腹部，目光平视。

（2）以胸椎和髋关节为轴，躯干带实心球向支撑侧旋转 50°，头部随躯干转动，同时吸气。

（3）完成旋转后呼吸，充分利用肌肉旋转拉长的弹性，快速边伸髋伸膝边旋转，带动躯干及双臂旋转向另一侧，顺势向异侧抛出实心球。

3. 运动负荷

本练习建议九年级女生，八年级、九年级男生选用。在确保安全的情况下，每组左右侧各抛 4 次，完成 3~5 组。

4. 动作图例（如图 5-39 所示）

(a)　　　　　　　　　(b)　　　　　　　　　(d)

图 5-39　单腿半蹲侧抛实心球

（十二）半跪姿下拉弹力带

1. 目的

提高半跪姿势核心稳定性，发展躯干旋转劈砍的能力。

2. 技术标准

（1）躯干直立，目光平视，双腿与肩或髋同宽，一条腿在前，屈膝 90°成弓步；另一条腿在后，屈膝 120°～130°成跪姿。双手十指交叉，握弹力带置于跪侧头边。

（2）以胸椎为轴，躯干带动手臂向斜下旋转做劈砍动作，头部随躯干转动，保持颈椎与脊柱中立位，同时呼气。

（3）吸气，将身体恢复到起始位置，开始下一次劈砍动作。

3. 运动负荷

在确保安全的情况下，每组左右侧各劈砍 4 次，完成 3～5 组。

4. 动作图例（如图 5-40 所示）

(a)　　　　　　　　　　　　(b)

图 5-40　半跪姿下拉弹力带

(十三) 弓步弹力带劈砍

1. 目的

提高半蹲姿势核心稳定性，发展躯干旋转劈砍的能力。

2. 技术标准

（1）躯干直立，目光平视，双腿屈髋屈膝下蹲，膝关节呈135°~140°角，双手屈肘，掌心相扣，握弹力带于头部外侧，弹力带另一头呈40°角固定于侧面高处。

（2）完成旋转后呼气，以胸椎和髋关节为轴，躯干带动弹力带向斜下劈砍，同时快速边伸髋伸膝时加速旋转，顺势伸肘向下拉动弹力带。

（3）吸气，恢复到起始位置，开始下一次劈砍动作。

3. 运动负荷

在确保安全的情况下，每组左右侧各练习4次，完成3~5组。

4. 动作图例（如图5-41所示）

(a) (b)

图5-41 弓步弹力带劈砍

(十四) 单腿弹力带劈砍

1. 目的

提高单腿姿势核心稳定性，发展单腿旋转的劈砍能力。

2. 技术标准

（1）躯干直立，目光平视，单腿屈髋膝下蹲，膝关节呈135°~140°，双手屈肘，十指相扣，握弹力带于对侧头部侧上，弹力带另一头呈40°固定于侧面高处。

（2）完成旋转后呼气，以胸椎和髋关节为轴，躯干带动弹力带向支撑腿方向斜下劈砍，同时在快速伸髋伸膝时加速旋转，顺势伸肘拉动弹力带。

（3）吸气，恢复到起始位置，开始下一次劈砍动作。

3. 运动负荷

本练习建议九年级女生，八年级、九年级男生使用。在确保安全的情况下，每组左右各劈砍4次，完成3~5组。

4. 动作图例（如图 5-42 所示）

(a)

(b)

图 5-42 单腿弹力带劈砍

本章小结

步行、跑步、搬抬、抛接等是人类的基本动作。长期久坐，缺乏锻炼，导致身体的动作和稳定功能退化，造成了青少年步行和搬抬动作模式错误，不但影响其动作效能，还增加了运动损伤风险。希望本章的学习和练习，能帮助同学们恢复与重建正确的运动动作模式，增强学习和生活的适应能力和技术技巧。

思考与练习

1. 在教师的指导下，同学们相互评价对方步行、跑步、下蹲抬起和旋转抛接的动作是否正确合理。如果存在不合理之处，请参照本章内容，在教师的指导下，设计简单的动作矫正练习。

2. 请同学们相互评价在拉单杠和传球过程中，手的动作是否合理。请参照本章内容，在教师的指导下，设计简单的动作矫正练习。

3. 在教师的指导下，课后选取 4~6 个基本动作进行练习。

第六章
姿势稳定及动作控制锻炼

第一节 静态姿势稳定与动作控制技术

静态姿势稳定
锻炼原理与技术

静态姿势是身体在各环节相对固定或部分变化的情况下保持的稳定状态。良好的静态姿势具备以下特点：身体各环节生物力学结构合理、屈伸肌群力量协调、骨骼排列正常且关节处中立位、没有明显的身体负荷代偿姿态。在中小学体育教学和锻炼中，建立在感知觉、反射和神经控制基础上的静态姿势是支持运动过程身体负载变化的平台，是运动节段完成肌肉收缩、实现动作实施的力学支点。一旦静态稳定能力不足，人们在运动时肌肉收缩支点缺乏稳定性，不但动作效能差，而且必然产生代偿动作，容易发生运动损伤。例如，静态单腿支撑稳定不足，在跑步时必然表现出支撑阶段躯干的稳定性不足和代偿动作出现，影响伸髋伸膝的动作效益；肩胛骨支撑不稳，在哑铃上举时，必然表现出肩胛骨前倾等代偿动作，容易造成肱二头肌肌腱头的损伤。

一、静态姿势稳定的控制机制与作用

出生后的 3～14 个月是人类基本的神经控制和动作模式形成与发育的关键阶段。其中，一岁前的动作发育将促使婴幼儿完成人类在进化过程中所获得的、具有高度稳定的遗传和种群特征的神经动作控制系统的构建与发展，为学习、掌握直立行走和其他生存技能打下坚实的神经控制与动作模式基础。在每一个神经控制和动作模式的构建过程中，静态姿势都为动作发育和技能发展提供了身体负载的平台和肌肉收缩的支

点,可以说,静态姿势的稳定是人体每一个动作和技能发展的限制性因素和必然性条件。下面针对人类神经控制和动作模式发育过程中,静态姿势稳定的形成机制及其对动作发育的作用做基本描述。

(一) 俯卧和仰卧的静态稳定机制[1]

出生后的前3个月,主要是人体反射和反应能力的发育阶段。而动作发育的起始点,是3~4个月时的俯卧和仰卧静态稳定的发育,这为翻滚和爬行动作的发育搭建了负载和支点平台。

1. 俯卧静态姿势

俯卧姿势静态稳定的产生,主要源于婴儿腹内压的形成与建立。腹内压的出现,能有效地稳定盆骨和胸廓,为承接身体负载的变化和保持稳定姿势,做好了充分的神经控制与力学结构的准备。3个月大的婴儿的俯卧静态姿势,主要是双手屈肘前撑的俯卧抬头姿势(如图6-1所示)。这个姿势的静态稳定,是伸肌群第一阶段发育的核心动作,能有效地激活和促进婴儿背部支撑功能的发展。

图6-1 俯卧静态姿势

2. 仰卧静态姿势

仰卧姿势静态稳定的产生,同俯卧姿势。3个月大的婴儿的仰卧静态姿势,主要是仰卧举腿姿势(如图6-2所示)。这个姿势的静态稳定是激活和促进屈肌发展的第一阶段核心动作,能有效促进婴儿翻滚、爬行、屈髋、抬腿功能的发展,是滚动动作的准备阶段。仰卧静态收腹举腿姿势,常作为发展核心稳定性及屈髋肌群的基础动作来进行练习。

图6-2 仰卧静态姿势

(二) 翻滚与撑起位静态稳定机制

出生后的第 5 个月是翻滚动作的发育阶段，第 7 个月是撑起动作的发育阶段。这两个阶段的静态稳定姿势，为促进婴幼儿有效地完成翻滚和爬行动作创造了有利的结构与功能支撑条件。

1. 翻滚静态姿势

5 个月大的婴儿的滚动动作是同侧滚动，由仰卧举腿变成俯卧姿势，是进行身体转化的关键动作。在保持肩轴与髋轴平行的条件下，一侧手和腿需要向异侧转动，转动侧的手和腿要有效地完成屈曲内旋（如图 6-3 所示）。滚动动作的完成需要躯干核心区和肩胛骨提供稳定的支撑。

图 6-3　同侧翻滚

2. 跪撑静态姿势

6~7 个月大的婴儿的双手跪撑动作，是以膝关节为支撑点、盆骨与大腿离开地面的直肘撑（如图 6-4 所示），这个动作是婴儿爬行前的基础动作。跪撑姿势的静态稳定，直接关系到爬行动作模式的质量。跪撑动作的完成，需要躯干核心区和髋关节的静态稳定能力，以维持胸、腰、椎及髋关节的中立位；肩胛骨的静态稳定能力为直肘支撑、保持肱骨头的中立位提供了有效的保证。

图 6-4　四马支撑

(三) 斜坐与半跪静态稳定机制

7~8 个月是婴幼儿斜坐姿态形成的阶段。斜坐位姿势的静态稳定，为身体由坐位向爬行过渡阶段的身体负载变化，提供了强有力的支撑平台。而 10~11 个月，是婴幼儿半跪姿态形成的阶段。半跪姿的静态稳定，是婴幼儿从平躺到直立的关键环节，为蹲起动作的发育搭建了负载和支点平台。

1. 斜坐的静态稳定姿势

婴幼儿的斜坐位姿势（如图6-5所示）以支撑侧屈曲大腿外侧为下支撑面，躯干核心区保持稳定以维持胸腰脊柱的中立位，支撑侧肩胛骨保持稳定从而为支撑臂负载重量提供着力平台。支撑侧对侧大腿屈膝直立，侧链与旋转链收紧，以抵抗躯干的旋转趋势。

图6-5 斜坐静态姿势

2. 半跪静态姿势

半跪姿势是婴儿从平躺到直立的关键性过渡姿势，半跪姿势静态稳定的质量直接关系到双腿直立的质量。半跪时，双腿分开与髋同宽，前腿膝关节屈曲90°呈弓步，后腿膝关节屈曲，小腿跪地（如图6-6所示）。同时，躯干核心区激活稳定肌群，以维持胸、腰、脊柱、盆骨及髋关节处于稳定的中立位。半跪姿势的静态稳定，为双腿蹲起动作的发育创造有利的神经控制和力学条件。半跪静态姿势及躯干与手臂的动作组合，可作为发展躯干稳定、盆骨及髋关节稳定的核心动作来进行练习。

图6-6 半跪静态姿势

（四）熊爬与蹲位静态稳定机制

12~13个月，是幼儿熊爬姿势和双腿蹲立的形成阶段。熊爬姿势的静态稳定，为身体由爬行向双腿蹲过渡的身体负载变化提供了强有力的支撑平台；而双腿蹲立的完成，标志着幼儿完成了盆骨由垂直位向水平位的转换，宣告了直立人生的开始，为以后的直立和行走奠定了基础。

1. 熊爬静态姿势

熊爬姿势（如图6-7所示）是婴幼儿从半跪到蹲起必经的动作发育阶段，是人类直立的前置动作。熊爬姿势静态稳定的质量直接关系到双腿蹲起的质量。熊爬姿势与掌膝四点触地的跪姿爬最大的区别是双腿膝关节离地。这个姿势对躯干核心稳定提出了极高的要求,支撑于地面的双手和双腿的脚趾都以躯干核心区为负载的平台和相关收缩肌群的力学支点。与半跪姿势一样,熊爬姿势是人类从爬行到直立过程中的关键性发育动作。熊爬姿势静态稳定能有效激活腹横肌及周围肌群,是直立阶段核心稳定发育的基础。人类的攀爬动作、游泳动作均来自于熊爬动作模式。熊爬姿势也常作为发展躯干稳定的核心动作来进行练习。

图6-7 熊爬静态姿势

2. 蹲立静态姿势

蹲立静态姿势(如图6-8所示)是婴儿直立和行走的关键性前置动作发育阶段,有利于大脑重新构建直立姿势所需的新的神经感知觉和神经控制体系。可以说,蹲立姿势是人类直立与行走的基石,是人类最稳定的姿势。如果蹲立姿势静态稳定质量不高,将影响婴幼儿直立姿势的发育。在练习蹲立姿势的过程中,双腿与肩同宽,屈髋屈膝,膝关节呈130°~140°角,肩、膝、脚趾基本保持在一条直线上,躯干略前倾,目光平视。蹲立姿势的稳定表现在,躯干核心区激活以维持脊柱中立位,背部伸肌群向心收缩以抵抗躯干的前旋力矩,髂腰肌、腘绳肌、内收肌和小腿三头肌向心收缩以维持下肢的静态稳定。静态蹲立及蹲起动作是发展躯干核心稳定及下肢运动功能的核心动作,是直立姿势和运动的基础动作,如美式橄榄球的准备姿势,体能训练中的深蹲、高翻和立定跳等均发源于蹲立及其衍生动作。

图6-8 蹲立静态姿势

（五）直立静态稳定机制

14个月是幼儿直立姿势的形成阶段。直立姿势（如图6-9所示）与蹲立姿态最本质的区别在于直立比蹲立具有更高的重心和更窄的支撑面。婴儿为维持直立姿势的稳定，抵抗以踝、髋轴为支点的前旋力矩，维持脊柱的中立位，必须构建对姿势感知觉更加敏锐、肌群协同更加优化的神经反馈与控制系统。同时，躯干腹部周围肌群的激活和加压，激活了核心区的稳定控制机制，有效地维持了脊柱的中立位，同时脚踝、盆骨和背部强有力的伸肌链协同收缩，有效地抵抗了身体前旋的力矩。

图6-9 直立静态姿势

幼儿直立姿势感知觉和动作协同系统的完善，标志着以神经发育为驱动的动作发育宣告完成。幼儿终于完成了从卧跪到直立，从四点或三点支撑到二点支撑发育的根本性转折。

二、静态姿势的稳定控制能力评估

静态姿势稳定能力也称为静态平衡能力，是指在相对静止的状态下，人体保持重心稳定、维持身体姿势的控制能力。它是神经系统对来自前庭器、肌肉、肌腱、关节本体感受及视觉等感知系统的身体位置输入信息进行分析加工，对相关肌群发出协同工作指令，以维持身体位置稳定的能力，简单来说就是神经系统通过反射调节身体姿势的肌肉协调能力。它主要包括神经系统获取的来自视觉、前庭器和肌肉等感知觉系统身体各节段位置信息的能力、神经系统对输入信息分析整合的能力，以及对身体位置变化的反射调整能力、支撑稳定面积，肌群间协调性、小肌群的爆发力等。

当人体静态姿势稳定控制能力不足时，身体必然产生负载变化及姿势代偿，造成肌肉和关节的排列顺序、肌肉起始点及长度、关节中立位的改变，不但影响人体静态时的美观度，还影响人体动态运动时的动作效能，增加了运动损伤风险，所以人体静态姿势的稳定控制能力对初中学生来说非常重要。为了更好地评估初中各年级男、女生静态姿势稳定控制能力的状态，根据静态控制水平的难易程度和对身体控制能力的要求，推荐以下静态控制能力评估方法。

（一）单腿直立控制能力测试

1. 测试目的

评估在全感知觉状态下，青少年单腿直立的静态稳定控制能力。

2. 测试方法

(1) 受试者双手叉腰，目光平视，单腿直立，另一条腿屈髋屈膝抬离地面，保持身体直立姿势。

(2) 听到"开始"口令后，保持呼吸和身体直立姿势，记录单腿直立时间，以秒为单位。原则上，测试2~3次，取最好成绩。

3. 注意事项

在测试过程中，直立支撑腿移动、离地腿触地、手离开腰部等，均判为测试结束。

4. 评估标准（如表6-1所示）

表6-1 初中学生单腿直立测试评估参考值

等级	男生/秒	女生/秒
优秀	150	120
较好	120	100
及格	100	80

注：数据来源于参与课题研究的广州市第七十五中学、广州市江南外国语学校、广州市绿翠现代实验中学的初中学生上课现场测试统计。由于样本量较小，可能存在部分学生努力程度不足的情况，本表数据仅作参考。

5. 动作图例（如图6-10所示）

图6-10 单腿直立

(二) 闭眼单腿直立

1. 测试目的

评估在本体感知觉状态下，青少年单腿直立的静态稳定控制能力。

2. 测试方法

(1) 受试者双手叉腰，目光平视，单腿直立，定位好空间后闭紧双眼，另一条腿屈髋屈膝抬离地面，保持身体直立姿势。

(2) 听到"开始"口令后，保持呼吸和身体直立姿势，记录单腿直立时间，以秒为单位。原则上，测试2~3次，取最好成绩。

3. 注意事项

在测试过程中，睁开眼睛、直立支撑腿移动、离地腿触地、手离开腰部等，均判为测试结束。

4. 评估标准（如表6-2所示）

表6-2　初中学生单腿直立闭眼测试参考值

等级	男生/秒	女生/秒
非常好	90	50
较好	60	40
及格	30	25

注：数据来源于参与课题研究的广州市第七十五中学、广州市江南外国语学校、广州市绿翠现代实验中学的初中学生上课现场测试统计。由于样本量较小，可能存在部分学生努力程度不足的情况，本表数据仅作参考。

5. 动作图例（如图6-11所示）

图6-11　闭眼单腿直立

（三）单腿二分之一或五分之四下蹲

1. 测试目的

评估在全感知觉状态下，青少年单腿下蹲的静态稳定控制能力，主要由单腿下蹲时的身体姿态来判断。

2. 测试方法

（1）受试者双手叉腰，目光平视，双腿直立，男生以单腿二分之一、女生以单腿五分之四高蹲支撑腿，另一腿屈髋、屈膝抬离地面，保持身体直立姿势。

（2）听到"开始"口令后，保持呼吸和身体直立姿势，记录单腿直立时间，以秒为单位。原则上，测试2~3次，取最好成绩。

3. 注意事项

在测试过程中，高蹲支撑腿移动、离地腿触地、手离开腰部、身体严重失去平衡等，均判为测试结束。

4. 评估标准（如表6-3所示）

表6-3 初中学生单腿二分之一下蹲或五分之四下蹲测试参考值

等级	男生130°蹲（二分之一蹲）/秒	女生150°蹲（五分之四蹲）/秒
优秀	—	—
良好	45	40
及格	30	30

5. 动作图例（如图6-12所示）

图6-12 单腿五分之四下蹲

（四）平板支撑

1. 测试目的

评估在全感知觉状态下，青少年躯干核心区的静态稳定控制能力。

2. 测试方法

（1）受试者上肢呈屈肘状态，以双手前臂支撑于地面，双腿伸直，以脚尖支撑于地面。

（2）身体呈俯卧平直状态，头、肩、臀和双脚脚跟成一条直线。

（3）听到"开始"口令后，保持呼吸和平板支撑姿势，记录坚持时间，以秒为单位。原则上，测试2~3次，取最好成绩。

3. 注意事项

在测试过程中，出现腰部明显塌陷、臀部明显翘起、身体明显旋转或向一侧偏移，均判为测试结束。

4. 评估标准（如表6-4所示）

表6-4 初中学生平板支撑参考值

等级	男同学/秒	女同学/秒
非常好	100	90
较好	85	75
及格	70	60

注：数据来源于参与课题研究的广州市第七十五中学、广州市江南外国语学校、广州市绿翠现代实验中学的初中学生上课现场测试统计。由于样本量较小，可能存在部分学生努力程度不足的情况，本表数据仅作参考。

（五）八级桥测试

八级桥测试一般适用于运动员或运动基础较好的人群，初中学生根据年级和性别的不同，采用相应的级别标准即可。

1. 测试目的

评估在全感知觉状态下，当四肢运动引起身体重心变化的时候，躯干核心区的静态稳定控制能力。

2. 测试方法、注意事项、动作图例及初中学生评估标准

测试方法、注意事项、动作图例及初中学生评估标准均参考第二章的平板八级桥支撑。

3. 评分标准

按以下要求，3分钟内正确完成8个动作，总分100分。整个测试过程中要求保持腹式呼吸，不能憋气。

其中，第1级1分，平板支撑60秒；第2级3分，平板支撑姿势，掌心向内抬右手15秒；第3级5分，平板支撑姿势，掌心向内抬左手15秒；第4级6分，平板支撑姿势抬右腿15秒；第5级10分，平板支撑姿势抬左腿15秒；第6级15分，平板支撑姿势抬右手左腿15秒；第7级25分，平板支撑姿势抬左手右腿15秒；第8级35分，回到1级平板支撑30秒。

三、静态姿势的发育进阶锻炼技术

静态姿势是动作的准备阶段和前置状态，从俯仰卧到半跪，再到蹲立和直立，每一个静态姿势都对神经的控制能力和肌群的协同发展有较大的促进作用。良好的静态稳定姿势为有效完成动作提供了优化的身体力学结构、强大的负载变化支撑平台、稳固的肌肉收缩支点和丰富的弹性势能储备。本书根据人类动作的发育过程，将静态稳定姿势分成仰卧举腿姿势、斜支撑姿势、四点或三点跪撑姿势、盘腿坐姿、俯卧直臂

或屈肘撑姿势、半跪姿势、双腿下蹲姿势、单腿燕飞姿势和单腿直立,并通过调控四肢动作引起的重心变化、外在稳定条件变化或施加外力等影响因素,设计静态姿势锻炼的基本锻炼技术和进阶锻炼技术,为最大限度地促进初中学生的静态稳定控制能力的发展提供锻炼技术与方法依据。

以下静态稳定锻炼动作,均需与腹式呼吸相结合,才能最大限度地发展核心稳定能力,教师可以根据教学情况自由选择并组合。

(一) 仰卧举腿静态姿势锻炼

仰卧举腿是静态姿势进阶锻炼的第一级动作。

1. 目的

激活和促进躯干及屈髋静态稳定能力的发展,激活腹周围肌肉,促进腹内压的形成,为躯干的稳定创造基本条件。

2. 技术标准

(1) 身体仰卧,目光垂直向上,双手外展30°,掌心向下压住地面。
(2) 双腿分开,与髋同宽,屈髋、屈腿90°举腿。
(3) 保持仰卧屈膝姿势,保持腹式呼吸,切忌在锻炼过程中采用胸式呼吸或憋气。

3. 运动负荷

本练习适合七年级及以上年级学生选用。在确保安全的情况下,每组坚持20~30秒,练习4~6组。

4. 动作图例(如图6-13所示)

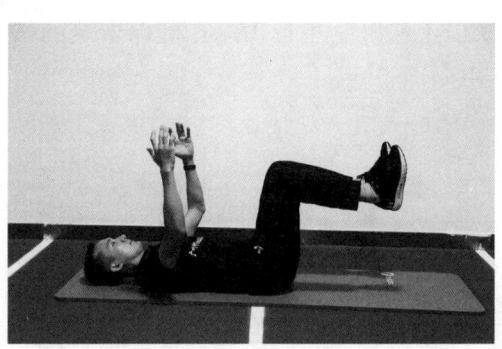

图6-13 仰卧举腿静态姿势

● 进阶技术1

(1) 目的。

通过身体负载的变化,提高屈髋静态稳定控制的难度,促进躯干核心区稳定能力的提高。

(2) 技术标准。

仰卧直肘上举或持哑铃,其他要求与仰卧举腿静态姿势相同。

(3) 运动负荷。

本练习适合八年级及以上年级学生选用。在确保安全的情况下，每组坚持 20~30 秒，练习 4~6 组。

(4) 动作图例（如图 6-14 所示）。

(a)   (b)

图 6-14 仰卧举腿静态姿势进阶技术 1

- 进阶技术 2

(1) 目的。

通过身体其他环节的运动，提高屈髋静态稳定控制的难度，促进躯干核心区稳定能力的提高。

(2) 技术标准。

仰卧双手持哑铃交替上举，其他要求与仰卧举腿静态姿势相同。

(3) 运动负荷。

本练习适合八年级及以上年级学生选用。在确保安全的情况下，每组交替上举哑铃 8~14 次，练习 4~6 组。

(4) 动作图例（如图 6-15 所示）。

(a)   (b)

图 6-15 仰卧举腿静态姿势进阶技术 2

- 进阶技术 3

(1) 目的。

通过身体其他环节的运动，提高屈髋静态稳定控制的难度，促进躯干核心区稳定能力的提高。

（2）技术标准。

仰卧双手直肘持哑铃置于胸前，动作开始时，一只手持哑铃于体侧上摆至哑铃触地，另一只手持哑铃于体侧下摆至哑铃触地，其他要求与仰卧举腿静态姿势相同。

（3）运动负荷。

本练习适用于九年级及以上年级学生选用。在确保安全的情况下，每组交替上举哑铃10~15次，练习4~6组。

（4）动作图例（如图6-16所示）。

(a)

(b)

图6-16 仰卧举腿静态姿势进阶技术3

（二）斜支撑静态姿势

斜支撑是静态姿势进阶锻炼的第二级动作。

1. 目的

激活和促进躯干、头部侧向及肩关节单侧稳定能力发展，激活与促进体侧筋膜链和旋转筋膜链的发展，以有效抵抗躯干的偏转和旋转力矩。

2. 技术标准

（1）身体侧卧，下方手臂屈肘，上臂触地面，下方腿屈膝90°，小腿外侧触地面，上方腿以足内侧触地。

（2）下方手臂的上臂、下方腿的小腿、上方腿的足内侧共同撑起身体，髋关节离地，形成三点面支撑的静态姿势，颈椎与脊柱保持在一条直线上，上方手上举，掌心向外，垂直于地面。

（3）保持静态稳定，保持平稳的腹式呼吸，切忌在锻炼过程中采用胸式呼吸或憋气。

3. 运动负荷

本练习适合七年级及以上年级学生选用。在确保安全的情况下，每组左右两侧各练习20~40秒，完成4~6组。

4．动作图例（如图 6－17 所示）

图 6－17　斜支撑静态姿势

● 进阶技术 1

（1）目的。

通过减少支撑点，加大斜支撑的难度，促进侧向躯干稳定能力的提高。

（2）技术标准。

斜卧时，下方腿屈膝折叠，上方腿直膝抬离地面，与下方手臂的上臂形成二点斜支撑，其他要求与斜支撑静态姿势相同。

（3）运动负荷。

本练习适合八年级及以上年级学生使用。在确保安全的情况下，每组左右两侧各练习 20～30 秒，完成 4～6 组。

（4）动作图例（如图 6－18 所示）。

图 6－18　斜支撑静态姿势进阶技术 1

● 进阶技术 2

（1）目的。

通过移动支撑点，加大斜支撑的难度，促进侧向躯干稳定能力的提高。

（2）技术标准。

斜卧时，双脚前后分开 10～20 厘米，以下方腿足外侧和上方腿足内侧接地，与下方臂形成三点斜支撑，其他要求与斜支撑静态姿势相同。

（3）运动负荷。

本练习适合九年级女生选用。在确保安全的情况下，每组左右两侧各练习15~30秒，完成4~6组。

（4）动作图例（如图6-19所示）。

图6-19　斜支撑静态姿势进阶技术2

● 进阶技术3

（1）目的。

通过形成不稳定支点，加大斜向支撑的难度，促进侧向躯干稳定能力的提高。

（2）技术标准。

斜卧时，上下腿屈膝并拢，下方腿膝关节置于平衡盘上，形成不稳定两点斜支撑，其他要求与斜支撑静态姿势相同。

（3）运动负荷。

本练习适合八年级及以上年级男生选用。在确保安全的情况下，每组左右两侧各练习15~30秒，完成4~6组。

（4）动作图例（如图6-20所示）。

图6-20　斜支撑静态姿势进阶技术3

- 进阶技术 4

(1) 目的。

通过直臂与减少支撑点,加大斜向支撑的难度,促进侧向躯干稳定能力的提高。

(2) 技术标准。

斜卧时,下面手臂伸直撑地,上下方腿伸直并拢,下方腿的足外侧接地,形成两点斜支撑,其他要求与斜支撑静态姿势相同。

(3) 运动负荷。

本练习适合九年级男生选用。

(4) 动作图例(如图6-21所示)。

图6-21　斜支撑静态姿势进阶技术4

(三) 四肢跪撑静态姿势

四肢跪撑是静态姿势进阶锻炼的第三级动作。

1. 目的

激活和促进躯干、头部及肩部、髋部静态稳定能力的发展,发展躯干及头部矢状面抵抗躯干旋转的躯干稳定控制能力。

2. 技术标准

(1) 双手直臂垂直于地面,以掌心撑地,屈膝、屈髋90°,以膝盖和足尖触地,脊柱维持中立位。

(2) 保持平稳的腹式呼吸,切忌在锻炼过程中采用胸式呼吸或憋气。

3. 运动负荷

本练习适合七年级学生选用。在确保安全的情况下,每组坚持20~30秒,完成4~6组。

4. 动作图例（如图 6-22 所示）

图 6-22 四肢跪撑静态姿势

● 进阶技术 1

（1）目的。

通过减少手部支撑点，改变身体负载，提高跪支撑难度，促进跪姿和肩胛骨的静态稳定能力的提升。

（2）技术标准。

分别抬起左右两侧手臂，其他要求与四肢跪撑静态姿势锻炼技术一致。

（3）运动负荷。

本练习适合八年级及以上年级学生选用。在确保安全的情况下，每组左右手各坚持抬起 20~30 秒，完成 4~6 组。在课后锻炼中运用。

（4）动作图例（如图 6-23 所示）。

(a)　　　　　　　　　　　(b)

图 6-23 四肢跪撑静态姿势进阶技术 1

● 进阶技术 2

（1）目的。

通过减少腿部支撑点，改变身体负载，提高跪支撑难度，促进跪姿和盆骨的静态稳定能力的提升。

（2）技术标准。

抬起一条腿，然后抬至与地面平行，伸腿过程中，腰部生理弯曲要保持不变，其他要求与四肢跪撑静态姿势一致。

（3）运动负荷。

本练习适合八年级及以上年级男生、九年级女生选用。在确保安全的情况下，每组左右腿各坚持抬起20～40秒，完成4～6组。

（4）动作图例（如图6-24所示）。

　　　　　　（a）　　　　　　　　　　　　　　　（b）

图6-24　四肢跪撑静态姿势进阶技术2

● 进阶技术3

（1）目的。

通过减少对侧手腿支撑点，改变身体负载，提高跪支撑难度，促进跪姿和盆骨的静态稳定能力。

（2）技术标准。

同时抬起对侧手和腿至平行于地面，伸臂、伸腿过程中，腰部生理弯曲要保持不变，躯干不能产生旋转，其他要求与四肢跪撑静态姿势一致。

（3）运动负荷。

本练习适合九年级男生选用。在确保安全的情况下，每组左右侧手臂和腿各抬起15～30秒，完成3～4组。

（4）动作图例（如图6-25所示）。

　　　　　　（a）　　　　　　　　　　　　　　　（b）

图6-25　四肢跪撑静态姿势进阶技术3

(四) 坐姿静态姿势

坐姿是人从卧爬姿势向直立姿势过渡的一个重要姿势，是静态姿势进阶锻炼的第四级动作。

1. 目的

激活和促进躯干直立静态稳定能力发展，在坐式稳定支撑的条件下，发展躯干及头部直立姿态的稳定控制能力。

2. 技术标准

（1）大腿与肩同宽，屈膝90°并外翻膝关节，以臀部及两脚足跟支撑于地面；双臂平举，微屈肘呈拥抱姿势。

（2）头颈和躯干保持直立姿势，颈椎和脊柱保持中立位，目光平视。

（3）保持平稳的腹式呼吸，切忌锻炼过程中采用胸式呼吸或憋气。

3. 运动负荷

本练习适合七年级学生选用。在确保安全的情况下，每组坚持20~30秒，完成4~6组。

4. 动作图例（如图6-26所示）

图6-26 坐姿静态姿势

• 进阶技术1

（1）目的。

通过缩小双腿之间的支撑面，提高坐姿直立的难度，促进躯干及头部静态稳定功能的发展。

（2）技术标准。

双腿伸直与髋同宽，屈膝90°并外翻膝关节，其他要求与坐姿静态姿势一致。

（3）运动负荷。

本练习适合八年级及以上年级学生选用。在确保安全的情况下，每组坚持20~30秒，完成4~6组。

（4）动作图例（如图6-27所示）。

图6-27 坐姿静态姿势进阶技术1

- 进阶技术2

（1）目的。

通过缩小双手之间的平衡面，提高坐姿直立的难度，促进躯干及头部静态稳定功能的发展。

（2）技术标准。

双腿伸直与髋同宽，屈膝90°并外翻膝关节，双手交叉置于前胸，其他要求与坐姿静态姿势一致。

（3）运动负荷。

本练习适合八年级及以上年级男生，九年级女生选用。在确保安全的情况下，每组坚持20~30秒，完成4~6组。

（4）动作图例（如图6-28所示）。

图6-28 坐姿静态姿势进阶技术2

- 进阶技术3

（1）目的。

通过改变身体负载和双手平衡面，提高坐姿直立的难度，促进躯干及头部静态稳定功能的发展。

(2)技术标准。

双腿伸直与髋同宽,屈膝90°并外翻膝关节,双手上举或持实心球上举,其他要求与坐姿静态姿势一致。

(3)运动负荷。

本练习适合九年级学生选用。在确保安全的情况下,每组坚持20~30秒,完成3~4组。

(4)动作图例(如图6-29所示)。

图6-29 坐姿静态姿势进阶技术3

(五)平板支撑静态姿势

平板支撑是静态进阶锻炼的第五级动作。

1. 目的

激活和促进躯干及下肢各关节的稳定能力发展,在俯卧四点支撑的条件下,发展头部、躯干和髋、膝、踝各关节的稳定控制能力。

2. 技术标准

(1)上臂屈肘,和双腿、脚尖支撑于地面,身体呈俯卧撑姿势,双腿与髋同宽。

(2)头、肩、臀和脚跟保持在一条直线上,脊柱保持中立位。

(3)保持平稳的腹式呼吸,切忌锻炼过程中采用胸式呼吸或憋气。

3. 运动负荷

本练习适合七年级及以上年级学生选用。在确保安全的情况下,每组坚持20~50秒,完成3~4组。

4. 动作图例（如图 6-30 所示）

图 6-30　平板支撑静态姿势

- 进阶技术 1

（1）目的。

通过减少支撑点，提高身体俯卧稳定功能的难度，促进躯干及头部静态稳定功能的发展。

（2）技术标准。

上臂屈肘支撑于地面，双腿伸直与髋同宽，抬一侧腿，其他要求与平板支撑静态姿势一致。

（3）运动负荷。

本练习适合七年级及以上年级学生选用。在确保安全的情况下，每组左、右腿各坚持 20～30 秒，完成 3～4 组。

（4）动作图例（如图 6-31 所示）。

图 6-31　平板支撑静态姿势进阶技术 1

- 进阶技术 2

（1）目的。

通过减少支撑点，提高身体俯卧稳定功能的难度，促进躯干及下肢静态稳定功能的发展。

（2）技术标准。

双腿伸直与髋同宽，掌心向内，拇指向上，抬一侧手臂，其他要求与平板支撑静态姿势一致。

（3）运动负荷。

本练习适合八年级及以上年级学生选用。在确保安全的情况下，每组左、右侧手臂各坚持20~30秒，完成3~4组。

（4）动作图例（如图6-32所示）。

图6-32 平板支撑静态姿势进阶技术2

● 进阶技术3

（1）目的。

通过减少对侧手腿支撑点，改变身体负载，提高平板支撑难度，促进躯干、盆骨和下肢的静态稳定能力。

（2）技术标准。

同时抬起对侧手臂和腿至与地面平行，在伸臂抬腿的过程中，颈椎与胸椎保持中立位，腰椎生理弯曲不变，躯干不能产生旋转，其他要求与平板支撑静态姿势一致。

（3）运动负荷。

本练习适合九年级男生选用。在确保安全的情况下，每次手臂和腿坚持抬起15~30秒，两侧完成为一组，完成3~4组。

（4）动作图例（如图6-33所示）。

图6-33 平板支撑静态姿势进阶技术3

(六) 半跪静态姿势

双腿下蹲是静态进阶锻炼的第七级动作。

1. 目的

激活和促进躯干及盆骨直立时静态稳定能力的发展，在三点（一只脚、另一条腿的膝盖和脚尖）支撑的条件下，发展躯干核心区、盆骨及髋关节的稳定控制能力。

2. 技术标准

（1）颈椎与脊柱、盆骨保持中立位，躯干直立，目光平视，双手叉腰。

（2）前腿屈髋、屈膝90°，以脚掌着地，小腿垂直于地面，膝关节在脚跟正上方。

（3）双腿与髋同宽，后腿髋关节垂直于地面，屈膝90°，以膝盖和脚尖着地。

（4）保持平稳的腹式呼吸，切忌锻炼过程中采用胸式呼吸及憋气。

3. 运动负荷

本练习适合七年级及以上年级学生选用。在确保安全的情况下，每组左、右侧腿保持半跪姿势各20～30秒，完成4～6组。

4. 动作图例（如图6-34所示）

图6-34 半跪静态姿势

- 进阶技术1

（1）目的。

通过不稳定支撑点，提高身体半跪姿势稳态的难度，促进躯干及髋关节静态稳定功能的发展。

（2）技术标准。

在后侧腿膝关节下方加一个平衡垫，其他要求与半跪静态姿势一致。

（3）运动负荷。

本练习适合七年级及以上年级男生，八年级及以上年级女生选用。在确保安全的情况下，每组左、右腿各保持半跪姿势20～30秒，完成4～6组。

（4）动作图例（如图6-35所示）。

图6-35　半跪静态姿势进阶技术1

- 进阶技术2

（1）目的。

通过缩窄稳定面，提高身体半跪姿势稳态的难度，促进躯干及髋关节静态稳定功能的发展。

（2）技术标准。

将后腿膝关节移至前腿后脚跟处，使两脚分别与膝关节在一条直线上，其他要求与半跪静态姿势一致。

（3）运动负荷。

本练习适合九年级学生选用。在确保安全的情况下，每组左、右腿各保持半跪姿势15~30秒，完成4~6组。

（4）动作图例（如图6-36所示）。

图6-36　半跪静态姿势进阶技术2

- 进阶技术3

（1）目的。

通过缩窄稳定面，引进外部力量，提高身体半跪姿稳定的难度，促进躯干及髋关节静态稳定功能的发展。

（2）技术标准。

将后腿膝关节移至前腿后脚跟处，使两脚分别与膝关节在一条直线上，双手上举持实心球，其他要求和半跪静态姿势一致。

（3）运动负荷。

本练习适合九年级学生选用。在确保安全的情况下，每组左、右腿各保持半跪姿势15~30秒，完成4~6组。

（4）动作图例（如图6-37所示）。

图6-37　半跪静态姿势进阶技术3

（七）双腿下蹲静态姿势

双腿下蹲是静态进阶锻炼的第七级动作。

1. 目的

激活和促进躯干及下肢静态稳定能力发展，在二点支撑的条件下，发展躯干核心区、盆骨及髋、膝和踝关节的直立稳定控制能力。

2. 技术标准

（1）双腿开立，与肩同宽，目光平视，颈椎与脊柱保持中立位。

（2）膝关节保持120°~130°屈曲，肩关节、膝关节与脚尖在一条垂直线上，可根据能力平抬，或十指交叉，掌心向前置于脑后。

（3）保持平稳的腹式呼吸，切忌在锻炼过程中采用胸式呼吸或憋气。

3. 运动负荷

在确保安全的情况下，每组坚持30~40秒，完成4~6组。

4. 动作图例（如图6-38所示）

图6-38 双腿下蹲静态姿势

- 进阶技术1

（1）目的。

通过设置不稳定面，提高身体下蹲姿势的稳态的难度，促进躯干核心区、盆骨及髋、膝和踝关节的稳态控制能力的发展。

（2）技术标准。

双腿分别踩在气垫盘上，下蹲至膝关节成120°~130°，其他要求和双腿下蹲静态姿势一致。

（3）运动负荷。

本练习适合七年级、八年级男生，九年级女生选用。在确保安全的情况下，每组坚持20~30秒，完成3~4组。

（4）动作图例（如图6-39所示）。

图6-39 双腿下蹲静态姿势进阶技术1

- 进阶技术2

（1）目的。

通过降低重心，提高身体下蹲姿势的稳态的难度，促进躯干核心区、盆骨及髋、膝和踝关节的稳态控制能力的发展。

（2）技术标准。

双腿下蹲至膝关节呈90°~100°角，双手可根据自身能力进行平抬，或掌心交叉置于脑后，其他要求和双腿下蹲静态姿势一致。

（3）运动负荷。

本练习适合八年级、九年级男生，以及九年级女生选用。在确保安全的情况下，每组坚持20～30秒，完成3～4组。

（4）动作图例（如图6－40所示）。

图6－40　双腿下蹲静态姿势进阶技术2

- 进阶技术3

（1）目的。

通过降低重心和缩小稳定面，提高身体下蹲姿势的稳定的难度，促进躯干核心区、盆骨及髋、膝和踝关节，直立条件下的稳定控制能力的发展。

（2）技术标准。

双腿与髋同宽，下蹲至膝关节呈90°～100°，双手可根据自身能力进行平抬，或掌心交叉置于脑后，其他要求和双腿下蹲静态姿势一致。

（3）运动负荷。

本练习适合九年级学生选用。在确保安全的情况下，每组坚持15～30秒，完成3～4组。

（4）动作图例（如图6－41所示）。

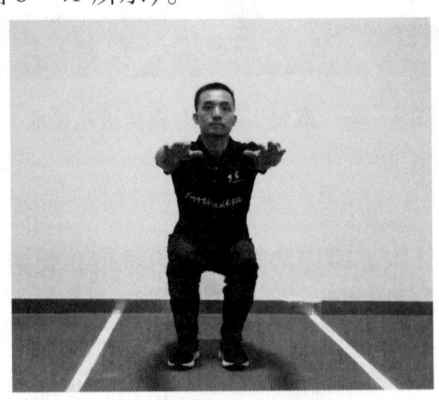

图6－41　双腿下蹲静态姿势进阶技术3

（八）单腿燕飞姿势

单腿燕飞是静态进阶锻炼的第八级动作。

1. 目的

激活和促进躯干及髋、膝、踝静态稳定能力的发展，在一点支撑和前倾的条件下，发展躯干、盆骨及髋、膝和踝等关节的稳态控制能力。

2. 技术标准

（1）单腿支撑，屈髋、屈膝至130°，身体前倾，后腿随身体前倾自然抬起。

（2）双手握拳，掌心向前，拇指向上，向肩90°方向外展，颈椎与脊柱维持中立位。

（3）保持平稳的腹式呼吸，切忌锻炼过程中采用胸式呼吸或憋气。

3. 运动负荷

每组左右腿各20～30秒，一般4～6组，体育教师做好安全措施，根据同学的体能状况，掌控好运动负荷。此练习适合七年级学生在体育课堂和课后锻炼中运用。

4. 动作图例（如图6-42所示）

图6-42 单腿燕飞姿势

● 进阶技术1

（1）目的。

通过引入外力，提高身体飞燕姿势的稳态的难度，促进躯干、盆骨及髋、膝和踝等关节的稳态控制能力的发展。

（2）技术标准。

单腿支撑，双手持哑铃自然垂直，其他要求和单腿燕飞姿势一致。

（3）运动负荷。

本练习适合八年级学生选用。在确保安全的情况下，每组左、右腿各坚持20～30秒，完成3～4组。

（4）动作图例（如图6-43所示）。

图6-43　单腿燕飞姿势进阶技术1

● 进阶技术2

（1）目的。

通过设置不稳定面，提高身体飞燕姿势的稳态的难度，促进躯干、盆骨及髋、膝和踝等关节的稳定控制能力的发展。

（2）技术标准。

支撑腿屈髋、屈膝踩在气垫盘上，其他要求和单腿燕飞姿势一致。

（3）运动负荷。

本练习适合八年级、九年级男生，以及九年级女生选用。在确保安全的情况下，每组左、右腿各坚持15~30秒，完成3~4组。

（4）动作图例（如图6-44所示）。

图6-44　单腿燕飞姿势进阶技术2

● 进阶技术3

（1）目的。

通过引入外力，提高身体单腿燕飞姿势的稳态的难度，促进躯干、盆骨及髋、膝和踝等关节的稳态控制能力的发展。

（2）技术标准。

在支撑腿侧腰部设置一条弹力带或通过手推等方式施加外拉力量，其他要求和单腿燕飞静态姿势一致。

（3）运动负荷。

本练习适合八年级、九年级男生，以及九年级女生选用。在确保安全的情况下，每组左、右腿各坚持 15~30 秒，完成 3~4 组。

（4）动作图例（如图 6-45 所示）。

图 6-45　单腿燕飞姿势进阶技术 3

（九）单腿直立姿势

单腿直立是静态姿势进阶锻炼的第九级动作。与单腿下蹲姿势相比，单腿直立稳定投影面比较小，难度更大。

1. 目的

激活和促进躯干及下肢静态稳定能力的发展，在一点支撑的条件下，发展躯干核心区、盆骨及髋、膝和踝等关节的静态稳定控制能力。

2. 技术标准

（1）单腿支撑，躯干与支撑腿直立，颈椎与脊柱、盆骨保持中立位，目光平视。

（2）双手自然垂直，掌心向内，置于身体侧面。

（3）失去平衡时，可以用双手动作来维持身体平衡。

（4）保持平稳的腹式呼吸，切忌在锻炼过程中采用胸式呼吸或憋气。

3. 运动负荷

本练习适合七年级及以上年级学生使用。在确保安全的情况下，左、右腿轮流交替做支撑腿，坚持至失去平衡为止，交替完成 4~6 组。

4. 动作图例（如图 6-46 所示）

● 进阶技术 1

（1）目的。

通过设置不稳定面，提高身体单腿直立姿势的静态稳定的难度，促进躯干、盆骨及髋、膝和踝等关节的静态稳定控制能力的发展。

（2）技术标准。

支撑腿踩在气垫盘上，其他要求和单腿

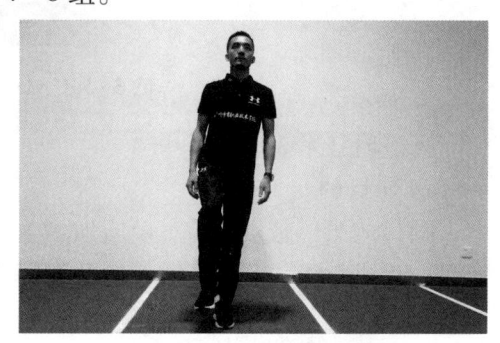

图 6-46　单腿直立静态姿势

直立姿势一致。

（3）运动负荷。

本练习适合七、八年级学生选用。在确保安全的情况下，每组左、右腿各练习 15～30 秒，完成 3～4 组。

（4）动作图例（如图 6-47 所示）。

● 进阶技术 2

（1）目的。

通过闭眼屏蔽空间信息，提高身体单腿直立姿势的静态稳定的难度，促进躯干、盆骨及髋、膝和踝等关节的静态稳定控制能力的发展。

（2）技术标准。

闭眼单腿直立，其他要求和单腿直立姿势一致。

图 6-47　单腿直立姿势进阶技术 1

（3）运动负荷。

在确保安全的情况下，左、右腿轮流交替做支撑腿，坚持至失去平衡为止，交替完成 4～6 组。

（4）动作图例（如图 6-48 所示）。

图 6-48　单腿直立姿势进阶技术 2

● 进阶技术 3

（1）目的。

通过闭眼屏蔽空间信息及施加多方向外力，提高身体单腿直立姿势的静态稳定的难度，促进躯干、盆骨及髋、膝和踝等关节的静态稳定控制能力的发展。

（2）技术标准。

闭眼单腿直立，用弹力带或通过手推等方法实施外力，同时必须不断变换外力干扰的方向和位置，其他要求和单腿直立静态姿势一致。

（3）运动负荷。

本练习适合九年级学生使用。在确保安全的情况下，左、右腿轮流交替做支撑腿，坚持至失去平衡为止，交替完成4~6组。

（4）动作图例（如图6-49所示）。

图6-49 单腿直立姿势进阶技术3

四、专门性静态姿势稳定锻炼技术

专门性静态稳定锻炼技术，是为了强化某种由于结合四肢动作进而引起重心变化、外在稳定条件变化或施加外力的特定姿势，来发展特定姿势的静态稳定能力的锻炼技术。下面以初中学生经常参加的体育运动，如跑步、打篮球、打羽毛球、踢足球、打网球等所常用的专门性姿势来演示静态稳定锻炼技术。

（一）单腿支撑静态稳定锻炼技术

为了提升学生们在跑步过程中的单腿支撑静态稳定能力，教师在教学中可运用单腿四分之三高蹲、双肘系弹力带前后摆等专门性静态稳定锻炼技术。

1. 目的

提高跑步支撑阶段，单腿支撑的静态稳定能力。

2. 技术标准

（1）身体直立，目光平视，支撑腿屈膝120°~130°，另一条腿屈膝至支撑腿小腿四分之三高处。

（2）双手屈肘，肘部从后方系弹力带，双手呈摆臂姿势。

(3) 稳定身体姿态，双手前后摆臂。

3. 运动负荷

本练习适合八年级及以上年级学生选用。在确保安全的情况下，每组左、右腿各支撑练习 15～30 秒，完成 3～4 组。

4. 动作图例（如图 6-50 所示）

图 6-50　单腿支撑静态稳定锻炼

（二）正面防守静态稳定锻炼技术

为了提高学生们在打篮球、踢足球过程中正面防守姿势的抗撞击稳定能力，教师在教学中可运用抗阻力专门性静态稳定锻炼技术。

1. 目的

提高打篮球时在正面防守过程中的抗撞击能力。

2. 技术标准

(1) 双腿分开略宽于肩，屈髋、屈膝，躯干略微前倾，目光平视。

(2) 双手外展，肘关节微屈，呈伸臂阻拦姿势。

(3) 弹力带自后方系于腰间。

(4) 不断变化弹力带收缩力，保持防守稳定姿态。

(5) 保持平稳的腹式呼吸，切忌在锻炼过程中采用胸式呼吸或憋气。

3. 运动负荷

在确保安全的情况下，每组变化阻力 10～12 次，完成 4～6 组。

4. 动作图例（如图 6-51 所示）

图 6-51　正面防守静态稳定锻炼

（三）侧向单腿静态稳定锻炼技术

为了提高学生们在打羽毛球、网球时侧向跨步接球过程中，单腿支撑姿态的稳定能力，教师在教学中可运用增强式侧跳单腿静态稳定锻炼技术。

1. 目的

提高在侧向跨步接球过程中，单腿支撑姿态的稳定能力。

2. 技术标准

（1）双腿与髋同宽，一条腿站在 20~30 厘米高的台阶上，另一条腿侧向置于台阶外侧。

（2）台阶上的腿向侧外蹬伸；另一条腿向外跳，然后落地缓冲；缓冲后，保持屈膝屈髋，躯干略微向前倾姿态，双臂屈肘置于躯干前侧，维持平衡 5~10 秒。

（3）保持平稳的腹式呼吸，切忌在锻炼过程中采用胸式呼吸或憋气。

3. 运动负荷

本练习适合九年级学生选用。在确保安全的情况下，每组左、右腿各练习 6~8 次，完成 4~6 组。

4. 动作图例（如图 6-52 所示）

（a）　　　　　　（b）

图 6-52　侧向单腿静态稳定锻炼

（四）前向单腿跳跃静态稳定锻炼技术

为了提高学生们在足球前向制动过程中的单腿支撑射门姿态的稳定能力，教师在教学中可运用增强式前向单腿跳跃静态稳定锻炼技术。

1. 目的

提高单腿支撑射门姿态的稳定能力。

2. 技术标准

（1）双腿分开与髋同宽，一条腿站在30～40厘米高的台阶上，另一条腿向前置于台阶外侧。

（2）台阶上腿向后蹬伸；台前侧腿落地缓冲；缓冲后，保持屈膝、屈髋，躯干略向前倾姿态，双臂屈肘于躯干前侧，维持平衡5～10秒。

（3）保持平稳的腹式呼吸，切忌在锻炼过程中采用胸式呼吸或憋气。

3. 运动负荷

本练习适合九年级学生选用。在确保安全的情况下，每组左、右腿各练习6～8次，完成4～6组。

4. 动作图例（如图6-53所示）

（a） （b）

图6-53 前向单腿跳跃静态稳定锻炼

第二节 过渡姿势稳定与动作控制技术

过渡姿势与动作的
稳定控制锻炼
（四马伸展—半跪）

过渡姿势包括四肢跪撑和半跪姿势，是人类从爬卧到双腿直立的重要过渡姿势，是人类脊柱和盆骨独立承担身体负荷的开始，是人类动作发育的一个重要分水岭。过渡姿势的身体稳定和动作控制水平，对直立状态动作发育和动作功能的发展，有着极其重要的意义。初中学生应该努力通过两种过渡姿势进行下躯干旋转屈伸，以及四肢的各种屈伸、外展和摆动的锻炼，充分发展过渡姿势的姿势稳定和动作控制协同能力，为直立姿势时高效地完成动作、减少运动损伤奠定基础。以下练习动作，教师可以根据实际情况自由选择及组合。

一、四肢跪撑的稳态控制锻炼技术

（一）四肢跪撑手腿屈伸锻炼的技术

1．目的
在跪撑姿势下，发展大腿运动时身体姿势的稳态及控制能力。
2．技术标准
（1）双手直臂垂直于地面，以掌心撑地，屈膝、屈髋90°，以膝盖和足尖触地，颈椎与脊柱保持中立位。
（2）单侧大腿由跪姿向后伸展，至大腿与地面平行，保持身体姿势，屈髋、屈膝，回到原位，左、右腿交替进行。
（3）做动作时，腰椎不能做向下凹的代偿动作。
（4）保持中等速度和平稳的腹式呼吸，切忌在锻炼过程中采用胸式呼吸或憋气。
3．运动负荷
本练习适合七年级及以上年级学生选用。在确保安全的情况下，每组左、右腿各练习4~6次，完成4~6组。
4．动作图例（如图6-54所示）

图6-54　四肢跪撑手腿屈伸锻炼

● 进阶技术1
（1）目的。
在跪撑姿势下，发展四肢运动时身体姿势的稳态及动作控制能力。

(2）技术标准。

对侧手臂和腿屈曲向身体中心，做相向运动，以掌心触碰对侧腿膝关节，然后伸臂、伸腿回到原位，其他要求和四肢跪撑手腿屈伸稳态控制锻炼技术一致。

(3）运动负荷。

本练习适合八年级及以上年级学生选用。在确保安全的情况下，每组左、右手臂和腿各做屈曲运动 4~6 次，完成 3~4 组。

(4）动作图例（如图 6-55 所示）。

(a)   (b)

图 6-55　四肢跪撑手腿屈伸进阶技术 1

- 进阶技术 2

(1）目的。

在不稳定面跪撑姿势下，发展四肢运动时身体姿势的稳态及动作控制能力。

(2）技术标准。

在支撑手掌或膝关节下放置气垫盘，其他要求和四肢跪撑手脚屈伸进阶技术 1 一致。

(3）运动负荷。

本练习适合八年级男生、九年级女生选用。在确保安全的情况下，每组左、右手各抬起锻炼，8~10 次，完成 4~6 组。

(4）动作图例（如图 6-56 所示）。

(a)   (b)

图 6-56　四肢跪撑手腿屈伸进阶技术 2

- 进阶技术 3

(1) 目的。

跪撑姿势下引入外力,发展四肢运动时身体姿势的稳态及动作控制能力。

(2) 技术标准。

在躯干核心区两侧选择性地设置一条或两条可变化角度和力度的弹力带,其他要求和四肢跪撑手脚屈伸进阶技术 1 一致。

(3) 运动负荷。

本练习适合八年级男生、九年级学生选用。在确保安全的情况下,每组左、右手各抬起锻炼 4~6 次,完成 3~4 组。

(4) 动作图例(如图 6-57 所示)。

(a)

(b)

图 6-57 四肢跪撑手腿屈伸进阶技术 3

二、半跪姿势的稳态控制锻炼技术

半跪是人类从卧爬姿势向直立姿势过渡的关键姿势。

(一) 半跪姿势的摆臂锻炼技术

1. 目的

在半跪姿势条件下,发展上肢运动时身体稳态及动作控制能力。

2. 技术标准

(1) 躯干直立,目光平视,盆骨处于中立位,颈椎与脊柱保持中立位。

(2) 前腿屈髋、屈膝 90°以脚掌着地,小腿垂直于地面,膝关节在脚跟正上方。

(3) 双腿与髋同宽,后腿大腿垂直于地面,屈膝 90°以膝盖和脚尖着地。

(4) 双臂以肩关节为轴,以跑步姿势前后摆动。

(5) 保持中等速度和平稳的腹式呼吸,切忌在锻炼过程中采用胸式呼吸或憋气。

3. 运动负荷

本练习适合七年级学生选用。在确保安全的情况下,每组左、右腿各呈半跪姿势摆臂 20~30 次,完成 4~6 组。

4. 动作图例（如图 6-58 所示）

(a)

(b)

图 6-58　半跪姿势摆臂锻炼

- 进阶技术 1

（1）目的。

通过设置不稳定面，发展上肢运动时身体姿势的稳态与动作控制能力。

（2）技术标准。

在后侧腿膝关节下方加一个平衡垫，其他要求与半跪姿势摆臂锻炼技术一致。

（3）运动负荷。

本练习适合七年级男生、八年级学生选用。在确保安全的情况下，每组左、右腿各呈半跪姿势摆臂 20~30 次，完成 4~6 组。

（4）动作图例（如图 6-59 所示）。

(a)

(b)

图 6-59　半跪姿势摆臂进阶技术 1

- 进阶技术 2

（1）目的。

通过缩窄稳定面，发展上肢运动时身体姿势的稳态与动作控制能力。

（2）技术标准。

将后腿膝关节移至前腿后脚跟处，使两脚和膝关节在一条直线上，其他要求与半跪姿势摆臂动作控制技术一致。

(3) 运动负荷。

本练习适合九年级学生选用。在确保安全的情况下,每组左、右腿各呈半跪姿势摆臂 20~30 次,完成 4~6 组。

(4) 动作图例(如图 6-60 所示)。

图 6-60 半跪姿势摆臂进阶技术 2

● 进阶技术 3

(1) 目的。

缩窄稳定面,引进外部力量,发展上肢运动时身体姿势的稳态与动作控制能力。

(2) 技术标准。

将后腿膝关节移至前腿后脚跟处,使两脚和膝关节在一条直线上,双手肘部后方系弹力带,拉弹力带前后摆臂,其他要求与半跪姿势摆臂动作控制技术一致。

(3) 运动负荷。

本练习适合九年级男生选用。在确保安全的情况下,每组左、右腿各呈半跪姿势摆臂 15~20 次,完成 4~6 组。

(4) 动作图例(如图 6-61 所示)。

图 6-61 半跪姿势的摆臂进阶技术 3

(二) 半跪身体旋转的稳态与动作控制锻炼技术

1. 目的

在半跪姿势下,发展身体旋转时的稳态与动作控制能力。

2. 技术标准

(1) 躯干直立,目光平视,盆骨处于中立位,颈椎与脊柱保持中立位。

(2) 前腿屈髋、屈膝90°以脚着地,小腿垂直于地面,膝关节在脚尖正上方。

(3) 双腿与髋同宽,后腿大腿垂直于地面,屈膝90°以膝盖和脚尖着地。

(4) 双手屈肘90°,十指交叉,握来自跪腿侧斜后方弹力带,置于腹前。

(5) 以胸椎旋转带动躯干旋转,前、后腿交换,弹力带换方向,重复动作。

(6) 保持中等速度、平稳的腹式呼吸,切忌锻炼过程中采用胸式呼吸或憋气。

3. 运动负荷

本练习适合七年级学生选用。在确保安全的情况下,每组左、右腿在半跪姿势下各旋转4~6次,完成4~6组。

4. 动作图例(如图6-62所示)

图6-62 半跪身体旋转

● 进阶技术1

(1) 目的。

通过设置不稳面,促进半跪姿势下躯干旋转的稳态和动作控制功能的发展。

(2) 技术标准。

在后侧腿膝关节下方加一个平衡垫,其他要求与半跪身体旋转锻炼技术一致。

(3) 运动负荷。

本练习适合八年级男生、九年级学生选用。在确保安全的情况下,每组左、右腿在半跪姿势下各旋转6~8次,完成4~6组。

(4) 动作图例（如图6-63所示）。

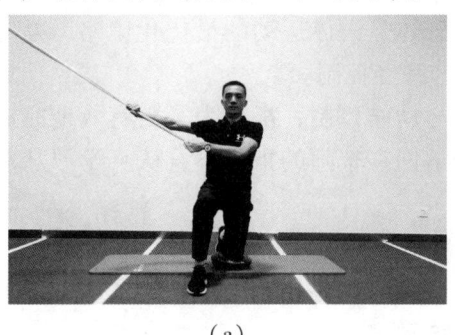

图6-63 半跪身体旋转进阶技术1

● 进阶技术2

(1) 目的。

通过缩小稳定面，促进半跪姿势下躯干旋转的稳态和动作控制功能的发展。

(2) 技术标准。

将后腿膝关节移至前腿后脚跟处，前腿膝足、后腿膝足均在一条直线上，其他要求与半跪身体旋转进阶技术1一致。

(3) 运动负荷。

本练习适合九年级男生选用。在确保安全的情况下，每组左、右腿在半跪姿势下各旋转8~10次，完成4~6组。

(4) 动作图例（如图6-64所示）。

图6-64 半跪身体旋转进阶技术2

第三节 动态稳定与动作控制技术

动态稳定与动作控制锻炼

动态稳定与动作控制是指人体在运动过程中，在神经系统的指挥下，通过肌肉链的协同分工合作，达到维持身体姿势稳定及有效控制动作目标的过程。动态稳定和动作控制是不可分割的，稳定是在动态中实现的，控制是在动作过程中实现的，这种不可分割性是一切运动的神经学和生物力学基础，是人体运动的最优化策略，是完成足球、篮球和跑步等体育运动的基本神经反射与神经控制。

前面学习的静态姿势和过渡姿势的稳定与动作控制，都是为了更有效地完成动态稳定和动作控制而进行的前期准备。希望同学们在教师的指导下，认真学习和掌握动态稳定与动作控制技术。

以下练习动作，教师可以根据教学情况自由选择组合。

一、稳定支持面的动态稳定控制锻炼技术

（一）斜坐蹲起

1. 目的

提高身体的旋转功能与核心稳定能力。

2. 动作标准

（1）身体向一侧斜坐，倾斜侧腿屈膝并以外侧支撑地面，对侧腿屈膝直立，双手直肘前、后撑于倾斜侧。

（2）以倾斜侧手和腿为支撑点，从斜坐旋转为爬行姿势。

（3）双手撑地，膝关节离地，髋垂直于大腿，大腿垂直小腿，呈爬行姿势。

（4）右腿向前迈一小步，左腿跟进，髋部后坐呈蹲姿态，双手前平举，臀肌发力站起。

（5）保持直立姿势，右腿单腿下蹲，再换左腿单腿下蹲。

3. 运动负荷

在确保安全的情况下，每组完成左、右侧斜坐旋转蹲起4次，完成3~4组。

4. 动作图例（如图6-65所示）

(a)

(b)

(c)

(d)

(e)

图 6-65　斜坐蹲起

（二）单腿高蹲俯身触球

1. 目的

提高身体单腿支撑时，身体的动态稳定与动作控制能力。

2. 技术标准

（1）支撑腿单腿高蹲，另一条腿自然屈膝离地，躯干直立，目光平视，双手自然下垂置于体侧。

（2）支撑腿稳定，躯干俯身用双手触摸扇形排列的最外侧标志物。

（3）触摸最外面的标志物后，躯干恢复直立，再俯身依次触摸各标志物。

（4）左、右腿交替完成。

（5）保持中等速度的呼吸，俯身时用腹部吸气，起身时呼气。

3. 运动负荷

在确保安全的情况下，每组左、右腿支撑各完成 2 轮来回触摸标志物的动作，完成 4~6 组。

4. 动作图例（如图6-66所示）

(a)　　　　　　　　　　　　(b)

图6-66　单腿高蹲俯身触球

（三）八星偏移

1. 目的

提高躯干及下肢多方向运动的动态稳定和动作控制能力。

2. 技术标准

（1）按前、后、左、右斜45°，画一个八方向的图形在地面。

（2）受试者站在图形中间，单腿支撑，另一条腿按顺序向正前方、斜上方、侧向、斜后方四个方向伸，然后保持姿势，伸出腿与支撑腿交叉，向支撑腿侧正后方、斜下方、侧向和斜上方伸。

（3）手可以做平衡动作，远伸腿尽量远够，但支撑脚不能离地。

（4）以远伸腿不触及地面为完成，左右腿交替完成。

（5）保持中等速度的腹式呼吸，腿往外伸时呼气。

3. 运动负荷

本练习适合八年级及以上年级学生选用。在确保安全的情况下，每组左、右腿各完成八个方向为一组，完成4~6组。

4. 动作图例（如图6-67所示）

(a)　　　　　　　　　　　　(b)

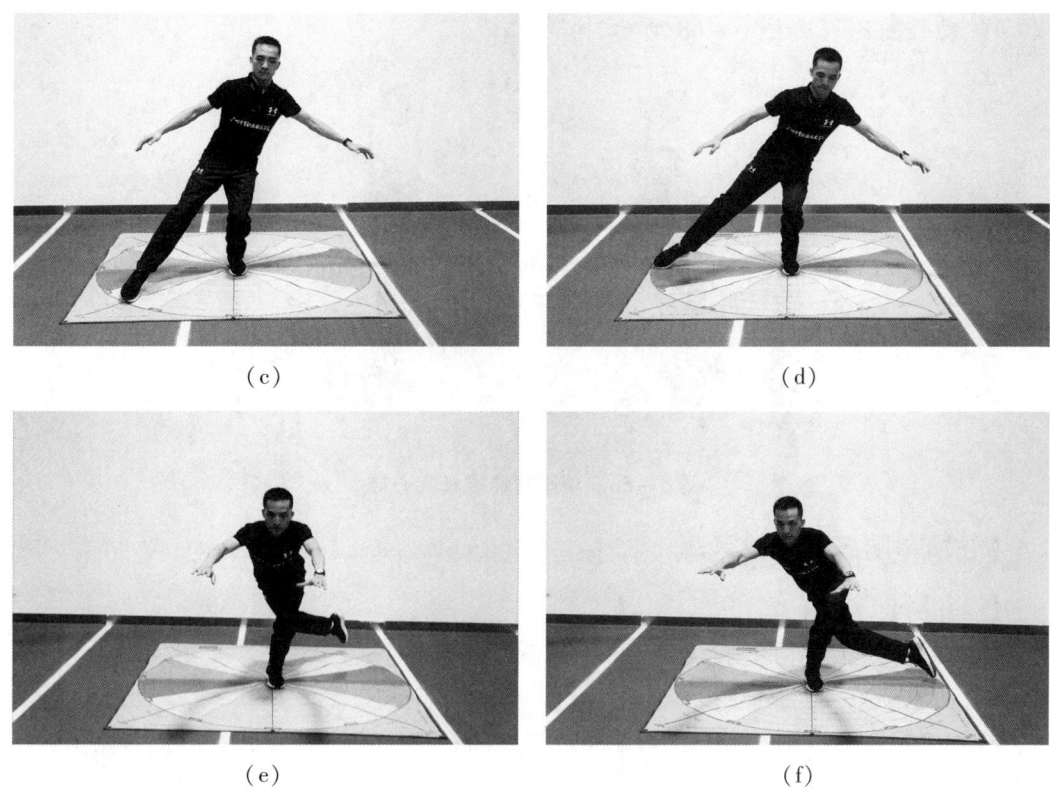

图 6-67 八星偏移

(四) 单腿蹬伸推举实心球

1. 目的

提高手腿协调动作时的动态稳定和动作控制能力。

2. 技术标准

(1) 单腿高蹲,躯干直立,双手屈肘,持实心球于胸前,目光平视。

(2) 支撑腿蹬伸,同时伸肘上举实心球到头顶。

(3) 屈肘回收实心球于胸前,同时屈髋、屈膝,呈高蹲姿势,再开始下一次单腿蹬伸、推举实心球。左、右腿交替支撑。

(4) 保持中等速度的呼吸,双手回收实心球时吸气,上举时呼气。

3. 运动负荷

本练习适合八年级学生选用。在确保安全的情况下,每组左、右腿各推举 6~8 次,完成 4~6 组。

4. 动作图例（如图6-68所示）

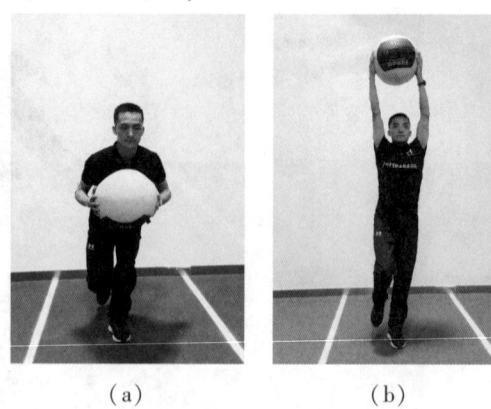

图6-68 单腿蹬伸推举实心球

（五）单腿高蹲硬拉

1. 目的

提高单侧负重动作的动态稳定和动作控制能力。

2. 技术标准

（1）单腿支撑，躯干直立，离地腿自然屈曲，支撑侧手臂外展平举，对侧手握哑铃置于体侧，目光平视。

（2）支撑腿屈髋、屈膝，膝呈120°~130°，躯干向前俯身，头、肩、臀及离地腿成一条直线，持哑铃手直肘随身体下垂，外展手保持固定。

（3）伸髋、伸膝，回到起始姿势。

（4）保持中等速度的腹式呼吸，伸髋伸膝时吸气，屈髋屈膝时呼气。

3. 运动负荷

本练习适合八年级及以上年级学生选用。在确保安全的情况下，每组左、右腿各高蹲硬拉6~8次，完成3~4组。

4. 动作图例（如图6-69所示）

图6-69 单腿高蹲硬拉

（六）单腿高蹲推接实心球

1. 目的

提高手腿协调动作及抵抗冲击力的动态稳定和动作控制能力。

2. 技术标准

（1）单腿高蹲，躯干直立，双手屈肘，持实心球于胸前，目光平视。

（2）支撑腿蹬伸，同时伸肘将实心球推给同伴。

（3）接同伴回推的实心球，屈髋、屈膝、屈肩、屈肘缓冲，接实心球于胸前，呈高蹲姿势，再开始下一次推接实心球。左、右腿交替支撑。

（4）腹式呼吸，接实心球时吸气，推出时呼气。

3. 运动负荷

本练习适合八年级及以上年级学生选用。在确保安全的情况下，每组左、右腿各高蹲推接实心球8～10次，完成4～6组。

4. 动作图例（如图6-70所示）

（a）　　　　　　　　　　　　　　（b）

图6-70　单腿高蹲推接实心球

（七）连续单腿交替跳

1. 目的

提高单腿跳跃时的身体动态稳定和动作控制能力。

2. 技术标准

（1）躯干直立，支撑腿呈高蹲姿势，摆动腿离地伸髋、屈膝，双手屈肘呈前后摆跑步姿势，目光平视。

（2）支撑腿蹬伸，同侧手屈肘前摆，同时摆动腿向侧前方摆动跳出，落地后停顿3秒。

（3）手臂前后配合摆动，支撑腿变为摆动腿，向侧前方摆动跳出，落地后停顿3秒。

（4）左、右腿交替向侧前方跳。

（5）保持腹式自然呼吸，切忌在锻炼过程中采用胸式呼吸或憋气。

3. 运动负荷

本练习适合初三学生选用。在确保安全的情况下，每组左、右腿交替跳 15~20 米，完成 4~6 组。

4. 动作图例（如图 6-71 所示）

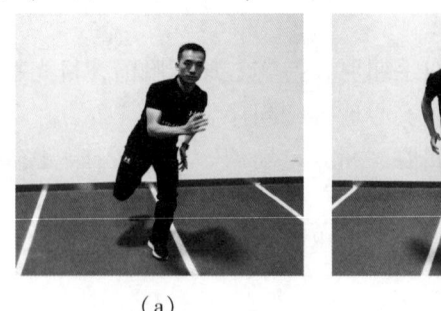

图 6-71　连续单腿交替跳

（八）侧向连续换腿跳

1. 目的

提高侧向跳跃时的身体动态稳定和动作控制能力。

2. 技术标准

（1）躯干直立，支撑腿呈高蹲姿势，摆动腿离地伸髋、屈膝，双手屈肘呈前后摆跑步姿势，目光平视。

（2）支撑腿侧向蹬伸，手臂以跑步姿势配合摆动，同时摆动腿侧向摆动，向侧面跳出一步，落地后停顿 3 秒。

（3）手臂前后摆动，支撑腿变为摆动腿，向起点侧向摆动跳出，落地停顿 3 秒。

（4）左、右腿交替侧向跳。

（5）保持腹式自然呼吸，切忌在锻炼过程中采用胸式呼吸或憋气。

3. 运动负荷

在确保安全的情况下，每组左、右腿交换跳 10~12 次，完成 4~6 组。

4. 动作图例（如图 6-72 所示）

图 6-72　侧向连续换腿跳

二、不稳定支持面的动态稳定控制锻炼技术

(一) 跪姿推瑞士球

1. 目的

提高身体在俯身过程中，躯干与手臂的动态稳定与动作控制能力。

2. 技术标准

(1) 双腿跪姿，双手直肘平行，将手背置于瑞士球上，掌心向上，目光平视。

(2) 髋关节微屈，双腿与髋同宽，躯干俯身用手背触瑞士球。

(3) 双手推瑞士球，边推双臂边内旋，推至掌心向下压住瑞士球。

(4) 双手向躯干回拉实心球，边拉双臂边外旋，拉至躯干直立位。

(5) 保持中等速度和腹式呼吸，推出瑞士球时吸气，收回时呼气。

3. 运动负荷

本练习适合八年级及以上年级学生选用。在确保安全的情况下，每组推拉6~8次，完成4~6组。

4. 动作图例（如图6-73所示）

(a)　　　　　　　　　　　　(b)

图6-73　跪姿推瑞士球

(二) 仰卧瑞士球旋转

1. 目的

提高身体在旋转过程中，躯干的动态稳定与动作控制能力。

2. 技术标准

(1) 身体仰卧，用肩胛骨下沿压瑞士球中心，双腿与肩同宽，屈膝90°撑地。

(2) 双手直臂上举，掌心紧贴或持实心球，垂直于地面。

(3) 旋转胸椎，使双手转向一侧，直至平行于地面。

(4) 双手旋转回垂直位置，然后旋转到另一侧，重复旋转。

(5) 锻炼过程中保持腹式呼吸，躯干侧转时呼气，回到双手垂直位时吸气。

3. 运动负荷

在确保安全的情况下，每组旋转8~10次，完成4~6组。

4．动作图例（如图 6-74 所示）

(a)　　　　　　　　　　　　　　(b)

图 6-74　仰卧瑞士球旋转

（三）气垫盘半蹲

1．目的

提高身体在下蹲过程中，躯干与下肢的动态稳定与动作控制能力。

2．技术标准

（1）躯干直立，双腿与肩同宽并置于气垫盘上，目光平视。

（2）双手直臂平举与肩同宽。

（3）屈髋、屈膝下蹲 90°～120°，停顿 3 秒，蹬伸回到直立位置，下蹲蹬起过程要慢，重复蹲起。

（4）锻炼过程中保持中等速度和腹式呼吸，下蹲时吸气，蹬伸时呼气。

3．运动负荷

在确保安全的情况下，每组下蹲 6～8 次，完成 4～6 组。

4．动作图例（如图 6-75 所示）

(a)　　　　　　　　　　　　　　(b)

图 6-75　气垫盘半蹲

（四）气垫盘弓步蹲

1．目的

提高身体在完成弓步时，躯干与下肢的动态稳定与动作控制能力。

2．技术标准

（1）躯干直立，双腿与髋同宽，两脚分别踩在前、后气垫盘上，目光平视。

（2）屈髋、屈膝下蹲，完成一个弓步，回到起始位置，再做下一个弓步。

(3) 双腿交换前、后位置，完成另一条腿弓步。
(4) 锻炼过程中，保持中等速度和腹式呼吸，下蹲时吸气，蹬伸时呼气。

3. 运动负荷

本练习适合八年级学生选用。在确保安全的情况下，每组左、右腿在气垫盘各做弓步蹲6~8次，完成4~6组。

4. 动作图例（如图6-76所示）

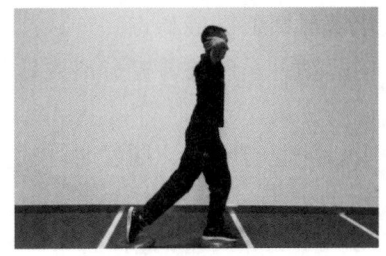 

图6-76 气垫盘弓步蹲

（五）俯卧瑞士球收腹

1. 目的

提高身体在屈髋、屈膝过程中，躯干及下肢的动态稳定与动作控制能力。

2. 技术标准

(1) 身体俯卧，双手直臂支撑地面，呈俯卧撑姿势。
(2) 双腿分开与髋同宽，置于瑞士球上，足背贴紧弧形球面。
(3) 屈髋、屈膝，拉动瑞士球向身体方向运动，至大腿垂直于地面。
(4) 伸髋、伸膝，至大腿平行于地面，循环完成。
(5) 在锻炼过程中保持中等速度和腹式呼吸，屈髋时呼气，伸髋时吸气。

3. 运动负荷

本练习适合八年级及以上年级学生选用。在确保安全的情况下，每组完成10~12个循环，完成4~6组。

4. 动作图例（如图6-77所示）

(a)　　　　　　　　　　　　(b)

图6-77 俯卧瑞士球收腹

（六）仰卧瑞士球屈膝伸髋

1. 目的

提高身体在伸髋、屈膝过程中，躯干及下肢的动态稳定与动作控制能力。

2. 技术标准

（1）躯干仰卧，双手掌心向下，与躯干呈30°~45°压住地面。

（2）双腿与髋同宽置于瑞士球上，脚跟压着球圆弧面最高点。

（3）伸髋、屈膝，拉动瑞士球向身体方向运动，至髋关节充分离开地面。

（4）屈髋、伸膝，至大腿平行于地面，循环完成。

（5）锻炼过程中保持中等速度和腹式呼吸，伸髋时吸气，屈髋时呼气。

3. 运动负荷

本练习适合八年级男生、九年级女生选用。在确保安全的情况下，每组拉、推瑞士球8~10次，完成4~6组。

4. 动作图例（如图6-78所示）

(a)   (b)

图6-78 仰卧瑞士球屈膝伸髋

（七）滑垫六向移动

1. 目的

提高躯干及下肢多方向运动的动态稳定和动作控制能力。

2. 技术标准

（1）躯干直立，双腿并拢，目光平视。

（2）单腿支撑，另一条腿踩滑垫，分别向前、侧、后三个方向滑动最大距离。

（3）完成一个方向的滑动后，回到双腿并拢位，再滑向另一个方向。

（4）手可以做平衡动作，远伸腿尽量远够，支撑脚不能离地。

（5）一条腿完成前、侧、后方向远伸后，换另一条腿向前、侧、后方向远伸。

（6）锻炼过程中保持中等速度和腹式呼吸，腿往外伸时呼气，腿回收时吸气。

3. 运动负荷

本练习适合八年级、九年级男生选用。在确保安全的情况下，每组左、右腿各完成两轮次三个方向的远伸，完成 4~6 组。

4．动作图例（如图 6-79 所示）

（a）

（b）

图 6-79　滑垫六向移动

（八）收腹跳单腿支撑

1．目的

提高在高强度冲击状态下的动态稳定和动作控制能力。

2．技术标准

（1）躯干直立，双腿与髋同宽，目光平视。

（2）双腿起跳，做三次收腹跳。

（3）完成第三次收腹跳后，单腿落地支撑，双手屈肘置于体侧，保持稳定姿势 10 秒。

（4）放下离地腿，回到双腿支撑，再做三次收腹跳，另一条腿落地单腿支撑。

3．运动负荷

本练习适合八年级、九年级男生选用。在确保安全的情况下，每组完成左、右腿 2 次支撑，完成 4~6 组。

4．动作图例（如图 6-80 所示）

图 6-80　收腹跳单腿支撑

不稳定支持面的动态稳定控制锻炼需要借助瑞士球的辅助作用。初中学生在选择瑞士球辅助训练时，球体大小对锻炼效果有一定的影响。表6-5为同学们选取合适大小的瑞士球提供了一个参考。

表6-5　瑞士球大小选择参考值

身高/厘米	球的直径/厘米	球的尺寸
<145	35	小
145~165	45	中
165~185	55	大
185~195	65	超大
>195	75	最大

本章小结

姿势是人体物理力学结构和肌肉紧张度协同工作的外在表现。初中同学正处在发育的关键时期，一个良好的身体姿势不但能带来让人羡慕的挺拔身姿，更意味着身体具备合理的力学结构和高效的动作模式、更少的运动损伤、长得更高的身体，以及成年后更少的脊柱与颈椎疾病。但同学们长期久坐低头，核心区、髋膝踝的稳定能力下降，身体背部伸肌链的功能退化，各种姿势失衡越来越突出，驼背、O形腿、X形腿、脊柱侧弯等不良体态的发病率逐年升高，本书中姿势稳定课程的锻炼，将帮助同学们恢复平衡的身体姿势，重构建立科学的生物力学结构和合理的动作模式。

思考与练习

1. 请思考人在原地站立与在体育运动中能站稳不摔倒的原因。
2. 请分别列举出生活和体育运动中静态、过渡态及动态稳定的案例。
3. 请在教师的指导下，观察并指出同学间是否存在静态、过渡态及动态稳定不足的问题。
4. 请在教师的指导下，设计简单有效的矫正不稳定姿势的练习计划。
5. 请在教师的指导下，课中和课后选取3~6个三种姿态的稳定组合练习进行练习。

第七章
灵活性锻炼技术

人类的一切动作都是在神经系统指挥下，多肌群和多关节协同配合完成的，良好的身体灵活性是构建合理的运动生物力学姿势、提高动作效能和预防运动损伤的关键要素之一。超越身体承受能力的运动负荷、核心稳定能力不足、错误的动作模式、受伤或力学失衡引发的功能代偿等问题是造成身体灵活性下降的主要因素。身体灵活性下降不但会削弱动作的能量传导效能、降低运动表现，还会极大地增加运动损伤风险。希望同学们在教师指导下，通过科学的锻炼有效地提高身体和四肢的灵活性，为提高体育锻炼效益和运动表现提供良好的身体基础。

灵活性锻炼包括身体柔韧性、关节稳定性、多关节肌群联动协调能力锻炼，比单纯进行单关节和局部肌群的拉伸训练更有优越性。本章通过静态灵活性锻炼技术和动态灵活性锻炼技术，重塑合理的运动生物力学姿势、提高动作质量、降低运动损伤风险、增强运动能力。

第一节　静态灵活性锻炼技术

静态灵活性锻炼技术

静态灵活性锻炼技术，是根据主动肌向心收缩、拮抗肌离心收缩"交互抑制"、呼吸作用肌梭刺激加深"牵张反射"和核心稳定性控制，来改善肌肉延展性、肌腱筋膜柔韧度和身体稳定性控制。静态灵活性锻炼技术强化了多关节多肌群的协调性，适合运动结束阶段锻炼，达到身体灵活性有效发展。以下练习动作，教师可以根据教学情况自由选择及组合。

一、颈部灵活性

(一) 后侧向旋转

1. 目的
提高颈椎左右两侧的旋转灵活性。
2. 方法
后侧向伸展,旋转颈椎。
3. 技术标准
(1) 双腿开立与肩同宽,双手重叠置于胸骨上,颈椎与脊柱保持中立位。
(2) 双手向下牵拉胸骨,头向一侧屈并向斜上方提,直到感觉肌肉拉紧。
(3) 深呼吸,吸气时保持肌肉长度不变,呼气时肌肉逐渐拉紧。
(4) 颈部左右两边轮换练习。
4. 运动负荷
每组两侧各拉伸4次,一般做4~6组。教师做好安全措施,根据学生体能状况掌控好运动负荷。
5. 动作图例(如图7-1所示)

图7-1 后侧向旋转

(二) 前侧向旋转

1. 目的
提高颈椎左右两侧的旋转灵活性。
2. 方法
前侧向屈曲,旋转颈椎。

3. 技术标准

（1）双腿开立与肩同宽，一手以手掌压紧腰部，另一只手握住头部另一侧，颈椎与脊柱保持中立位。

（2）两手反方向牵拉，头侧倾向胸部靠近，直到感觉肌肉拉紧。

（3）深呼吸，吸气时保持肌肉长度不变，呼气时肌肉逐渐拉紧。

（4）颈部左右两边轮换练习。

4. 运动负荷

每组两侧各旋转4次，一般做4～6组。教师做好安全措施，根据学生体能状况掌控好运动负荷。

5. 动作图例（如图7-2所示）

图7-2 前侧向旋转

（三）侧向旋转

1. 目的

提高颈椎左右两侧的旋转灵活性。

2. 方法

左右旋转。

3. 技术标准

（1）双腿开立与肩同宽，双肩正对前方，颈椎与脊柱保持中立位。

（2）下颌略微上抬，头向斜后上方旋转，直到感觉肌肉拉紧。

（3）深呼吸，吸气时保持肌肉长度不变，呼气时肌肉逐渐拉紧。

（4）颈部左右两边轮换练习。

4. 运动负荷

每组两侧各旋转4次，一般做4～6组。教师做好安全措施，根据学生体能状况掌控好运动负荷。

5. 动作图例（如图7-3所示）

图7-3 侧向旋转

（四）前后旋转

1. 目的

提高颈椎前后矢状面运动的灵活性。

2. 方法

以头带动颈椎前后运动。

3. 技术标准

(1) 双腿开立与肩同宽，双肩正对前方，颈椎与脊柱保持中立位。

(2) 吸气时下颌向胸骨方向内收，呼气时抬头看天，直到感觉肌肉拉紧。

4. 运动负荷

每组屈伸颈椎8～10次，一般做3～4组。教师做好安全措施，根据学生体能状况掌控好运动负荷。

5. 动作图例（如图7-4所示）

(a)　　　(b)

图7-4 前后旋转

（五）颈椎波浪运动

1. 目的

提高颈椎关节矢状面运动的灵活性。

2. 方法

以头带动颈椎做波浪式运动。

3. 技术标准

（1）双腿开立与肩同宽，双肩正对前方，颈椎与脊柱保持中立位。

（2）吸气时，下颌向胸骨方向内收，同时屈胸椎；呼气时，以头引领做后伸波浪式运动。

4. 运动负荷

每组屈伸波浪运动 6~8 次，一般做 3~4 组。教师做好安全措施，根据学生体能状况掌控好运动负荷。

5. 动作图例（如图 7-5 所示）

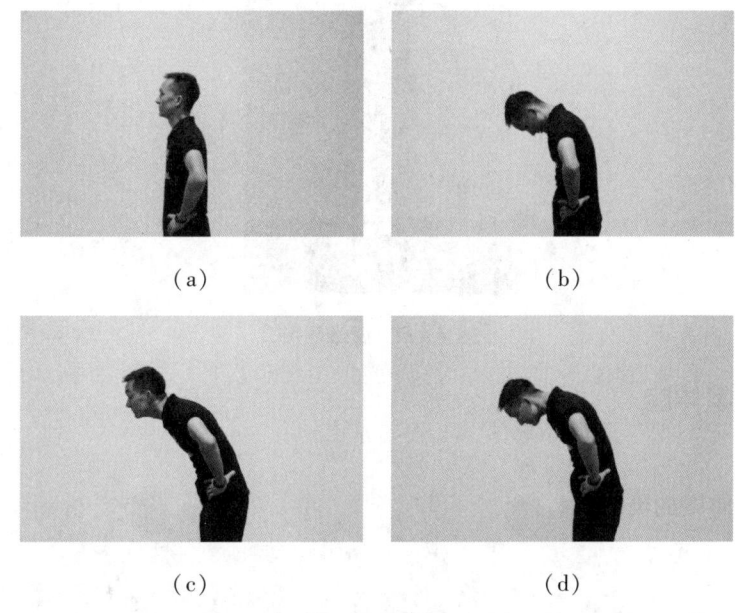

(a)　　(b)

(c)　　(d)

图 7-5　颈椎波浪运动

二、腕部灵活性

（一）握拳屈腕

1. 目的

提高手腕屈曲的灵活性。

2. 方法

握拳屈腕。

3. 技术标准

（1）双腿开立与肩同宽，双肩正对前方，颈椎与脊柱保持中立位。

（2）双手前举40°，掌心朝下握拳。

（3）吸气时用约1RM 50%力量屈手腕，直到感觉肌肉拉紧。

（4）呼气时放松，回到起始姿势。

4. 运动负荷

每组屈腕6~8次，一般做2~3组。教师做好安全措施，根据学生体能状况掌控好运动负荷。

5. 动作图例（如图7-6所示）

图7-6　握拳屈腕

（二）撑掌伸腕

1. 目的

提高手腕伸展的灵活性。

2. 方法

撑掌伸腕。

3. 技术标准

（1）双腿开立与肩同宽，双肩正对前方，颈椎与脊柱保持中立位。

（2）双手前举40°，掌心朝下张开手掌。

（3）吸气时用约1RM 50%力量伸手腕，直到感觉肌肉拉紧。

（4）呼气时放松，回到起始姿势。

4. 运动负荷

每组伸腕6~8次，一般做2~3组。教师做好安全措施，根据学生体能状况掌控好运动负荷。

5. 动作图例（如图7-7所示）

图7-7 撑掌伸腕

（三）俯身伸腕

1. 目的

提高手腕伸展的灵活性。

2. 方法

伸腕撑掌。

3. 技术标准

（1）身体成跪姿，两手与肩同宽，双腿与髋同宽，颈椎与脊柱保持中立位。

（2）躯干缓慢向前俯身，以体重力矩伸展腕，直到感觉肌肉拉紧。

（3）躯干前压时呼气，恢复原位时吸气。

4. 运动负荷

每组伸腕6~8次，一般做2~3组。教师做好安全措施，根据学生体能状况掌控好运动负荷。

5. 动作图例（如图7-8所示）

图7-8 俯身伸腕

三、肩部灵活性

(一) 跪姿正压肩

1. 目的

提高肩关节屈的灵活性。

2. 方法

跪姿下压屈肩。

3. 技术标准

(1) 身体跪姿，躯干前屈，手向前与肩同宽伸展触地，臀部向坐向脚尖方向。

(2) 吸气激活核心稳定身体，呼气向下压肩关节 3～5 秒，直到感觉肌肉拉紧，恢复到原位，再进行下一次。

4. 运动负荷

每组压肩 6～8 次，一般做 2～3 组。教师做好安全措施，根据学生体能状况掌控好运动负荷。

5. 动作图例（如图 7-9 所示）

图 7-9 跪姿正压肩

(二) 俯卧侧压肩

1. 目的

提高肩关节内收的灵活性。

2. 方法

侧卧压肩。

3. 技术标准

(1) 俯身侧卧，下方手直肘和下方腿屈膝支撑地面，上方收屈肘和上方腿直腿撑地面。

(2) 吸气激活核心稳定身体，呼气侧下压肩关节 3～5 秒，直到感觉肌肉拉紧，恢复到原位，再进行下一次。

(3) 身体左右两侧交替练习。

4. 运动负荷

每组压肩 6~8 次，一般做 2~3 组。教师做好安全措施，根据学生体能状况掌控好运动负荷。

5. 动作图例（如图 7-10 所示）

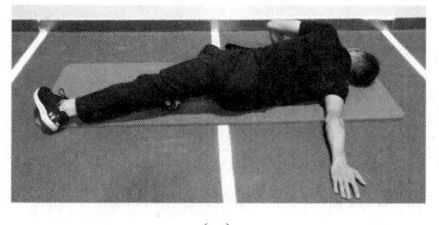 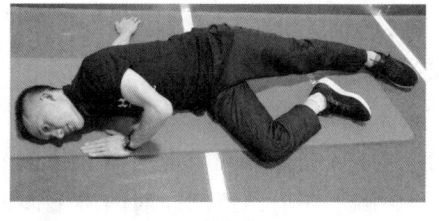

（a）　　　　　　　　　　　　（b）

图 7-10　俯卧侧压肩

（三）屈肘侧拉肩

1. 目的

提高肩关节内收的灵活性。

2. 方法

左右交替拉肩关节。

3. 技术标准

（1）身体直立，双腿与肩同宽，膝关节微屈。

（2）一侧手屈肘内收内旋摸对侧肩胛骨，另一手拉屈肘关节向对侧肩胛骨。

（3）吸气拉肘关节向对侧肩胛骨停 3~5 秒，呼气时放松回起始位置。

（4）身体左右两侧交替练习。

4. 运动负荷

每组左右两侧各拉肘 4~6 次，一般做 2~3 组。教师做好安全措施，根据学生体能状况掌控好运动负荷。

5. 动作图例（如图 7-11 所示）

（a）　　　（b）

图 7-11　屈肘侧拉肩

（四）上下手拉肩

1. 目的

提高肩关节内收的灵活性。

2. 方法

左右交替下拉肩关节。

3. 技术标准

（1）身体直立，双腿与肩同宽，膝关节微屈。

（2）一侧手在上，背部屈肘内旋下伸，另一手在下，背部屈肘内旋上伸。

（3）双手手指向扣，下侧手向下拉上侧手，直到感觉肌肉拉紧。

（4）左右两手交替练习。

4. 运动负荷

每组左右两侧手各下拉 4～6 次，一般做 2～3 组。教师做好安全措施，根据学生体能状况掌控好运动负荷。

5. 动作图例（如图 7-12 所示）

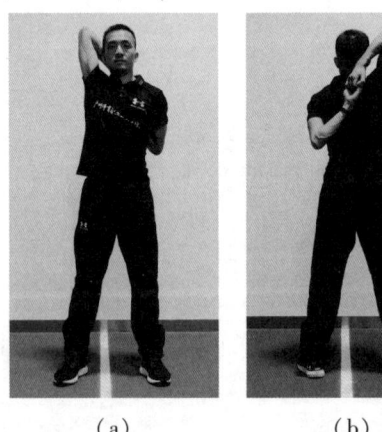

(a)　　　　　　(b)

图 7-12　上下手拉肩

四、胸椎灵活性

（一）俯卧挺身

1. 目的

提高胸椎前伸的灵活性。

2. 方法

俯卧拉胸椎。

3．技术标准

（1）身体俯卧，两手与肩同宽撑直，双腿自然伸直。

（2）吸气时髋关节适度屈髋后坐，呼气时头向背部后仰，拉动胸椎向前伸展，直到感觉肌肉拉紧，停 3~5 秒。

4．运动负荷

每组压肩 4~6 次，一般做 2~3 组。教师做好安全措施，根据学生体能状况掌控好运动负荷。

5．动作图例（如图 7-13 所示）

图 7-13　俯卧挺身

（二）跪姿弓背

1．目的

提高胸椎后屈的灵活性。

2．方法

四马式跪姿后屈。

3．技术标准

（1）两手与肩同宽直肘撑地，屈膝 90°与肩同宽，成四马式跪撑姿势。

（2）吸气激活跪姿稳定性，呼气时保持四肢稳定，下颌向胸口靠，背部向上弓，胸椎向上屈曲，感觉拉紧，停顿 3~5 秒。

（3）吸气放松背部，回到起始位置，再进行下一轮动作。

4．运动负荷

每组完成胸椎屈曲，每组完成 4~6 次。教师做好安全措施，根据学生体能状况掌控好运动负荷。

5. 动作图例（如图7-14所示）

(a)

(b)

图7-14 跪姿弓背

（三）仰卧扭转

1. 目的

提高胸椎旋转的灵活性。

2. 方法

仰卧旋转胸椎。

3. 技术标准

（1）身体仰卧，双手平举置于地面掌心向上，双肩贴地，双腿屈膝立于地面。

（2）吸气稳定身体姿势，呼气时一侧手向另一侧旋转直至贴紧，双腿与手的转动方向相反，下背部和肩紧贴地面。

（3）吸气回到起始位置，再开始下一轮动作。

4. 运动负荷

每组左右各旋转6~8次，一般做2~3组。教师做好安全措施，根据学生体能状况掌控好运动负荷。

5. 动作图例（如图7-15所示）

(a)

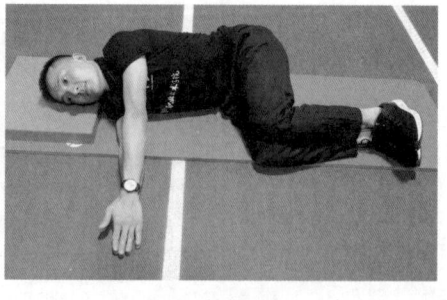
(b)

图7-15 仰卧扭转

(五) 坐姿侧屈

1. 目的

提高胸椎侧屈的灵活性。

2. 方法

仰卧旋转胸椎。

3. 技术标准

(1) 躯干直立，双腿交叉坐于地面，一侧手叉腰固定腰椎，一侧手上举。

(2) 吸气激活躯干稳定性，呼气上举手向躯干另一侧屈胸椎，停顿3～5秒。

(3) 吸气回到起始位置，左右两侧交替练习。

4. 运动负荷

每组左右侧屈6～8次，一般做2～3组。教师做好安全措施，根据学生体能状况掌控好运动负荷。

5. 动作图例（如图7-16所示）

图7-16 坐姿侧屈

(六) 跪姿胸椎波浪运动

1. 目的

提高胸椎节段运动的协同性和灵活性。

2. 方法

四马式跪姿节段运动。

3. 技术标准

(1) 两手与肩同宽直肘撑地，屈膝90°与肩同宽，成四马式跪撑姿势。

(2) 吸气激活跪姿稳定性，呼气时下颌向胸口靠，背部向上弓，胸椎向上屈曲，然后仰头依次成波浪式，伸颈椎与胸椎屈腰椎。

(3) 吸气放松背部,回到起始位置,再进行下一轮动作。

4. 运动负荷

每组波浪运动 6~8 次,一般做 2~3 组。教师做好安全措施,根据学生体能状况掌控好运动负荷。

5. 动作图例(如图 7-17 所示)

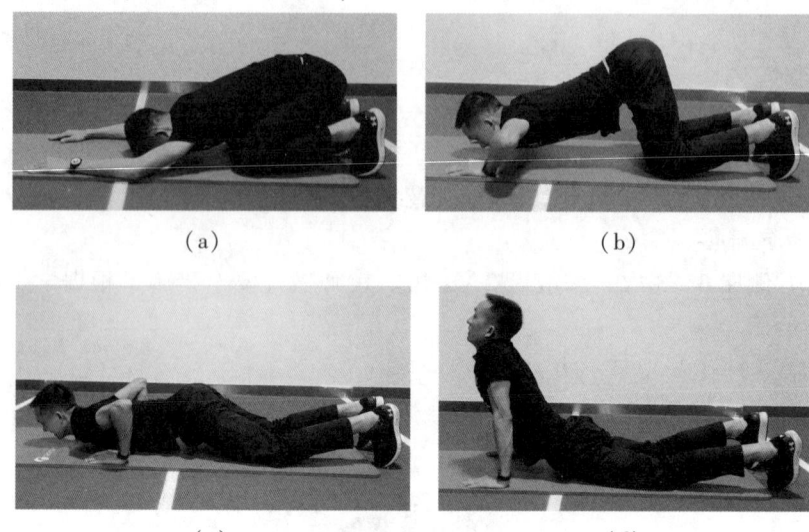

图 7-17 跪姿胸椎波浪运动

(七) 四肢固定旋转胸椎①

1. 目的

提高胸椎的旋转灵活性。

2. 方法

侧卧固定四肢旋转胸椎。

3. 技术标准

(1) 身体侧卧,面部朝前,上方手握下方屈膝后伸腿的脚背,下方手向下拉上方屈膝大腿外侧,形成四肢固定的姿势。

(2) 吸气激活稳定姿势,呼气胸椎引领头部向上旋转。

(3) 吸气颈部放松,回到起始位置,再进行下一轮动作。

4. 运动负荷

每组共旋转 6~8 次,一般做 3~4 组。教师做好安全措施,根据学生体能状况掌控好运动负荷。

---

① 沃斯特根,威廉姆斯. 每天都是比赛日 [M]. 尹晓峰,等译. 上海:上海文化出版社,2015:182-187.

5. 动作图例（如图7-18所示）

 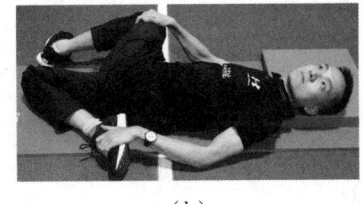

(a)　　　　　　　　　(b)

图7-18　四肢固定旋转胸椎

五、髋部灵活性

（一）弓步伸髋

1. 目的

提高髋关节后伸的灵活性。

2. 方法

弓步拉伸髋关节。

3. 技术标准

（1）躯干直立，双腿前后开立成弓步。

（2）前腿膝盖与脚尖对齐，以全脚掌着地，后腿尽量后伸适度屈膝，以脚趾着地，同时后腿侧手臂上举。

（3）吸气激活核心稳定，呼气后腿侧盆骨前顶，拉伸髂肌，但前腿保持与脚尖一条直线，同时上举手臂向前腿侧弯，拉伸腰大肌，停顿3~5秒。

（4）吸气回到起始位置，左右两侧交替练习。

4. 运动负荷

每组顶髋侧屈6~8次，一般做2~3组。教师做好安全措施，根据学生体能状况掌控好运动负荷。

5. 动作图例（如图7-19所示）

(a)　　　　　　　(b)

图7-19　弓步伸髋

（二）俯卧侧压髋

1．目的

提高髋关节内收外旋的灵活性。

2．方法

俯卧侧压髋关节。

3．技术标准

（1）身体成俯卧撑姿势，一条腿屈膝内收外旋，膝关节屈处对着胸部，以大腿外侧着地，另一条腿直腿外旋脚趾朝外，以足内侧着地，双手与肩同宽直肘前伸。

（2）吸气激活核心稳定，呼气时头与躯干一起压向屈膝大腿。

（3）吸气回到起始位置，左右两侧交替练习。

4．运动负荷

每组左右两侧各压6~8次，一般做2~3组。教师做好安全措施，根据学生体能状况掌控好运动负荷。

5．动作图例（如图7-20所示）

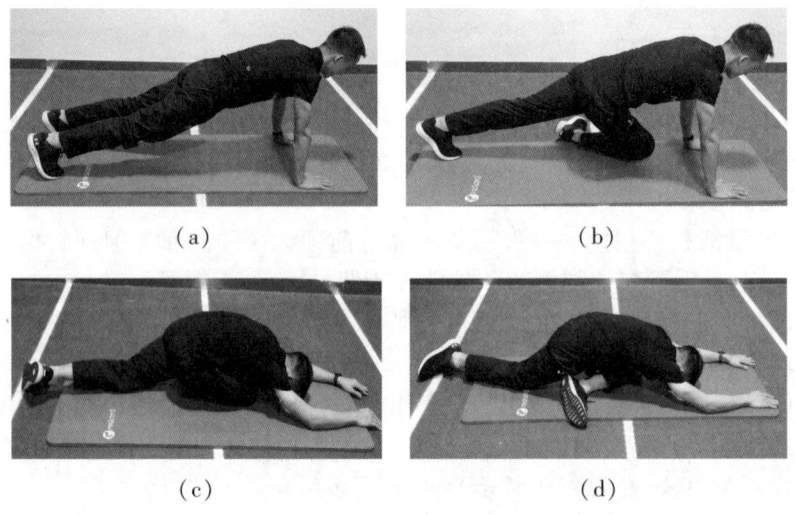

图7-20 俯卧侧压髋

（三）跪姿屈髋

1．目的

提高髋关节的屈曲灵活性。

2．方法

跪姿屈髋。

3．技术标准

（1）双手与髋同宽直肘撑地，双腿与肩同宽屈膝跪于地面，成四马式跪撑。

(2) 吸气激活核心稳定身体，呼气髋部后坐以肋骨触碰大腿，直到感觉肌肉拉紧，恢复到原位，再进行下一轮动作。

4. 运动负荷

每组下压躯干 6~8 次，一般做 2~3 组。教师做好安全措施，根据学生体能状况掌控好运动负荷。

5. 动作图例（如图 7-21 所示）

 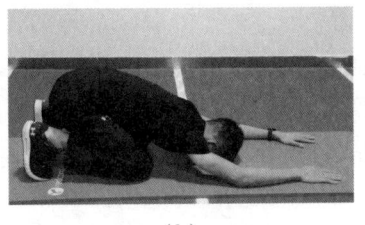

(a) （b）

图 7-21　跪姿屈髋

（四）坐姿压髋

1. 目的

提高髋关节外旋的灵活性。

2. 方法

蝴蝶坐压髋关节。

3. 技术标准

(1) 躯干直立，双腿外旋脚心相对，成蝴蝶坐，双手手掌压膝关节上方。

(2) 吸气激活核心稳定，呼气时头与躯干一起前屈，双手向下压大腿膝部，停顿 3~5 秒。

(3) 吸气回到起始位置，再进行下一轮动作。

4. 运动负荷

每组下压膝关节 6~8 次，一般做 2~3 组。教师做好安全措施，根据学生体能状况掌控好运动负荷。

5. 动作图例（如图 7-22 所示）

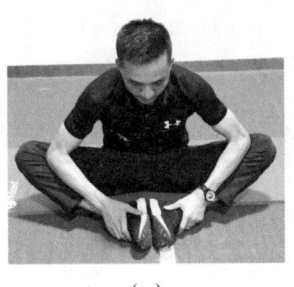 

(a) （b）

图 7-22　坐姿压髋

(五) 俯身外展髋

1. 目的

提高髋关节外旋外展的灵活性。

2. 方法

俯身外展双侧髋关节。

3. 技术标准

(1) 躯干俯身，双手屈肘与肩同宽撑地，双腿屈膝外展至最大限度撑地面。

(2) 吸气激活核心稳定身体，呼气臀部后坐，推动双腿外展。

(3) 吸气回到起始位置，再进行下一轮动作。

4. 运动负荷

每组臀部后坐 6~8 次，一般做 2~3 组。教师做好安全措施，根据学生体能状况掌控好运动负荷。

5. 动作图例（如图 7-23 所示）

 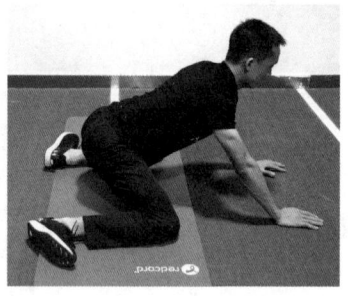

(a)　　　　　　　　(b)

图 7-23　俯身外展髋

(六) 坐姿双腿转髋

1. 目的

提高髋关节内外旋的灵活性。

2. 方法

坐姿双腿转髋。

3. 技术标准

(1) 躯干直立，双腿屈膝与肩同宽直立地面，双手撑于体后，成撑坐姿势。

(2) 吸气一侧腿内旋，一侧腿外旋，呼气双腿向相反方向旋转。

4. 运动负荷

每组共旋转 6~8 次，一般做 3~4 组。教师做好安全措施，根据学生体能状况掌控好运动负荷。

5. 动作图例（如图7-24所示）

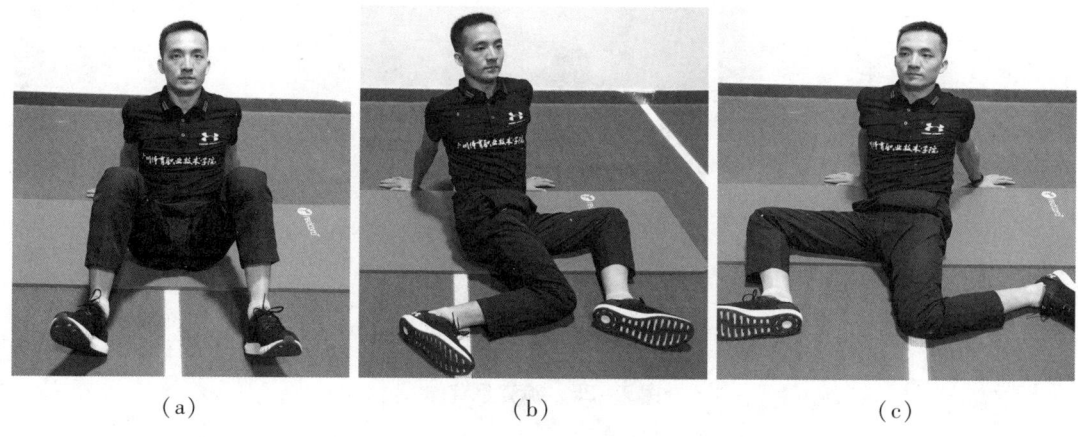

(a)   (b)   (c)

图7-24 坐姿双腿转髋

六、踝部灵活性

（一）跪姿跖展伸

1. 目的

提高踝关节背伸或跖屈的灵活性。

2. 方法

跪姿屈膝背伸。

3. 技术标准

（1）躯干直立，髋关节与地面成90°，屈膝背伸支撑地面，双手置于双膝关节，成高跪姿势。

（2）吸气激活身体稳定姿势，呼气髋关节后坐压拉踝背伸。

（3）吸气回到起始位置，再进行下一轮动作。

4. 运动负荷

每组下压6~8次，一般做3~4组。教师做好安全措施，根据学生体能状况掌控好运动负荷。

5. 动作图例（如图7-25所示）

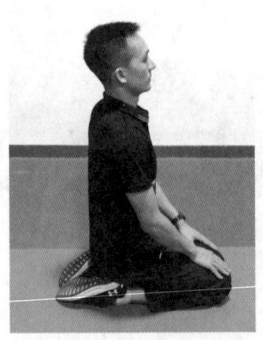

图7-25 跪姿足背伸

（二）推墙足背屈

1. 目的

提高踝关节背屈或跖伸的灵活性。

2. 方法

推墙身体前倾足背伸。

3. 技术标准

（1）躯干直立，下肢成弓步，后腿伸直脚跟不离地，双手伸直支撑墙面。

（2）吸气激活身体稳定姿势，呼气上肢屈肘身体前压，后腿脚跟不离地背屈。

（3）吸气回到起始位置，再进行下一轮动作。

4. 运动负荷

每组下压6~8次，一般做3~4组。教师做好安全措施，根据学生体能状况掌控好运动负荷。

5. 动作图例（如图7-26所示）

(a)　　　　　　　　　　(b)

图7-26 推墙足背屈

(三) 站立跖屈

1. 目的

提高踝关节背伸或跖屈的灵活性。

2. 方法

站姿提踵背伸或跖屈。

3. 技术标准

(1) 身体直立,双腿开立与肩同宽,双手自然张开,掌心扶墙。

(2) 吸气激活身体稳定姿势,呼气双脚提踵跖屈。

(3) 吸气回到起始位置,再进行下一轮动作。

4. 运动负荷

每组提踵8~10次,一般做3~4组。教师做好安全措施,根据学生体能状况掌控好运动负荷。

5. 动作图例(如图7-27所示)

 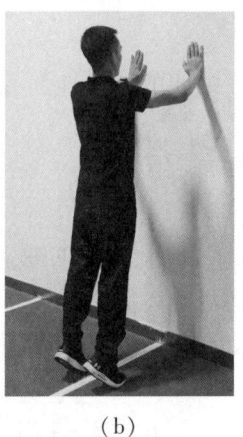

(a)　　　　　　　(b)

图7-27　站立跖屈

(四) 仰卧跖屈

1. 目的

提高踝关节背伸或跖屈的灵活性。

2. 方法

仰卧举腿墙上背伸或跖屈

3. 技术标准

(1) 身体仰卧,双腿与肩同宽,屈髋屈膝90°以脚掌踩墙面。

(2) 吸气激活身体稳定姿势,呼气双脚踩墙面提踵跖屈,直到感觉肌肉拉紧。

(3) 吸气回到起始位置,再进行下一轮动作。

4. 运动负荷

每组提踵 8~10 次，一般做 3~4 组。教师做好安全措施，根据学生体能状况掌控好运动负荷。

5. 动作图例（如图 7-28 所示）

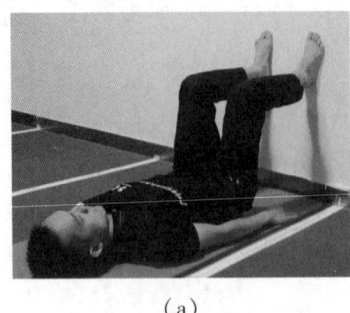
(a)

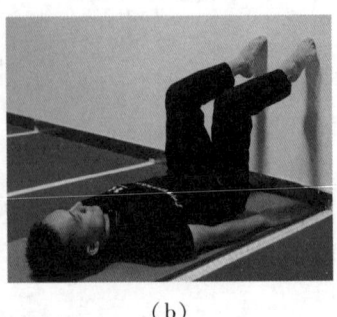
(b)

图 7-28 仰卧跖屈

（五）下蹲跖屈

1. 目的

提高踝关节背伸或跖屈的灵活性。

2. 方法

蹲姿屈膝背伸或跖屈

3. 技术标准

（1）双腿与肩同宽，屈髋屈膝下蹲，躯干前倾，双手掌心触地。

（2）吸气激活身体稳定姿势，呼气重心前移，双脚提踵跖屈，直到感觉肌肉拉紧。

（3）吸气回到起始位置，再进行下一轮动作。

4. 运动负荷

每组提踵 8~10 次，一般做 3~4 组。教师做好安全措施，根据学生体能状况掌控好运动负荷。

5. 动作图例（如图 7-29 所示）

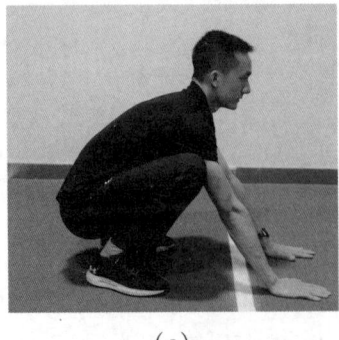
(a)

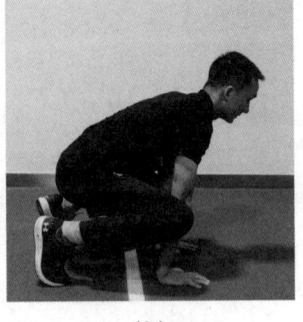
(b)

图 7-29 下蹲跖屈

第二节 动态灵活性锻炼技术

动态灵活性锻炼技术

动态灵活性锻炼技术,是在身体核心稳定控制和正确动作模式的基础上,通过人体在矢状面、额状面和水平面三维空间的蹲、推、拉、旋转的多关节、多肌群协同运动,发展真实运动状态下的动作控制与关节及身体灵活性。动态灵活锻炼技术可以作为运动热身阶段或专门身体素质的训练手段,是一般静态灵活性训练的进阶与功能化。以下练习动作,教师可以根据教学情况自由选择组合。

一、上肢关节灵活性

(一)下蹲旋转

1. 目的

提高下蹲稳定状态下,胸椎旋转的灵活性。

2. 方法

下蹲90°旋转胸椎。

3. 技术标准

(1) 躯干直立,双腿下蹲与肩同宽,双手伸直。

(2) 吸气激活身体稳定姿势,呼气胸椎旋转带动同侧肩与手向侧后旋转,视线随手指尖移动到不动点,停顿3~5秒。

(3) 吸气回到起始位置,再进行下一轮动作。

(4) 左右两侧交替练习。

4. 运动负荷

每组左右两侧各旋转6~8次,一般做3~4组。教师做好安全措施,根据学生体能状况掌控好运动负荷。

5. 动作图例（如图7-30所示）

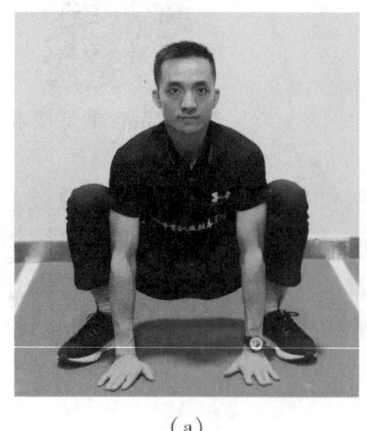  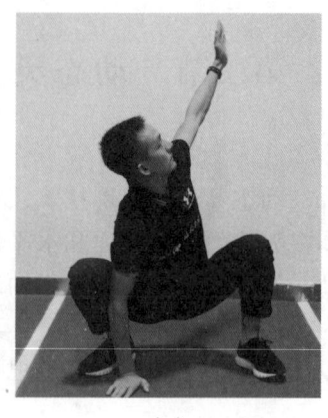

（a）　　　　　　　　　（b）　　　　　　　　　（c）

图7-30　下蹲旋转

（二）跪姿转肩

1. 目的

提高跪姿稳定姿势胸椎旋转的灵活性。

2. 方法

抬起一侧手臂做胸椎旋转。

3. 技术标准

（1）跪撑姿势，屈肘并抬起一侧手，掌心向前置于脑后，颈椎与脊柱保持中立位。

（2）吸气激活身体稳定姿势，呼气手臂随胸椎向上旋转，停顿3~5秒。

（3）吸气回到起始位置，呼气手臂随胸椎向下旋转，左右手交替完成。

4. 运动负荷

每组左右手各6~8次，一般做3~4组。教师做好安全措施，根据学生体能状况掌控好运动负荷。

5. 动作图例（如图7-31所示）

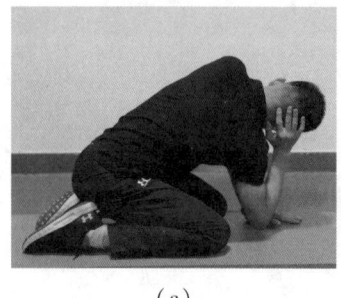  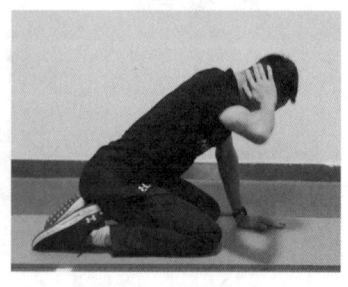

（a）　　　　　　　　　（b）　　　　　　　　　（c）

图7-31　跪姿转肩

(三) 跪撑瑞士球转胸椎

1. 目的

提高跪姿稳定姿势胸椎旋转的灵活性。

2. 方法

对侧手腿抬起跪撑,旋转胸椎。

3. 技术标准

(1) 四马姿势跪撑,抬起对侧手腿,其中腿踩在瑞士球上,成三点支撑,颈椎与脊柱保持中立位。

(2) 吸气激活身体稳定姿势,呼气抬起手臂随胸椎旋转,将手穿过胸前位置时,停顿3~5秒。

(3) 吸气回到起始位置,再次吸气时躯干下手,屈肘至同侧胸,带动同侧胸外展,再回到起始位置,循环完成动作,左右手交替完成。

4. 运动负荷

每组双手穿过胸前6~8次,一般做3~4组。教师做好安全措施,根据学生体能状况掌控好运动负荷(本练习适合八年级以上学生在体育课堂和课后锻炼中运用)。

5. 动作图例(如图7-32所示)

(a)

(b)

(c)

(d)

图7-32 跪撑瑞士球转胸椎

（四）跪撑转胸椎

1. 目的

提高跪姿稳定姿势胸椎旋转的灵活性。

2. 方法

对侧手腿抬起跪撑，旋转胸椎。

3. 技术标准

（1）四马姿势跪撑，抬起对侧手腿成两点支撑，颈椎与脊柱保持中立位。

（2）吸气激活身体稳定姿势，呼气抬起手臂随胸椎旋转，将手穿过胸前位置时，停顿 3~5 秒。

（3）吸气回到起始位置，再次吸气时躯干下手，屈肘至同侧胸，带动同侧胸外展，再回到起始位置，循环完成动作，左右手交替完成。

4. 运动负荷

每组双手穿过胸前 6~8 次，一般做 3~4 组。教师做好安全措施，根据学生体能状况掌控好运动负荷（本练习适合九年级男生在体育课堂和课后锻炼中运用）。

5. 动作图例（如图 7-33 所示）

(a)

(b)

(c)

(d)

图 7-33　跪撑转胸椎

（五）高蹲垂面推拉

1. 目的

提高高蹲稳定姿势下肩推拉的灵活性。

2. 方法

高蹲135°双手在额状面上推下拉。

3. 技术标准

（1）躯干直立，双腿高蹲与肩同宽，双手屈肘成90°掌心向前，指尖朝上。

（2）吸气激活身体稳定姿势，呼气时双手上推至与地面垂直，停顿3~5秒。

（3）吸气回到起始位置，双手屈肘后伸180°，掌心向后做上下推拉动作，循环完成动作。

（4）吸气屈肘回到起始位置，呼气双手以肘为轴向下转180°，掌心贴墙，再次吸气向下伸直双手，循环完成动作。

4. 运动负荷

每组上下推拉6~8次，一般做3~4组。教师做好安全措施，根据学生体能状况掌控好运动负荷。

5. 动作图例（如图7-34所示）

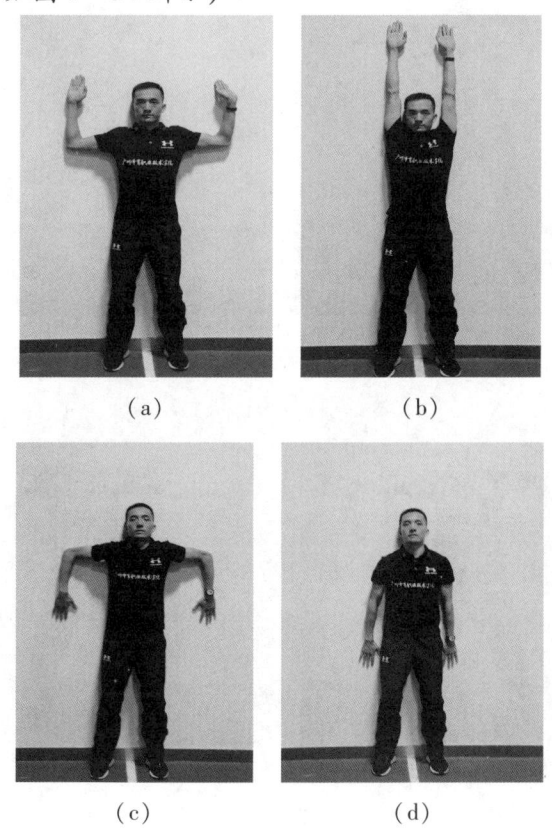

图7-34 高蹲垂面推拉

（六）弹力带绕肩环转

1. 目的

提高肩关节矢状面环转的灵活性。

2. 方法

膝关节微屈，双手持弹力带做来回环转。

3. 技术标准

（1）躯干直立，双腿微屈与肩同宽，两手夹150°握弹力带腹前展开。

（2）双手持弹力带自下而上越过头顶，下落后腰部。

（3）回到起始位置，保持自然呼吸，循环完成动作。

4. 运动负荷

每组越过头顶6~8次，一般做3~4组。教师做好安全措施，根据学生体能状况掌控好运动负荷。

5. 动作图例（如图7-35所示）

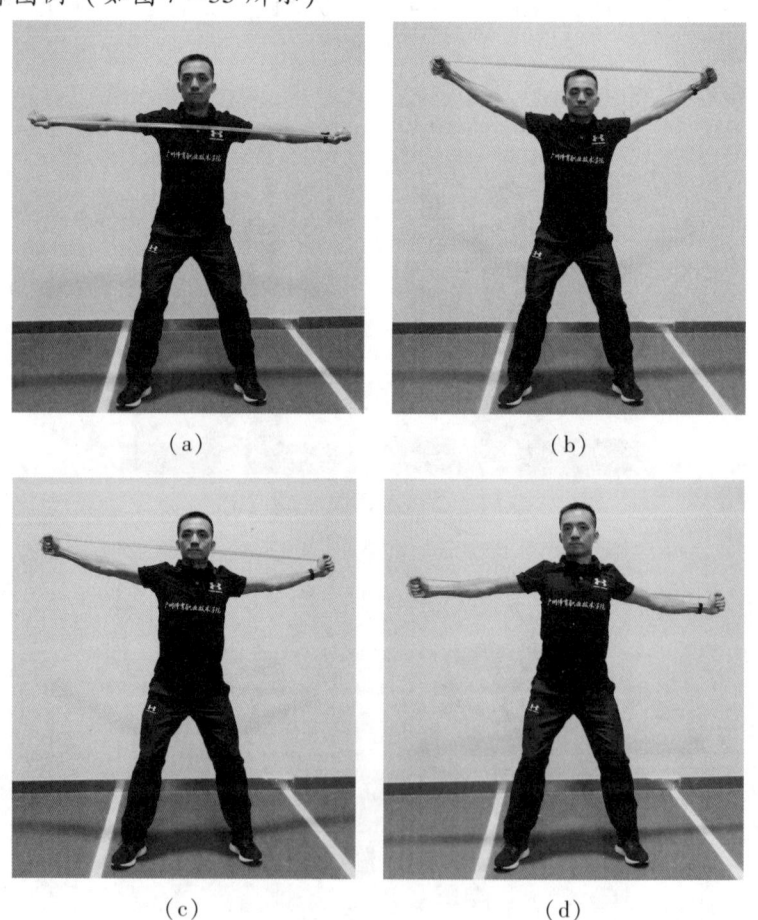

图7-35 弹力带绕肩环转

（七）单腿支撑肩旋转

1. 目的

提高肩关节三维空间旋转的灵活性。

2. 方法

单腿支撑，肩关节为轴，手写顺时针和逆时针"8"字。

3. 技术标准

（1）单腿直立，支撑侧手屈肘叉腰，一条腿屈膝离地，手屈肘外展。

（2）外展手以肩为轴，从外往里逆时针写"8"字，从里往外顺时针写"8"字。

（3）交换单腿支撑腿，另一侧写"8"字。

4. 运动负荷

每组两侧肩旋转写"8"字6~8次，一般做3~4组。教师做好安全措施，根据学生体能状况掌控好运动负荷（本练习适合八年级以上学生在体育课堂和课后锻炼中运用）。

5. 动作图例（如图7-36所示）

（a） （b）

图7-36 单腿支撑肩旋转

二、下肢关节灵活性

（一）下蹲上举

1. 目的

提高髋关节及脊柱的屈伸灵活性。

2. 方法

站位体前屈手触脚趾，下蹲上举手。

3．技术标准

（1）身体直立，双腿开立与肩同宽，双手直臂上举。

（2）站位体前屈，双手握双腿脚趾。

（3）保持握脚趾姿势，屈髋屈膝下蹲，停顿2~3秒，再先后肩上举左右手。

（4）伸髋深膝蹲起，回到起始位置。

4．运动负荷

每组下蹲举6~8次，一般做3~4组。教师做好安全措施，根据学生体能状况掌控好运动负荷。

5．动作图例（如图7-37所示）

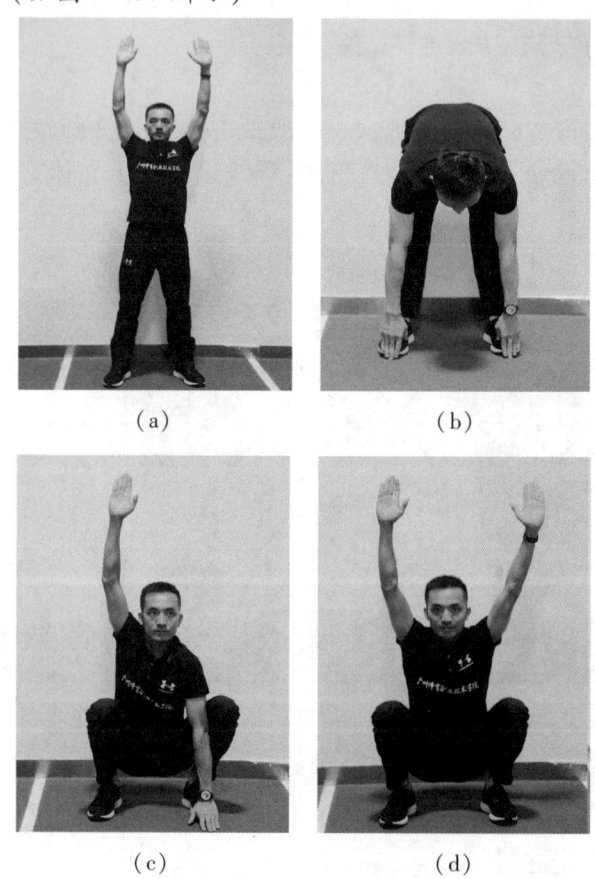

图7-37 下蹲上举

（二）俯卧外展腿

1．目的

提高髋关节屈曲和外展的灵活性。

2．方法

俯卧撑屈髋外展腿。

3. 技术标准

（1）身体俯卧直臂撑地面，双腿与髋同宽，头肩臀与脚跟在一条直线。
（2）自然呼吸，一条腿屈髋外展置于双手外侧，躯干前压，停顿 2~3 秒。
（3）回到起始位置，换另一条腿重复动作。
（4）左右腿交替轮换完成动作。

4. 运动负荷

每组左右交替前抬 6~8 次，一般做 3~4 组。教师做好安全措施，根据学生体能状况掌控好运动负荷。

5. 动作图例（如图 7-38 所示）

（a）　　　　　　　　　　（b）

图 7-38　俯卧外展腿

（三）屈膝外摆腿

1. 目的

提高髋关节三维空间旋转的灵活性。

2. 方法

行进间屈膝外旋摆动。

3. 技术标准

（1）躯干直立，双腿开立与髋同宽，双手屈肘成跑步手姿势。
（2）保持自然呼吸，支撑腿垫步，摆动腿屈膝前摆落下点地，再抬起水平外展。
（3）左右腿交替练习。

4. 运动负荷

每组左右腿交替各摆动 8~10 次，一般做 3~4 组。教师做好安全措施，根据学生体能状况掌控好运动负荷。

5. 动作图例（如图 7-39 所示）

(a)

(b)

图 7-39 屈膝外摆腿

（四）单腿前后摆腿

1. 目的

提高髋关节屈髋和摆动的灵活性。

2. 方法

行进间踢腿接后摆。

3. 技术标准

（1）躯干直立，双腿开立与肩同宽，双手上举。

（2）单腿支撑，摆动腿屈髋上摆，双手协同下摆。

（3）摆动到最高处带动支撑腿提踵，然后屈髋屈膝屈踝，后伸大腿，躯干自然前倾，双手协同上举，停顿 2~3 秒。

4. 运动负荷

每组左右腿各屈伸 6~8 次，一般做 3~4 组。教师做好安全措施，根据学生体能状况掌控好运动负荷（本练习适合八年级以上学生在体育课堂和课后锻炼中运用）。

5. 动作图例（如图 7-40 所示）

(a)

(b)

图 7-40 单腿前后摆腿

（五）蠕虫爬

1. 目的

提高下肢和脊柱屈曲的灵活性。

2. 方法

四肢蠕虫爬。

3. 技术标准

具体技术标准见第三章第二节。

（六）最伟大拉伸

1. 目的

提高下肢屈伸与胸椎旋转的灵活性。

2. 方法

弓步下压转体。

3. 技术标准

具体技术标准见第三章第二节。

（七）分腿跳转髋

1. 目的

提高髋关节内外旋的灵活性。

2. 方法

站立分腿转髋跳。

3. 技术标准

（1）身体直立，双腿分开成90°，一条腿外旋以足跟着地，脚尖朝向身体外侧，另一条腿以脚尖着地，朝身体内侧，双手扶栏杆或墙。

（2）双腿同时跳起旋转，外旋腿变内旋以脚尖着地，内旋变外旋以脚跟着地。

（3）下肢左右重复转动。

4. 运动负荷

每组各转向8~10次，一般做3~4组。教师做好安全措施，根据学生体能状况掌控好运动负荷（本练习适合八年级以上学生在体育课堂和课后锻炼中运用）。

5. 动作图例（如图 7-41 所示）

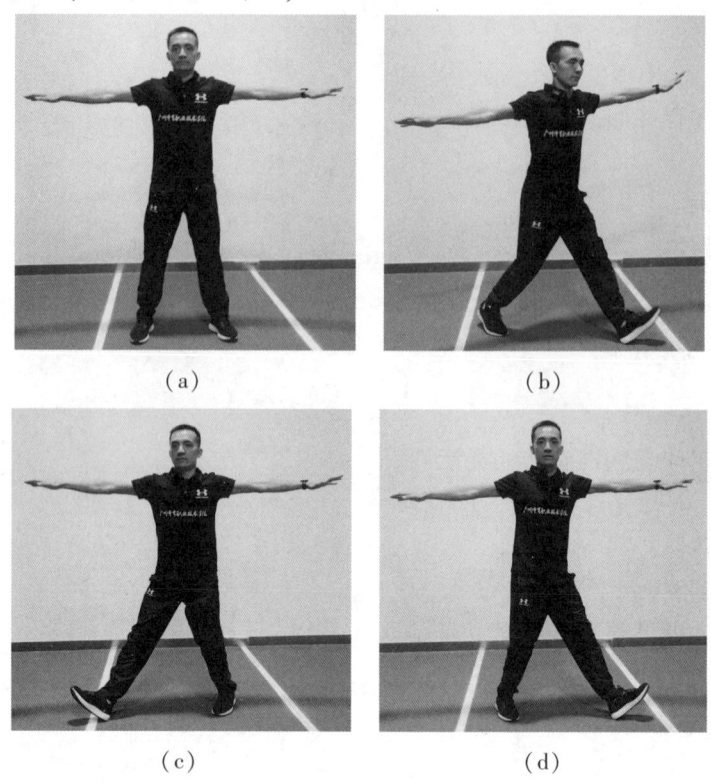

图 7-41 分腿跳转髋

（八）坐姿左右转髋

1. 目的

提高髋关节内外旋的灵活性。

2. 方法

坐姿左右转髋。

3. 技术标准

（1）身体直立成坐姿，一条腿内旋置于身体正前方，另一条腿外旋置于身体后方支撑地面，双手伸直上举。

（2）身体由左侧转向右侧，双腿外旋变内旋，内旋变外旋支撑地面。

（3）身体和下肢左右重复转动。

4. 运动负荷

每组各转向 6~8 次，一般做 3~4 组。教师做好安全措施，根据学生体能状况掌控好运动负荷（本练习适合八年级以上学生在体育课堂和课后锻炼中运用）。

5. 动作图例（如图7-42所示）

(a) (b)

图7-42 坐姿左右转髋

（九）蹲跳转弓步

1. 目的

提高减速动作髋关节转向的灵活性。

2. 方法

收腹跳下蹲减速变向。

3. 技术标准

（1）躯干直立，双腿开立与髋同宽，中等强度收腹跳，双手协同。

（2）双腿落地后离心减速，同时旋转髋关节，身体向左变向成弓步姿势，双手自然协同，停顿2~3秒。

（3）落地后向左右交替转向成弓步。

4. 运动负荷

每组各左右转向6~8次，一般做3~4组。教师做好安全措施，根据学生体能状况掌控好运动负荷（本练习适合八年级以上学生在体育课堂和课后锻炼中运用）。

5. 动作图例（如图7-43所示）

(a) (b)

(c)   (d)

图 7-43 蹲跳转弓步

（十）弓步跳蹲立

1. 目的

提高跑步过程髋关节转向的灵活性。

2. 方法

弓步跳减速变向。

3. 技术标准

（1）躯干直立，双腿开立与髋同宽，中等强度弓步跳，双手前后摆动。

（2）弓步落地后离心减速，同时旋转髋关节，下肢弓步向后腿侧转动成双腿蹲，双手自然协同，停顿 2~3 秒。

（3）落地后向左右交替转向成双腿蹲。

4. 运动负荷

每组各左右转向 6~8 次，一般做 3~4 组。教师做好安全措施，根据学生体能状况掌控好运动负荷（本练习适合八年级以上学生在体育课堂和课后锻炼中运用）。

5. 动作图例（如图 7-44 所示）

(a)   (b)

图 7-44 弓步跳蹲立

本章小结

人体的运动是由神经控制肌肉收缩，利用骨骼的杠杆效应，通过关节传导力量和能量产生的。其中，关节在人体运动中起着桥梁的作用。人类在婴儿阶段，由于天然的遗传获得性，无论是肌肉的延展性还是关节的灵活性都表现出良好的弹性和功能性，各主要关节的生物力学姿态合理、旋转共轴性强，动作模式保持最小耗能和最大效益，可以说是浑然天成的。

孩子在成长过程中，因为长期久坐低头、体育锻炼缺乏、身体姿势失衡等原因，逐步形成了动作僵化、肌肉缺乏弹性、关节功能紊乱等功能不良表现，进而增加运动损伤风险，影响身体锻炼效果和运动成绩的提高。初中学生通过使用静态灵活性、动态灵活性和关节链灵活性的练习，将重建关节共轴性，重塑关节灵活度，回归天然获得的动作模式。

思考与练习

1. 在体育运动中，哪些关节是起稳定性作用的，哪些关节是起灵活作用的？
2. 肩胛骨稳定性对肩关节灵活性有什么影响？如何判断肩胛骨不稳定？如何从形态上判断肩胛骨稳定性不足？
3. 盆骨—髋关节复合体的稳定性在身体转向过程中起什么作用（如足球运动员制动变向运球）？
4. 在教师指导下，选取4~6个经常保持各关节灵活性与稳定性的锻炼。

第八章
灵敏与动作协同锻炼技术

灵敏,是指人体对预测或不可预测的刺激信号,根据目标需求,改变身体运动姿势或运动方向的能力。《ACSM 体能训练概论》指出,灵敏是一种需要协同人体的各种功能的综合运动能力,包括快速的反应和起动能力,以及同时保持平衡和身体姿态时还能往正确方向进行加速、减速,让身体尽可能快速改变运动方向的能力[1]。快速力量及爆发力是人体快速反应、快速起动和减速变向的执行工具,是灵敏的核心生物学基础。在许多技能类运动项目中(如足球、格斗、网球和羽毛球),灵敏比简单地获得和保持速度更加重要,是人体感知觉系统、大脑处理器、爆发力、灵活性、姿势稳定和肌肉协同的综合表现,也是人类运动的高级阶段。初中学生正处于身体各系统发育的关键时期,通过灵敏锻炼能很好地整合感知觉系统、大脑神经决策、肌肉协同等运动功能,促进身体运动系统的全面发展。

第一节 灵敏锻炼的基本原理

一、灵敏锻炼的类型及特征

根据灵敏在运动表现中的功能与作用,其可分为一般性灵敏和专项性灵敏两类(如图 8-1 所示)。一般性灵敏,是指在完成各种复杂动作时所表现出来的动作和姿

---

[1] 拉塔美斯. ACSM 体能训练概论 [M]. 李丹阳,李春雷,王雄,主译. 北京:人民卫生出版社,2018:356-383.

势的应变能力。例如完成日常生活工作任务表现出的灵敏和日常体育运动表现出的灵敏，其要素主要构成包括灵活性、协调性和动作技术。专门性灵敏，是指根据各专门运动技术或竞技能力的需要，与专门运动密切关系的，以应对外界环境变化的专门应变能力。例如开车、网球运动网球截击、足球的一对一防守、羽毛球的网前技术、格斗的躲闪技术等，其核心要素包括准确性、神经协同能力、肌肉协同能力和运动协同能力等。①

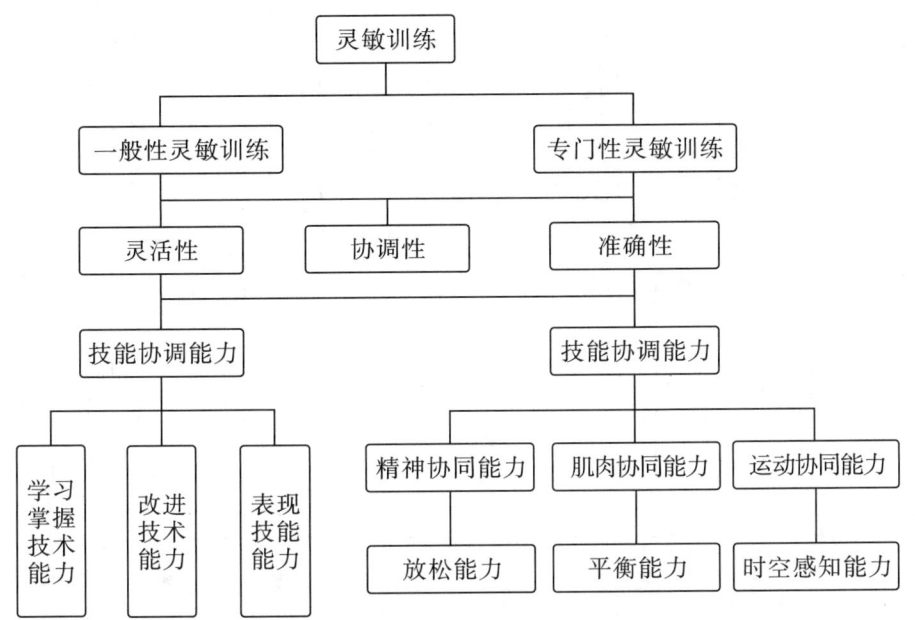

图 8-1　灵敏素质结构示意图（一）②

灵敏根据刺激信号的来源和变化特征及身体应对模式，可分为闭式灵敏和开式灵敏（如图 8-2 所示）。闭式灵敏又称程序化灵敏，是指按照预先设计好的动作程序，在刺激信号可预知及稳定的环境下，按信号要求完成的灵敏动作，参与人员知道未来在什么时间、什么地点会出现什么刺激信号，该采取什么应对模式（如 30 米跑、T 型折返跑或六边形跳等）。开式灵敏也称为动作随机灵敏，是指没有预先设计好的动作程序，在外界刺激信号随机变化的环境下，为应对刺激信号变化完成的灵敏性动作，参与人员不知道未来在什么时间、什么地点会发生什么，而是根据突如其来的刺激信号，采取相应的动作（如网球网前截击、足球守门员扑球、格斗中出拳部位的变化等）。

---

①② 王卫星，韩春远. 实用体能训练指南［M］. 汕头：汕头大学出版社，2017：453-456.

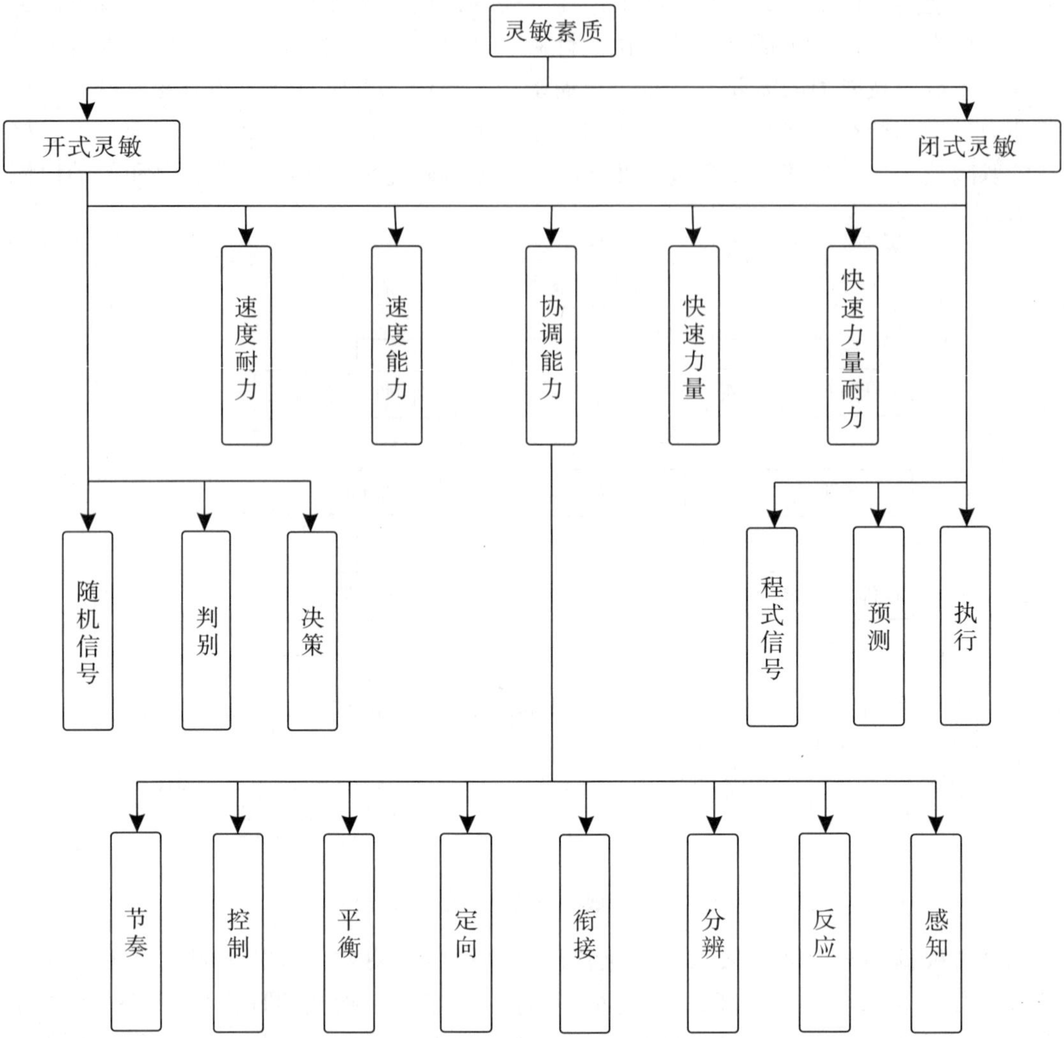

图 8-2 灵敏素质结构示意图（二）①

二、灵敏锻炼的作用与价值

1. 促进神经动作控制系统的发展

灵敏获得是一个信息获得—信息传入—大脑或脊髓决策—神经输出—肌肉执行的过程，其本质就是大脑神经对信号变化做出的身体反应。这种身体反应不是单一的，而是人体运动感知觉、视觉、速度、灵活和协同能力的综合运用，可以有效地促进初中学生运动感知觉信息获得、分析与决策及动作执行等神经动作控制系统的发展，对

---

① 王卫星，韩春远. 实用体能训练指南［M］. 汕头：汕头大学出版社，2017：453-456.

学生神经和肌肉系统的发育有积极促进的作用。[①]

2. 提高运动感知觉能力

在灵敏锻炼过程中,身体的位置和速度信息除视觉和听觉外,大部分需要前庭、肌梭、高尔肌腱器和关节囊等运动感知觉系统获得[②],感知觉系统可以说是灵敏能力的基础。灵敏锻炼或训练通过动作反应及肌肉协同的练习,可以促进运动感知觉系统的发展,以获得更加稳定、迅速的反应及更加灵活高效的动作表现。

3. 提高整体运动效益

灵敏锻炼或训练,可以有效地提高对抗类项目中参与者灵活自如选择进攻和防守技巧的能力,减少无效动作,节省能量,提高整体运动效益。[③]

4. 预防运动损伤

良好的灵敏能力,能够合理优化姿势肌和动作肌的激活水平、提高核心区、髋关节和踝关节的稳定性。当突变刺激信号时,肌肉链能在大脑及皮层下神经的指挥下,有序地激活各肌肉链的协同运动,有效地减少了运动损伤的发生。

三、灵敏锻炼的基本原则

1. 门槛性原则

灵敏是人体多种能力整合形成的综合运动形式,合理科学地实施灵敏锻炼要具备有一定的身体素质和运动能力基础。初中学生灵敏锻炼要具备一定的核心和髋关节稳定能力、身体各节段及上下肢的灵活性、基础力量和爆发力,这些基本要求就是门槛。

2. 姿势优先原则

灵敏锻炼的先决条件,是学生必须具备合理的身体姿态。否则,不仅不能达到训练目的,而且还会造成一定的损伤。例如某同学驼背,那么他的盆骨和胸椎的自由度就受到限制,不可能在转向的过程中发挥带动身体旋转转向的作用,还有出现冲击伤的风险。因此,在实施灵敏训练时,学生的身体姿势非常重要,有严重姿势缺陷的学生不适宜实施灵敏锻炼。

3. 向心离心平衡原则

灵敏锻炼包含大量的减速、变向、重心转换再重新发力的动作,其中肌肉离心收缩是减速和变向的主要肌肉力学特征。平时体育课程一般会安排较多的向心收缩的动作,这种教学安排容易导致灵敏锻炼时肌腱的损伤。因此,初中学生从事灵敏训练时,必须先安排一定课时的肌肉离心收缩锻炼,实现肌肉向心离心收缩能力的平衡。

---

① SCHMIDT R A, LEE T D. 动作控制与学习 [M]. 卓俊伶,杨梓楣,陈重佑,等译. 新北:合记图书出版社,2015:151-158.

② SCHMIDT R A, LEE T D. 动作控制与学习 [M]. 卓俊伶,杨梓楣,陈重佑,等译. 新北:合记图书出版社,2015:170-175.

③ 王卫星,韩春远. 实用体能训练指南 [M]. 汕头:汕头大学出版社,2017:453-456.

第二节 闭式灵敏锻炼技术与方法

闭式灵敏锻炼技术与方法

闭式灵敏的终极运动表现是在高速度条件下完成的，但是对于初中学生的闭式灵敏锻炼，必须按照由低速到中速，最后到高速完成的教学步骤来实施。例如六边形跳、绕雪糕筒变向跑和折返跑等的练习，都必须从 50%～60% 的低强度开始，逐步熟习和建立动作程序。随后的 80% 中等强度是一个重要的标志点，这个强度点不但有利于相关神经元与肌肉连接的构建与重塑，而且还能最大限度的激活运动单元，为高强度闭式灵敏创造生理条件。到 90% 的高强度灵敏练习，则是实现灵敏能力飞跃的最有效手段和目标。

初中阶段是大脑对身体控制能力发展的第二个高峰期，初中学生已完成皮层下闭式灵敏动作协同能力的发展，正逐步发展和完善开式灵敏动作协同能力，这个阶段主要以发展大脑皮层的动作控制能力为主要任务。以下练习动作教师可以根据教学情况自由选择及组合。

一、六边形同向跳

1. 目的

提高人体跳跃过多向障碍物的灵敏与协同能力。

2. 方法

沿六边形做同向顺时针跳跃。

3. 技术标准

（1）用胶带或小栏架设置一个单边 60 厘米、高度 0～15 厘米的六边形。

（2）练习者身体直立，双腿与髋同宽，站在六边形中间，目光平视。

（3）听到信号后，按顺时针，双脚从中心跳到每个边上，再跳回中心，跳 3 圈。

（4）跳跃过程中，目光始终朝向同一个方向。

4. 运动负荷

每组跳 3 圈，间歇 30 秒，一般做 3～4 组。教师做好安全措施，根据学生体能状况掌控好运动负荷。

5. 动作图例（如图8-3所示）

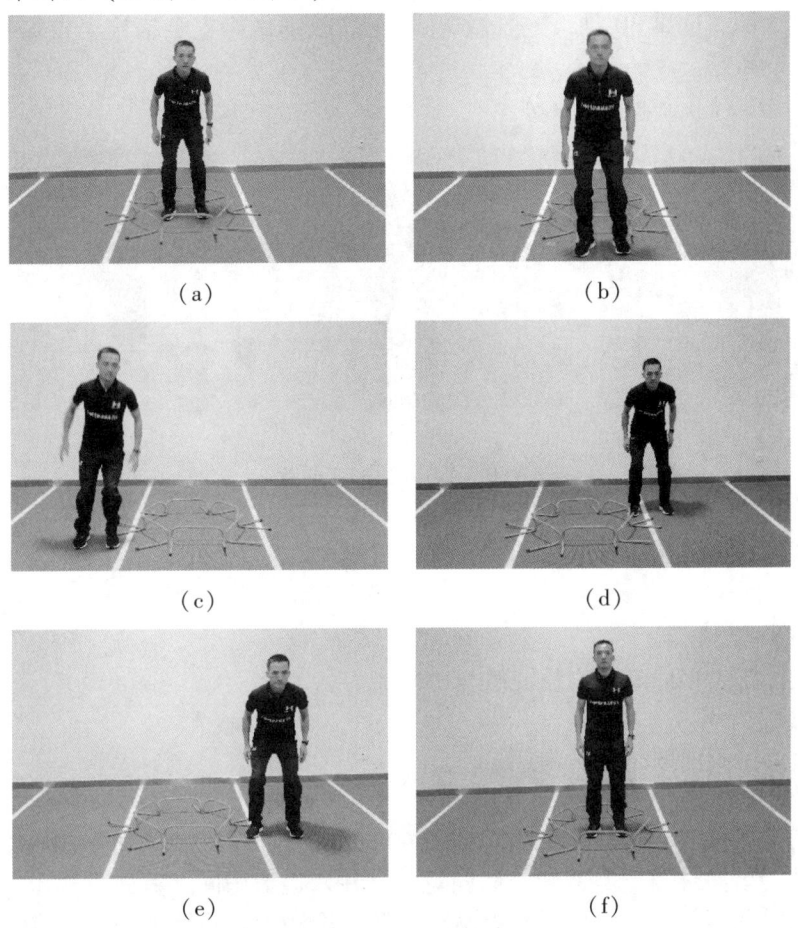

图8-3　六边形同向跳

二、六边形变向跳

1. 目的

提高人体变向跳跃障碍物的灵敏与协同能力。

2. 方法

沿六边形做同向顺时针跳跃，2圈为一次，跳跃过程中，身体随跳跃不断转向，身体始终背对六边形的中心。

3. 技术标准

（1）用胶带或小栏架设置一个单边长60厘米、高0~15厘米的六边形。

（2）练习者身体直立，双腿与髋同宽，站在六边形中间，目光平视。

（3）听到信号后，按顺时针，双脚从中心跳到每个边上，再跳回中心，跳3圈。

（4）跳跃过程中，目光始终背对着六边形的中心，身体随跳跃不断转向。

4. 运动负荷

每组跳 3 圈,间歇 30 秒,一般做 3~4 组。教师做好安全措施,根据学生体能状况掌控好运动负荷。

5. 动作图例(如图 8-4 所示)

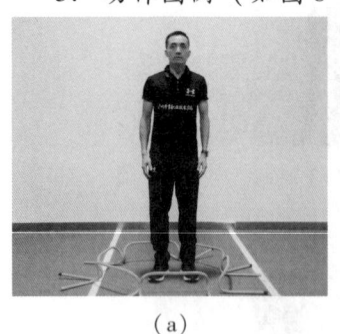
(a)

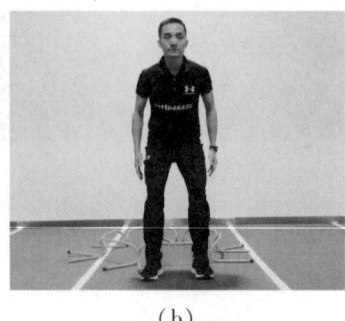
(b)

(c)

图 8-4 六边形变向跳

三、六边形同向小步跑

1. 目的

提高人体跑过多向障碍物的灵敏与协同能力。

2. 方法

沿六边形做同向顺时针小跑。

3. 技术标准

(1) 用胶带或小栏架设置一个单边长 60 厘米、高 0~15 厘米的六边形。

(2) 练习者身体直立,双腿与髋同宽,站在六边形中间,目光平视。

(3) 听到信号后,按顺时针小跑从中心到每个边上,再跑回中心,跑 3 圈。

(4) 目光始终对着六边形的正前方,身体随跑步不断转向。

4. 运动负荷

每组跑 3 圈,间歇 30 秒,一般做 3~4 组。教师做好安全措施,根据学生体能状况掌控好运动负荷。

5. 动作图例(如图 8-5 所示)

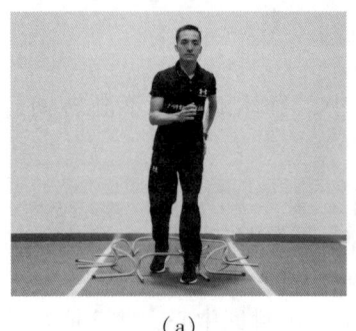
(a)

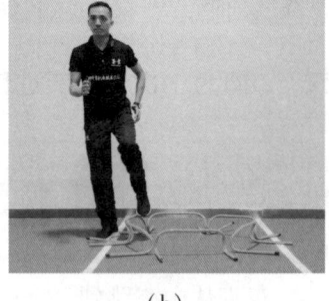
(b)

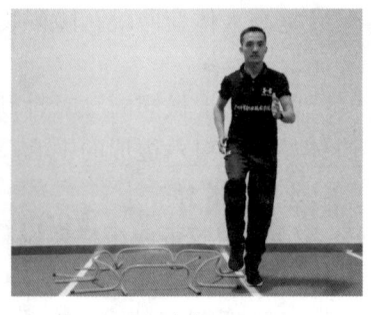
(c)

图 8-5 六边形同向小步跑

四、六边形变向小步跑

1. 目的

提高人体变向跑过障碍物的灵敏与协同能力。

2. 方法

沿六边形做变向顺时针跳小跑，2 圈为一次，跳跃过程中，身体随跳跃不断专向，身体始终面对六边形的中心。

3. 技术标准

（1）用胶带或小栏架设置一个单边长 60 厘米、高 0~15 厘米的六边形。

（2）练习者身体直立，双腿与髋同宽，站在六边形中间，目光平视。

（3）听到信号后，按顺时针小跑从中心到每个边上，再跑回中心，跑 3 圈。

（4）小跑过程中，目光始终朝着正前方，完成每边只能用一个跑步周期。

4. 运动负荷

每组跑 3 圈，间歇 30 秒，一般做 3~4 组。教师做好安全措施，根据学生体能状况掌控好运动负荷（本练习适合八年级以上学生在体育课堂和课后锻炼中运用）。

5. 动作图例（如图 8-6 所示）

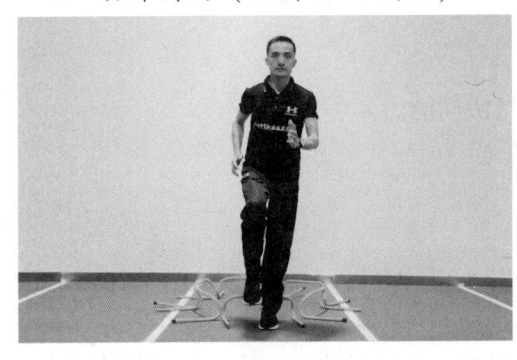 

(a)　　　　　　　　　　　　(b)

图 8-6　六边形变向小步跑

五、变向折返跑

1. 目的

提高跑动过程中身体制动变向的灵敏与协同能力。

2. 方法

中间线启动的三条线变向折返跑。

3. 技术标准

（1）用胶带或雪糕筒设置三条线，两条线间相距 5 米。

(2) 身体直立，双腿开立与髋同宽，站在中间线，身体额状面与三条线垂直。

(3) 听到信号后，转体先向右侧平行线跑5米，用脚触右侧线后，转身改变方向向左侧线跑10米，脚触左侧线后，再转身变向跑向中心线跑。

4. 运动负荷

每组跑1趟，间歇30秒，一般做4～6组。教师做好安全措施，根据学生体能状况掌控好运动负荷。

5. 动作图例（如图8-7所示）

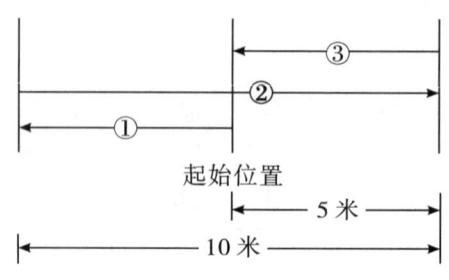

图8-7 变向折返跑

六、T字形跑

1. 目的

提高跑动过程中身体制动与变向的灵敏与协同能力。

2. 方法

目视方向不变的T字形多向跑。

3. 技术标准

(1) 设置4个圆锥体，标记为"A""B""C""D"，AB连线长10米，CD连线在B点处与AB连线成T字形交叉，B点距C点、D点各5米。

(2) 测试时，运动员站在A点，听到信号后，运动员跑向B点，并用右手碰圆锥体；在不用交叉腿的情况下，运动员向左侧跑5米，用左手触及C点圆锥体，再向右侧跑10米，用右手触及D点圆锥体；再向左侧跑5米，用左手触及B点，最后向后跑回到起点A点。

(3) T字形跑全过程始终面向正前方，不允许使用交叉步。

4. 运动负荷

每组跑1趟，间歇30秒，一般做4～6组。教师做好安全措施，根据学生体能状况掌控好运动负荷（本练习适合八年级以上男生在体育课堂和课后锻炼中运用）。

5. 动作图例（如图 8-8 所示）

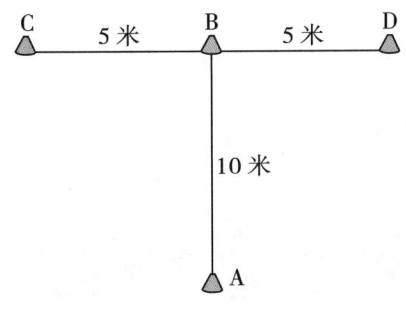

图 8-8　T 字形跑

七、绳梯进退步

1. 目的

提高下肢前后快速移动的灵敏与协同能力。

2. 方法

敏捷梯正向跨格双腿进退。

3. 技术标准

（1）在运动场地设置 5~8 米训练绳梯。

（2）身体直立，双腿分开与髋同宽。

（3）身体面对绳梯侧面，右脚踏入面前第一格，左脚跟进踏入第一格，右脚退回起始位置，左脚依次退回第一格外侧。

（4）右脚侧向跨过面前第一格踏入第二格，左脚跟进踏入第二格，右脚退回第二格外侧，左脚依次退回第二格外侧位置。

（5）重复以上动作，依次向前运动。

4. 运动负荷

每组跑 2 趟，间歇 30 秒，一般做 3~5 组。教师做好安全措施，根据学生体能状况掌控好运动负荷。

5. 动作图例（如图 8-9 所示）

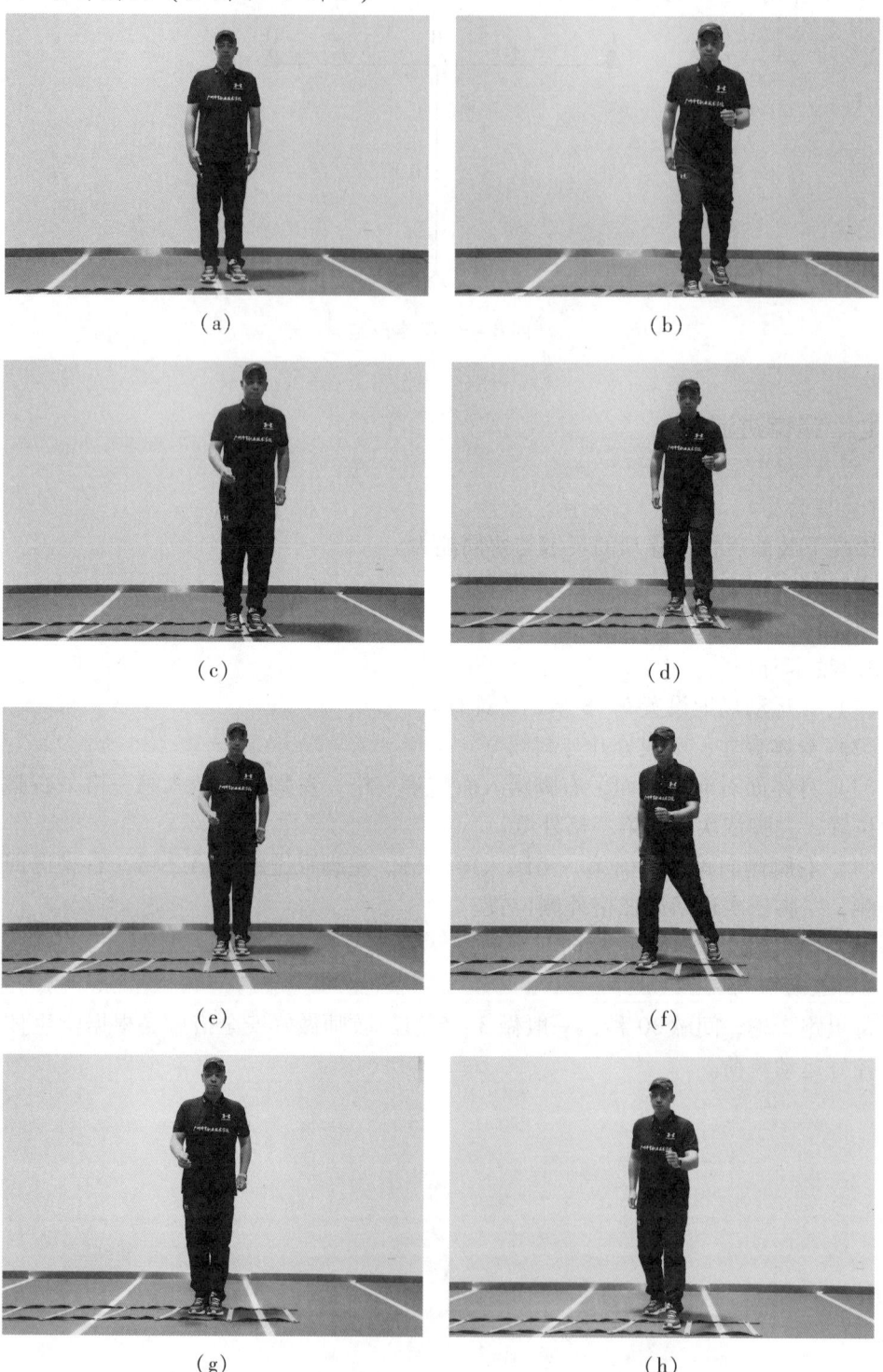

图 8-9 绳梯进退步

八、绳梯左右滑步

1. 目的

提高下肢左右快速移动的灵敏与协同能力。

2. 方法

敏捷梯正向双脚左右滑步。

3. 技术标准

（1）在运动场地设置 5~8 米训练绳梯。

（2）身体直立，面对绳梯正面，双腿分开与髋同宽。

（3）左脚向斜前方滑步进入第一个格子左外侧，右脚跳入第一个格子内，左脚并步跳入第一个格子。同时，右脚向斜前方跳向第二个格子右外侧，左脚跳入第二个格子内，右脚并步跳入第二个格子，依次向前交替移动。

（4）重复以上动作，依次左右滑步。

4. 运动负荷

每组跑 1 趟，间歇 30 秒，一般做 3~5 组。教师做好安全措施，根据学生体能状况掌控好运动负荷（本练习适合八年级以上学生在体育课堂和课后锻炼中运用）。

5. 动作图例［如图 8-10（1）和 8-10（2）所示］

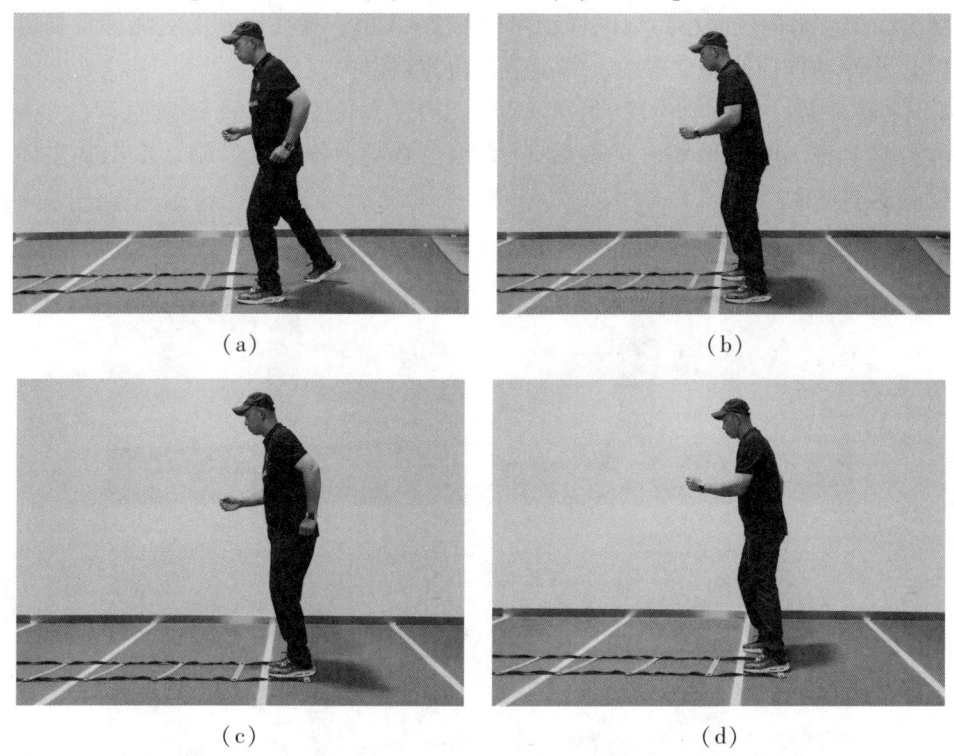

(a)　　　　　　　　　　(b)

(c)　　　　　　　　　　(d)

图 8-10（1）　绳梯左右滑步

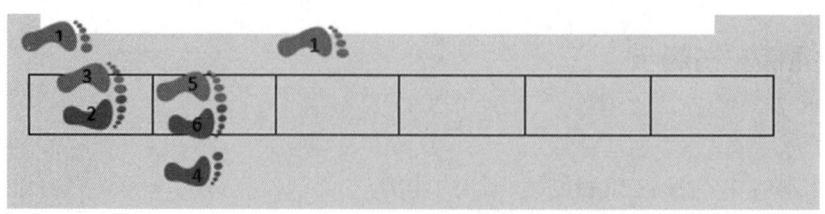

图 8-10（2） 绳梯左右滑步步法示意图

九、绳梯变向小步跑

1. 目的

提高下肢直线转侧向移动的灵敏与协同能力。

2. 方法

绳梯前进和侧向小步跑。

3. 技术标准

（1）在运动场地设置 5~8 米训练绳梯。

（2）身体直立，双腿分开与髋同宽。

（3）面对绳梯，左右腿前后小跑入第一格，以同样动作跑入第二和第三格，然后转身侧对绳梯，采用侧向小跑以同样动作向前 2~3 格，最后回到面对绳梯重复运动。

（4）小跑动作要前脚掌着地，每步落在小方格以内。

4. 运动负荷

每组跑 1 趟，间歇 30 秒，一般做 3~5 组。教师做好安全措施，根据学生体能状况掌控好运动负荷。

5. 动作图例（如图 8-11 所示）

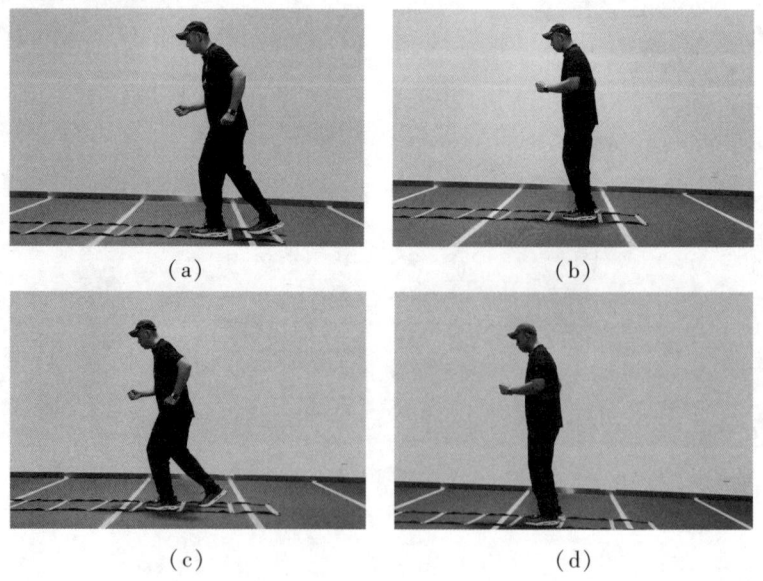

(a)　　　(b)

(c)　　　(d)

(e)   (f)

图 8 – 11 绳梯变向小步跑

十、绳梯分腿小跑

1. 目的

提高下肢侧向移动的灵敏与协同能力。

2. 方法

绳梯双腿左右来回移动。

3. 技术标准

（1）在运动场地设置 5~8 米训练绳梯。

（2）身体直立，面向绳梯正面，双腿分开与髋同宽。

（3）左脚先踏入第一个方格，随后右脚踏入方格，同时左右脚垫步，左脚移至第一格左外侧，然后双脚并步于第一个左外侧。

（4）右脚斜侧上方踏入第二格，随后右脚踏入方格，同时左右脚分脚垫步，右脚移至第二格右外侧，然后双脚并步于第二格右外侧，依次交替向前移动。

4. 运动负荷

每组跑 1 趟，间歇 30 秒，一般做 3~5 组。教师做好安全措施，根据学生体能状况掌控好运动负荷。

5. 动作图例［如图 8 – 12（1）和 8 – 12（2）所示］

(a)   (b)

(c) 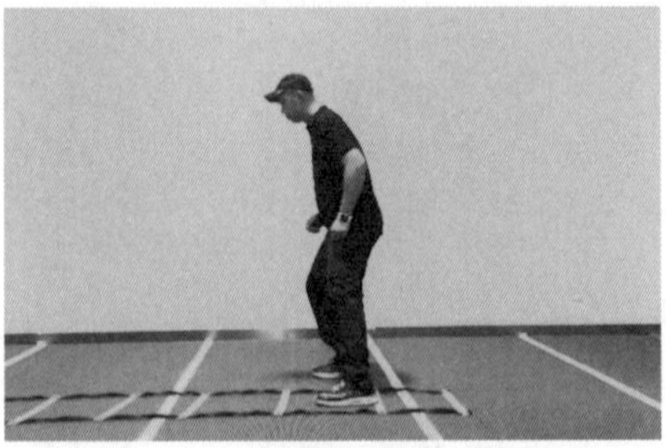 (d)

(e)  (f)

(g)  (h)

图 8-12（1） 绳梯分腿小跑

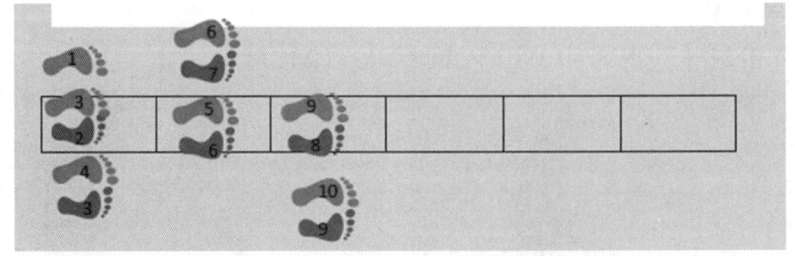

图 8-12（2） 绳梯分腿小跑步伐示意图

十一、转身交叉步

1. 目的

提高下肢交叉转向的灵敏与协同能力。

2. 方法

交叉步并腿转体。

3. 技术标准

（1）在运动场地设置 5~8 米训练绳梯。

（2）身体直立，双腿开立与髋同宽。

（3）侧对绳梯，后腿交叉步向前踏进方格，前脚跟进向斜上方摆出至方格侧后方，以前腿为轴转 180°与另一腿开立，与起始姿势方向相反，动作相同。

4. 运动负荷

每组跑 2 趟，间歇 30 秒，一般做 3~5 组。教师做好安全措施，根据学生体能状况掌控好运动负荷。

5. 动作图例（如图 8-13 所示）

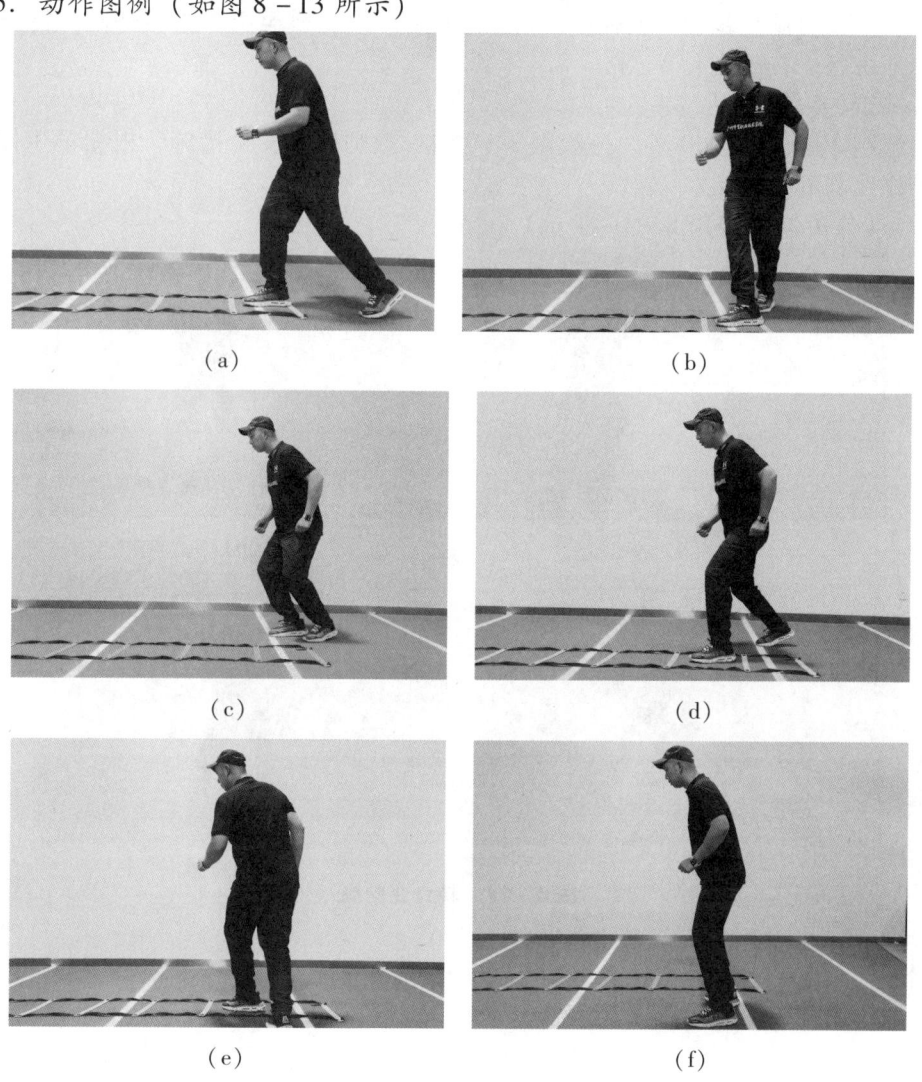

图 8-13 转身交叉步

十二、转身变向跳

1. 目的

发展双腿灵活性和身体平衡能力。

2. 方法

90°转身跳。

3. 技术标准

（1）在运动场地设置5~8米训练绳梯。

（2）面对绳梯正向站立，双腿向前分腿垫步，右腿踏入第一格，左腿置于方格外，转身90°，右腿原地跳起，左腿跳入第二格。

（3）双腿分腿垫步，左腿在第二格原地跳起，右腿跳至第二格右外侧，转身90°，左腿原地跳起，右腿跳入第三格。

4. 运动负荷

每组跑2趟，间歇30秒，一般做3~5组。教师做好安全措施，根据学生体能状况掌控好运动负荷。

5. 动作图例（如图8-14所示）

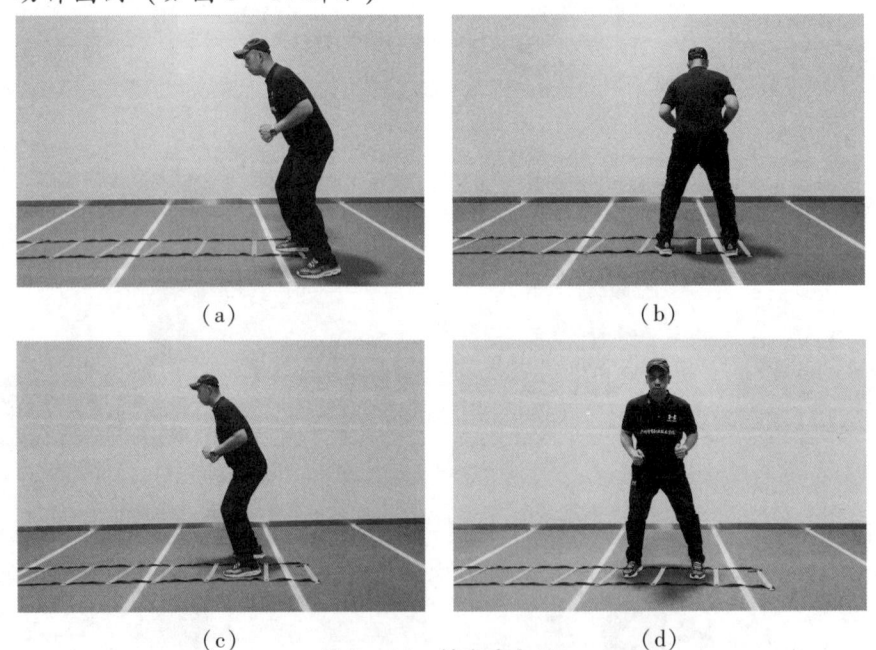

图8-14 转身变向跳

十三、单双腿交换跳

1. 目的

发展双腿灵活性和身体平衡能力。

2. 方法

面对绳梯，单双腿交换跳。

3. 技术标准

（1）在运动场地设置 5~8 米训练绳梯。

（2）身体直立，双腿开立与髋同宽，面对绳梯，目光平视。

（3）双腿同时蹬地，跳至绳梯第一格两边外侧。

（4）格子外侧双腿同时起跳，在空中并拢，以一条腿单腿落地支撑在第一个格子内，另一条腿向后屈膝摆动。

（5）格子内支撑腿单腿起跳，跳向下一个格子，在空中分腿跳至格子两边外侧，完成一个动作循环。

（6）重复以上动作。

4. 运动负荷

每组跑 2 趟，间歇 30 秒，一般做 3~5 组，教师做好安全措施，根据学生体能状况掌控好运动负荷。

5. 动作图例（如图 8-15 所示）

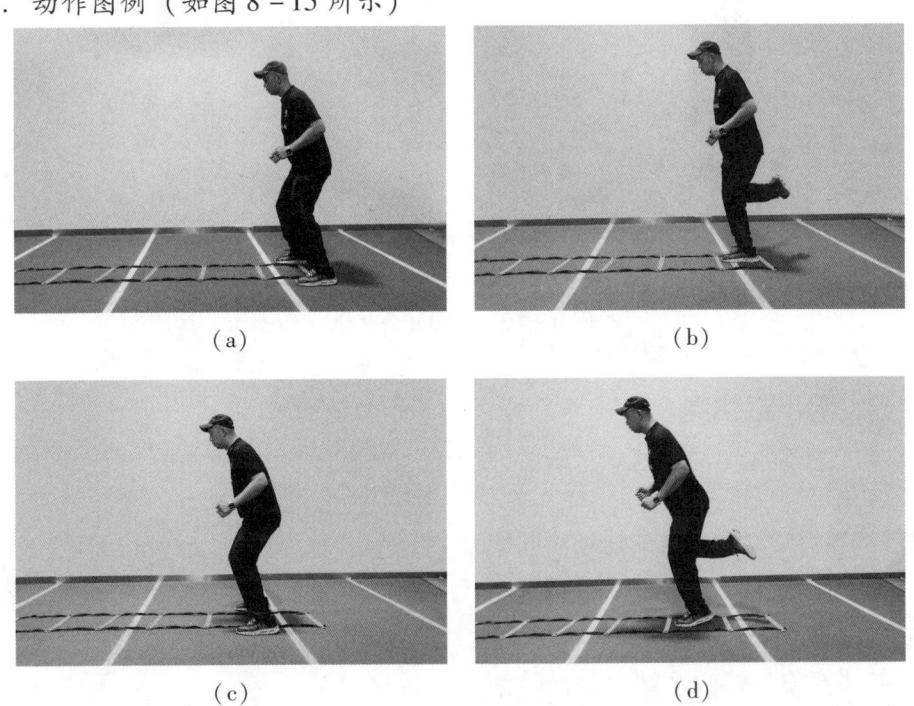

图 8-15 单双腿交换跳

十四、双腿开合跳绳

1. 目的

发展双腿灵活性和四肢的运动协同能力。

2. 方法

双腿开合跳绳。

3. 技术标准

（1）身体直立，双腿开立与髋同宽，膝关节适度屈曲，两手持绳。

（2）双手甩绳，当绳子穿过脚底，在空中运行时候，两脚跳跃成横向打开姿势，当绳子运行接近地面时，两腿跳起并拢，同时绳子穿过脚底。

（3）注意手与脚配合与动作节奏，做到一摇一跳，一开一合。

4. 运动负荷

每组 30 秒，间歇 40～60 秒，一般做 3～5 组。教师做好安全措施，根据学生体能状况掌控好运动负荷。

5. 动作图例（如图 8-16 所示）

（a） （b）

图 8-16 双腿开合跳绳

十五、密步跑跳绳

1. 目的

发展双腿灵活性和四肢的运动协同能力。

2. 方法

双腿交换，快速小步跑跳绳。

3. 技术标准

（1）身体直立，双腿分立与髋同宽，双手持跳绳置于体侧，目光平视。

（2）双手用手腕快速摇绳，双腿交替屈膝抬腿，伸髋落地，成小高抬腿。

（3）摇绳和高抬腿动作配合，一摇一抬，速度由快到慢。

4. 运动负荷

每组跳绳 10～15 秒，一般做 3～4 组。教师做好安全措施，根据学生体能状况掌控好运动负荷。

5. 动作图例（如图 8 – 17 所示）

(a)　　　　　　　　　　(b)

图 8 – 17　密步跑跳绳

第三节　开式灵敏锻炼技术与方法

开式灵敏锻炼技术与方法

开式（随机）灵敏是足球、格斗、羽毛球、网球和汽车驾驶等运动技术的核心素质，也是大部分技能类运动项目的核心竞争力，同时还是人类生存发展的核心技能。例如，汽车司机紧急避开一个突然跑进马路的孩子，是生活中经典的灵敏案例；足球守门员扑点球，是体育运动中经典的灵敏案例。初中学生通过开式灵敏的锻炼，能有效地提高神经肌肉系统获取信息、快速决策、迅速反应和高效执行的身体功能，对成年后的健康生活或从事军人、警察和应急救援等职业奠定了坚实的人体基础。

开式（随机）灵敏锻炼或训练的核心原理，是人体对不可预测的刺激信号，迅速做出判断，并采用迅速、合理和有效的运动形式予以应对。初中学生的开式（随机）灵敏锻炼主要采用突发式视觉、听觉信息作为不可预测刺激信号，主要包括躲闪、追逐游戏，第一信号系统和第二信号系统混编的动作应对，专门性练习（如羽毛球运动等）专门灵敏运动。以下练习动作，教师可以根据教学情况自由选择及组合。

一、翻盘游戏

1. 目的

提高快速决策判别能力，发展手脚配合的灵敏与协同能力。

2. 方法

设置碗口方向不同，数量相同的标志碗，比赛谁获得更多的同方向标志碗。

3．技术标准

（1）将20个标志碗按正反两面分为两组，随机放置一定空间范围内，双方各选一个碗口方向。

（2）双方站在指定位置，听口令后，迅速进入范围内，将对方的标志盘翻成自己的碗口方向。

（3）在规定时间内，看哪方的碗口方向占得多获胜。

（4）游戏时要降低重心移动，翻盘后迅速转移到最近的对方一标志盘。

4．运动负荷

每组30秒，一般做3~5组。教师做好安全措施，根据学生体能状况掌控好运动负荷。

5．动作图例（如图8-18所示）

(a) (b)

图8-18 翻盘游戏

二、影子模仿

1．目的

提高快速判断及动作的灵敏与协同能力。

2．方法

两名同学间隔1.5米对面站立，一个人随意做动作，另一人模仿。

3．技术标准

（1）两名同学面对面间隔距离1.5米，分主动方和影子方。在20~30秒内，主动方可以使用灵敏步法让影子方尽力去模仿，可移动可原地，形式不限。

（2）第一级下肢移动：主动方主要以下肢灵敏性步法移动为主，影子方跟随动作尽力去模仿。

（3）第二级上下肢结合信号：在下肢灵敏性步法模仿的基础上，随机增加上肢举手信号，举手高度可以随机。

（4）第三级结合网球：主动方双手各持一枚网球，在第二级的基础上，可以在影子方模仿过程中将球轻掷出，模仿影子方应快速转身将球在限定落地次数内接住并回位继续模仿。

4. 运动负荷

每组30秒，一般做3~5组。教师做好安全措施，根据学生体能状况掌控好运动负荷。

5. 动作图例（如图8-19所示）

(a)

(b)

(c)

(d)

图8-19 影子模仿

三、格斗模拟

1. 目的

提高不可预期条件下动作的灵敏与协同能力。

2. 方法

用手和腿格挡不同方向飞来的网球。

3. 技术标准

（1）身体直立，双腿开立与髋同宽，膝关节微屈，目光前视。

（2）同伴站3~5米外，控制好球速，用网球从不同角度扔向练习者。

（3）练习者用双手和双腿，格挡飞来的网球。

（4）球速必须在安全范围，不能使用有伤害性的球速，不能扔向头部和裆部。

4. 运动负荷

每组扔20个球，一般做3~5组。教师做好安全措施，根据学生体能状况掌控好运动负荷。

5. 动作图例（如图 8-20 所示）

图 8-20 格斗模拟

四、听信号多向移动

1. 目的
发展空间识别感和注意力、提高多向移动和动作的灵敏与协同能力。
2. 方法
听信号，以不同的方式去触碰不同的标志物。
3. 技术标准
（1）以同学为中心点，以"米字型"布置 8 个标志物，并按顺序标识编号，同学听从口令，迅速触碰标志物（或围绕标志物）后迅速回到原位。
（2）第一级手触点移动：当教师喊出编号后，迅速移动手触碰标志物后回起始位置，根据教师口令再进行下一次练习。
（3）第二级下肢方向触碰：教师喊出编号及指令后，用左脚或右脚触碰标志物，如"3 号、右脚"，同学迅速移动到 3 号标志物附近，同时用右脚触碰标志物后迅速回到起始点，根据教师口令再进行下一次练习。
（4）第三级上下肢触碰：教师喊出编号及指令后，按口令顺序完成动作，如："5 号、左脚、右手"，同学迅速到达 5 号标志物附近，按顺序用左脚、右手触碰标志物后迅速回到起始点，根据教师口令再进行下一次练习。

（5）第四级改变距离：改变起始点到 1~8 号标志物的距离，让原来的等距变成距离不同，教师随机喊出编号及一、二和三级指令，同学按指令练习。

4. 运动负荷

每组四级自由组合往返 10~12 次，一般做 3~4 组。教师做好安全措施，根据学生体能状况掌控好运动负荷。

5. 动作图例（如图 8-21 所示）

图 8-21 听信号多向移动

五、抛接灵敏球

1. 目的

提高快速判断能力、发展眼手配合的灵敏协同能力。

2. 方法

双方间隔 2 米，抛接六角灵敏球。

3. 技术标准

（1）双方间隔距离 2～3 米，身体直立，屈髋屈膝下蹲与髋同宽，其中一手持六角灵敏球。

（2）持球一方左右前后移动，无球方跟随并保持 2～3 米固定距离，相互抛击六角灵敏球到地面，弹跳一次后接球。

（3）持球一方左右手分别持一球，移动方式与上面一致，左右手可以分别或同时抛击六角灵敏球。

4. 运动负荷

每组抛击灵敏球 20 次，一般做 3～4 组。教师做好安全措施，根据学生体能状况掌控好运动负荷。

5. 动作图例（如图 8-22 所示）

（a）　　　　　　　　　　　　　（b）

图 8-22　抛接灵敏球

六、六边形口令跳

1. 目的

提高注意力及快速判断能力，发展多方式移动的灵敏协同能力。

2. 方法

同学站在六边形中间，根据教师指令进行跳跃训练。

3. 技术标准

（1）设置一个边长为 20 厘米的六边形，每条边按 1～6 号顺序编号，练习者身体直立,膝关节微屈立于六边形中间。

(2) 教师随机报边序号和发出动作指令,如"1、4、5",练习者根据指令,双腿跳1号边,再回到六边形中间,再跳4、5号边。

(3) 在距六边形5米处扇形摆放四种不同颜色标志物,教师随机报边序号和发出动作指令,如"1、4、5,蓝色",练习者根据指令,双腿跳1、4、5号边,然后冲刺手触蓝色标志物。

(4) 教师随机报边序号和发出动作指令,如"左侧单腿,1、4、5,蓝色",练习者根据指令,单腿跳1、4、5号边,然后冲刺手触蓝色标志物。

4. 运动负荷

每组自由组合3趟,一般做3~4组。教师做好安全措施,根据学生体能状况掌控好运动负荷(本练习适合八年级以上学生在体育课堂和课后锻炼中运用)。

5. 动作图例(如图8-23所示)

(a) (b)

图8-23 六边形口令跳

七、捉老鼠

1. 目的

提高快速反应能力,发展多姿势手眼配合的灵敏协同能力。

2. 方法

多人传接足球,一人截断的游戏。

3. 技术标准

(1) 5~6名练习者围成一个有足够空间的圆圈,相互用腿传接足球。

(2) 一名练习者进入圈中,除不能用手外,可用各种方式截断足球,触到即算。

(3) 传接球练习者,除不能用手外,尽可能用各种方式不让足球被截断。

(4) 被截断者入圈中,担任截断练习者。

4. 运动负荷

每名练习者完成一次截断为一组,轮次由教师掌控。教师做好安全措施,根据学生体能状况掌控好运动负荷。

5. 动作图例（如图 8-24 所示）

（a）

（b）

图 8-24 捉老鼠

八、多姿势启动接灵敏球

1. 目的

提高快速反应能力，发展多姿势手眼配合的灵敏协同能力。

2. 方法

仰卧举腿、背向四马式跪撑、背向斜坐姿势下，听教师发出口令，迅速启动接教师抛击的六角灵敏球。

3. 技术标准

（1）练习者选择仰卧举腿、四马式跪撑、斜坐等不同的姿势，等待教师发指令。

（2）听到教师发出"接"的指令后，快速启动，改变等待的身体姿势成高蹲，移动接教师左右手抛击的两个六边形弹力球。

（3）三种等待姿势按顺序完成。

4. 运动负荷

每组三种姿势各 1 次，一般做 3~4 组。教师做好安全措施，根据学生体能状况掌控好运动负荷（本练习适合八年级以上学生在体育课堂和课后锻炼中运用）。

5. 动作图例（如图 8-25 所示）

（a）

（b）

图 8-25 多姿势启动接灵敏球

本章小结

灵敏动作是大脑获得信息、处理决策信息及运动系统执行决策的过程。良好的灵敏素质，是有效完成跑步、足球、篮球、格斗和驾驶汽车的基础。初中学生正是开放式灵敏发展的关键时期，良好的灵敏素质能充分协调身体各肌群和系统的功能，实现最小耗能和最大效益的最佳匹配。同时，还有助于更快、更准确地掌握动作技术要领，使运动环节直接互相配合，协调一致，相互促进，能提升运动能力，提高运动成绩，为初中生打造良好的身体素质基础，为提高运动模式质量和专项技术打下良好的基础。希望同学们在教师指导下通过灵敏练习，提高闭合和开放式灵敏素质，为未来的生活和事业发展奠定良好的身体基础。

思考与练习

1. 在同学们的日常生活和体育运动中，哪些是闭合式灵敏和开放式灵敏？
2. 在教师指导下，相互评价各自的闭合式灵敏和开放式灵敏是否合格。
3. 在教师指导下，设计4~6个动作，用以改善提高自己的灵敏能力。
4. 开放式灵敏练习需要何种身体素质支撑？请举例说明训练手段。

第九章
力量及爆发力锻炼技术与方法

初中阶段是青少年生长的高峰期，男生在 14 岁左右，女生在 12 岁左右进入身高生长的峰值期。这时期由于骨骼的生长过快，不但骨骼密度较低，而且肌肉也相对被动拉长，导致维持身体标准姿势的力学条件严重失衡。加上长期的久坐低头，屈伸肌群严重失衡，初中生开始出现大量的因为肌肉力量不足及功能退化引起的姿势代偿，如 OX 形腿、扁平足、驼背、腰椎前凸、脊柱侧弯等等。要改善初中学生广泛出现的姿势代偿和功能退化，学校体育课程中肌肉力量的锻炼无疑是最好的选择。国内外相关研究表明，适度的肌肉力量锻炼不但不会影响生长发育和身高，而且还能积极的促进生长发育。经常参加力量锻炼的青少年不但长得更高、更强壮、更挺拔，骨密度也比不参加力量锻炼的同龄人更高，运动损伤的发生率也大幅度降低。[1] 因此，积极推广初中体育课程中的肌肉力量锻炼，是符合国家关于建设"健康中国"战略指引的，也是符合青少年身心发展规律的。

在初中体育课堂和课后积极开展肌肉力量锻炼，必须考虑到学校的设施条件和锻炼的效率。本书在设计初中力量锻炼部分时，有两个重要的思考点：①力量锻炼动作必须是功能性的，设计的功能性力量锻炼动作，对提高和完善初中学生的姿势和动作功能有较高的价值；②尽可能地减少杠铃等力量锻炼设备的使用，采用哑铃、实心球、瑞士球、弹力带和悬吊带等安全性较高的锻炼器材。同时，立足现有的条件，实现初中生肌肉力量锻炼的广泛化和科学化。

本书力量锻炼部分包括自重力量锻炼技术、自重爆发力锻炼技术、小器械力量锻炼技术和小器械爆发力锻炼技术等四个模块，教师可以根据教学情况自由选择及组合练习动作。

---

[1] BAECHLE T R, EARLE R W. 体能训练概论 [M]. 朱学雷，等译. 3 版. 上海：上海三联书店，2011：86－90.

第一节 自重力量锻炼技术与方法

自重力量锻炼技术与方法

初中学生利用自身体重进行力量锻炼，是非常有价值的锻炼方法。许多人可能会认为利用自身体重进行力量锻炼的强度会不会太低，这其实是个误解。大多数人之所以觉得利用身体自重做的力量锻炼简单，是因为动作不正确，采用了大量的代偿动作。如果运用正确的技术动作，完成自重力量训练，这样训练的难度是很大的。有些做深蹲力量很大的青少年运动员，也无法完成一些标准的自重训练。例如瑜伽，就是典型的自重锻炼。

科学合理的自重力量锻炼有两大好处：①简单，不需要器材，容易实施和推广；②自重力量锻炼的动作大多数是功能性的，这种练习不但可以锻炼力量，还能有效激活与发展核心及各关节的稳定功能，提升神经动作控制功能。通过锻炼增长的力量，可以直接用于改善身体姿势和提高动作功能。希望各位同学在教师指导下认真学习和掌握自重力量锻炼的技术与方法，在课后和家里可以更好地锻炼。

一、单杠（悬吊带）斜体上拉

1. 目的

发展背肌、肩关节稳定肌及上肢力量。

2. 方法

身体斜拉单杠或悬吊带。

3. 技术标准

（1）双手握单杠或悬吊带，身体与地面成40°角，身体斜度可以根据能力调整，双腿分开与髋同宽，以脚后跟支撑地面，头躯干与腿保持一条直线。

（2）腹式呼气，双肘直肘保持身体斜直。

（3）肩关节收缩维持稳定，吸气，双手快速屈肘90°将身体胸部拉向单杠，保持身体平直。

（4）保持肩胛骨稳定，呼气，保持身体平直，缓慢伸直手臂。

4. 运动负荷

每组拉10~15次，一般做3~4组。教师做好安全措施，根据学生体能状况掌控好运动负荷。

5. 动作图例（如图9-1所示）

（a） （b）

图9-1 单杠（悬吊带）斜体上拉

二、跪姿俯卧撑

1. 目的

发展胸肌、肩关节稳定肌及上肢力量。

2. 方法

跪姿的双手推拉。

3. 技术标准

（1）双手撑距略宽于双肩宽，双手掌心与肩胛骨中心对齐。

（2）身体呈俯卧姿势，屈膝，双腿交叉，以双手和双膝撑离地面。

（3）腹部吸气，屈肘下降躯干至上臂与地面平行，身体胸部接近地面[①]。

（4）腹部呼气，双手伸直用力将身体撑离地面。

4. 运动负荷

每组双手屈伸15~20次，一般做3~4组。教师做好安全措施，根据学生体能状况掌控好运动负荷（本练习适合七年级学生在体育课堂和课后锻炼中运用）。

5. 动作图例（如图9-2所示）

（a） （b）

图9-2 跪姿俯卧撑

---

① BAECHLE T R，RARLE R W. 体育训练概论［M］. 朱学雷. 等译. 3版. 上海：上海三联书店，2011：160.

三、俯卧撑

1. 目的

发展胸肌、肩关节稳定肌及上肢力量。

2. 方法

俯卧姿势的双手推拉。

3. 技术标准

（1）双手撑距略宽于双肩宽，双手掌心与肩胛骨中心对齐。

（2）身体呈俯卧姿势，双腿直膝开立与肩同宽，双手与双腿脚尖撑离地面。

（3）腹部吸气，屈肘下降躯干至上臂与地面平行，身体胸部接近地面。

（4）腹部呼气，双手伸直用力将身体撑离地面。

4. 运动负荷

每组双手屈伸8~12次，一般组3~4组。教师做好安全措施，根据学生体能状况掌控好运动负荷（本练习适合八年级以上男生在体育课堂和课后锻炼中运用）。

5. 动作图例（如图9-3所示）

(a)　　　　　　　　　　　(b)

图9-3　俯卧撑

四、屈膝仰卧撑

1. 目的

发展背阔肌、肩关节稳定性肌及上肢伸肌力量。

2. 方法

身体仰卧屈膝，双手支撑做反向俯卧撑。

3. 技术标准

（1）仰卧于垫子上，双手与肩同宽或略宽，直肘撑地，双腿屈膝以脚跟撑地。

（2）腹部吸气，屈肘90°下降臀部，身体接近地面。

（3）腹部呼气，双手伸直用力将身体撑离地面。

（4）也可以根据需要双手撑在台阶或凳子上，双腿伸直与肩同宽，以脚跟支撑地面，身体成斜支撑。

4. 运动负荷

每组双手屈伸 8~12 次，一般做 3~4 组。教师做好安全措施，根据学生体能状况掌控好运动负荷（本练习适合八年级以上男生在体育课堂和课后锻炼中运用）。

5. 动作图例（如图 9-4 所示）

 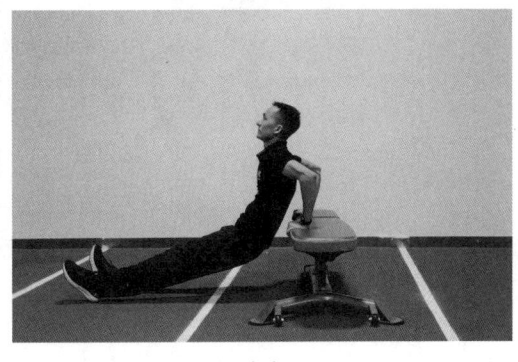

(a)　　　　　　　　　　　　　　　　(b)

图 9-4　屈膝仰卧撑

五、引体向上

1. 目的

发展背阔肌、肩关节稳定肌及上肢屈肌力量。

2. 方法

双手拉身向上。

3. 技术标准

（1）双手与肩同宽，掌心向外握单杠，双膝屈曲，脚踝处交叉。

（2）吸气屈肘，将身体拉向单杠，下巴触单杠。

（3）呼气，收紧肩关节，慢慢直肘将身体下降至起始位置。

4. 辅助方法

（1）同伴抱腿，助力 1/3 引体向上。

（2）同伴抱腿，助力 1/2 引体向上。

（3）同伴抱腿，助力 3/4 引体向上。

5. 运动负荷

每组引体向上做 8~12 次，一般做 3~4 组。教师做好安全措施，根据学生体能状况掌控好运动负荷。

6. 动作图例（如图 9-5 所示）

图 9-5　引体向上

六、单腿下蹲

1. 目的

发展下肢力量，提高核心柱与髋膝踝的稳定性。

2. 方法

徒手单腿下蹲。

3. 技术标准

（1）身体直立，双腿成前后弓步，前腿屈膝以脚掌支撑地面，后腿以脚尖置于低于或等于小腿高度的台阶上，膝关节适度屈曲，双手叉腰或十指交叉贴脑后。

（2）吸气，前腿屈髋屈膝下蹲，膝关节不超过脚尖，下蹲到大腿与地面平行，如不能完成，可根据力量情况下蹲 1/3 或 2/3。

（3）呼气，前腿伸髋伸膝，后腿保持起始姿势，随身体上下运动。

（4）双腿轮换完成动作。

4. 运动负荷

每组左右腿各完成 6~8 次，一般做 3~4 组。教师做好安全措施，根据学生体能状况掌控好运动负荷（本练习适合八年级以上学生在体育课堂和课后锻炼中运用）。

5. 动作图例（如图 9-6 所示）

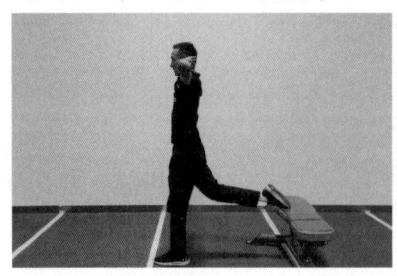

图 9-6　单腿下蹲

七、仰卧单桥

1. 目的

发展大腿伸髋伸膝能力。

2. 方法

身体仰卧,单腿蹬地伸髋。

3. 技术标准

(1) 身体仰卧,双手外展40°置于体侧,一条腿屈膝以脚跟支撑地面,另一条腿外旋,以踝外侧置于支撑腿膝关节上部。

(2) 吸气,支撑腿伸髋伸膝,呼气,缓慢放下支撑腿。

(3) 左右腿轮换完成动作

4. 运动负荷

每组左右腿各完成6~8次,一般做3~4组。教师做好安全措施,根据学生体能状况掌控好运动负荷。

5. 动作图例(如图9-7所示)

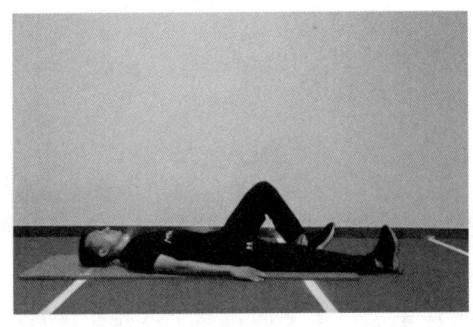 

(a)　　　　　　　　　　　　(b)

图9-7　仰卧单桥

八、仰卧蹬摆

1. 目的

发展大腿伸髋伸膝能力,提高下肢蹬摆协同能力。

2. 方法

身体仰卧,双腿蹬摆。

3. 技术标准

(1) 身体仰卧,双手外展40°置于体侧,双腿屈膝,以脚跟支撑地面。

(2) 吸气,一条腿以髋带动大腿屈膝,上摆至双腿成直角,支撑腿协同伸髋伸膝。

(3) 呼气缓慢放下摆动腿。

(4) 左右腿交替完成。

4．运动负荷

每组左右腿交替完成10～12次，一般做3～4组。教师做好安全措施，根据学生体能状况掌控好运动负荷（本练习适合八年级以上学生在体育课堂和课后锻炼中运用）。

5．动作图例（如图9－8所示）

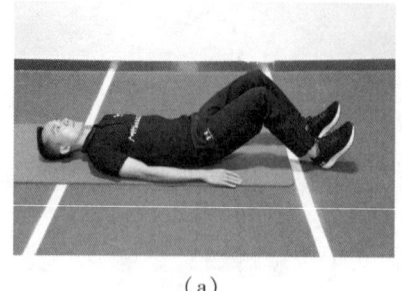 

(a)　　　　　　　　　　　　(b)

图9－8　仰卧蹬摆

九、单腿屈伸踝关节

1．目的

发展下肢力量，提高核心柱与髋膝踝的稳定性。

2．方法

模拟跑步的踝关节屈伸。

3．技术标准

（1）身体直立，单腿支撑，支撑腿膝关节成135°弯曲，摆动腿前抬45°置于身体前方，双臂成前后摆跑步姿势。

（2）支撑腿伸髋、伸膝、伸踝，将摆动腿摆至平行于地面，双手成跑步摆臂。

（3）双腿交替完成练习。

4．运动负荷

每组左右腿各完成6～8次，一般做3～4组。教师做好安全措施，根据学生体能状况掌控好运动负荷。

5．动作图例（如图9－9所示）

(a)　　　　　　　　　　　　(b)

图9－9　单腿屈伸踝关节

十、侧卧抬腿

1. 目的

发展臀中肌力量,提高盆骨稳定性。

2. 方法

身体侧卧外展单侧腿。

3. 技术标准

(1) 身体侧卧,下方手展开垫撑头部,上方手撑于体侧。

(2) 稳定身体和盆骨,吸气以臀中肌发力,直膝侧外展,尽量上抬上方腿。

(3) 呼气时屈膝缓慢放下大腿,左右腿交替完成。

4. 运动负荷

每组左右腿各完成 8~12 次,一般做 3~4 组。教师做好安全措施,根据学生体能状况掌控好运动负荷。

5. 动作图例(如图 9 – 10 所示)

(a)

(b)

图 9 – 10 侧卧抬腿

十一、仰卧蹬车

1. 目的

发展大腿屈髋能力,提高下肢动力链的协同能力。

2. 方法

身体仰卧,双腿模拟蹬踩自行车。

3. 技术标准

(1) 身体仰卧,双手外展 40°置于体侧,双腿直膝抬离地面。

(2) 保持自然呼吸,双腿模拟蹬踩自行车,交替屈髋伸膝,

4. 运动负荷

每组左右腿交替完成 15~20 次,一般做 3~4 组。教师做好安全措施,根据学生体能状况掌控好运动负荷。

5. 动作图例（如图 9-11 所示）

(a)   (b)

图 9-11　仰卧蹬车

十二、单腿深蹲

1. 目的

发展下肢力量，提高核心柱与髋膝踝的稳定性。

2. 方法

徒手单腿深蹲。

3. 技术标准

（1）身体直立，一条腿膝关节微屈支撑地面，另一条腿屈膝离地，双手叉腰。

（2）吸气，支撑腿屈髋屈膝下蹲，膝关节与脚尖对齐，下蹲到大腿与地面平行。如不能完成，可根据力量情况下蹲 1/3 或 2/3。

（3）呼气，支撑腿腿伸髋伸膝，回到起始位置。

（4）双腿轮换完成动作。

4. 运动负荷

每组左右腿各完成 6~8 次，一般做 3~4 组。教师做好安全措施，根据学生体能状况掌控好运动负荷（本练习适合九年级男生在体育课堂和课后锻炼中运用）。

5. 动作图例（如图 9-12 所示）

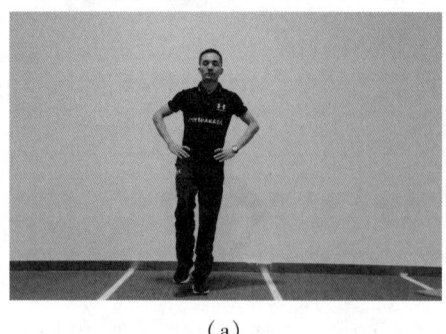 

(a)   (b)

图 9-12　单腿深蹲

第二节 自重爆发力锻炼技术与方法

自重爆发力锻炼技术与方法

初中学生利用自身体重进行爆发力锻炼，是一个非常好的功能锻炼方法。其好处主要有两点：一是简单，自重爆发力锻炼不需要器材，容易实施和推广；二是自重爆发力锻炼是通过克服自身体重完成的，是和生活工作和运动切合度最高的功能锻炼动作。通过自重爆发力锻炼增长的快速力量，不但可以直接提高运动成绩，而且可以有效提高灵敏协同能力，对预防运动损伤也有积极的作用。希望各位同学在教师指导下，认真学习和掌握自重爆发力锻炼的技术与方法，为提高运动能力奠定坚实的基础。

一、立定跳远

1. 目的

发展全身及下肢爆发力。

2. 方法

原地立定跳远。

3. 技术标准

（1）身体直立，双脚直腿开立与髋同宽，脚尖朝前，两臂上举掌心朝前。

（2）完成2～3次双手下摆同时屈髋屈膝的预摆，摆动过程越摆越快。

（3）完成预摆后两腿迅速蹬伸，使髋、膝、踝三个关节充分伸直，同时两臂迅速有力向前上摆，最后用脚尖蹬离地面向上跳起。

（4）起跳后仰头收腹，落地时屈膝缓冲。

4. 运动负荷

每组完成6～8次，一般做3～4组。教师做好安全措施，根据学生体能状况掌控好运动负荷。

5. 动作图例（如图9－13所示）

　　　（a）　　　　　　　　（b）　　　　　　　　（c）　　　　　　　　（d）

图9－13　立定跳远

二、立定三级跳远

1. 目的

发展全身及下肢爆发力。

2. 方法

原地立定三级跳远。

3. 技术标准

（1）身体直立，双脚直腿开立与髋同宽，脚尖朝前，两臂上举掌心朝前。

（2）完成2～3次双手下摆同时屈髋屈膝的预摆，摆动过程越摆越快。

（3）完成预摆后两腿迅速蹬伸，使髋、膝、踝三个关节充分伸直，同时两臂迅速有力向前上摆，最后用脚尖蹬离地面向上跳起。

（4）落地后用脚尖蹬离地面再次快速跳起，连跳三次。

4. 运动负荷

每组完成3～5次，一般做3～4组。教师做好安全措施，根据学生体能状况掌控好运动负荷（本练习适合八年级以上学生在体育课堂和课后锻炼中运用）。

5. 动作图例（如图9-14所示）

（a）　　　　　　（b）　　　　　　（c）　　　　　　（d）

图9-14　立定三级跳远

三、弓步换腿跳

1. 目的

发展全身及下肢伸髋伸膝爆发力。

2. 方法

左右腿轮换，弓步分腿跳。

3. 技术标准

（1）身体直立，一条腿屈膝90°置于身体前方，膝关节与脚尖对齐。另一腿膝关节适度屈曲，置于身体后方，成弓步姿势。

(2) 先做一个微蹲动作，双手向上摆动，同时伸髋摆腿，爆发性跳起。

(3) 当离开地面上升到最高位置时，交换双腿前后位置。

(4) 落地时，保持弓步姿势，迅速反复跳起。

4. 运动负荷

每组完成换腿跳 6~8 次，一般做 3~4 组。教师做好安全措施，根据学生体能状况掌控好运动负荷。

5. 动作图例（如图 9-15 所示）

图 9-15　弓步换腿跳

四、双腿跳栏架

1. 目的

发展全身及下肢爆发力。

2. 方法

连续双腿跳多级栏架。

3. 技术标准

(1) 设置 5~6 个 30~50 厘米的低栏架，间隔根据同学能力适度调整。

(2) 身体直立，双脚分开与髋同宽，两臂上举掌心朝前。

(3) 完成 2~3 次屈髋屈膝，双手下摆的预摆动作。

(4) 完成预摆后，双手上摆，伸髋伸膝连续跳跃过障碍物。

4. 运动负荷

每组 6~8 次，一般做 3~4 组。教师做好安全措施，根据学生体能状况掌控好运动负荷。

5. 动作图例（如图 9-16 所示）

(a)　　　　　　　　(b)

图 9-16　双腿跳栏架

五、立定侧向跳栏架

1. 目的

发展全身及下肢爆发力。

2. 方法

连续侧向跳多级栏架。

3. 技术标准

（1）放置 5~6 个 30~50 厘米的低栏架，间隔根据同学能力适度调整。

（2）身体直立，双腿开立与髋同宽站障碍物侧面，两臂上举掌心朝前。

（3）完成 2~3 次屈髋屈膝，双手下摆的预摆动作。

（4）双手上摆，伸髋伸膝，连续侧向跳过栏架。

4. 运动负荷

每组 4~6 次，一般做 3~4 组。教师做好安全措施，根据学生体能状况掌控好运动负荷。

5. 动作图例（如图 9-17 所示）

(a)　　　　　　　　(b)

图 9-17　立定侧向跳栏架

六、单腿跳栏架

1. 目的

发展全身及下肢爆发力。

2. 方法

连续单腿跳栏架。

3. 技术标准

（1）身体直立成单脚站立姿势，摆动腿屈膝离地，保持支撑腿大腿垂直地面。

（2）完成预摆动作后，伸髋伸膝，爆发性向前跳出，双手配合上摆。

（3）落地成起始姿势，立即反复跳起。

4. 运动负荷

每组左右腿各跳6~8次，一般做3~4组。教师做好安全措施，根据学生体能状况掌控好运动负荷（本练习适合八年级以上学生在体育课堂和课后锻炼中运用）。

5. 动作图例（如图9-18所示）

(a)　　　　　　　　　　(b)

图9-18　单腿跳栏架

七、台阶侧向跳

1. 目的

发展全身及下肢外展肌爆发力。

2. 方法

连续台阶单腿侧向跳。

3. 技术标准

（1）身体直立，双腿开立与髋同宽，一条腿屈膝踩在侧面高度为30~40厘米的跳台上，双手置于体侧。

（2）跳台上腿伸髋伸膝跳起，双手屈肘配合向上摆动。

（3）身体横向越过台阶，以外侧腿落到跳台上。

（4）双腿交替横向越过跳台。

4. 运动负荷

每组左右腿各跳6~8次，一般做3~4组。教师做好安全措施，根据学生体能状况掌控好运动负荷（本练习适合八年级以上学生在体育课堂和课后锻炼中运用）。

5. 动作图例（如图 9 - 19 所示）

(a)　　　　　　　　(b)

图 9 - 19　台阶侧向跳

八、助跑跨步跳

1. 目的

发展全身及下肢爆发力。

2. 方法

短助跑后衔接多级跨步跳。

3. 技术标准

（1）身体直立，双脚开立与髋同宽，双手置于身体两侧。

（2）短助跑 4~6 步，左腿全脚掌落，滚动至脚尖向前上蹬伸，右腿屈膝向前上摆动至大腿与地面平行，双手协同前后摆动。

（3）双腿交替完成 4~6 级跨步跳。

4. 运动负荷

每组左右腿各跳 6~8 次，一般做 3~4 组。教师做好安全措施，根据学生体能状况掌控好运动负荷（本练习适合八年级以上学生在体育课堂和课后锻炼中运用）。

5. 动作图例（如图 9 - 20 所示）

(a)　　　　　　(b)　　　　　　(c)　　　　　　(d)

图 9 - 20　助跑跨步跳

九、原地收腹跳

1. 目的

发展全身及下肢爆发力。

2. 方法

连续多次收腹跳跃。

3. 技术标准

（1）身体直立，双脚开立与髋同宽，双手掌心朝前上举。

（2）完成屈髋屈膝、双手下摆的预摆动作后，迅速伸髋伸膝。爆发性向上跳起，双膝收向胸部，双手快速抱膝。

（3）落下后回到起跳姿势，迅速起跳。

4. 运动负荷

每组跳6~8次，一般做3~4组。教师做好安全措施，根据学生体能状况掌控好运动负荷（本练习适合八年级以上学生在体育课堂和课后锻炼中运用）。

5. 动作图例（如图9-21所示）

（a）

（b）

图9-21 原地收腹跳

十、击掌俯卧撑

1. 目的

发展全身及上肢爆发力。

2. 方法

连续俯卧撑起击掌。

3. 技术标准

（1）双腿分开与髋同宽，双手与双膝关节着地支撑，成俯卧撑姿势。

（2）爆发性用力将身体撑离地面，最高点时双手快速击掌，在落地前回到起始姿势，反复练习。

4. 运动负荷

每组击掌 5~8 次,一般做 3~4 组。教师做好安全措施,根据学生体能状况掌控好运动负荷。

5. 动作图例(如图 9-22 所示)

(a)

(b)

图 9-22 击掌俯卧撑

十一、跪姿跳

1. 目的

发展全身及下肢爆发力。

2. 方法

跪姿摆动跳起。

3. 技术标准

(1)躯干直立,双腿分开与髋同宽,膝关节屈曲 90°,大腿垂直地面成高跪姿势,双手自然置于体侧。

(2)双臂后摆,屈髋成全跪姿势,躯干保持直立位置。

(3)双臂快速向上摆起,同时伸髋伸膝,爆发性跳起成蹲姿。

(4)回到起始位置,循环完成动作。

4. 运动负荷

每组跳起 5~8 次,一般做 3~4 组。教师做好安全措施,根据学生体能状况掌控好运动负荷(本练习适合八年级以上学生在体育课堂和课后锻炼中运用)。

5. 动作图例(如图 9-23 所示)

(a)

(b)

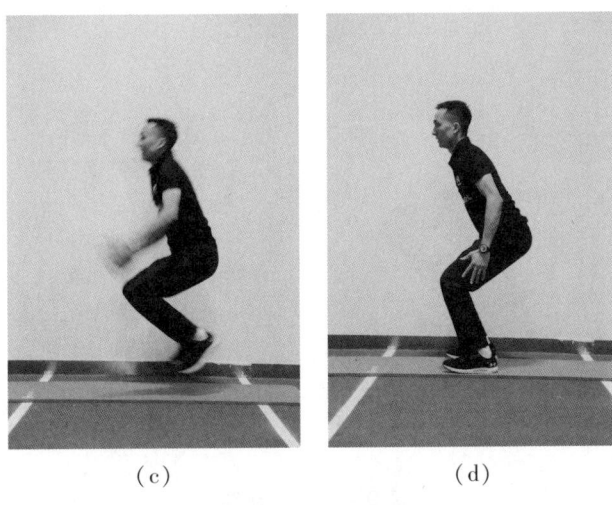

(c) (d)

图 9-23 跪姿跳

十二、波比跳

1. 目的

发展全身及上下肢爆发力。

2. 方法

俯卧撑、收腹跳多动作组合。

3. 技术标准

(1) 双腿分开与髋同宽,双手与双腿脚尖着地支撑,成俯卧撑姿势。

(2) 以最快动作完成一个俯卧撑,然后收腹屈膝成蹲姿,伸髋伸膝跳起,完成一个收腹跳,落地缓冲后,回到俯卧撑姿势。

(3) 循环完成动作。

4. 运动负荷

每组完成全套动作 5~8 次,一般做 3~4 组。教师做好安全措施,根据学生体能状况掌控好运动负荷(本练习适合八年级以上男生在体育课堂和课后锻炼中运用)。

5. 动作图例(如图 9-24 所示)

(a) (b)

(c) (d)

图 9-24 波比跳

第三节 小器械力量锻炼技术与方法

小器械力量锻炼技术与方法

体育课程的力量锻炼除利用自重锻炼外，小器械的锻炼也是主要的练习手段。小器械力量锻炼具有负荷强度小、易控制、运动损伤风险小、动作功能性高的特点。如果充分发挥小器械的锻炼价值，那么依然可以有效地提高青少年肌肉力量水平，达到全面促进身体健康发展的目的。小器械锻炼器材包括实心球、弹力带、哑铃、壶铃、瑞士球和人工阻力或助力等。下面介绍的力量锻炼均采用小器械锻炼技术，请教师根据教学情况自由选择及组合。

一、壶铃硬拉

1. 目的

发展躯干及下肢后侧链力量。

2. 方法

站姿壶铃硬拉。

3. 技术标准

（1）身体直立，双脚站立与肩同宽，脚尖稍向外，屈髋屈膝，臀部后坐，肩膝和脚趾在一条直线上，双手伸直十指交叉握壶铃把手。

（2）肩关节前屈挺胸，头肩臀一条直线上。

（3）呼气，伸髋伸膝，带动双手拉起壶铃至身体直立。

（4）吸气，膝关节和髋关节缓慢屈曲，保持背部平直的姿势，回到起始姿势。

4. 运动负荷

每组完成 6~8 次，一般做 3~4 组。教师做好安全措施，根据学生体能状况掌控好运动负荷。

5．动作图例（如图 9 - 25 所示）

（a）

（b）

图 9 - 25　壶铃硬拉

二、实心球旋转传接

1．目的
发展全身旋转力量与灵活性。
2．方法
双人旋转躯干实心球传接。
3．技术标准
（1）两人双腿屈髋屈膝，膝关节成 135°，背对背间隔 30 ~ 40 厘米。
（2）双手曲臂持球于躯干左侧或右侧。
（3）吸气激活核心稳定，呼气，下肢蹬地转髋及胸椎，膝关节不动，双手将球旋转传给对方。
（4）吸气回到起始位置，左右侧交替传接。
4．运动负荷
每组完成 12 ~ 16 次传接，一般做 3 ~ 4 组。教师做好安全措施，根据学生体能状况掌控好运动负荷（本练习适合七年级学生在体育课堂和课后锻炼中运用）。
5．动作图例（如图 9 - 26 所示）

图 9 - 26　实心球旋转传接

三、弹力带抗阻旋转

1. 目的

发展全身力量与灵活性。

2. 方法

屈肘握弹力带抗阻旋转。

3. 技术标准

（1）在练习者侧后面设置一条与地面夹角40°的弹力带。

（2）躯干直立，双腿与髋同宽，屈髋屈膝，膝关节成135°，屈肘双手十指交义握弹力带于胸前。

（3）吸气激活核心稳定，呼气，下肢蹬地转髋及胸椎，膝关节不动，双手伸直拉弹力带至头侧上方。

（4）左右侧循环交替。

4. 运动负荷

每组完成12~16次，一般做3~4组。教师做好安全措施，根据学生体能状况掌控好运动负荷（本练习适合七年级学生在体育课堂和课后锻炼中运用）。

5. 动作图例（如图9-27所示）

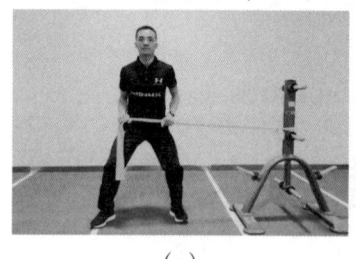　　

　　　（a）　　　　　　　　　　（b）　　　　　　　　　　（c）

图9-27　弹力带抗阻旋转

四、下蹲持实心球（弹力带）上举

1. 目的

发展躯干及上下肢伸屈肌群力量。

2. 方法

双腿下蹲上举实心球或弹力带。

3. 技术标准

（1）躯干直立，双腿开立与髋同宽，下蹲至大腿平行于地面，双手握球于胸前；或双腿脚踩弹力带，双手掌心向前握弹力带。

（2）吸气激活核心稳定，呼气，伸髋伸膝蹬地，双手将实心球或弹力带举于头部上方。

（3）吸气回到起始位置，重复完成动作。

4. 运动负荷

每组完成 12~16 次，一般做 3~4 组。教师做好安全措施，根据学生体能状况掌控好运动负荷（本练习实心球适合七年级学生，弹力带适合八年级以上学生在体育课堂和课后锻炼中运用）。

5. 动作图例（如图 9-28 所示）

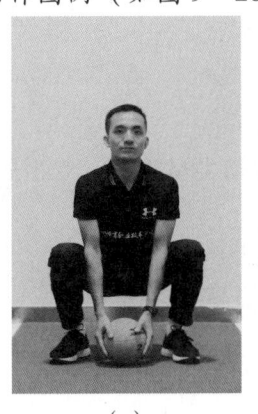  

(a)   (b)   (c)

图 9-28 下蹲持实心球（弹力带）上举

五、实心球划船

1. 目的

发展肩关节稳定性及上肢力量。

2. 方法

蹲位哑铃双臂划船。

3. 技术标准

（1）躯干直立，屈髋屈膝与肩同髋，身体前倾，肩关节与膝部中心点对齐。

（2）吸气激活核心稳定，双手持哑铃，呼气，肩关节发力做屈肘运动。

（3）呼气回到起始位置，循环完成动作。

4. 运动负荷

每组完成 12~16 次，一般做 3~4 组，教师做好安全措施，根据学生体能状况掌控好运动负荷。

5. 动作图例（如图 9-29 所示）

(a)   (b)

图 9-29 实心球划船

六、实心球头上屈伸

1. 目的

发展肩关节稳定性及肱三头肌力量。

2. 方法

站姿屈伸肱三头肌。

3. 技术标准

（1）躯干直立，双腿膝关节屈曲与肩同宽，膝盖与脚尖呈直线，双手屈肘，持实心球于头后方。

（2）吸气激活核心稳定，呼气伸展肘关节做上臂屈伸。

（3）呼气回到起始位置稳定身体，重复完成动作。

4. 运动负荷

每组完成6～8次，一般做3～4组。教师做好安全措施，根据学生体能状况掌控好运动负荷。

5. 动作图例（如图9-30所示）

（a）

（b）

图9-30 实心球头上屈伸

七、双手跪撑起

1. 目的

发展腘绳肌及背侧链力量。

2. 方法

双手跪撑起。

3. 技术标准

（1）身体俯卧，双腿与髋同宽，双手屈肘撑于肩两侧，同伴手按住双腿足跟。

(2) 吸气激活核心稳定，呼气，双手快速用力撑地，使身体与双手离开地面，双手迅速反握置于体后或紧贴体侧，身体以膝关节为支点，用腘绳肌及背侧链力量将身体拉起垂直地面。

(3) 双手推离地面力量的大小，由腘绳肌向心收缩的能力决定。

(4) 呼气回到起始位置，重复完成动作。

4. 运动负荷

每组完成 6～8 次，一般做 3～4 组。教师做好安全措施，根据学生体能状况掌控好运动负荷。

5. 动作图例（如图 9-31 所示）

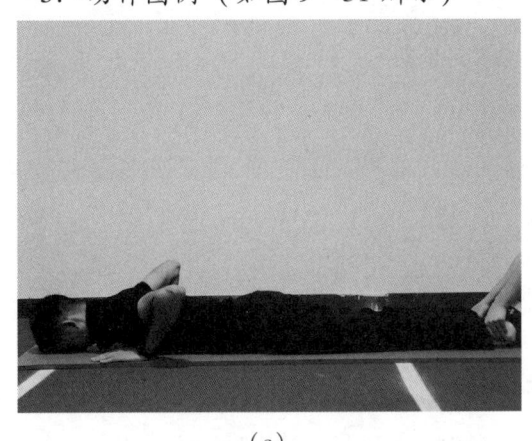
(a)

(b)

图 9-31　双手跪撑起

八、哑铃弓步举

1. 目的

发展大腿伸髋伸膝及上肢的力量。

2. 方法

前弓步上举哑铃。

3. 技术标准

(1) 身体直立，双腿开立与髋同宽，屈髋屈膝，双手屈肘持哑铃于肩上。

(2) 吸气激活核心稳定，呼气，一条腿屈膝前跨一步，屈膝 90°成弓步，后腿膝关节适度弯曲，前腿对侧手持铃直臂上举。

(3) 吸气，回到起始位置，手腿交替完成。

4. 运动负荷

每组左右腿交替 6～8 次，一般做 3～4 组。教师做好安全措施，根据学生体能状况掌控好运动负荷。

5. 动作图例（如图 9-32 所示）

(a) (b)

图 9-32 哑铃弓步举

九、哑铃侧弓步举

1. 目的

发展大腿外展肌及上肢的力量。

2. 方法

侧弓步上举哑铃。

3. 技术标准

（1）身体直立，双腿开立与髋同宽，屈髋屈膝，双手屈肘持哑铃于肩上。

（2）吸气激活核心稳定，呼气，一条腿屈膝外展向侧向跨一步，下蹲成屈膝 90°侧弓步，另一条腿直膝侧伸，屈膝腿对侧手持铃直臂上举。

（3）吸气，回到起始位置，双腿交替完成。

4. 运动负荷

每组左右腿交替 6~8 次，一般做 3~4 组。教师做好安全措施，根据学生体能状况掌控好运动负荷。

5. 动作图例（如图 9-33 所示）

(a) (b)

图 9-33 哑铃侧弓步举

十、单腿蹲起上举实心球

1. 目的

发展上下肢力量。

2. 方法

单腿蹲起上举实心球。

3. 技术标准

(1) 单腿屈髋屈膝下蹲，高蹲膝关节成135°，双手持球置于头上方。

(2) 吸气激活核心区，呼气，支撑腿伸髋伸膝伸直，上肢持球伸直。

(3) 吸气，回到起始位置，双腿轮换完成动作。

4. 运动负荷

每组完成6~8次蹲举，一般做3~4组。教师做好安全措施，根据学生体能状况掌控好运动负荷（本练习适合八年级以上学生在体育课堂和后锻炼中运用）。

5. 动作图例（如图9－34所示）

图9－34 单腿蹲起上举实心球

第四节 小器械爆发力锻炼技术与方法

科学研究表明，发展爆发力的强度区间在70% 1RM～80% 1RM之间，重复次数3～5次，重复组数3～4组。[①] 初中学生大部分处在发育早期，有睾酮水平虽提高幅度

---

① BAECHLE T R, EARLE R W. 体能训练概论［M］. 朱学雷，等译. 3版. 上海：上海三联书店，2011：274－275.

较大（离高峰值仍有较大差距），身高生长较快，加上肌肉力量锻炼不足，相对力量水平较差，肌质比较低（力量/体重的比值）的特点，考虑到初中学生的肌肉力量特点，运用小器械和身体自重作为爆发力锻炼的主要方法与练习手段是合适的。下面介绍的爆发力锻炼均采用小器械锻炼技术，请教师根据教学情况自由选择及组合。

一、平推实心球

1. 目的
发展上下肢力量。
2. 方法
两人弓步平推实心球。
3. 技术标准
（1）身体直立，双腿直立与髋同宽，屈髋屈膝，膝关节成135°夹角，双手屈肘持球于胸部。
（2）双腿伸髋伸膝，弓步跨出，同时双手将球平推。
（3）回到起始位置，接同学传球，换另一侧弓步跨出推实心球。
4. 运动负荷
每组完成6~8次平推，一般做3~4组。教师做好安全措施，根据学生体能状况掌控好运动负荷。
5. 动作图例（如图9-35所示）

(a)

(b)

图9-35 平推实心球

二、实心球后抛

1. 目的
发展全身及上下肢伸展爆发力。
2. 方法
站姿背抛实心球

3. 技术标准

(1) 躯干直立,大腿与髋同宽,屈髋屈膝,手臂伸直将实心球放于两腿之间。

(2) 完成伸髋伸膝、双手持球上摆至头顶的预摆 2~3 次。

(3) 双手持球上摆,伸髋伸膝身体成反弓,肩关节屈曲向身体后上方抛出。

(4) 重复完成运动。

4. 运动负荷

每组完成 6~8 次后抛,一般做 3~4 组。教师做好安全措施,根据学生体能状况掌控好运动负荷。

5. 动作图例(如图 9-36 所示)

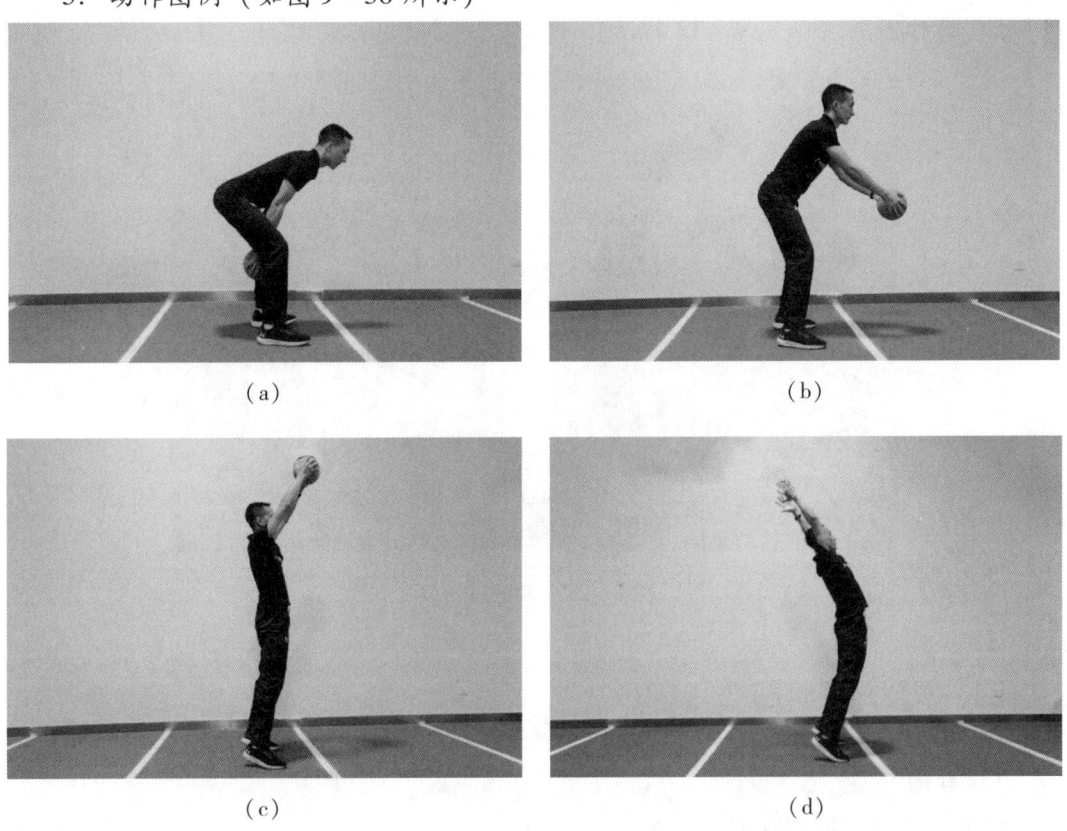

图 9-36 实心球后抛

三、实心球下砸

1. 目的

发展全身及上下肢屈曲爆发力。

2. 方法

双腿屈伸下砸实心球。

3．技术标准

（1）身体直立，屈髋屈膝，双手屈肘，持实心球于腹部。

（2）完成伸髋伸膝、双手持球上摆至头顶的预摆2~3次。

（3）通过伸髋伸膝及双手持球上举，拉长身体前链肌群，当身体伸展达到最大程度时，利用肌肉收缩及弹性组织的回弹力，爆发性将实心球砸向地面。

（4）回到起始位置，重复完成运动。

4．运动负荷

每组完成4~6次，一般做3~4组。教师做好安全措施，根据学生体能状况掌控好运动负荷。

5．动作图例（如图9-37所示）

图9-37 实心球下砸

四、双腿跪姿胸前推

1．目的

发展躯干及上肢爆发力。

2．方法

双腿跪姿胸前推实心球。

3．技术标准

（1）身体直立，屈膝以双膝跪地，大腿垂直地面，双手屈肘持球于胸前。

（2）身体以膝关节为轴，向后反向运动，拉长大腿及腹部肌群，利用肌肉收缩及弹性组织的回弹力，爆发性将实心球向前推出。

（3）回到起始位置，重复完成动作。

4. 运动负荷

每组完成 4~6 次，一般做 3~4 组。教师做好安全措施，根据学生体能状况掌控好运动负荷（本练习适合九年级学生在体育课堂和课后锻炼中运用）。

5. 动作图例（如图 9-38 所示）

图 9-38 双腿跪姿胸前推

五、壶铃甩摆

1. 目的

发展下肢蹬伸爆发力。

2. 方法

蹲姿壶铃蹬摆。

3. 技术标准

（1）躯干直立，双腿与肩同宽，屈髋屈膝，双手直臂持壶铃于两腿间。

（2）双腿爆发性伸髋伸膝蹬地，带动肩关节及双手将壶铃摆起，至与地面平行。

（3）回到起始位置，重复完成动作。

4. 运动负荷

每组完成 4~6 次，一般做 3~4 组。教师做好安全措施，根据学生体能状况掌控好运动负荷（本练习壶铃重量，根据力量能力确定）。

5. 动作图例（如图9-39所示）

图9-39 壶铃甩摆

六、弓步旋转抛实心球

1. 目的

发展跑步时身体转向旋转的爆发力。

2. 方法

弓步旋转侧抛实心球。

3. 技术标准

（1）躯干直立，前腿屈膝90°，后腿微屈膝以脚尖着地，双手屈肘持球于两腿中间。

（2）保持身体姿势，旋转胸椎，带动肩关节及双手旋转至后腿外侧。

（3）双腿爆发性蹬地转髋及胸椎，带动肩关节双手用力将球向侧面抛出。

（4）双腿交替重复完成动作。

4. 运动负荷

每组完成4~6次，一般做3~4组。教师做好安全措施，根据学生体能状况掌控好运动负荷。

5. 动作图例（如图9-40所示）

图9-40　弓步旋转抛实心球

七、下蹲旋转抛实心球

1. 目的

发展减速下蹲时身转向旋转的爆发力。

2. 方法

双腿下蹲旋转侧抛实心球

3. 技术标准

（1）躯干直立，双腿屈髋屈膝，下蹲成膝关节135°夹角高蹲，双手屈肘持球于躯干中间。

（2）保持躯干直立，胸椎带动肩关节和双手向一侧旋转。

（3）双腿爆发性蹬伸转髋及转胸椎，双手用力将抛球向旋转对侧方向。

（4）回到起始位置，向另一侧抛实心球，重复完成动作。

4. 运动负荷

每组完成4~6次，一般做3~4组。教师做好安全措施，根据学生体能状况掌控好运动负荷。

5. 动作图例（如图9-41所示）

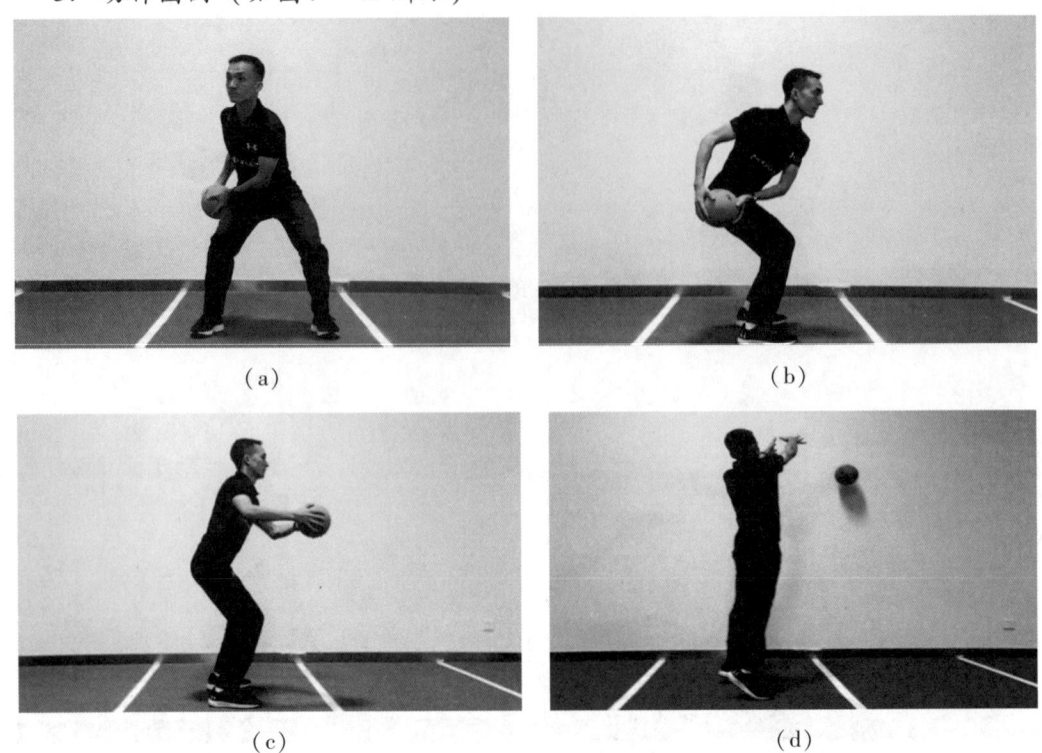

图9-41 下蹲旋转抛实心球

八、单腿下蹲旋转抛实心球[①]

1. 目的

发展单腿支撑的稳定能力及旋转爆发力。

2. 方法

单腿下蹲旋转侧抛实心球。

3. 技术标准

（1）躯干直立，膝关节微屈单腿支撑，摆动腿上摆与地面平行，双手直臂持实心球与地面平行。

（2）支撑腿保持稳定，身体前倾至与地面夹40°角，摆动腿直膝后伸与身体成直线，胸椎带肩关节及双手，屈肘旋转至支撑腿外侧。

（3）支撑腿爆发性蹬伸转髋及转胸椎，双手用力将球抛向摆动腿侧。

（4）双腿交替重复完成动作。

[①] 沃斯特根，威廉姆斯. 每天都是比赛日［M］. 尹晓峰，等译. 上海：上海文化出版社，2015：235-241.

4. 运动负荷

每组左右腿共完成 6~8 次，一般做 3~4 组。教师做好安全措施，根据学生体能状况掌控好运动负荷（本练习适合八年级以上学生在体育课堂和课后锻炼中运用）。

5. 动作图例（如图 9-42 所示）

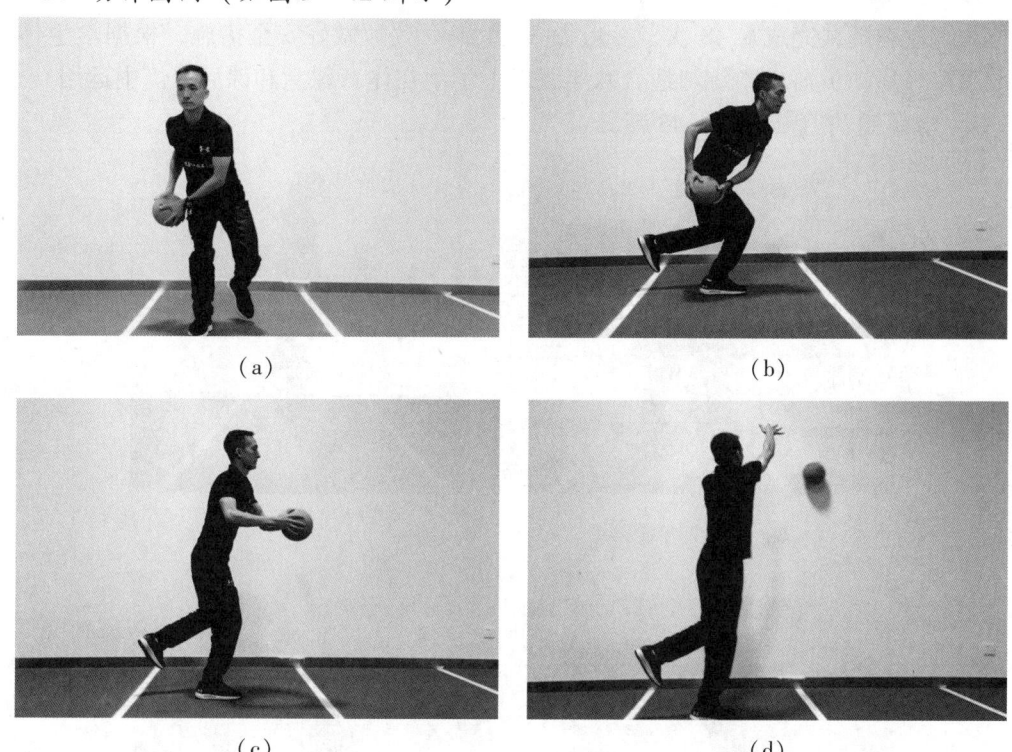

图 9-42 单腿下蹲旋转抛实心球

九、杠铃高翻挺举

1. 目的

发展双腿伸髋及上肢挺举爆发力。

2. 方法

杠铃高翻，挺举过顶。

3. 技术标准

（1）选取 15~20 千克重的杠铃。

（2）躯干直立，双腿开立与肩同宽，屈髋屈膝，膝关节成 100°角，双手直臂握杠铃，双手握距比肩略宽。

（3）双腿伸髋伸膝伸踝，推动身体向上伸直，双手拉动向上运动。

（4）当身体上升到接近最高点时，身体重心下降，双手自然屈肘；当杠铃高于肘关节时，双手反腕，掌心向上托住杠铃，成屈膝 120°~130°下蹲姿势。

（5）双腿髋膝做反向运动，爆发性伸髋伸膝蹬地，同时双手上举杠铃至头顶，成挺举姿势。

（6）回到起始位置，双腿交替弓步，重复完成动作。

4. 运动负荷

每组左右腿共完成 6~8 次，一般做 3~4 组。教师做好安全措施，根据学生体能状况掌控好运动负荷（本练习适合八年级以上学生在体育课堂和课后锻炼中运用）。

5. 动作图例（如图 9-43 所示）

图 9-43 杠铃高翻挺举

本章小结

力量是一切动作的动力来源，也是初中学生骨骼发育和激素系统完善的重要外在条件。整个初中阶段是最大力量的发展快速增长期，科学合理的力量锻炼，能有效利用生物发育的叠加效应提高最大力量能力，为提高动作速度和位移速度，预防运动损伤奠定良好的基础。

不少学生害怕进行力量练习，其实合理科学的力量锻炼，会提高肌肉比例，提高运动时的耗能，具有减少脂肪、预防肥胖的作用。只要不从事特别大强度的力量锻炼，不但不会影响体形的美观，还会因为减少了皮下脂肪，人显得更加苗条挺拔。

思考与练习

1. 请同学们思考，力量和爆发力在跑步运动、立定跳远、实心球和跳绳中的作用，并简单描述哪些肌肉群在起作用。
2. 在教师指导下，同学们相互评价力量及爆发力能力是否合格。
3. 在教师指导下，参考本教材，设计4~6个提高自身力量及爆发力的练习。
4. 教师分析同学们在上下肢力量练习中，动力链的能量传递是否流畅，是否存在明显的动力链能量严重泄漏。

第十章
速度锻炼技术与方法

速度能力是初中学生的重要运动能力，常见运动项目（田径、足球、篮球和羽毛球等）包含了大量的速度动作，中考体育立定跳远、三级蛙跳、实心球和铅球等项目中，速度也是重要的构成要素。速度一般是指 10 秒内完成的，以 ATP - CP 为主要能量来源的最快速动作，按其在运动中的表现可以分为反应速度、动作速度和位移速度。其中，反应速度是指人体对各种刺激发生反应的快慢；动作速度是指完成单个动作时间的长短；位移速度是指周期运动（跑步、游泳和自行车）中人体在单位时间内通过的距离。① 初中学生是身体与运动素质发育的重要阶段，在 13～15 岁期间，男女生的动作速度（如图 10 - 1 所示）和位移速度（如图 10 - 2 所示）虽然增长幅度和速度不同，但均表现出不断提高的趋势②。初中同学速度能力的科学锻炼，将极大地促进

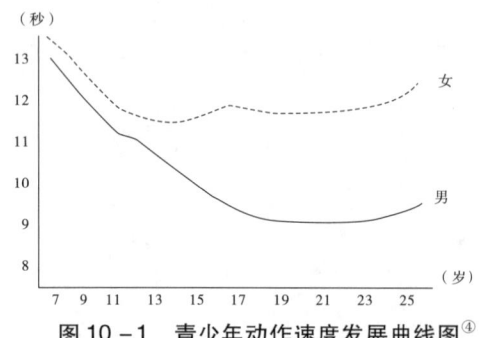

图 10 - 1　青少年动作速度发展曲线图④

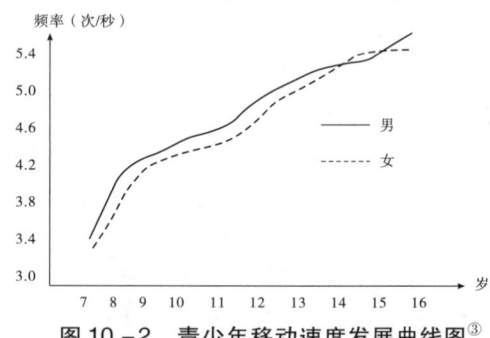

图 10 - 2　青少年移动速度发展曲线图③

---

① 王瑞元. 运动生理学 [M]. 北京：人民体育出版社，2002：287 - 290.
②③④ 王金灿. 运动选材原理与方法 [M]. 北京：人民体育出版社，2005：181 - 182.

青少年体质健康水平与运动能力的提高，为成年后的体质健康奠定坚实的基础。本章的主要内容是动作速度和位移速度的锻炼方法，与反应速度部分的灵敏锻炼结合在一起效果更好。希望同学们在教师指导下认真掌握速度锻炼的技术与方法，通过自己的努力，提高各种项目的速度能力。

第一节　动作速度锻炼方法与技术

动作速度锻炼方法与技术

初中学生动作速度的锻炼技术与方法主要是在稳定身体姿势条件下，以高频神经冲动及30% 1RM（最大力量30%）以下的四肢快速动作为主的练习方法。神经高频冲动的锻炼本质，是脑神经兴奋抑制的快速转换指挥的屈肌和伸肌的快速协同的收缩与放松。30% 1RM以下强度的动作速度训练能最大限度地激活四肢的动作速度，强度超过30% 1RM的练习容易演变成速度力量的锻炼。科学地运用动作速度的锻炼技术，能起到事倍功半的锻炼效果。以下练习动作，教师可以根据教学情况自由选择及组合。

一、高蹲位击掌

1．目的

发展上肢动作速度及节奏。

2．方法

高蹲位快速击掌。

3．技术标准

（1）躯干直立，大腿开立与肩同宽，屈膝135°角，成高位蹲站姿。

（2）吸气，激活身体核心稳定肌群，闭气，双手击掌。

（3）动作逐步加快，到最高频率，时间6~8秒。

4．运动负荷

每组6~8秒，一般做3~4组。教师做好安全措施，根据学生体能状况掌控好运动负荷。

5．动作图例（如图10-3所示）

（a）　　　　　　　　　　　（b）

图10-3　高蹲位击掌

二、坐姿快速摆臂摆腿

1. 目的

发展上下肢动作速度和节奏。

2. 方法

坐位快速摆臂摆腿。

3. 技术标准

(1) 躯干直立,以坐骨坐在与小腿大致等高的台阶或座位上。

(2) 双手屈肘约90°,手掌自然张开成跑步手姿势。

(3) 注意力集中在手腕上,快速摆手及摆腿,动作节奏由慢逐步加快。

4. 运动负荷

每组6~8秒,一般做3~4组。教师做好安全措施,根据学生体能状况掌控好运动负荷。

5. 动作图例(如图10-4所示)

(a)　　　　　　　　　　　　　　(b)

图10-4　坐姿快速摆臂摆腿

三、坐姿快速敲击地面

1. 目的

发展踝关节的动作速度和节奏。

2. 方法

坐姿快速双腿敲击地面。

3. 技术标准

(1) 躯干直立,以坐骨坐在与小腿大致等高的台阶或座位上。

(2) 双手屈肘约90°,掌心向下置于身体后台阶或座位上。

(3) 注意力集中在脚尖,双腿交替用脚尖敲击地面。

4. 运动负荷

每组 6~8 秒，一般做 3~4 组。教师做好安全措施，根据学生体能状况掌控好运动负荷。

5. 动作图例（如图 10-5 所示）

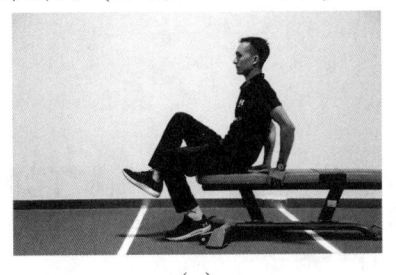
（a）

（b）

图 10-5 坐姿快速敲击地面

四、快速半高抬腿

1. 目的

发展下肢动作速度和节奏。

2. 方法

原地快速半高抬腿跑。

3. 技术标准

（1）身体直立，双腿开立与髋同宽，双手屈肘 90°，手掌自然张开成跑步手姿势。

（2）对侧手腿配合屈髋摆臂，摆动腿抬起 40°，支撑腿以脚尖着地支撑。

（3）四肢动作由慢到快，进行快速原地半高抬腿。

4. 运动负荷

每组 6~8 秒，一般做 3~4 组。教师做好安全措施，根据学生体能状况掌控好运动负荷。

5. 动作图例（如图 10-6 所示）

（a）

（b）

图 10-6 快速半高抬腿

五、斜支撑高抬腿

1. 目的

发展下肢动作速度和节奏。

2. 方法

身体斜支撑，快速高抬腿。

3. 技术标准

（1）双手伸直，斜支撑于墙面或支撑架，身体成70°倾斜。头肩臀与足跟保持直线。

（2）吸气激活核心稳定肌群，快速高抬腿，动作由慢逐步加快。

（3）支撑腿以脚尖着地，摆动腿抬至地面平行。

4. 运动负荷

每组6~8秒，一般做3~4组。教师做好安全措施，根据学生体能状况掌控好运动负荷。

5. 动作图例（如图10-7所示）

（a） （b）

图10-7 斜支撑高抬腿

六、小弓步跳

1. 目的

发展下肢蹬伸动作速度。

2. 方法

快速弓步小跳。

3. 技术标准

（1）躯干直立，一条腿屈髋屈膝90°，另一条腿屈膝成120°，成弓步姿势，双手屈肘90°，成弓步姿势。

（2）快速上下摆动双臂，双腿伸髋伸膝，快速跳起换腿。

（3）换腿落地后，爆发性用力，再次跳起。

4. 运动负荷

每组跳跃8~10次，一般做3~4组。教师做好安全措施，根据学生体能状况掌控好运动负荷。

5. 动作图例（如图10-8所示）

(a)　　　　　　　　　　　　　(b)

图10-8　小弓步跳

七、双手交替触异侧腿

1. 目的

发展下肢动作内旋速度和节奏。

2. 方法

原地双手交替触异侧外旋腿。

3. 技术标准

（1）躯干直立，双腿开立与髋同宽，双手置于身体两侧。

（2）原地摆动腿，边摆边外旋大腿抬平，足部旋向身体内侧，支撑腿膝踝伸直。

（3）支撑腿侧手快速触外旋内摆大腿的脚踝。

（4）左右手交替触碰对侧脚踝。

4. 运动负荷

每组左右手共触碰8～10次，一般做3～4组。教师做好安全措施，根据学生体能状况掌控好运动负荷。

5. 动作图例（如图10-9所示）

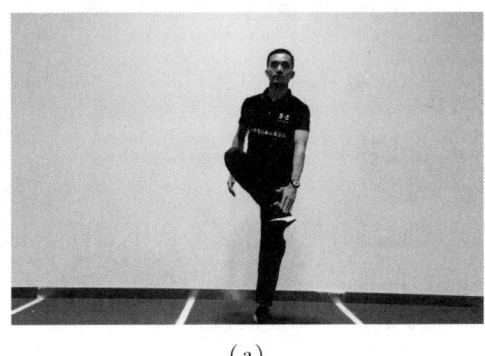 

(a)　　　　　　　　　　　　　(b)

图10-9　双手交替触异侧腿

八、双手交替触同侧腿

1. 目的

发展下肢内旋动作速度和节奏。

2. 方法

原地双手交替触同侧内旋大腿。

3. 技术标准

（1）躯干直立，双腿开立与髋同宽，双手置于身体两侧。

（2）原地摆动腿，边摆边内旋大腿，足部旋向身体外侧，支撑腿膝踝伸直。

（3）摆动腿侧手快速触内旋外摆腿的脚踝。

（4）左右手交替触碰同侧脚踝。

4. 运动负荷

每组左右手共触碰 8~10 次，一般做 3~4 组。教师做好安全措施，根据学生体能状况掌控好运动负荷。

5. 动作图例（如图 10-10 所示）

（a）

（b）

图 10-10 双手交替触同侧腿

九、俯卧快速折叠小腿

1. 目的

发展下肢折叠动作速度和节奏。

2. 方法

身体俯卧，快速折叠小腿击打大号实心球或瑞士球。

3. 技术标准

（1）身体俯卧，双腿开立与髋同宽，双手屈肘与肩等高，掌心向下置于头部两侧，放一个瑞士球在膝关节上方的大腿中间。

（2）双腿交替，快速屈膝后踢敲击瑞士球，动作有节奏且由慢到快。

4. 运动负荷

每组左右腿共触碰 8~10 次，一般做 3~4 组。教师做好安全措施，根据学生体能状况掌控好运动负荷。

5. 动作图例（如图 10-11 所示）

(a) (b)

图 10-11 俯卧快速折叠小腿

十、小密步跳绳

1. 目的

发展上下肢协同动作速度和节奏。

2. 方法

小密步半高抬腿跳绳。

3. 技术标准

（1）身体直立，双腿分立与髋同宽，双手持跳绳置于体侧，目光平视。

（2）双手用手腕快速摇绳，双腿交替屈膝抬腿，伸髋落地，成小高抬腿。

（3）摇绳和高抬腿动作配合，速度由快到慢。

4. 运动负荷

每组跳绳 10~15 秒，一般做 3~4 组。教师做好安全措施，根据学生体能状况掌控好运动负荷。

5. 动作图例（如图 10-12 所示）

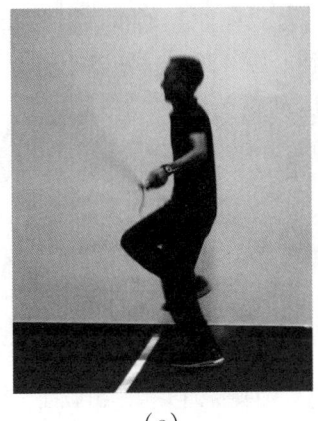 

(a) (b)

图 10-12 小密步跳绳

第二节 位移速度锻炼方法与技术

位移速度锻炼方法与技术

位移速度是人体在单位时间内在移动方向上移动的距离,主要取决于单位时间内完成的动作频次和单位频次在特定方向上位移幅度[①]。以跑步为例,位移速度取决于步频和步长的乘积,动作频率的生理学原理与动作速度基本一致。而动作幅度(如步长),更多地取决于下肢肌肉的爆发力、下肢长度、髋关节的结构和灵活性、上下肢动作的协同及动力链能量的传导效益。位移速度的锻炼方法主要有快速伸缩复合练习、冲刺练习、超速练习和抗阻冲刺练习[②],将这些锻炼技术与方法进行不同目标的组合,将有效提高初中学生的位移速度,促进跑步速度及多方向移动速度的发展。以下练习动作,教师可以根据教学情况自由选择及组合。

一、小步跑间隔抬腿

1. 目的
发展上下肢动作速度及爆发性抬髋的能力。
2. 方法
行进间快速小步跑,间隔爆发性抬腿。
3. 技术标准
(1) 身体直立,行进间快速小步跑。
(2) 小步跑一段距离,快速完成蹬地摆动动作,摆动腿摆至水平面或略高于水平面。
4. 运动负荷
每组跑 20 米 4~6 次,一般跑 3~4 组,运动和休息时间为 1∶15[③](九年级男生运动和休息时间适宜 1∶10)[④],组间以恢复到心率 120 次/分以下开始下一组练习。教师做好安全措施,根据学生体能状况掌控好运动负荷。

[①②] 王卫星,韩春远. 实用体能训练指南 [M]. 汕头:汕头大学出版社,2017:463-465.
[③④] BAECHLE T R, EARLE R W. 体能训练概论 [M]. 朱学雷,等译. 3 版. 上海:上海三联书店,2011.

5. 动作图例（如图 10-13 所示）

(a)

(b)

图 10-13　小步跑间隔抬腿

二、小步跑间隔抬腿扒地

1. 目的

发展上下肢动作速度及大小腿快速折叠扒地的能力。

2. 方法

行进间快速小步跑，间隔大小腿快速折叠扒地。

3. 技术标准

（1）身体直立，行进间快速小步跑。

（2）小步跑一段距离，快速完成蹬地、折叠摆腿扒地动作。

4. 运动负荷

每组跑 20 米 4~6 次，一般跑 3~4 组，运动和休息时间为 1∶15[①]（九年级男生运动和休息时间适宜 1∶10)[②]，组间以恢复到心率 120 次/分以下开始下一组练习。教师做好安全措施，根据学生体能状况掌控好运动负荷。

5. 动作图例（如图 10-14 所示）

(a)

(b)

图 10-14　小步跑间隔抬腿扒地

---

①② BAECHLE T R, EARLE R W. 体能训练概论［M］. 朱学雷，等译. 3 版. 上海：上海三联书店，2011.

三、高抬腿过栏架（或绳梯）

1. 目的

发展上下肢动作速度及移动速度。

2. 方法

高抬腿过小栏架或绳梯。

3. 技术标准

（1）设置 6~8 个栏高为 20~30 厘米的小栏架，间距根据学生能力自行设定。

（2）身体直立，双脚开立与髋同宽，双手屈肘 90°成跑步姿势，面对栏架。

（3）摆动腿髋关节发力快速抬腿，向栏架前方摆动，支撑腿伸髋膝踝配合，跨越栏架，双手配合前后摆动。

（4）摆动腿跨过栏架后快速下压，对侧腿协同迅速上摆，双腿交替跨越栏架。

4. 运动负荷

每组过栏 4~6 次，一般做 3~4 组，运动和休息时间为 1∶15[①]（九年级男生运动和休息时间适宜 1∶10[②]），组间以恢复到心率 120 次/分以下开始下一组练习。教师做好安全措施，根据学生体能状况掌控好运动负荷。

5. 动作图例（如图 10-15 所示）

(a) (b)

图 10-15 高抬腿过栏架

四、高抬腿侧向过栏架（或绳梯）

1. 目的

发展上下肢动作速度及侧向移动速度。

2. 方法

高抬腿侧向过小栏架或绳梯。

3. 技术标准

（1）设置 6~8 个栏高为 20~30 厘米的小栏架，间距根据学生能力自行设定。

[①②] BAECHLE T R, EARLE R W. 体能训练概论［M］. 朱学雷, 等译. 3 版. 上海：上海三联书店, 2011.

（2）身体直立，双脚开立与髋同宽，双手屈肘90°成跑步姿势，侧对栏架。

（3）靠近栏架摆动腿，髋关节发力快速抬腿，向栏架前方摆动，支撑腿伸髋膝踝配合，跨越栏架，双手配合前后摆动。

（4）摆动腿跨过栏架后快速下压，对侧腿协同迅速上摆，双腿交替跨越栏架。

4．运动负荷

每组过栏4～6次，一般做3～4组，运动和休息时间为1∶15①（九年级男生运动和休息时间适宜1∶10②），组间以恢复到心率120次/分以下开始下一组练习。教师做好安全措施，根据学生体能状况掌控好运动负荷。

5．动作图例（如图10-16所示）

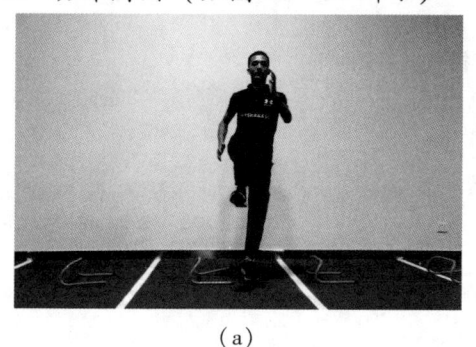 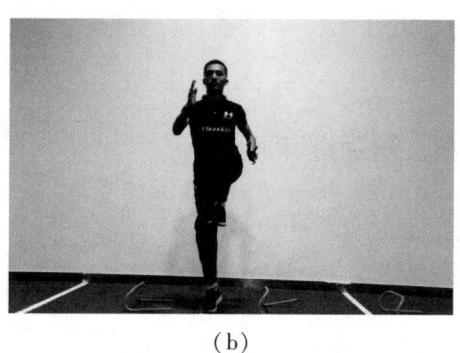

(a) (b)

图10-16 高抬腿侧向过栏架

五、抬腿向后跑

1．目的

发展上下肢动作速度及向后移动速度。

2．方法

抬腿向后跑冲刺。

3．技术标准

（1）身体直立，双腿膝关节微屈与髋同宽，双手屈肘90°成跑步姿势。

（2）一条腿屈膝向后摆动，另一条腿伸髋伸膝向后蹬伸，双手配合摆动。

（3）摆动腿落地，蹬伸腿屈膝向后摆动，双腿交替向后方跑动。

4．运动负荷

每组向后跑3～4次，一般跑3～4组，运动和休息时间为1∶15③（九年级男同学运动和休息时间适宜1∶10④），组间以恢复到心率120次/分以下开始下一组练习。教师做好安全措施，根据学生体能状况掌控好运动负荷（本练习适合八年级以上学生在体育课堂和课后锻炼中运用）。

---

①②③④ BAECHLE T R, EARLE R W. 体能训练概论［M］. 朱学雷，等译. 3版. 上海：上海三联书店，2011.

5. 动作图例（如图10-17所示）

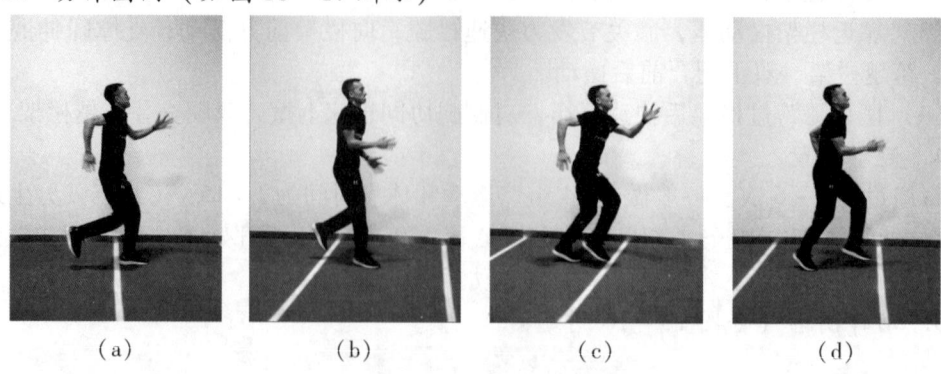

图10-17　抬腿向后跑

六、短距离冲刺跑

1. 目的

发展身体直线移动的速度能力。

2. 方法

启动短距离冲刺20~30米跑。

3. 技术标准

（1）身体直立，双腿前后分立，前腿屈膝以脚掌支撑，后腿屈膝以脚尖支撑，膝关节靠近前腿脚跟垂面，双手在起跑线处采用一点或二点支撑站姿。

（2）听到信号，身体前倒，迅速摆臂蹬腿，以最大速度冲刺。

4. 运动负荷

每组冲刺3~4次，一般跑3~4组，冲刺和休息时间为1∶15[①]（九年级男生运动和休息时间适宜1∶10），组间以恢复到心率120次/分以下开始下一组练习。教师做好安全措施，根据学生体能状况掌控好运动负荷。

5. 动作图例（如图10-18所示）

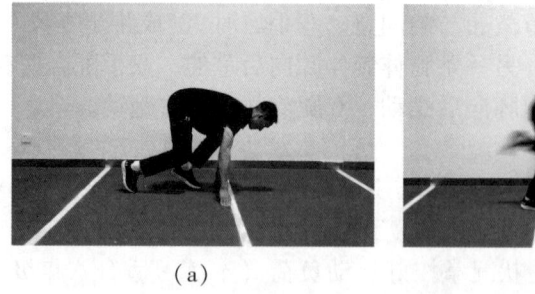

图10-18　短距离冲刺跑

---

① BAECHLE T R，EARLE R W. 体能训练概论［M］. 朱学雷，等译. 3版. 上海：上海三联书店，2011.

七、圆弧跑

1. 目的

发展身体的弧线移动速度。

2. 方法

跑"8"字双环弧线。

3. 技术标准

（1）画二个直径 5 米的相连的"8"字形圆圈。

（2）在起跑线处采用二点或三点站立式起跑姿势。

（3）听到信号，以最大速度完成"8"字弧形跑。

4. 运动负荷

每组冲刺 3～4 次，一般跑 3～4 组，冲刺和休息时间为 1∶15[①]（九年级男生运动和休息时间适宜 1∶10[②]），组间以恢复到心率 120 次/分以下开始下一组练习。教师做好安全措施，根据学生体能状况掌控好运动负荷。

5. 动作图例（如图 10-19 所示）

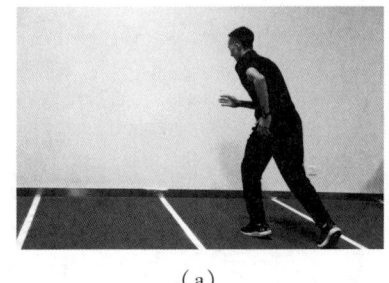 

（a）　　　　　　　　　　　（b）

图 10-19　圆弧跑

八、T 字形跑

1. 目的

发展身体前后左右的移动能力。

2. 方法

同向前后左右的移动。

3. 技术标准

（1）设置一个 T 字形线路（安装 4 个圆锥体，A 为起点、B 为 AB 线与 CD 线 T 字

[①②] BAECHLE T R, EARLE R W. 体能训练概论［M］. 朱学雷，等译. 3 版. 上海：上海三联书店，2011.

形交汇点），AB 线为 10 米，BC 线和 BD 线各 5 米。

（2）测试时运动员站在 A 点，听到信号后，运动员跑向 B 点，并用右手碰圆锥体。

（3）然后在不用交叉腿的情况下，运动员向左侧跑 5 米，用左手触及 C 点圆锥体。

（4）再折向右侧，跑 10 米，用右手触及 D 点圆锥体；然后再折向左侧跑 5 米，用左手触及 B 点，再跑回 A 点。

（5）始终面向前方，不使用交叉步。

4．运动负荷

每组冲刺 3~4 次，一般跑 3~4 组，冲刺和休息时间为 1∶15①（九年级男生冲刺和休息时间适宜 1∶10②），组间以恢复到心率 120 次/分以下开始下一组练习。教师做好安全措施，根据学生体能状况掌控好运动负荷。

5．动作图例（如图 10-20 所示）

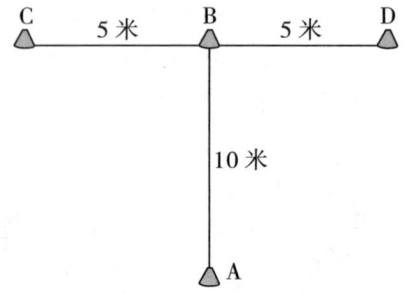

图 10-20　T 字形跑

九、变速跑

1．目的

利用有氧运动的神经激活作用，发展位移速度与有氧耐力。

2．方法

100 米变速跑。

3．技术标准

（1）采取 100 米慢跑 + 100 米快跑的组合方式进行变速跑。

（2）根据身体情况，每组一般安排 4~6 个组合。

4．运动负荷

一般跑 3~4 组，组间以恢复到心率 120 次/分以下开始下一组练习。教师做好安全措施，根据学生体能状况掌控好运动负荷。

---

①② BAECHLE T R, EARLE R W. 体能训练概论 [M]. 朱学雷，等译. 3 版. 上海：上海三联书店，2011.

十、30 米重复跑

1. 目的

发展上下肢动作速度和位移速度。

2. 方法

30 米重复冲击跑。

3. 技术标准

（1）在起跑线处采用二点或三点支撑的站立式起跑姿势。

（2）听到信号，以最大速度冲刺。

4. 运动负荷

每组跑 3~4 次，一般跑 3~4 组，冲刺和休息时间为 1∶15[①]（九年级男生冲刺和休息时间比可适度调整为 1∶10[②]），组间以恢复到心率 120 次/次以下开始下一组练习。教师做好安全措施，根据学生体能状况掌控好运动负荷。

十一、启动训练

1. 目的

利用重力的前翻力矩，发展启动速度。

2. 方法

身体直立前倒，利用重力力矩启动跑 20 米。

3. 技术标准

（1）身体直立，双腿分开与髋同宽，双手置于身体两侧。

（2）身体前倒呈斜面，同伴用手顶住肩。

（3）同伴松手侧身，让出跑道，训练者利用身体前倾的力矩，向前启动加速。

（4）身体前倾启动时，双手和双腿高频率前摆动，以克服身体前倒力矩。

4. 运动负荷

每组跑 3~4 次，一般跑 3~4 组，冲刺和休息时间为 1∶15[③]（九年级男生冲刺和休息时间比可适度调整为 1∶10[④]）。教师做好安全措施，根据学生体能状况掌控好运动负荷。

[①②③④] BAECHLE T R，EARLE R W. 体能训练概论［M］. 朱学雷，等译. 3 版. 上海：上海三联书店，2011.

5. 动作图例（如图 10-21 所示）

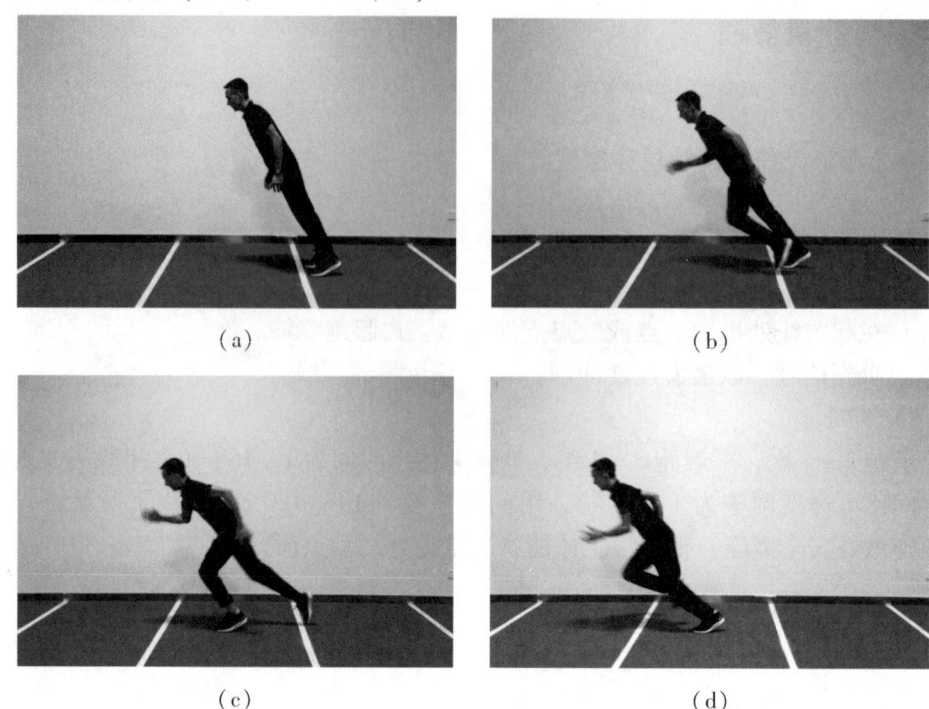

图 10-21 启动训练

十二、双人组合跑

1. 目的

利用阻力和助力发展移动速度。

2. 方法

双人组合跑，一人阻力，一人助力。

3. 技术标准

（1）两名练习者双腿前后开立成起跑姿势，间隔 4 米，两人腰部拴弹力带。

（2）前面练习者应该比后面练习者具备更高的跑动速度。

（3）前面练习者先起跑，当弹力带力量拉起后面练习者时，后面练习者起跑。

（4）前面练习者抗阻力向前跑 20~30 米，后面练习者助力牵拉向前跑。

4. 运动负荷

每组跑 3~4 次，一般跑 3~4 组，冲刺和休息时间为 1∶20[①]（九年级男生冲刺和休息时间比可适度调整为 1∶15[②]），组间以恢复到心率 120 次/分以下开始下一组练习。教师做好安全措施，根据学生体能状况掌控好运动负荷。

[①②] BAECHLE T R, EARLE R W. 体能训练概论［M］. 朱学雷，等译. 3 版. 上海：上海三联书店，2011.

5．动作图例（如图10-22所示）

图10-22　双人组合跑

十三、跳跑组合练习

1．目的

利用跳跃激活肌肉的牵张反射及弹力力量①，发展快速移动能力。

2．方法

完成立定三级跳远或跨步跳后快速冲刺。

3．技术标准

（1）身体直立，双腿分立与髋同宽，完成立定三级跳远。

（2）完成立定三级跳远后，快速冲刺20~25米。

（3）九年级男同学可以选择短助跑跨步跳接冲刺跑20~25米。

4．运动负荷

每组跑3~4次，一般做3~4组，冲刺和休息时间为1∶15②（九年级男生冲刺和休息时间比可适度调整为1∶10③），组间以恢复到心率120次/分以下开始下一组练习。教师做好安全措施，根据学生体能状况掌控好运动负荷。

5．动作图例（如图10-23所示）

　　　　（a）　　　　　　　　　　　　（b）

图10-23　跳跑组合练习

---

①②③　BAECHLE T R，EARLE R W. 体能训练概论［M］. 朱学雷，等译. 3版. 上海：上海三联书店，2011.

十四、楼梯跑

1. 目的

发展移动速度及抬腿动作节奏。

2. 方法

跑台阶。

3. 技术标准

（1）跑步快速上台阶，一步一台阶，楼梯长度一般不超过20格。

（2）跑动过程保持稳定的身体姿态，手臂配合腿部跑动前后摆动。

4. 运动负荷

每组跑3~4次，一般跑3~4组，冲刺和休息时间为1∶20①（九年级男生冲刺和休息时间比可适度调整为1∶15②），组间以恢复到心率120次/分以下开始下一组练习。教师做好安全措施，根据学生体能状况掌控好运动负荷。

5. 动作图例（如图10-24所示）

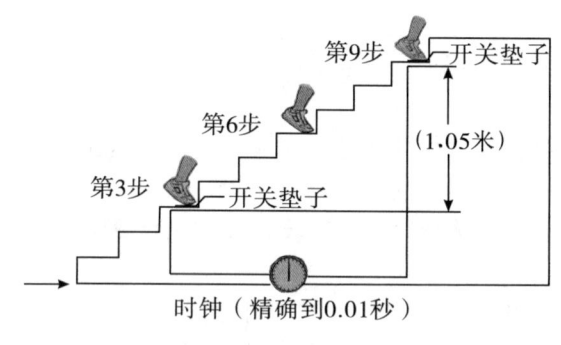

图10-24 楼梯跑

十五、强度阶梯递增冲刺

1. 目的

运用强度阶梯递增练习模式，逐步激活和改善神经与运动单元之间的协同能力，降低神经保护阈值，促进位移速度的提高。

2. 方法

强度阶梯递增30米冲刺。

3. 技术标准

（1）每组安排4~5次的30米冲刺练习。

---

①② BAECHLE T R，EARLE R W. 体能训练概论［M］. 朱学雷，等译. 3版. 上海：上海三联书店，2011.

（2）采取强度阶梯递增练习模式，第一次练习强度60%~70%，第二次练习强度80%，第三次练习强度90%。最后一次或两次，练习强度100%。

4．运动负荷

每组跑4~5次，一般跑3~4组，冲刺和休息时间为1∶15[①]（九年级男生冲刺和休息时间比可适度调整为1∶10[②]），组间以恢复到心率120次/分以下开始下一组练习。教师做好安全措施，根据学生体能状况掌控好运动负荷。

本章小结

哲学上说运动是永恒的，有运动就一定有相对的速度，物质世界不存在没有速度。人体的运动速度包括动作速度和位移速度，这两个速度构成了人体运动的基本形式。初中阶段正是人体动作速度和位移速度发展增长最快的阶段，科学的速度练习加上生物发育的叠加效应，将最大限度地提高同学们的速度能力，降低速度屏障对动作速度发展的限制，提高同学们跑步的蹬摆速度、射门的摆腿速度、投篮的伸臂速度和羽毛球劈杀速度，可直接改善运动表现，提高运动成绩。

思考与练习

1. 请同学们思考位移速度和动作速度在跑步、篮球、羽毛球和足球中的作用。
2. 请同学们思考30米速度提高后，立定跳远运度能否也同样提高，原因是什么？
3. 在教师指导下，同学们相互评价自身动作速度和位移速度是否合格。
4. 在教师指导下，参考本书，设计4~6个动作改善位移速度或动作速度的不足。

---

①② BAECHLE T R，EARLE R W. 体能训练概论［M］. 朱学雷，等译. 3版. 上海：上海三联书店，2011．

第十一章
有氧耐力锻炼技术与方法

2016 年，美国心脏病协会（American Heart Association）在世界著名心血管医学权威杂志《循环》（*Circulation*）上发表了一则长达 46 页的科学声明，将有氧代谢与呼吸、体温、脉搏、血压一起列为五大临床生命体征。该科学声明证实，过于低下的有氧能力会导致人患心血管疾病、死亡的可能以及各种疾病的发病率的可能性增加；人的有氧能力不但比抽烟、高血压、高血脂和二型糖尿病能更加准确地预测因疾病而导致的死亡，还能帮助这些传统的健康风险指标对健康进行预测和评估。[①] 2019 年，国际顶级杂志《细胞》（*Cell*）发表了由丹麦、瑞典、德国、美国团队共同参与的，有关有氧运动对小鼠癌细胞影响的研究。研究表明有氧运动后小鼠皮肤癌、肝癌和肺癌的发病率明显下降，有氧运动能有效地预防癌症的发生。[②] 初中学生正处在生长发育的关键阶段，是心肺功能及有氧代谢能力发展的主要阶段，男女生在 13~16 岁均是生理机能如心输出量、心脏重量和最大摄氧量发展最快的阶段[③]，男生更是有氧耐力能力发展的最快的阶段；女生在初中阶段有氧耐力水平处于下降阶段[④]，其主要原因是雌性激素的增长，导致体脂率和体重较大幅度增长，加上学习压力和体育锻炼不足，肌肉比相对下降，影响了初中女生的有氧耐力水平（见表 11-1）。初中阶段是心脏和血管循环系统发育的高峰时期，要充分利用生物发育叠加效应，安排科学有效的有氧耐

---

① 朱为模. 有氧能力：全面身心健康的开始！[EB/OL]. (2019-08-16)[2020-07-20]. http://www.cooperaerobics.cn/id3139464.html.

② PEDERSEN L, IDORN M, OLOFSSON G H, et al. Voluntary Running Suppresses Tumor Growth through Epinephrine- and IL-6-Dependent NK Cell Mobilization and Redistribution [J]. Cell Metavolism, 2016, 23 (3): 554-562.

③ 曾凡辉, 王路德, 邢文华. 运动员科学选材 [M]. 北京：人民体育出版社, 1992：82-83.

④ 曹振水. 现代中跑训练 [M]. 北京：清华大学出版社, 2009：65-67.

力锻炼，促进心脏容积、重量和每搏输出量及血管弹性、毛细心血管密度的提高，减少脂肪，增加肌肉含量，为成年锻炼出一颗健康有力的心脏。

表 11-1　心肺生理指标增长最快速年龄表①

项　目	男生/岁	女生/岁
心输出量	12~15	11~13
心脏重量	16~17	14~15
最大肺通气量	12~16	10~15
最大摄氧量	18~19	15~16

第一节　有氧耐力的呼吸技术

有氧耐力的呼吸技术

有氧运动中腹式呼吸是科学合理的，相对于胸式呼吸频率高、吸氧量小、呼吸肌易疲劳的特点，腹式呼吸具有激活核心稳定肌群、呼吸频率低，吸氧量大，呼吸肌不易疲劳和与步频匹配度高的优点，是有氧运动中最经济高效的呼吸模式。本研究在中学实验过程中发现，相当一部分初中学生，由于长期的久坐低头，腹部呼吸功能丢失。在平时生活和有氧锻炼中，不自觉的采用胸式呼吸，经常在长跑等有氧运动中出现膈肌疼痛、肋间肌疼痛和运动后期呼吸困难等现象，不仅不利于运动能力的提高，还影响身体健康和生长发育。希望同学们在教师指导下，学习和掌握好有氧耐力的呼吸技术，并把这项技术运用到有氧运动实践中去，努力提高自己的有氧代谢水平，促进心脏和血管健康水平的提高。以下练习动作，教师可以根据教学情况自由选择及组合。

一、四马式呼吸

1. 目的

通过四肢支撑，限制胸腔和腰椎的运动，发展正确的腹式呼吸方式。

2. 方法

四马式支撑腹式呼吸。

3. 技术要求

（1）俯身四马式跪撑，颈椎与脊柱成一条直线，双手与肩同宽垂直地面，大腿与髋同宽，大腿之间夹一个筋膜棒。

---

① 曾凡辉，王路德，邢文华. 运动员科学选材［M］. 北京：人民体育出版社，1992：82-83.

（2）由吸气开始引导腹式呼吸，呼气与吸气比为 3∶4①，呼吸时胸廓不能有明显运动，呼吸练习时保持颈椎与脊柱的中立位。

4. 运动负荷

每组腹式呼吸 10~15 次，一般做 3~4 组。教师做好安全措施，根据学生体能状况掌控好运动负荷。

5. 动作图例（如图 11-1 所示）

图 11-1　四马式呼吸

二、弓步呼吸练习

1. 目的

通过模拟跑步姿势的腹式呼吸，提高和巩固腹式呼吸技术。

2. 方法

弓步摆臂配合腹式呼吸练习。

3. 技术标准

（1）双腿前后开立，前腿屈膝 90°以脚掌支撑，后腿适度屈膝以脚尖支撑地面，双手屈肘 90°成跑步姿势。

（2）吸气时核心柱向四周（包括上下、膈肌和盆底肌）膨胀，配合前后摆动周期②，然后呼气时核心柱向中心收缩。

（3）腹式呼吸时，胸廓无明显的运动。

4. 运动负荷

每组与摆臂配合腹式呼吸 10~15 次，一般做 3~4 组。教师做好安全措施，根据学生体能状况掌控好运动负荷。

---

① 曾凡辉，王路德，邢文华. 运动员科学选材［M］. 北京：人民体育出版社，1992：96.
② 曹振水. 现代中跑训练［M］. 北京：清华大学出版社，2009：172-174.

5．动作图例（如图 11-2 所示）

图 11-2　弓步呼吸练习

三、单腿支撑呼吸训练

1．目的

通过模拟单腿支撑姿势的腹式呼吸，提高和巩固腹式呼吸技术。

2．方法

单腿支撑摆臂配合腹式呼吸练习。

3．技术标准

（1）身体直立，膝关节屈膝成 135°单腿支撑，膝关节与脚尖对齐，双手屈肘 90°成跑步姿势。

（2）吸气时核心柱向四周（包括上下、膈肌和盆底肌）膨胀，配合前后摆动周期，然后呼气时核心柱向中心收缩。

（3）腹式呼吸时，胸廓无明显的运动。

4．运动负荷

每组与摆臂配合腹式呼吸 10~15 次，一般做 3~4 组。教师做好安全措施，根据学生体能状况掌控好运动负荷。

5．动作图例（如图 11-3 所示）

图 11-3　单腿支撑呼吸训练

四、跑步呼吸训练

1. 目的

练习跑步过程中摆臂与腹式呼吸的配合,提高和巩固腹式呼吸技术。

2. 方法

中等强度的摆臂与腹式呼吸配合的 200 米跑。

3. 技术标准

(1) 中等强度的跑步,心率控制在 120~130 次/分之间,边跑步边体会腹式呼吸。

(2) 吸气时核心柱向四周(包括上下、膈肌和盆底肌)膨胀,配合前后摆动周期,然后呼气时核心柱向中心收缩。

(3) 腹式呼吸时,胸廓无明显的运动。

4. 运动负荷

每组与摆臂配合腹式呼吸 2 次,一般做 3~4 组,组间以恢复到心率 120 次/分以下开始下一组练习。教师做好安全措施,根据学生体能状况掌控好运动负荷。

第二节 有氧耐力锻炼的负荷监控

初中阶段是有氧代谢能力发展最快的阶段,与小学阶段相比有着质的飞跃。这时期初中学生的每搏输出量和每搏体重比已经接近成年人,有氧耐力水平已达到成年人的 92%[①],正是促进有氧耐力水平发展的大好时机,科学的有计划的安排有氧耐力锻炼,能起到事半功倍的效果。有氧耐力锻炼对心脏有极大锻炼价值的同时,对心血管也是一种压力。锻炼时一定要循序渐进,加强科学监控,避免在过度疲劳时进行较大强度的有氧耐力运动。

一、实时监控

1. 最高心率监控

运动时的心率是反映身体运动负荷最敏感,最简便的指标,青少年进行有氧运动时必须设立心率上限,以确保身体在安全的负荷下进行锻炼。一般情况下,心率上限

---

① 王金灿. 运动选材原理与方法 [M]. 北京:人民体育出版社,2005:82-83.

的设置参照美国运动医学学会 ACSM 建议，即心率上限 = 220 – 年龄。①② 运动时，有条件学生可以佩戴心率手表，以确保有氧耐力运动在安全限度之内。

2. 有氧耐力心率监控

有氧耐力锻炼的合理强度区间，有一定的心率值区间相对应。一般认为，青少年运动心率在 150~170 次/分之间是持续有氧运动的强度③④。如果运动时心率超过 170 次，说明身体已经开始大量动用糖酵解供能，乳酸开始迅速升高，进入无氧阈强度区间，这时要根据练习计划，确定是停止运动还是继续运动。

3. 间歇心率监控

有氧耐力锻炼大都持续时间在 5 分钟以上，运动后的心率恢复状况是分析运动负荷是否过大的一个重要指标。运动后心率恢复（HRR）是运动医学和心脏功能评价研究的热点，HRR 运动后下降不明显，说明存在一定的迷走神经活性降低状况，可以作为运动后心脏恢复状况的评价参考。研究显示，主动停止运动 1 分钟后，如果分钟心率 HRR 下降 < 12 次⑤，可能是心脏功能恢复不良，需要终止运动，进行医学观察。

二、晨脉监控

锻炼后的第二天早上睡醒后，身体不动时每分钟的心率被称为晨脉。如果晨脉比平时降低，说明锻炼效果好。如果早上醒来每分钟心率比原来升高 5 次以上且连续 3 天不能恢复，提示可能运动强度过大机体未完全恢复；如果晨脉比原来高 10 次/分以上，提示可能出现过度疲劳或身体有其他疾病。⑥

三、观察性监控

初中学生在锻炼过程中，教师要观察学生的表情和脸色，了解有无胸闷或呼吸困难、头疼等症状。锻炼后如果精神饱满、愉快，睡眠和食欲好，说明锻炼效果好。反之，可能运动量过大，需要调整运动负荷。

---

① 美国运动医学学会（ACSM）. ACSM 运动测试与运动处方指南［M］. 王正珍，主译. 北京：人民卫生出版社，2010：92 – 93.

② LONDEREE B, MOESCHBERGER M. Influence of age and other factors on maximal heart rate [J]. Journal of cardiac rehabilitation, 1984, 4 (2): 44 – 49.

③ 田麦久. 运动训练学［M］. 北京：人民体育出版社，2000：155 – 157.

④ 于睿. 青少年速滑运动员有氧耐力训练的心率负荷模式［J］. 冰雪运动，2013（1）：4 – 8.

⑤ 康美华，王成. 运动后心率恢复的进展研究［J］. 中国循证儿科杂志，2014，9（1）：72 – 76.

⑥ 王卫星，韩春远. 实用体能训练指南［M］. 汕头：汕头大学出版社，2017：79 – 80.

第三节　初中男子组有氧耐力锻炼技术与方法

13～16岁初中男生是生理机能如心输出量、心脏重量和最大摄氧量发展最快的阶段[1]，更是有氧耐力能力发展的最快阶段，充分利用本阶段的生物发育叠加效应，科学的安排有氧耐力训练，能有效地促进男生心血管健康水平。

一、1 600米走跑结合

1. 目的
逐步提高心血管适应性和有氧耐力。
2. 方法
跑走结合有氧耐力运动。
3. 步行技术标准
（1）活动开后用最大步幅和较快频率走。
（2）逐步过渡到最大步幅和最快频率走。快走时，以髋带动大腿前抬，用脚后跟着地，快速过渡到前脚掌。重心移过支撑点，迅速后蹬。
（3）双臂配合大腿蹬摆，以肩为轴大幅度摆起，摆至上臂接近平行于地面。
4. 运动负荷
（1）每组（200米快走+200米慢跑）重复4次，一般做2～3组。每个人以最快速度步行，慢跑强度控制在心率120～130次/分之间。
（2）心率恢复到120次/分以下，再进行第二组。
（3）教师做好安全措施，根据学生体能状况掌控好运动负荷。如果出现呼吸困难和胸痛的状况，立即停止运动，根据具体情况选择休息或就医。

二、鼻息跑技术

在进行较长时间的有氧耐力运动（如跑步）时，所消耗的能量主要来自源于糖和脂肪的分解。跑步的强度越高，糖分子供能的比例就越大，强度越低，脂肪分解供能比例就越大，运动时三种能力代谢供能的比例是由运动强度决定的（如图11-4所示）。糖在人体的储备极为有限，平均含500克左右的肌糖原，糖酵解系统可以为长达

---

[1] 曾凡辉，王路德，邢文华. 运动员科学选材[M]. 北京：人民体育出版社，1992：96.

2分钟的高强度运动提供能量。① 而脂肪的储备量却很大，脂肪平均储存率高达14%～17%②。一个70千克的人，脂肪储备可达9 800～11 900克，足以支撑人体完成近4小时的马拉松跑，几乎可以说是无限的能量来源。

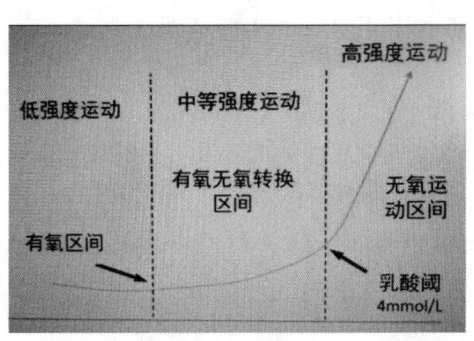

图11-4 运动强度③

如何有效地提高人体脂肪的利用效率和动员速度，是发展有氧耐力的一个重要步骤。经常从事强度较低的有氧耐力运动，可以有效地提高脂肪的利用效率。下面介绍一个鼻息跑步法，这个方法可以看成一个低强度的持续训练方法，由于其用鼻子呼吸，强度一般较低，应该是安全的。鼻息跑技术尚未找到相关文献支持其锻炼效果，教师可以尝试和探索其作为提高脂肪利用率的练习方法。

1. 鼻息跑的强度

鼻息跑是在有氧耐力运动过程中，只用鼻子呼吸，而不用口鼻共同呼吸。鼻子呼吸时的运动强度，大约是最大摄氧量（VO_2 max）的50%，50%运动强度或最大心率储备④，心率指标区间在130～140次/分之间。这种强度能很好地动员和利用脂肪，有效地提高机体有氧供能能力。

2. 练习方法

（1）第一阶段，先用鼻息跑技术跑400米，一旦出现口鼻共同呼吸，就降低速度，休息心率下降到120次/分以下，再跑2～3次。

（2）第二阶段，用鼻息跑技术跑完800米，一旦出现口鼻共同呼吸，就降低速度，休息心率下降到120次/分以下，再跑2～3次。

（3）第三阶段，用鼻息跑技术跑完1 000米，一旦出现口鼻共同呼吸，就降低速度，休息心率下降到120次/分以下，再跑2～3次。

（4）第四阶段，用鼻息跑技术跑完2 000米，一旦出现口鼻共同呼吸，就降低速度，休息心率下降到120次/分以下，再跑2～3次。

---

①③ 拉塔美斯. ACSM体能训练概论［M］. 李丹阳，李春雷，王雄，主译. 北京：人民卫生出版社，2018：98-100.

②④ BAECHLE T R, EARLE R W. 体能训练概论［M］. 朱学雷，等译. 3版. 上海：上海三联书店，2011：22.

3. 效果评价

用鼻息跑技术跑完 2 000 米，运动即刻心率有明显下降，这说明心血管功能明显提升，实现了提升脂肪动员效率的目的。同时，也为以后练习变速跑、高强度间歇跑（HIIT）等高强度有氧锻炼打下了坚实的生理基础。

三、变速跑

1. 目的
提高心肺和肌肉的有氧耐力。

2. 方法
快慢变速的有氧耐力锻炼。

3. 技术标准
（1）采取 200 米慢跑 + 200 米中速跑的跑步运动方式。

（2）听到信号后先进行 200 米慢跑，再进行 200 米中速跑。

4. 运动负荷
（1）每组（200 米慢跑 + 200 米中速跑）重复 3 次，一般跑 2～3 组。

（2）慢跑强度为最大储备心率的 50% 左右，心率控制在 120～130 次/分之间①。教师提供合理的慢跑速度，即大约每 200 米跑多少秒。

（3）中速跑强度为最大储备心率的 70% 左右，心率控制在 150～160 次/分之间②。教师提供合理的中跑速度，即大约每 200 米跑多少秒。

（4）建议运动和休息比 1∶1～1∶3③，心率恢复到 120 次/分以下，再进行第二组练习。

（5）教师做好安全措施，根据学生体能状况掌控好运动负荷。如果出现呼吸困难和胸痛的状况，立即停止运动，根据具体情况选择休息或就医。

四、持续跑

1. 目的
发展心血管和肌肉的有氧耐力。

2. 方法
有氧耐力持续跑。

3. 技术标准
田径场匀速完成规定的距离。

---

①②③ BAECHLE T R，EARLE R W. 体能训练概论［M］. 朱学雷，等译. 3 版. 上海：上海三联书店，2011：22.

4. 运动负荷

(1) 完成 1 500 米跑 1~2 次。

(2) 刚开始练习 1 500 米时，心率控制在 160 次/分以下。

(3) 适应后，1 500 米练习，心率控制在 170 次/分以下。[①]

(4) 建议运动和休息比 1∶1~1∶3[②]，心率恢复到 120 次/分以下，再进行第二组练习。

(5) 教师做好安全措施，根据学生体能状况掌控好运动负荷。如果出现呼吸困难和胸痛的状况，立即停止运动，根据具体情况选择休息或就医。

五、间歇跑 I

1. 目的

发展心血管和肌肉的速度耐力与有氧耐力。

2. 方法

无氧间歇跑。

3. 技术标准

田径场匀速完成规定的距离。

4. 运动负荷

(1) 每组跑 200 米重复 3~4 次，一般完成 1~2 组。

(2) 每次间歇按运动和休息比为 1∶3~1∶4[③]；组间歇 7 分钟左右[④]，具体实施由教师根据情况把握。

(3) 练习即刻心率控制在 180 次/分以下[⑤⑥]，具体实施由教师根据实施情况把握。

(4) 次间心率恢复到 120 次/分左右[⑦⑧]，再进行第二次训练。根据初中学生的身体发育状况，初中男生的组间歇心率应恢复到 110 次/分以下，再开始下一组的练习，具体实施由教师根据实施情况把握。

(5) 教师做好安全措施，根据学生体能状况掌控好运动负荷。如果出现呼吸困难和胸痛的状况，立即停止运动，根据具体情况选择休息或就医。

---

①⑤⑧ 田麦久. 运动训练学 [M]. 北京：人民体育出版社，2000：158-159.

②③ BAECHLE T R, EARLE R W. 体能训练概论 [M]. 朱学雷，等译. 3 版. 上海：上海三联书店，2011：22.

④⑦ 曹振水. 现代中跑训练 [M]. 北京：清华大学出版社，2009：172-174.

⑥ 王卫星，韩春远. 实用体育训练指南 [M]. 汕头：汕头大学出版社，2017：506-508.

六、间歇跑 Ⅱ

1. 目的

发展心血管和肌肉的速度耐力与有氧耐力。

2. 方法

有氧无氧混合代谢练习。

3. 技术标准

田径场匀速完成规定的距离。

4. 运动负荷

(1) 每组跑 400 米重复 2~3 次，一般完成 1~2 组。

(2) 每次间歇按训练和休息比为 1∶3~1∶4①，组间歇 6~7 分钟②，具体实施由教师根据情况把握。

(3) 练习即刻心率控制在 170 次/分以下③④，具体实施由教师根据实施情况把握。

(4) 次间心率恢复到 120 次/分左右⑤，再进行第二次训练。根据初中学生的身体发育状况，初中男生的组间歇心率应恢复到 110 次/分以下，再开始下一组的练习，具体实施由教师根据实施情况把握。

(5) 教师做好安全措施，根据学生体能状况掌控好运动负荷。如果出现呼吸困难和胸痛的状况，立即停止运动，根据具体情况选择休息或就医。

七、重复跑

1. 目的

发展专项的速度耐力和有氧耐力。

2. 方法

1 000 米长跑。

3. 技术标准

尽全力以最短时间在田径场匀速完成规定的距离。

4. 运动负荷

(1) 每组跑 1 000 米重复 2 次，一般完成 1~2 组。

(2) 次间休息以完全恢复为标准，以心率在 110 次/次以下为标准，再进行第二次

---

① BAECHLE T R, EARLE R W. 体能训练概论 [M]. 朱学雷，等译. 3 版. 上海：上海三联书店，2011：22.

② 曹振水. 现代中跑训练 [M]. 北京：清华大学出版社，2009：172-174.

③⑤ 田麦久. 运动训练学 [M]. 北京：人民体育出版社，2000：158-159.

④ 王卫星，韩春远. 实用体育训练指南 [M]. 汕头：汕头大学出版社，2017：506-508.

训练，组间歇 7 分钟左右①，具体实施由教师根据实施情况把握。

（3）练习即刻心率控制在 180 次/分以下，具体实施由教师根据实施情况把握。

（4）教师做好安全措施，根据学生体能状况掌控好运动负荷。如果出现呼吸困难和胸痛的状况，立即停止运动，根据具体情况选择休息或就医。

第四节 初中女子组有氧锻炼技术与方法

初中女生有氧耐力水平相对下降②，其下降的原因并非心血管和肺及肌肉功能的下降，主要原因是雌性激素的增长，导致体脂率和体重较大幅度增长。同时，学习压力和体育锻炼不足，肌肉体重比相对下降，影响了初中女生的有氧耐力水平。初中阶段是女同学心脏和血管循环系统发育的高峰时期，只要科学有效地安排有氧耐力锻炼，充分利用生物发育叠加效应，仍然可以有效地促进女同学心肺循环系统的发展，减少脂肪，增加肌肉含量，提高体质健康水平。

一、1 200 米走跑结合

1. 目的

逐步提高心血管适应性和有氧耐力。

2. 方法

跑走结合有氧耐力运动。

3. 步行技术标准

（1）活动开后用最大步幅和较快频率走。

（2）逐步过渡到最大步幅和最快频率走。快走时，以髋带动大腿前抬，用脚后跟着地，快速过渡到前脚掌。重心移过支撑点，迅速后蹬。

（3）双臂配合大腿蹬摆，以肩为轴大幅度摆起，摆至上臂接近平行于地面。

4. 运动负荷

（1）每组（200 米快走 + 200 米慢跑）重复 3 次，一般做 2～3 组。每个人以最快速度步行，慢跑强度控制在心率 120～130 次/分之间。

（2）心率恢复到 120 次/分以下，再进行第二组。

（3）教师做好安全措施，根据学生体能状况掌控好运动负荷。如果出现呼吸困难和胸痛的状况，立即停止运动，根据具体情况选择休息或就医。

---

①② 曹振水. 现代中跑训练 [M]. 北京：清华大学出版社，2009：172 - 174.

二、鼻息跑技术

1. 练习方法

（1）第一阶段，先用鼻息跑技术跑 300 米，一旦出现口鼻共同呼吸，就降低速度，休息心率下降到 120 次/分以下，再跑 2~3 次。

（2）第二阶段，用鼻息跑技术跑完 500 米，一旦出现口鼻共同呼吸，就降低速度，休息心率下降到 120 次/分以下，再跑 2~3 次。

（3）第三阶段，用鼻息跑技术跑完 1 200 米，一旦出现口鼻共同呼吸，就降低速度，休息心率下降到 120 次/分以下，再跑 2~3 次。

（4）第四阶段，用鼻息跑技术跑完 1 200 米，一旦出现口鼻共同呼吸，就降低速度，休息心率下降到 120 次/分以下，再跑 2~3 次。

2. 效果评价

用鼻息跑技术跑完 1 200 米，运动即刻心率有明显下降，这说明心血管功能明显提升，实现了提升脂肪动员效率的目的。同时，也为以后练习变速跑、高强度间歇跑（HIIT）等高强度有氧锻炼打下了坚实的生理基础。

三、变速跑

1. 目的

提高心肺和肌肉的有氧耐力。

2. 方法

快慢变速的有氧耐力锻炼。

3. 技术标准

（1）采取 200 米慢跑 + 200 米中速跑的跑步运动方式。

（2）听到信号后先进行 200 米慢跑，再进行 200 米中速跑。

4. 运动负荷

（1）每组（200 米慢跑 + 200 米中速跑）重复 2 次，一般跑 2~3 组。

（2）慢跑强度为最大储备心率的 50% 左右，心率控制在 130~140 次/分之间[1]。教师提供合理的慢跑速度，即大约每 200 米跑多少秒。

（3）中速跑强度为最大储备心率的 70% 左右，心率控制在 150~160 次/分之间[2]。教师提供合理的中跑速度，即大约每 200 米跑多少秒。

（4）建议运动和休息比 1:1~1:3[3]，心率恢复到 120 次/分以下，再进行第二组练习。

---

[1][2][3] BAECHLE T R, EARLE R W. 体能训练概论［M］. 朱学雷, 等译. 3 版. 上海：上海三联书店，2011：22.

(5) 教师做好安全措施，根据学生体能状况掌控好运动负荷。如果出现呼吸困难和胸痛的状况，立即停止运动，根据具体情况选择休息或就医。

四、持续跑

1. 目的

发展心血管和肌肉的有氧耐力。

2. 方法

有氧耐力持续跑。

3. 技术标准

田径场匀速完成规定的距离。

4. 运动负荷

(1) 完成 1 200 米跑 1~2 次。

(2) 刚开始练习 1 200 米时，心率控制在 160 次/分以下。

(3) 适应后，1 200 米练习，心率控制在 170 次/分以下。[①]

(4) 建议运动和休息比 1∶1~1∶4[②]，心率恢复到 120 次/分以下，再进行第二组练习，具体实施由教师根据情况把握。

(5) 教师做好安全措施，根据学生体能状况掌控好运动负荷。如果出现呼吸困难和胸痛的状况，立即停止运动，根据具体情况选择休息或就医。

五、间歇跑 I

1. 目的

发展心血管和肌肉的速度耐力与有氧耐力。

2. 方法

无氧间歇跑。

3. 技术标准

田径场匀速完成规定的距离。

4. 运动负荷

(1) 每组跑 200 米重复 2~3 次，一般完成 1~2 组。

---

① 田麦久. 运动训练学 [M]. 北京：人民体育出版社，2000：158-159.

② BAECHLE T R, EARLE R W. 体能训练概论 [M]. 朱学雷，等译. 3 版. 上海：上海三联书店，2011：22.

（2）每次练习运动和休息比为1∶4~1∶5[①]；组间歇7分钟左右[②]，具体实施由教师根据情况把握。

（3）练习即刻心率控制在180次/分以下[③④]，具体实施由教师根据实施情况把握。

（4）次间心率恢复到120次/分左右[⑤⑥]，再进行第二次训练。根据初中学生的身体发育状况，初中女生的组间歇心率应恢复到110次/分以下，再开始下一组的练习，具体实施由教师根据实施情况把握。

（5）教师做好安全措施，根据学生体能状况掌控好运动负荷。如果出现呼吸困难和胸痛的状况，立即停止运动，根据具体情况选择休息或就医。

六、间歇跑Ⅱ

1. 目的

发展心血管和肌肉的速度耐力与有氧耐力。

2. 方法

有氧无氧混合代谢练习。

3. 技术标准

田径场匀速完成规定的距离。

4. 运动负荷

（1）每组跑400米重复2~3次，一般完成1~2组。

（2）每次间歇按训练和休息比为1∶4~1∶5[⑦]，组间歇7~8分钟[⑧]，具体实施由教师根据情况把握。

（3）练习即刻心率控制在170次/分以下[⑨⑩]，具体实施由教师根据实施情况把握。

（4）次间心率恢复到120次/分左右[⑪]，再进行第二次训练。根据初中学生的身体发育状况，初中女生的组间歇心率应恢复到110次/分以下，再开始下一组的练习，具体实施由教师根据实施情况把握。

（5）教师做好安全措施，根据学生体能状况掌控好运动负荷。如果出现呼吸困难和胸痛的状况，立即停止运动，根据具体情况选择休息或就医。

[①⑦] BAECHLE T R, EARLE R W. 体能训练概论［M］. 朱学雷，等译. 3版. 上海：上海三联书店，2011：108.

[②⑤⑧] 曹振水. 现代中跑训练［M］. 北京：清华大学出版社，2009：172-174.

[③⑥⑨⑪] 田麦久. 运动训练学［M］. 北京：人民体育出版社，2000：158-159.

[④⑩] 王卫星，韩春远. 实用体能训练指南［M］. 汕头：汕头大学出版社，2017：506-508.

七、重复跑

1. 目的

发展专项的速度耐力和有氧耐力。

2. 方法

800 米长跑。

3. 技术标准

尽全力以最短时间在田径场匀速完成规定的距离。

4. 运动负荷

（1）每组跑 800 米重复 2 次，一般完成 1~2 组。

（2）次间休息以完全恢复为标准，以心率在 110 次/分以下为标准，再进行第二次训练，组间歇 7~8 分钟①，具体实施由教师根据实施情况把握。

（3）练习即刻心率控制在 180 次/分以下，具体实施由教师根据实施情况把握。

（4）教师做好安全措施，根据学生体能状况掌控好运动负荷。如果出现呼吸困难和胸痛的状况，立即停止运动，根据具体情况选择休息或就医。

本章小结

有氧能力是生命的五大体征之一，科学的有氧运动不但能促进体质健康，还能有效预防心血管疾病、降低癌症的发病率，减少脂肪含量，促进快乐激素分泌，提高心理健康水平。同学们应该积极参加有氧运动，在教师指导下，循序渐进地逐步提高有氧耐力水平，为未来的工作和生活奠定良好的身体和心理健康基础。

思考与练习

1. 请同学们养成每天早上起床测量晨脉的习惯并记录，如果发现异常情况，请向体育老师反馈并咨询校医。

2. 请同学们思考，为什么有氧能力被列为人类"五大生命特征"，对预防哪些疾

---

① 田麦久. 运动训练学 [M]. 北京：人民体育出版社，2000：158-159.

病有明显的作用?

3. 由于有氧运动对心血管有一定的负荷，并不是越多越好，请同学们在教师的监督和指导下，科学地参加课中和课后的有氧运动。如果在有氧运动中出现胸闷或胸痛、头晕，一定要终止运动，向教师和家长报告，并看医生。

4. 请教师在有氧运动前，按照安全要求，对学生实施晨脉与身体状况检查，并科学观察与监控运动中的身体与表情变化。

5. 请同学们坚持在教师或教练指导下的科学运动。

第十二章
恢复与再生

恢复，是指通过适当的身体活动和适宜的补给，帮助运动者在生理和心理上解决训练和比赛所导致的身体和心理疲劳。再生，是指在锻炼（训练）或者比赛后有计划地通过变换运动方式，采用按摩、拉伸、软组织放松等积极的恢复手段加快机体恢复的一种锻炼（训练）模式。恢复与再生的共同点是目的相同，即为了让组织结构的功能持续保持，甚至增强和提高[1]；区别是再生细化到细胞分子结构，其一部分属于恢复的过程，但还有一部分是区别于恢复而独立存在的[2]。再生与恢复训练对副交感神经系统具有积极作用，能够加速身体疲劳后的恢复。当副交感神经系统占主导地位时，会感觉更加放松和舒适，此时身体处于最佳恢复状态。既能促进氧和营养物质进入组织细胞，又有利于加快肌肉中代谢产物的清除速度，降低致痛物质浓度，以达到缓解疼痛的目的。进而能够改善肌筋膜粘连，降低肌筋膜张力，预防运动损伤，起到增强运动能力的效果。

现行初中体育课程，在教学设计理念上往往缺乏恢复与再生的系统性观念。加上体育课程时间较短，基本上完成主体部分任务后，简单地拉伸一下就匆匆结束了课程。当运动负荷较大的时候，由于缺乏恢复与再生环节，影响了锻炼后代谢物质的超量恢复和神经系统恢复的效果，往往会导致肌肉酸胀、关节疼痛和精神疲劳等不良反应，增加运动损伤发生的风险。在课程结束部分，虽然时间有限，但是如果能科学系统地运用恢复与再生手段，仍能达到促进心血管系统、运动系统和神经系统放松恢复的目的。下面主要介绍适合初中学生体育课程运用的筋膜放松、静态拉伸和排乳酸跑三种恢复与再生技术。

---

[1] 王隽，尹军. 运动后恢复与再生训练的方法和教学［J］. 体育教学，2019，39（12）：12-23.
[2] 国家体育总局训练局国家队体能训练中心. 身体功能训练动作手册［M］. 北京：人民体育出版社，2014.

第一节 筋膜放松

筋膜放松技术

筋膜放松，也称为软组织再生训练，是指运用泡沫轴、按摩棒、扳机点球等工具，对筋膜、肌腱等进行梳理，有效缓解肌肉紧张与疼痛。筋膜放松在增加组织柔韧性、促进功能恢复、减轻疼痛等方面有较好的治疗效果。

一、筋膜组织

筋膜，是由大量纤维、原纤维和微纤维构成的纤维网络。它是一个全身性的纤维框架，具有弹性、柔韧性和可塑性的物理特征。这个框架支撑着器官、皮肤、脂肪、肌肉、骨骼及神经和血管，将全身各系统连接在一起（如图12-1所示），起到连接、缓冲和传导能量的作用。①

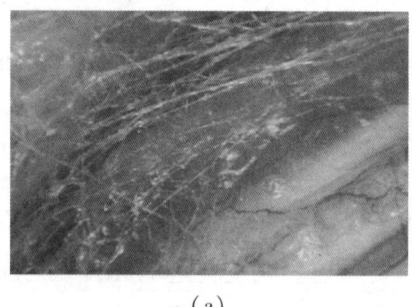   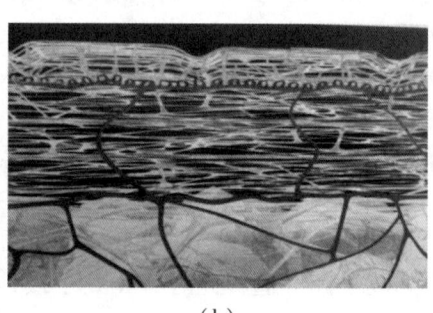

（a） （b）

图 12-1 筋膜组织②

二、放松筋膜组织的作用

橙子内部的小果肉都被果皮下较厚的白色物质连接在一起，构成了一个完成的橙子（如图12-2所示）。肌肉就像橙子的果肉一样，每根肌纤维都有自己的微细筋膜包裹。我们身体的肌肉和组织也是如此，当这些筋膜层互相粘连或紧贴在一起时，就形成了筋膜组织。③

放松筋膜组织有以下几点益处。

---

①② 王隽，尹军. 运动后恢复与再生训练的方法和教学[J]. 体育教学，2019，39（12）：12-23.

③ 朗基. 运动员恢复指南：休息、放松，储备能量达到最佳竞技状态[M]. 毕学翠，译. 北京：北京体育大学出版社，2015.

（1）恢复能量的传导效能。由于筋膜包裹着肌肉，当肌肉运动的时候，筋膜组织也一起运动，导致筋膜也出现粘连或过度拉长或缩短，直接影响了能量通过筋膜传递的效益。

（2）由于筋膜组织本身具有弹性，在肌肉收缩过程中，筋膜的弹性势能是力量输出组成部分。有研究说筋膜收缩的力量占力量输出的 40%~60%，但存在争议[1]。

图 12-2　橙子的内部结构

（3）对于一些出现粘连的肌肉损伤，在收缩时可能会出现活动范围受限的问题，筋膜放松可以有效地修复疤痕组织，使粘连的肌肉恢复初长度和弹性功能。

（4）筋膜放松可以通过促进某些肌肉或肌腱的血液循环，加快营养物质的输送，带着代谢产物，促进运动后肌肉组织的恢复。

（5）筋膜放松还能诱导神经系统松弛，使人轻松和愉悦，对运动后神经系统恢复有积极作用。[2]

三、泡沫轴介绍

泡沫轴又称"瑜伽柱"（如图 12-3 所示），起源于欧洲，早期由木质材料做成，后由重量轻、硬度适中的泡沫材料制作。它主要用于释放肌筋膜，改善肌肉和软组织的柔韧性及延展性，提高身体感知与平衡性、协调性，改善关节功能，提高关节活动度，加快局部血液循环，促进乳酸的代谢。泡沫轴放松肌筋膜改善多种生理指标的原理，主要是在进行泡沫轴滚压时，自身体重对目标肌肉产生一定的压力，从而使肌肉张力增加，进一步激活高尔基腱器官，这样可以反射性地抑制同一肌肉的运动神经元，达到放松肌筋膜的效果。同时，在滚动时能促进氧和营养物质进入组织细胞，有利于加快肌肉中代谢产物的清除速度，降低致痛物质浓度以达到缓解疼痛的目的，进而能够改善肌筋膜粘连，降低肌筋膜张力，达到促进机体恢复及预防运动损伤的作用。

(a)　　　　　(b)

图 12-3　泡沫轴

---

[1] 施莱普，拜尔. 筋膜健身：系统科学的筋膜训练方法全书 [M]. 张影，译. 北京：北京科学技术出版社，2017.

[2] 国家体育总局训练局国家队体能训练中心. 身体功能训练动作手册 [M]. 北京：人民体育出版社，2014.

四、筋膜放松技术

初中生，特别是初一新生，是运动损伤的高发人群。由于自我保护意识不够，在运动当中时常出现运动损伤，其主要原因是准备运动不充分、放松不到位、动作模式错误等。泡沫轴放松法，能在一定程度上激发初中生的运动兴趣，符合初中体育多样化的宗旨。同时，一定程度上弥补了体育课程内容单一的弊端，能够帮助学生养成积极锻炼的习惯。

（一）泡沫轴放松腘绳肌

1. 目的

放松大腿后侧筋膜和腘绳肌。

2. 方法

坐姿滚动泡沫轴，放松大腿后侧筋膜和腘绳肌。

3. 技术标准

（1）身体坐姿，双腿伸直，将泡沫轴置于大腿后侧下方。

（2）双手推动身体移动，泡沫轴在坐骨结节至膝关节之间来回滚动。

4. 运动负荷

每组来回滚动 30~40 秒，一般做 3~4 组，动作强度由自身体重决定。教师做好安全措施，根据学生体能状况掌控好运动负荷。

5. 动作图例（如图 12-4 所示）

（a） （b）

图 12-4 泡沫轴放松腘绳肌

（二）泡沫轴放松小腿

1. 目的

放松小腿后侧筋膜和小腿三头肌。

2. 方法

坐姿滚动泡沫轴，放松小腿后侧筋膜。

3. 技术标准

(1) 身体坐姿，双腿伸直，将泡沫轴置于小腿后侧下方。

(2) 双手推动身体移动，泡沫轴在踝关节至膝关节之间来回滚动。

4. 运动负荷

每组来回滚动 30~40 秒，一般做 3~4 组，动作强度由自身体重决定。教师做好安全措施，根据学生体能状况掌控好运动负荷。

5. 动作图例（如图 12-5 所示）

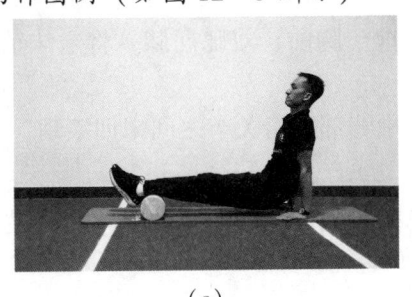 

(a)　　　　　　　　　　　　(b)

图 12-5　泡沫轴放松小腿

（三）泡沫轴放松屈髋肌

1. 目的

放松大腿前侧筋膜和屈髋肌。

2. 方法

俯卧滚动泡沫轴，放松大腿前侧筋膜和屈髋肌。

3. 技术标准

(1) 身体俯卧，双臂屈肘支撑地面，双腿伸直，将泡沫轴放在大腿前侧下方。

(2) 双肘屈伸带动身体移动，泡沫轴在骨盆至膝关节之间来回滚动。

4. 运动负荷

每组来回滚动 30~40 秒，一般做 3~4 组，动作强度由自身体重决定。教师做好安全措施，根据学生体能状况掌控好运动负荷。

5. 动作图例（如图 12-6 所示）

(a)　　　　　　　　　　　　(b)

图 12-6　泡沫轴放松屈髋肌

（四）泡沫轴放松上背部

1. 目的

放松上背部肌肉和筋膜。

2. 方法

仰卧滚动泡沫轴，放松肩背肌群。

3. 技术标准

（1）身体仰卧，腹部收紧，双臂交叉环抱于胸前，双腿屈膝，将泡沫轴放在中背部的下方，髋关节抬离地面。

（2）双腿屈伸带动身体移动，泡沫轴在中背部至肩关节之间来回滚动。

4. 运动负荷

每组来回滚动30～40秒，一般做3～4组，动作强度由自身体重决定。教师做好安全措施，根据学生体能状况掌控好运动负荷。

5. 动作图例（如图12－7所示）

(a) (b)

图12－7 泡沫轴放松上背部

（五）泡沫轴放松腰部

1. 目的

放松腰部肌肉和筋膜。

2. 方法

仰卧滚动泡沫轴，放松腰部肌肉和筋膜。

3. 技术标准

（1）身体仰卧，腹部收紧，双手后伸支撑于地面，双腿屈膝，将泡沫轴放在腰部下方，髋关节抬离地面。

（2）双腿屈伸带动身体移动，泡沫轴从中背部至腰骶关节来回轻轻滚动。

4. 运动负荷

每组来回滚动30～40秒，一般做3～4组，动作强度由自身体重决定。教师做好安全措施，根据学生体能状况掌控好运动负荷。

5. 动作图例（如图12-8所示）

(a)

(b)

图12-8　泡沫轴放松腰部

（六）泡沫轴放松髂胫束

1. 目的

放松大腿外侧肌肉和筋膜。

2. 方法

侧卧滚动泡沫轴，放松髂胫束。

3. 技术标准

（1）身体侧卧，将下方腿伸直，以脚外侧支撑地面，泡沫轴置于下方腿髋关节外侧下方，上方腿屈膝在身体前方，以脚掌支撑地面，下方臂屈肘撑于地面，上方手屈肘置于身体前方支撑地面。

（2）上方腿蹬地带动身体移动，使泡沫轴从髋关节外侧至膝关节之间来回滚动。

4. 运动负荷

每组来回滚动30~40秒，一般做3~4组，动作强度由自身体重决定。教师做好安全措施，根据学生体能状况掌控好运动负荷。

5. 动作图例（如图12-9所示）

(a)

(b)

图12-9　泡沫轴放松髂胫束

（七）泡沫轴放松大腿内侧肌群

1. 目的

放松大腿内侧肌群及筋膜。

2. 方法

俯卧滚动泡沫轴，放松大腿内侧肌群及筋膜。

3. 技术标准

（1）身体俯卧，右腿外展，将泡沫轴置于右大腿内侧靠近膝关节下方，左腿直腿以脚尖支撑地面，双臂屈肘支撑地面，将身体抬离地面。

（2）双臂和右腿推动泡沫轴，在大腿内侧骨盆至膝关节来回滚动。

4. 运动负荷

每组来回滚动30~40秒，一般做3~4组，动作强度由自身体重决定。教师做好安全措施，根据学生体能状况掌控好运动负荷。

5. 动作图例（如图12-10所示）

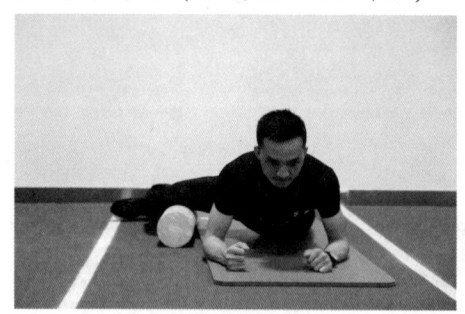 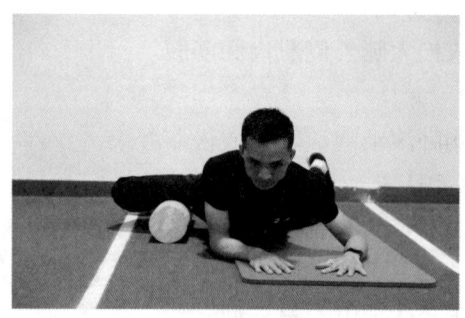

(a)   (b)

图12-10　泡沫轴放松大腿内侧肌群

（八）足弓滚动放松足底筋膜

1. 目的

放松足底肌群及筋膜。

2. 方法

身体直立足底滚动网球，放松足底肌群及筋膜。

3. 技术标准

（1）身体直立，一条腿支撑地面，另一条腿脱鞋将网球置于足底下方，将身体重心移至网球上。

（2）单脚移动带动网球，网球在足底来回滚动。

4. 运动负荷

每组来回滚动30~40秒，一般做3~4组，动作强度由自身体重决定。教师做好安全措施，根据学生体能状况掌控好运动负荷。

5. 动作图例（如图12-11所示）

(a)

(b)

图12-11 足弓滚动放松足底筋膜

第二节 静态拉伸

静态拉伸

静态拉伸的技术原理，在第三章第五节中已做了明确的阐述，下面介绍一些基本的运动后恢复与再生环节中的静态拉伸技术。以下拉伸动作教师可以根据教学情况自由选择及组合。

一、单腿坐姿体前屈

1. 目的
拉伸放松大腿伸展肌群。
2. 方法
单腿坐姿体前屈。
3. 技术标准
（1）身体成坐姿，一条腿伸直置于地面，另一条腿屈膝外旋成"4"字，脚掌置于直膝腿膝关节处。
（2）身体向前屈髋，双手握直膝腿脚尖，胸部向前轻压。
（3）拉伸8～10秒后，可以抬起躯干，让大腿屈肌松弛，再继续前压拉伸。
4. 运动负荷
左右腿各拉伸40秒，一般做2～3组，直至感到中等程度拉伸或出现轻度疼痛感。

5. 动作图例（如图 12-12 所示）

图 12-12　单腿坐姿体前屈

二、俯卧直肘后仰

1. 目的

拉伸放松身体前侧屈肌群。

2. 方法

俯卧拉伸身体前侧屈肌群。

3. 技术标准

（1）身体成俯卧撑姿势，双手伸直撑地，双腿直膝以脚尖支撑地面。

（2）头部引领身体逐步后仰，双腿与髋关节尽量触地，直到有中等程度拉伸感。

（3）拉伸 8~10 秒后，可以抬起臀部，让屈肌群松弛，再继续后仰拉伸。

4. 运动负荷

身体前侧屈肌拉伸 40 秒，一般做 2~3 组，直至感到中等程度拉伸或出现轻度疼痛感。

5. 动作图例（如图 12-13 所示）

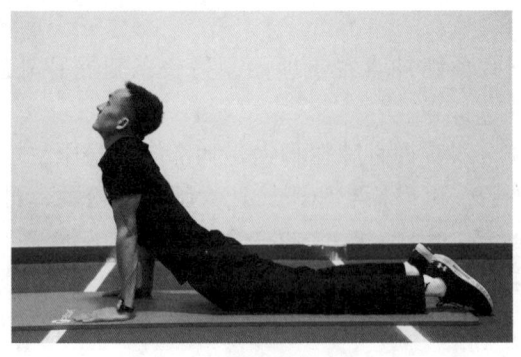

图 12-13　俯卧直肘后仰

三、俯卧跪姿压

1. 目的

拉伸背阔肌等肩背肌群。

2. 方法

俯卧跪姿压拉肩背肌群。

3. 技术标准

(1) 身体成四马式跪姿,然后身体屈膝后坐于大腿足跟,双臂尽可能向前伸。

(2) 肩关节垂直下压,直至有中等拉伸感。

(3) 拉伸 8~10 秒后,可以抬起肩部,让肩背肌松弛,再继续压肩拉伸。

4. 运动负荷

下压肩关节 40 秒,一般做 2~3 组,直至感到中等程度拉伸或出现轻度疼痛感。

5. 动作图例(如图 12-14 所示)

图 12-14 俯卧跪姿压

四、坐姿脊柱旋转

1. 目的

拉伸躯干竖脊肌、梨状及旋转肌链。[1]

2. 方法

坐姿脊柱旋转拉伸。

3. 技术标准

(1) 坐姿左腿伸直,上体直立,右脚屈膝以脚掌着地置于左膝外侧,将左肘置于右膝外侧,右手放在离臀部 30~40 厘米的地方。

(2) 左肘推右膝向左,尽量转肩转头,目视后方。

---

[1] 朗基. 运动员恢复指南:休息、放松,储备剂量达到最佳竞技状态 [M]. 华学翠,译. 北京:北京体育大学出版社,2015.

（3）拉伸8～10秒后，可以抬起左肘，让旋转肌松弛，再继续旋转拉伸。

4．运动负荷

旋转胸椎40秒，一般做2～3组，直至感到中等程度拉伸或出现轻度疼痛感。

5．动作图例（如图12－15所示）

图12－15 坐姿脊柱旋转

五、坐姿体前屈

1．目的

拉伸背部及大腿伸肌群。

2．方法

坐姿体前屈。

3．技术标准

（1）躯干直立，双手并拢伸展成坐姿。

（2）躯干前倾，屈髋胸部前压，两手尽可能抓脚尖。

（3）拉伸8～10秒后，可以抬起躯干，让伸展肌松弛，再继续下压拉伸。

4．运动负荷

胸部下压40秒，一般做2～3组，直至感到中等程度拉伸或出现轻度疼痛感。

5．动作图例（如图12－16所示）

图12－16 坐姿体前屈

六、跪姿后仰

1. 目的

拉伸屈髋及屈躯干肌群。

2. 方法

跪姿后仰拉伸。

3. 技术标准

（1）跪姿头部及身体后仰，双手后伸撑于肩部下方。

（2）向上伸髋（挺髋）使膝、髋、肩在同一直线上，拉伸屈髋及屈躯干肌群。

（3）拉伸8~10秒后，可以屈髋，让屈肌松弛，再继续挺髋拉伸。

4. 运动负荷

伸髋40秒，一般做2~3组，直至感到中等程度拉伸或出现轻度疼痛感。

5. 动作图例（如图12-17所示）

图12-17　跪姿后仰

七、单腿跪姿拉

1. 目的

拉伸屈髋及伸膝肌群。

2. 方法

单腿跪姿后仰拉伸。

3. 技术标准

（1）身体直立，前腿屈膝90°以脚掌着地，同侧手上举，后腿屈膝以膝关节前部着地，同侧手握足背。

（2）后腿侧手尽量将小腿拉向臀部，髋往前下方用力，前腿侧手向后上方伸展。

（3）拉伸8~10秒后，可以屈髋，让屈肌松弛，再继续向臀部拉小腿。

4. 运动负荷

后腿伸髋40秒，一般做2~3组，直至感到中等程度拉伸或出现轻度疼痛感。

5. 动作图例（如图 12-18 所示）

图 12-18　单腿跪姿拉

八、侧卧旋转拉伸

1. 目的
拉伸髋肩及脊柱相关肌群。
2. 方法
侧卧髋肩及脊柱拉伸。
3. 技术标准
（1）双腿屈膝前后分立，侧卧于垫上，下方手屈肘抱上方腿膝部，上方手握下方腿足背。
（2）双手分别向前后拉，转动胸椎使头部朝向上。
（3）拉伸 8~10 秒后，可以放松双手，让髋肩肌松弛，再继续前后拉伸双腿。
4. 运动负荷
伸髋 40 秒，一般做 2~3 组，直至感到中等程度拉伸或出现轻度疼痛感。
5. 动作图例（如图 12-19 所示）

图 12-19　侧卧旋转拉伸

第三节 排酸跑（恢复性跑）

恢复性跑，是指在正式运动后所做的、旨在加速机体功能恢复的、较轻松的有氧运动方式。体育课后如果立刻停止运动，心率会快速恢复到正常状态，这就意味着体内的血液流速也会减慢，心输出量下降，机体内的代谢同时也会减慢，不利于乳酸的排除。严重者甚至会出现脑一时缺血，出现头晕等现象，甚至造成休克。通过恢复性跑可以增加心率和血流量，以满足肌肉恢复的需求。此时，身体的循环系统会继续运转，将富含氧气的血液输送到肌纤维并渗透，使运动肌肉不再僵硬，加速疲劳消除。同时，体内血液流速得到了稳定控制，机体的代谢保持在一个较稳定的状态之下加速乳酸的排除，加快机体的恢复。在中学体育课中，学生在上完体育课主体部分后，可能会出现肌肉乳酸堆积，pH 值下降，肌力减退的现象。如果运动后完全静止休息，会降低乳酸排除速度。恢复性跑可以让学生从较大的运动负荷逐步过渡到较小的运动负荷，同时让学生的生理和心理能够得到及时的放松和恢复。中学体育课中恢复性跑练习的强度一定要小，以避免加重肌肉和心血管系统的应激反应，一般恢复性跑时的心率不能高于最大心率的 55%，心率一般控制在 110~120 次/分[1]，时间一般控制在 6~10 分钟以内（运动员或者运动爱好者时间一般在 20~40 分钟），心率保持在 120 次/分左右。在体育课程中也可以结合恢复性慢跑和静态拉伸，能更加有效地恢复学生的机体功能。

1. 目的

促进乳酸排除速度，加快机体恢复。

2. 方法

慢跑。

3. 技术标准

（1）开始用适宜的频率与步幅。

（2）活动开后用稍大步幅、步频跑。

（3）双臂摆起，肘部弯曲约 90°，肩部放松。

（4）手向上摆动到和胸骨齐平的位置，向下摆动带到腰部位置。

（5）以髋带动大腿前抬，用脚后跟着地，过渡到前脚掌。

（6）重心移过支撑点，后蹬。

4. 运动负荷

一般不能高于最大心率的 55%，心率在 120 次/分左右，跑 6~10 分钟。

---

[1] 施莱普，拜尔. 筋膜健身：系统科学的筋膜训练方法全书 [M]. 张影，译. 北京：北京科学技术出版社，2017.

本章小结

现行的初中体育课程，运动后的恢复与再生涉及很少，教师和学生对恢复与再生的重视程度也不够，认为只是运动后进行简单拉伸即可。训练是"破坏"，恢复才是提升，制定安排科学的恢复与再生方法对初中生具有重大意义。通过恢复与再生训练可以让学生得到充分的恢复，减少运动疲劳的产生，提升功能表现和运动成绩，为后面的体育课程打下良好的基础，逐步提高学生的运动能力。

思考与练习

1. 请同学们思考，静态拉伸与动态拉伸技术各有什么优势？两种技术分别运用在什么情况下？
2. 乳酸堆积有什么身体感觉？什么运动的乳酸堆积身体感觉最明显？
3. 请同学们列举消除乳酸有哪些方法。
4. 简单描述什么是筋膜链，它在人体运动中起什么作用。
5. 掌握4~6种身体各主要肌群的静态拉伸技术和筋膜放松技术。

第十三章
体育中考体能项目训练技术与方法

第一节　初中中长跑项目体能训练技术与方法

初中中长跑项目体能训练技术与方法

　　中长跑是我国初中阶段体育课堂和体质锻炼的重要教学内容之一，该项目是《国家学生体质健康标准》的考核项目，女子800米和男子1 000米中长跑成为我国大部分地区体育中考的必考科目。虽然中长跑运动的锻炼形式单一、枯燥、缺乏趣味性，学生容易产生厌倦情绪[1]，但是"跑"是人类生存最基本的动作形态，通过中长跑发展心肺有氧功能，是处于发展最快增长期初中学生的最有效、最常见、最便捷的手段与方法。从成年人积极参加长跑和马拉松运动的火爆场面可以看出，中跑对健康有着重要意义。其不但能有效提高体质健康水平，而且也能培育学生良好的意志品质，促进身心全面发展。因此，国家才将中跑作为国家强制性的体质锻炼标准。本章将系统剖析中长跑步项目的生物学及训练学的基本原理、常见的损伤及预防方法，着重学习能有效提高体育中考中跑成绩和适合初中学生身体发育状况的体能训练手段。同时，为广大初中体育教师提供科学规范的教学示范，并为中长跑运动体能锻炼教学研究与创新提供理论借鉴。

---

[1] 李发勇. 提高中考体育中长跑成绩的分析与策略［J］. 当代体育科技，2017，7（27）：230-231.

一、中长跑项目的多学科原理

（一）中长跑的运动训练学描述

中长跑属于耐力性的体能主导类别，存在周期性单一动作结构的特征。[①] 中长跑包括了中跑和长跑。在国际田径项目分类中，中长跑属于径赛项目，比赛距离的设置从800米到10 000米不等。保持持续高速运动的能力是体能主导类耐力性项群的共同特征，决定中长跑成绩的关键因素是速度和速度耐力水平。[②] 随着项目的发展与对其的深入研究，有学者提出：近年来，中跑的平均跑速获得大幅度提高，中跑的项目特征正逐渐向短跑性质靠拢，其代谢特征ATP－CP和糖酵解供能比例越来越大。[③]

在中学体育课程中，初中阶段学生的中长跑竞赛项目主要以800米和1 500米为主，根据2014年新修订的《国家学生体质健康标准》的考核要求，女子800米与男子1 000米为初中阶段的必考项目[④]，也是大多数省市中考体育考试的必考内容。如何科学发展初中学生的心肺工作能力，提高中跑的成绩，是初中阶段体育教学与科研的最重要的工作内容。

（二）中长跑的运动生理学描述

中跑与长跑都属于有氧耐力项目，中跑有自己的生理学特征，属次最大强度运动。其供能系统无氧糖酵解功能比例较大，运动时间在3～5分钟之间。由于动员效率与机制的差异性，常导致各系统（神经系统、呼吸系统、心血管循环系统和骨骼肌运动系统）不同步进入工作状态现象较短距离跑突出，过量耗氧的绝对值高于其他项目，血乳酸含量也高于其他项目。[⑤]

长跑属大强度运动，虽然每分钟耗氧量较中跑低，但总体耗氧高于中跑项目。在跑后的2～4分钟，心肺功能潜力可被充分发挥，摄氧达到最大摄氧量平台。对于这种强度的长跑，最大摄氧量与实际耗氧量容易达到基本平衡，表现为乳酸产生较少，呼吸、心率及心输出量较为稳定，出现真稳定状态。相对而言，中跑的最大摄氧量与实际耗氧量仍存在差距，呼吸、心率及心输出量达到极限，机体容易会出现"假稳定状态"，继而出现了"极点"与"第二次呼吸"等常见的生理现象。[⑥]

[①②] 田麦久. 运动训练学 [M]. 北京：人民体育出版社，2000.
[③] 汤艳清. 对中长跑运动项目速度训练的探讨 [J]. 田径，2010（8）：39－41.
[④] 教育部体育卫生与艺术教育司. 国家学生体质健康标准锻炼手册：彩色版 [M]. 北京：人民教育出版社，2008.
[⑤⑥] 刘永东. 田径运动实用教程 [M]. 北京：人民体育出版社，2007.

训练不足及体能状态较差的人，通常在中长跑运动开始后，就会出现两腿发软、全身乏力、呼吸困难等感觉。在运动生理学中，这种现象称为"极点"或"撞墙"。"极点"或"撞墙"的产生，主要是由于内脏器官的惰性。[①] 人体从相对安静状态到剧烈运动时，四肢肌肉由于受躯体性神经中枢指挥，能按意识随意运用肌肉系统进入工作状态（如立刻完成抬腿、举手等动作），而内脏器官（如呼吸、循环系统）受植物神经中枢指挥，不受意识控制，动员需要大脑中枢根据身体缺氧的程度来动员，发挥其最高机能水平的时间较长。同时，容易造成体内相对缺氧，大量的乳酸和二氧化碳积聚，使植物神经中枢和躯体性神经中枢之间的协调遭到破坏，表现为生理"极点"的出现，似乎已无法坚持运动。这是一种正常的生理现象，说明机体从安静状态进入运动状态时，体内各器官及系统都需要一段时间来动员与适应。"极点"的出现与健康状况、训练水平和运动前的准备活动有关。经常参加锻炼的人，"极点"出现得晚，持续时间短，身体反应也较轻；反之"极点"出现得早，且持续时间长，表现得也较重。"极点"现象出现时，可以小幅度地降低跑速，加强腹式呼吸并坚持跑动。随着内脏器官活动加强，摄氧能力加强，乳酸氧化增加，跑速与摄氧能力匹配，进入所谓的"第二次呼吸"状态，摄氧量与实际耗氧量接近，呼吸不畅等不舒适感逐渐消失，步伐轻快有力。

（三）中长跑教学的体育教育学描述

中长跑教学是初中阶段田径教学的重要组成部分，依据《体育与健康课程标准》的划分方法可将学习目标划分为运动参与目标、运动技能目标、身体健康目标、心理健康目标以及社会适应目标等五个维度。[②] 通过中长跑的教学，初中阶段的学生可以培养积极参与跑步锻炼的态度和行为，能够掌握一定的中长跑竞赛知识，了解跑步技术及其训练方法，发展有氧耐力素质，体验跑步运动的乐趣。从中长跑中能增强自尊与自信，逐步形成克服困难的坚强意志品质，培养良好的体育道德和集体责任感。

（四）中长跑教学的体育心理学描述

中长跑教学可以促进学生的心理健康，消除心理障碍，培养和提高学生抗挫折的能力。[③] 体育教师通过中长跑的教学，可以磨砺学生的意志、培养学生的竞争意识、发展学生的互助协作精神。[④]

中长跑是现阶段初中学生身体锻炼方式中，身心锻炼功能最全面的运动项目。小

---

① 威尔莫尔，科斯蒂尔，凯尼. 运动生理学 [M]. 王瑞元，汪军，译. 北京：北京体育大学出版社，2011.
② 中华人民共和国教育部. 义务教育体育与健康课程标准：2011 年版 [M]. 北京：北京师范大学出版社，2012.
③ 唐群. 中长跑教学对中学生逆商培养的影响分析 [D]. 长沙：湖南师范大学，2014.
④ 刘淑慧. 体育心理学 [M]. 北京：高等教育出版社，2005.

米科技创始人、董事长雷军也是长跑的发烧友,他常说,运动,能让我重新感受到内心的平静和温暖的力量,而且每向前一步,热爱和勇气就会多一分[①];原清华大学副校长、现任西湖大学校长施一公院士是半程马拉松的爱好者[②];中国著名企业家史玉柱在浙江大学读书的时候,就有每天跑步9千米的习惯。

二、中长跑项目的体能训练学特征与分析

(一) 中长跑的能量代谢特征

中长跑的能量代谢特征较为复杂,其代谢供能特点是由运动时间和强度所决定的。在亚极量中长跑运动中,人体主要以无氧糖酵解和有氧氧化糖及脂肪来供能,以维持其预定强度。[③] 无论什么运动都是 ATP-CP、无氧糖酵解和有氧糖及脂肪氧化供能,只是三大供能比例不同,通常称无氧供能为主的为无氧运动,有氧供能为主的为有氧运动,无氧、有氧比例大致接近的为混合氧运动。在高强度中长跑中,距离越长有氧氧化代谢发挥作用越大,距离越短糖酵解占有比越大,乳酸大量堆积,氨基酸代谢活跃,多数氨基酸分解代谢增强,氧化应激水平较高。[④] 根据中长跑距离的不同,三大能量供应系统的比例变化较大,各距离跑具有明显的特殊性(见表13-1)。

表13-1 中长距离跑各项目能量代谢比例一览表[⑤]

运动项目	无氧代谢供能比例/%	混合代谢供能比例/%	有氧代谢供能比例/%
800 米	30	65	5
1 500 米	20	55	25
3 000 米(障碍跑)	20	40	40
5 000 米	10	20	70
10 000 米	5	15	80
马拉松(42.195 千米)	—	5	95

---

① 雷军:靠运动缓解压力和焦虑!跑步大喊:我是最棒的!如今做出世界500强![EB/OL]. (2020-08-19)[2021-04-20]. https://www.sohu.com/a/413873123_255812.

② 杭马施一公现身,体型结实,完成长跑运动,网友:智商与健康并存[EB/OL]. (2019-11-04)[2021-04-20]. https://new.qq.com/omn/20191104/20191104A0N9TO00.html.

③ 王松森. 中长跑锻炼中身体反应的运动生理学分析:以中长跑能量代谢特征作为分析基点[C]//2017年中国生理学会运动生理学专业委员会会议暨"学生体质健康与运动生理学"学术研讨会论文集,2017.

④ 郭波. 基于代谢组学中长跑运动员大负荷训练阶段的代谢特征及穴位刺激调节的可能机制[D]. 上海:上海体育学院,2019.

⑤ 熊克斌,胡亦海. 中长跑项目能量代谢特点及基础阶段训练对策[J]. 武汉体育学院学报,1992(3):12-16.

(二) 中长跑的动力学和生物力学特征

跑的速度由步长与步频决定，即速度（V）=步长（SL）×步频（SR）。中长跑以途中跑为主，为了提高跑步的经济性，世界优秀运动员多采用高频率和适宜的步长来达到节省能量提高成绩的目的。初中学生中长跑技术教学中，体育教师不但要指导学生跑步技术，还需要分析每个学生跑步动作的结构是否符合动力学与生物力学的特征，在教学中通过多种练习手段，逐步提高跑步动作的合理性和经济性。

1. 跑步周期性划分

依据跑步过程的下肢动作结构，可以将跑步的每个循环周期分为腾空阶段和支撑阶段（如图13-1所示），支撑阶段可以划分为前支撑期和后支撑期，腾空阶段可以划分为腾空前期、腾空中期和腾空后期。由于前支撑期是跑步周期的核心与动力阶段，下面重点描述前支撑期。

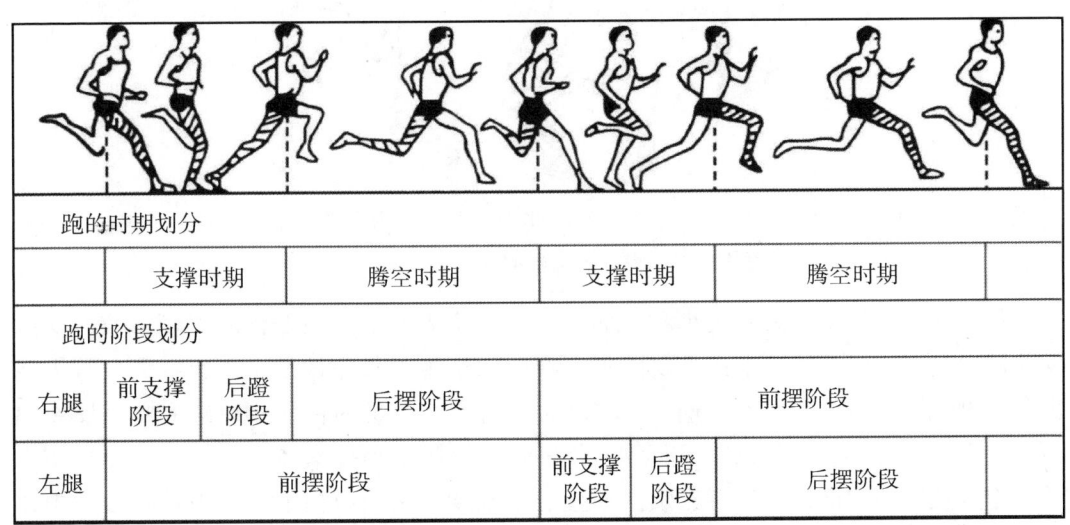

图13-1　跑的动作周期划分[①]

跑步的周期划分中，从一条腿的前支撑期开始到另一条腿的前支撑期结束，为一个跑步周期。前支撑期，下肢关节缓冲着地，髋、膝、踝关节快速离心退让性收缩以减少水平速度的损失。同时，减缓人体着地时身体重心向下的垂直速度，此动作约延续18~24毫秒，是人体大脑皮层下的自然反射动作。缓冲退让结束后，随着髋、膝、踝的弹性伸展，垂直方向加速度快速上升，身体重心逐步升高，身体重心投射点移动至压力中心上方，为后支撑蹬离提供良好的技术准备。压力中心点是地面反作用力的合力作用中心，一般在脚掌的几何中心。后支撑期是身体重心投影点向前越过压力中

---

① 周建梅，李建臣. 田径运动技术诊断[M]. 北京：化学工业出版社，2016.

心至足部蹬离地面，此阶段髋、膝、踝链式伸髋、伸膝完成后蹬，异侧腿配合前摆，继续提高身体垂直于水平运动速度，升高身体的重心高度。

2. 跑步的力学影响因素

影响跑步的其他力学因素包括重力、空气阻力和支撑反作用力，其中水平方向的支撑反作用力也包含摩擦力（如图13-2所示）。作用于身体的外力，使重心不能实现理论上的匀速直线运动。除了向前的运动还有上下的波动和左右的摆动，身体重心在跑步周期的不同动作阶段运动速度各不相同。减少重心大幅度波动，是实现跑步经济性和提高运动成绩的一个重要途径。

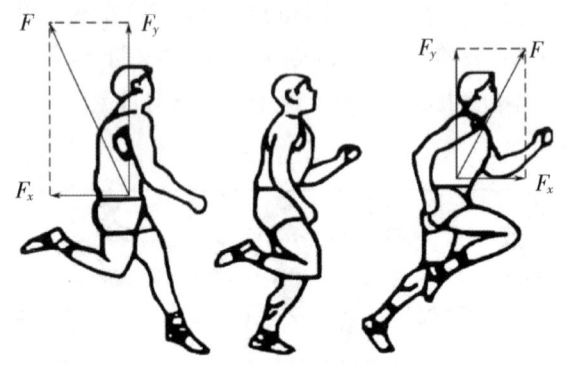

注：F为合力，F_x为水平分力，F_y为垂直分力。

图13-2 跑步过程中的受力分析图①

跑步时支撑反作用力的大小和方向，是随跑步周期变化而变化的矢量数值，支撑反作用力是影响跑速的一个最重要因素。在初中学生中长跑教学中，学生大多数表现出跑步时髋关节后伸效益差、垂直运动过大、向前性不足的特征。理论上支撑反作用力与地面角度越小，矢量方向越向后，获得的水平速度和技术经济性越好。提高初中学生跑步技术的向前性，尽可能减少垂直运动幅度，是当前初中学生中长跑教学中通过提高支撑反作用力利用效率提高跑步效能的重要途径。

（三）中长跑的运动损伤特征

中长跑运动员或爱好者的运动损伤常发生在下肢关节，其中踝关节的损伤发生率较高，其次是膝关节和髋关节。②③ 由于中长跑速度慢，较少爆发性的动作，损伤往往是长期积累性的，这点需要教师高度关注，肌肉力学失衡和身体姿态失衡是形成积累性损伤的基本原因。踝关节损伤以扭挫伤为常见；膝关节韧带损伤、创伤性滑膜炎、

---

① 周建梅，李建臣. 田径运动技术诊断 [M]. 北京：化学工业出版社，2016.

② 熊克斌，胡亦海. 中长跑项目能量代谢特点及基础阶段训练对策 [J]. 武汉体育学院学报，1992 (3)：12-16.

③ 苗莉. 辽宁省中长跑运动员运动损伤的调查分析 [J]. 辽宁体育科技，2014 (3)：72-73.

脂肪垫损伤、胫腓骨骨膜炎、胫骨结节损伤、髂胫束损伤和鹅足腱损伤、股后侧肌群损伤在中长跑运动员膝关节损伤中较为常见。[1] 另外，训练水平较低、训练年限少的运动员较容易出现运动性低血糖、足底筋膜炎、前脚掌和脚趾疼痛，损伤的发生与医务监督不足、训练负荷或安排不合理、热身不充分、训练恢复不足以及场地或配套硬件不完善等有关。[2]

（四）中长跑跑步技术分析

由于项目距离的不同，中长跑技术的动作速度和幅度以及用力程度上各有不同。一般而言，现代中长跑技术一般具有以下共性特征：身体重心位移平稳，动作实效、经济、轻松、自然，保持良好的高步频节奏，伸髋后蹬与屈髋摆腿动作协同有力，产生良好的"蹬摆效益"。中长跑的完整技术包括起跑、起跑后的加速跑、途中跑和终点跑等主要技术环节。[3][4]

中长跑的起跑一般采用站立式起跑的方式，无论在直道起跑还是在弯道起跑，中长跑选手都应该沿切线方向跑进，在规则允许的范围内，抢占有利的战术位置，然后进入有节奏的途中跑。途中跑是决定中长跑成绩的主要环节，途中跑的过程应强调跑步动作的经济性，保持较高的动作节奏。这样做不但能减少重心的起伏波动，还能减少退让缓冲的工作距离，使得重心能运动较短的距离就可以移过支撑点，提高跑步的经济性，有助于中长跑成绩的提升。终点跑是全程结束前的最后一段距离的冲刺跑，也是相对途中跑的一段快速跑。不同水平的职业中长跑选手会根据个人能力，在距离终点200~400米的距离开始，采用加大摆臂幅度、增加步频和身体前倾角度的终点跑技术，终点撞线技术与短跑基本相同。中长跑的呼吸节奏取决于个人特点和跑步的速度，中长跑运动员一般采用半张口与鼻同时呼吸来最大限度地满足机体对氧气的需求。[5]

（五）生长发育与动作技能窗口期

每个人青春期的启动和终止时段不一，但在大多数情况下，女性的青春期跨度在8~19岁，男性的青春期跨度在10~22岁，女性普遍比男性早2年进入生理成熟阶段。在初中阶段，绝大多数学生正在经历第二次"生长发育高峰"，身体形态（如身高、

---

[1] 薛红. 中长跑运动员常见运动损伤致因及预防的研究［J］. 教育教学论坛，2013（21）：118-119.

[2] 侯希贺，黄永峰，赵波，等. 中长跑运动员膝关节常见损伤及其致因［J］. 中国体育教练员，2018，26（2）：40-42.

[3] 刘永东. 田径运动实用教程［M］. 北京：人民体育出版社，2007.

[4] 张芸. 青少年中长跑运动员运动损伤调查分析［J］. 体育世界（学术版），2010（6）：47-49.

[5] 全国体育院校教材委员会. 田径运动教程［M］. 北京：人民体育出版社，1999.

体重、下肢长、胸围、去脂体重等)、生理机能(如心肺机能、大脑皮质功能等)及性腺轴(第一、第二性征的出现)三大方面发生急剧的变化与发展。① 体育教师在发展学生运动素质时应充分了解该年龄段的生长发育特点,避免过度训练、厌食、心理异常等严重影响青少年生长发育的状况出现。

许多对照研究都证实在不同年龄阶段,人体的运动素质都存在一个快速增长期,有学者称其为运动素质的发展敏感期或窗口期。② 各种运动素质发展敏感期,一般认为柔韧素质敏感期为5～12岁,灵敏素质敏感期为7～14岁,速度素质敏感期为7～17岁,力量素质敏感期为10～16岁,耐力素质敏感期为12～16岁。③ 尽管在青少年耐力素质发展敏感期上,不同的研究存在不同的观点和争议,但人们还是比较倾向按照对应的敏感期去发展该项素质。

除运动素质存在发展"窗口期",动作技能学习同样存在发展"窗口期",动作技能学习"窗口期"受到动作发展规律、认知发展规律、身体发育规律、素质发展敏感期、运动技能形成规律等人体客观规律的支配与限制。④ 位移技能作为人类重要的动作技能,应充分发展强化。跑是位移技能的一种,同时跑也是人类基本的动作模式之一。跑步是青少年发展最早的能力之一,是步行的延伸,从儿童到青少年的阶段,跑步的动作技能发展可划分为高位保护跑、中位保护跑、脚跟—脚趾手臂伸展、手臂有力协调摆动和技能成熟等五个阶段(见表13-2和图13-3)。⑤ 体育教师在中长跑教学过程中,应遵循动作发育规律,掌握跑步的动作顺序和发育规律,重复进一步强化学生的跑步技能。

表13-2 跑步动作技能的发展规律

发展阶段	发展敏感期	动作特征
Ⅰ 高位保护跑	一般幼儿在1岁4个月后开始习得跑的动作技能	手臂处于高举位置,呈保护状态,对跑动没有作用; 两脚与肩同宽,步幅小,跑动过程中几乎没有腾空或极小腾空; 全脚掌着地,脚趾外展,摆动腿外展

---

① ② 郭蓓. 上海市运动员科学选材工作指导手册 [M]. 上海:上海科学技术文献出版社,2005.
③ 王伟杰. 儿童青少年身体素质敏感期的变化特点 [D]. 北京:北京体育大学,2016.
④ 于素梅. 动作技能学习"窗口期"及理论建构:基于一体化体育课程建设的核心理论 [J]. 体育学刊,2019,26(3):8-13.
⑤ 人民教育出版社课程教材研究所体育课程教材研究开发中心. 人类动作发展概论 [M]. 北京:人民教育出版社,2008.

续上表

发展阶段	发展敏感期	动作特征
Ⅱ中位保护跑	随着动作控制的能力提高，5~8岁后位移速度会大幅提高，60%的男孩4岁就能进入第四阶段，60%的女孩5岁才能进入第四阶段	手臂处于平举中位保护状态，对跑动同样没有作用； 手臂的摆动方向与同侧髋部和腿的动作方向相反； 躯干直立； 腾空时间增加，经常出现全脚掌着地，步幅加大，膝关节折叠至少成90°，大腿有侧摆，摆动腿越过身体中线置于身体后侧，蹬伸时脚接近完全伸展
Ⅲ脚跟—脚趾手臂伸展		手臂处于低位保护状态，手臂摆动方向与同侧腿的动作方向相反，越过身体中线，肘关节在前摆时屈曲，后摆时伸直； 腾空时支撑腿完全伸展，脚跟或前脚掌着地，摆动腿踝关节放松，膝关节提升前摆
Ⅳ手臂有力协调摆动		手臂与腿反向摆动，手臂前后摆动，肘关节屈曲； 摆动腿呈现折叠前摆动作； 脚跟—脚趾着地，快跑时前脚掌—脚跟着地
Ⅴ跑的动作技能成熟	随着位移动作技能的逐步发展，跑的速度进一步增加，直到青春发育期（13~16岁），男女生之间开始出现差异，女生位移速度落后于男生。男孩8~13岁位移速度的增长尤为明显，女生在9~12岁增长最快，女生在进入青春期后速度表现不稳定，甚至还会低于14岁以前的位移速度	跑步时相符合力的产生； 在途中跑过程中具有良好的节奏和频率； 躯干直立并前倾5°~10°； 离开地面时，髋、膝、踝充分蹬伸； 摆动腿有力前摆； 肘关节屈曲且与同侧腿反向用力摆动； 腾空时相摆动腿充分折叠以缩短摆动力矩，从而再快速前摆变为支撑腿； 缓冲阶段减少过度的重心上下波动

图 13-3 跑步动作发展的不同阶段[1]

（六）中长跑的训练周期

在中长跑的教学中，按照人体有氧耐力发展的规律，通过合理、有节奏地安排练习与恢复内容，可以有效地促进学生身体产生积极的生理适应性，提高人体的最大动员的极限阈值、神经与内脏的协同动员。同时，使他们能在特定的时段活动最好的运动表现，从而实现运动目标。在选择和设计有氧耐力周期练习内容与负荷安排时，应该围绕练习目标设置相互兼容及递进的练习模块。通常情况下，中长跑练习从用于提高有氧系统基础能力的20分钟以上的较长距离、较低强

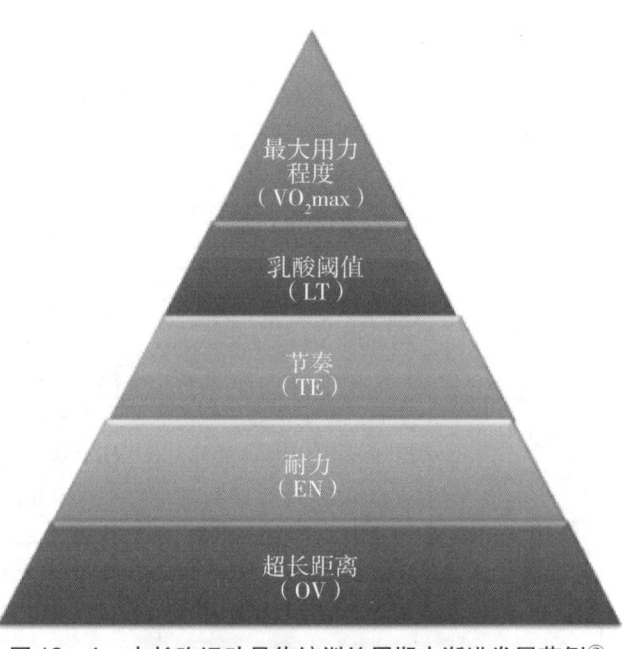

图 13-4 中长跑运动员传统训练周期中渐进发展范例[2]

---

[1] 人民教育出版社课程教材研究所体育课程教材研究开发中心. 人类动作发展概论 [M]. 北京：人民教育出版社，2008.

[2] 美国体能协会. 耐力训练 [M]. 石宏杰，译. 北京：北京体育大学出版社，2015.

度的长跑开始（国外也称为 SLD 跑，中文意思是低速、较长距离的跑步），随后是进行更高强度的按比赛距离设计速度和节奏的有氧练习，当身体逐渐建立了坚实的有氧能力和力量基础后，则可以加入乳酸阈值和最大用力程度的练习内容。①

三、800 米/1 000 米体育中考项目的体能训练技术与方法

以下训练技术与方法，请教师根据学生实际情况，合理选用课中和课后 800 米/1 000 米方法。

（一）有氧耐力训练

1. 长距离慢速跑

训练目的是发展有氧代谢供能能力，改善身体成分，强化心肺循环系统功能，训练距离大于比赛距离，练习强度约为 70% 最大摄氧量或 80% 最大运动心率，持续时间为 30~40 分钟（参考本书第十一章第三、第四节）。

2. 越野跑

训练目的是发展基础的有氧供能能力，在树林、大道、公园或越野跑步径上练习，持续时间为 20~40 分钟，以匀速慢跑为主，强度为 40%~60% 最大摄氧量，适合初学者或是损伤恢复时期开展。

3. 定时匀速跑

训练目的是发展最大的有氧代谢供能能力，持续时间为 30~40 分钟，按照既定配速，训练强度以 4~5 分/千米为宜，运动后即刻心率应在 150~170 次/分之间（参考本书第十一章第三、第四节）。

4. 持续训练法

训练目的是发展基础有氧代谢供能能力，通过自行车、有氧操、游泳等其他运动方式，持续进行有氧运动，持续时间为 30~50 分钟，训练强度在 60% 最大摄氧量以上。

（二）配速/节奏训练

1. 变速跑

训练目的是发展有氧—无氧混合代谢供能能力，以速度变化刺激强化代谢供能系统，可以通过在田径场上的直道和弯道来实现变速跑训练。一般距离不超过比赛距离的 2~3 倍，完成 2~4 组，组间间歇要求心率恢复到 120 次/分左右即可开始下一组练习，一周内采用一次（参考本书第十一章第三、第四节）。

---

① 美国体能协会. 耐力训练［M］. 石宏杰，译. 北京：北京体育大学出版社，2015.

2. 组合跑

训练目的是发展无氧代谢供能能力，通常以不同的跑步段落距离（组合距离依次递增或递减，例如每组完成 100 米跑/200 米跑/300 米跑/200 米跑/100 米跑）或是不同形式的跑动组合[①]（如每组完成上坡跑/台阶跑/下坡跑/阻力跑），完成 2~5 组，每组 2~6 次，每次跑之间以慢跑主动恢复，组间休息需较充分，主要应用在中跑的训练当中，每周内采用一次（参考本书第十一章第三、第四节）。

3. 重复跑

训练目的是发展耐乳酸代谢供能能力，跑的段落在 200~500 米，完成 2~5 组，每组 2~4 次，中跑训练每次课的总距离不超过比赛距离的 3~6 倍，训练强度为最大速度的 85%~90%，每次间歇时间在 1 分 30 秒至 3 分钟。因训练强度大，每周安排不超过 3~4 次，每组之间的恢复时间需充分（参考本书第十一章第三、第四节）。

4. 法克莱特跑

训练目的是发展有氧与无氧代谢供能能力，方式为在自然条件下（如草地、树林、小径等地方）进行的快慢间歇跑、重复跑、加速跑和走等不规则组合的混合速度游戏练习中。跑的距离一般为 5~15 千米，初中学生一般为 3~5 千米。

（三）高强度间歇训练（体育教师应通过运动风险评估后慎重选择的训练形式）

高强度间歇训练（high-intensity interval training，HIIT）是一种使用重复性的高强度运动，在运动回合中穿插简短的休息恢复期的运动训练形态。高强度间歇训练在 90% VO_2max 或高于 90% 的 VO_2max 的运动强度下，运动休息间歇比例应为：运动时长≥2 至 3 分钟，休息时间≤2 分钟。有研究指出，随着单次训练时间的增加，来自无氧糖酵解所产生的能量也会随着血乳酸浓度的提升而增加。高强度间歇训练被证实可以提升机体的有氧和无氧代谢系统的供能能力。[②]

1. TABATA

TABATA 是高强度间歇训练的其中一种运动模式，在 1996 年被日本教授田畑泉所提出，该模式以 170% 的最大摄氧量进行 20 秒的运动和 10 秒钟的短间歇，持续 7 组，被证实可以显著提升运动员的心肺功能，减少脂肪并提升肌力。[③] TABATA 训练方法比较适合有一定基础的专业运动员，不适合初中学生的锻炼，只作为教师了解的内容。

2. CROSSFIT

Crossfit 也可以作为高强度间歇训练的一种运动模式，是一种多元化、高强度、基于功能动作训练的运动模式。它包含心肺机能训练、体操、自身负荷训练以及力量举

---

① 人民教育出版社课程教材研究所体育课程教材研究开发中心. 人类动作发展概论 [M]. 北京：人民教育出版社，2008.

② 美国体能协会. 耐力训练 [M]. 石宏杰，译. 北京：北京体育大学出版社，2015.

③ 徐思丹. 西安体育学院中长跑少年队体能训练效果研究 [D]. 西安：西安体育学院，2014.

等组合。Crossfit 的训练时间很短，通常为 5~20 分钟，但富有挑战性，这些动作在现实生活当中极具实用性（如硬拉可以转化为从地面举起负荷的能力）。虽然有学者质疑它们是否真的能在短时间内提高学生的健康水平，但是这些短时间、高强度的功能性锻炼在典型的体育课程中是可以达到的。①② 需要注意的是，在进行 Crossfit 训练时要充分热身。有研究指出，约 20% 的训练者在 Crossfit 训练中出现运动损伤，且男性比女性更容易受伤。教练员或体育教师可以通过参与训练的形式指导他们锻炼并降低受伤的发生概率。肩部和下背部分别是体操和力量举运动中最常见的受伤部位，训练者主要是会存在急性和轻微的损伤。③ Crossfit 训练方法由于在学术界存在一定的争议，不适合初中学生的锻炼，只作为教师了解的内容。

3. 比赛训练法

比赛训练法也可以应用高强度间歇的模式，其训练目的是激发学生的训练兴趣，增加比赛经验。通过检查性测验，一般为正式考核测试即女子 800 米、男子 1 000 米的距离，模拟正式考核的状况，要求学生尽能力完成测试。训练强度为最大速度的 95%~100%，完成 2~3 组（参考本书第十一章第三、第四节）。

（四）抗阻力训练

1. 肌力训练

从事耐力运动的教师和学生，通常会忽略其日常训练中的抗阻力训练。抗阻力训练在提高耐力性运动能力方面，与多个关键因素有关。④ 一般耐力性项目的抗阻训练可以采用多种训练模式，针对核心区域的训练可以通过瑞士球、悬吊训练系统、平衡垫等器械开展，针对下肢爆发力或肌肉耐力可以采用举重器械、自由重量、跳箱等器材进行（如图 13-5 所示）。

---

① National Strength and Conditional Association, Haff G G, Triplett N T. 肌力与体能训练 [M]. 林贵福，何仁育，林育槿，等译. 4 版. 台北：禾枫书局，2016.

② TABATA I, NISHIMURA K, KOUZAKI M, et al. Effects of Moderate-Intensity Endurance and High-Intensity Intermittent Training on Anaerobic Capacity and VO (2max) [J]. Medicine & science in sports & exercise, 1996, 28 (10)：1327-1330.

③ KOZUB F M. Using the Snatch and Crossfit Principles to Facilitate Fitness [J]. Journal of physical education recreation & dance, 2013, 84 (6)：13-16.

④ SIBLEY, BENJAMIN A. Using Sport Education to Implement a Crossfit Unit [J]. Journal of physical education recreation & dance, 2012, 83 (8)：42-48.

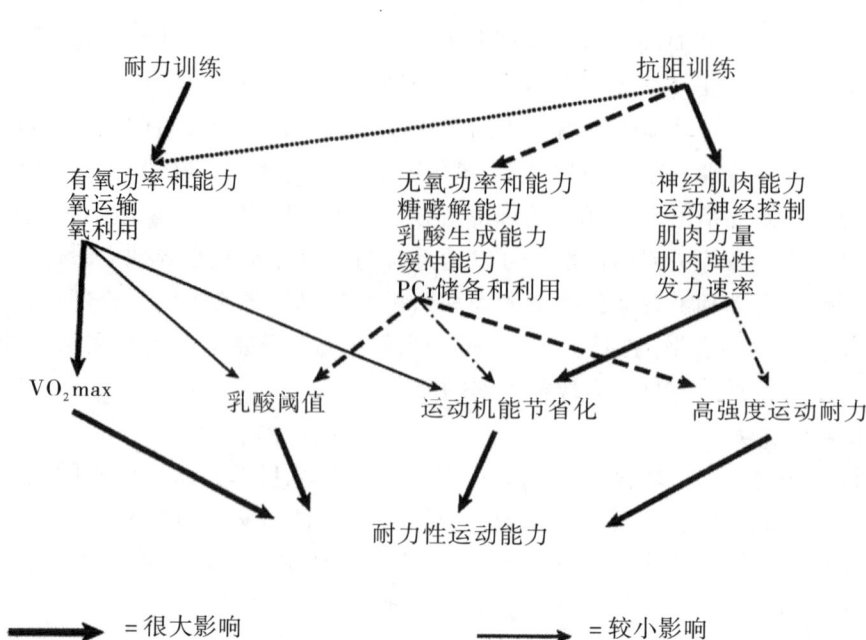

图 13-5 耐力训练和抗阻训练对耐力性运动能力的影响①

2. 循环训练法

主要发展力量素质与无氧、有氧混合代谢供能系统的能力。根据训练的具体任务，有目的地建立多个练习站，每个站由一个或几个发展一般耐力或专项耐力有关的练习组成，学生按照规定顺序、路线、练习数量要求等，完成既定练习。如设六站发展力量耐力的循环训练内容：①第一站，60%1RM 深蹲，每组 12 次，循环 4 轮；②第二站，俯卧撑，每组 40 次，循环 4 轮；③第三站，俯卧瑞士球收腹，每组 40 次，循环 4 轮；④第四站，仰卧单桥挺髋，每组左右腿各 30 次，循环 4 轮；⑤第五站，弓步换腿跳；⑥第六站，纵跳，每组换腿 30 次，循环 4 轮。站与站间歇 60~90 秒，间歇心率 120 次/分左右，开始下一站训练，循环轮次间隙时间可以较长，心率恢复到 110 次/分以下（如图 13-6 所示）。

---

① 美国体能协会. 耐力训练[M]. 石宏杰, 译. 北京：北京体育大学出版社，2015.

(a) 第一站

(b) 第二站

(c) 第三站

(d) 第四站

(e) 第五站

(f) 第六站

图 13-6 循环训练

（五）跑的专门性练习

1. 抬膝跳跑

从正常跳跑步开始，然后在强调抬高膝关节的同时继续跳跑。为了突出抬高膝关节，运动员的躯干应稍向前倾，同时注重髋部屈肌提膝。这种技术练习突出稍向前倾的跑步姿势，脚掌在身体重心下方恰当位置，着地脚与地面的接触时间短，有助学会利用加快摆腿速度来增加跑动速度，同时也有助于减少身体的垂直运动（如图 13-7 所示）。

(a)　　　　　　　　　　(b)

图 13-7　抬膝跳跑

2. 快速重复跳跑

从正常跳跑开始，然后在注重增加脚掌与地面接触次数的同时继续跳跑。一只脚稍微抬离地面，就马上换成另外一只脚，依此重复，从而增加脚掌与地面的接触次数。这种技术练习突出正确的姿势及小腿的力量，尽量减少身体垂直上升的同时迅速移动双腿（如图 13-8 所示）。

(a)　　　　　　　　　　(b)

图 13-8　快速重复跳跑

3. 大步幅跑

运用正确大步幅跑步技术完成 50~100 米的距离，并在跑动过程中逐渐增加速度。在进行这种技术练习的时候，应避免全速冲刺，且不要跑得太快，致使机体出现乳酸堆积。在每次大步幅跑动练习之间，应进行慢跑或步行几分钟（如图 13-9 所示）。

(a)   (b)

图 13-9　大步幅跑

4. 摆臂

半跪姿势或坐在地上，身体姿势稳定后，开始慢慢前后摆臂，然后逐渐增加幅度，有意识地向后推肘部，并保持按人体矢状面运动。当手臂摆动速度非常快时，整个身体可能会上下起伏。此时应注意利用核心肌群的力量来维持身体姿势，并限制身体扭转或在体前交叉摆动，培养以肘部弯曲及双手放松的姿势流畅地前后摆臂（如图 13-10 所示）。

(a)   (b)

图 13-10　摆臂

5. 折叠跑

折叠跑是一种强化跑步前摆技术的练习手段，强调腘绳肌的快速收缩与髋关节的前摆。练习时慢速向前跑动，一条腿伸脚尖支撑，另一条腿利用腘绳肌的迅速收缩向上拉动小腿，同时屈髋带动膝关节向前运动。练习时，采用高频慢步的形式，逐步加快小腿摆动速度与屈髋前抬速度,双臂需要和双腿协调配合。这种技术练习也可以在身体稳定状态下进行(如图 13-11 所示)。

6. 跨步跳

通过步行、跑步或简单跑动 2~3 步来获得一定的身体位移速度,然后后腿爆发性用力蹬离地面,同时以髋发力,协同快速地摆动对侧腿向前上摆动,尽量增大跨步幅度,减少与地面的接触时间(如图 13-12 所示)。

图 13-11 折叠跑

图 13-12 跨步跳

7. 直腿跳跑

身体直立,前脚掌站立,两脚掌交替弹跳,前脚掌落在身体重心下方,两手臂与双腿协调配合,注意保持双脚伸直,支撑腿的膝关节应稍微弯曲,而不要使膝关节僵直(如图 13-13 所示)。

(a)

(b)

图 13-13 直腿跳跑

8. 高抬腿跑

身体直立,双腿交替上抬膝关节与前脚掌着地,可以在原地进行该动作练习,也可以在行进间进行这种练习。练习过程中应保持躯干稍向前倾,髋关节发力上抬及下压,尽量减少与地面的接触时间,并注意上下肢协调配合。

9. 单侧节奏跳跑

原地或行进间完成左右不同幅度的跳跑，一侧肢体大幅度完成跳跑练习，另一侧肢体尽可能小幅度完成。练习过程中应保持身体稳定，并注意上下、左右两侧肢体的协调配合，逐步增加频率（如图13-14所示）。

图 13-14 单侧节奏跳跑

（六）功能与损伤预防

针对体育中考中跑的体能训练模块，应包含有身体功能性和损伤预防的一些训练内容。这些内容应该考虑激活与促进与专项有关的动作功能、减少运动中危险因素的发生以及促进机体恢复再生等因素。

1. 姿势稳定与训练

动作功能性缺失以及姿势稳定不足往往与损伤发生有着密切的联系，踝关节的损伤发生即是如此。[1] 青少年可以通过一些等长收缩的静力练习（如不同的桥式、平板式），或是一些静力平衡练习，促进核心区域和身体姿势的稳定性，强化局部肌群，从而达到提升中跑运动表现的目标。[2][3] 训练内容可以参考本书第六章姿势稳定及动作控制锻炼。

---

[1] WEISENTHAL B M, BECK C A, MALONEY M D, et al. Injury Rate and Patterns among Crossfit Athletes [J]. Orthopaedic journal of sports medicine, 2014, 2 (4): 1-7.

[2] PAAVOLAINEN L, HAKKINEN K, HAMALAINEN I, et al. Explosive-Strength Training Improves 5-km Running Time by Improving Running Economy and Muscle Power [J]. Scandinavian journal of medicine & science in sports, 2010, 13 (4): 272.

[3] 巴哈. 运动损伤的预防 [M]. 王正珍, 主译. 北京: 人民卫生出版社, 2011.

2. 动作模式和本体感觉的训练

通过一些功能性的体能训练方法，强化动作模式和本体感觉的功能（如一些铰链或螺旋链的练习、滚动练习、易化牵伸练习等）。[1] 平衡身体关节的灵活性和稳定性，减少伤病，促进神经肌肉的协调发展，抵御慢性劳损，延长运动寿命。训练内容可以参考本书第四章基于神经动作发育的动作重置与锻炼技术。

3. 促进恢复再生的训练

正式训练后进行充分的整理活动可以促进身体恢复再生，减少损伤概率，增加柔韧性。[2] 训练可以通过积极的放松走、放松跑、牵伸（如静态牵伸、肌肉能量技术等）、肌筋膜的按摩（如筋膜枪和筋膜球的扳机点释放、泡沫轴的自我滚压等）、冥想、瑜伽、普拉提以及水中走跑练习等不同的方式与方法开展。训练内容可以参考本书第十一章恢复与再生。

第二节　立定跳远训练技术与方法

立定跳远训练技术与方法

立定跳远是人类基本运动技能和中小学体育教育的基本内容，也是 2014 年版《国家学生体质健康标准》的考核内容，大部分省市都将立定跳远作为初中学业考试和高中阶段学校招生考试体育水平考试的考试项目之一。为了让参加中考的同学们更好地学习和掌握立定跳远的训练技术与方法，科学有效地提高立定跳远成绩，预防运动损伤，获得理想的体育中考成绩，本书将从立定跳远的生物力学及神经控制原理、能量代谢特征、体能训练技术与方法及运动损伤预防等几个方面，介绍提高立定跳远成绩需要重点解决与改善的技术、体能及其他相关问题。

一、立定跳远的生物力学特征与神经控制原理

（一）立定跳远的神经肌肉学特征

要有效发展立定跳远的运动能力，首先必须准确地了解和掌握该运动项目的神经肌肉学特征和规律，提供科学的理论依据，为提高运动成绩，合理地选择训练手段与方法。

立定跳远的神经肌肉学特征，表现在高频次的神经冲动，指挥相关肌群协同发力，用极快速的肌肉收缩高效完成动作，获得地面最大的反作用力，以推动人体抛向远方。高频次神经冲动指挥肌肉快速收缩，就是该动作的神经肌肉学基本特征，其本质就是爆

---

[1] 刘诗红. 青少年中长跑运动员核心力量训练研究 [D]. 宁波：宁波大学，2010.
[2] 王卫星，韩春远. 实用体能训练指南 [M]. 汕头：汕头大学出版社，2017.

发力。在物理学上，物体飞得更远，就是必须获得更大的功率，就立定跳远而言，就是人体要跳得更远，必须给地面更大的输出功率（$P=FV$），即人体给地面的力量与力量输出的速度的乘积，人体也因此获得更大的地面反作用力功率，这样人体才能跳得更远。

通过神经肌肉学特征分析，大力量的获得影响因素包括神经激发时动员的运动单位、运动单位的面积、肌肉横截面、肌肉初长度、肌肉收缩速度。[1] 速度的获得影响因素包括大脑皮层动作程序交互抑制的效率、神经冲动的激发频率、弹性组织效率、动作熟练程度和肌肉收缩速度。综上所述，要有效提高立定跳远的运动成绩，必须优化参与肌群同步激活水平[2]，提高爆发力、弹性组织效率和动作程序交互抑制的效率。

（二）立定跳远的生物力学原理

立定跳远动作的完成，是通过大脑中枢运动程序，给肌肉发出动作指令并牵拉骨骼，按进化形成的力量传导高效及能量消耗经济的运行模式，来实现立定跳远动作的最优化。只有在能量传导和消耗达成最优化配比的时候，才能实现运动绩效的最大化。

古希腊物理学家阿基米德说："给我一个支点，我可以翘起整个地球。"话虽然有点夸张的成分，但充分说明了力量传导效能的重要性。如何运用杠杆的力学原理，提高骨骼运动的效率，减少能量的消耗，是争取立定跳远最大运动绩效必须了解与掌握的科学原理。

1. 骨骼杠杆的类型

根据物理学和生物力学原理，人体骨骼的杠杆构成要素有支点、动力臂与助力臂、动力与阻力。三组变量的不同组合，形成了人体平衡杠杆、省力杠杆和速度杠杆三种人体生物力学杠杆类型。[3] 为人体运动过程中，身体姿态平衡、克服较大阻力和获得较快速度，提供了力学工具，$FA \times LA = FB \times LB$（即动力×动力臂＝阻力×阻力臂）。

（1）平衡杠杆。当支点位于动力与阻力的中间时，根据 $FA \times LA = FB \times LB$ 平衡原理，动力臂大于阻力臂有利于用更小的力量获得更大的动能输出，阻力臂大于动力臂有利于获得更快的速度。如头颅与颈椎的连接，支点位于寰枕关节的额状轴上，动力是位于支点后方的肌肉，阻力是位于支点前方的头颅重量。

（2）省力杠杆。当动力与阻力位于支点同一侧时，动力臂大于阻力臂（$LA > LB$）。根据 $FA \times LA = FB \times LB$ 平衡原理，杠杆运动时，省力费时，有利于用更小的动力获得更大的动能输出。例如，在人体跑步的踝关节的蹬伸过程，足趾关节 O 是支点，FM 肌肉收缩力是动力，FR 人体重力线是阻力，MM 是动力臂，MR 是阻力臂，$MM > MR$，FM 用比较小的力量，推动了较大的身体重量阻力。

（3）速度杠杆。当动力与阻力位于支点同一侧时，阻力臂大于动力臂（$LB > LA$）。

---

[1] BAECHLE T R, EARLE R W. 体能训练概论［M］. 朱学雷，等译. 3版. 上海：上海三联书店，2011：18－20.

[2][3] 王卫星，韩春远. 实用体能训练指南［M］. 汕头：汕头大学出版社，2017：165－166.

根据 $FA \times LA = FB \times LB$ 平衡原理，杠杆运动时，省时费力，有利于动能的快速输出，但需要更大的动力。如健身中常用的抗阻屈肘动作，肘关节中心 O 是支点，FM 肌肉收缩力是动力，FR 是负荷阻力，MM 是动力臂，MR 是阻力臂，$MR > MM$，FM 用比较大的力量，更加快速地拉起负荷的重量。

三种杠杆示例如图 13-15 所示。

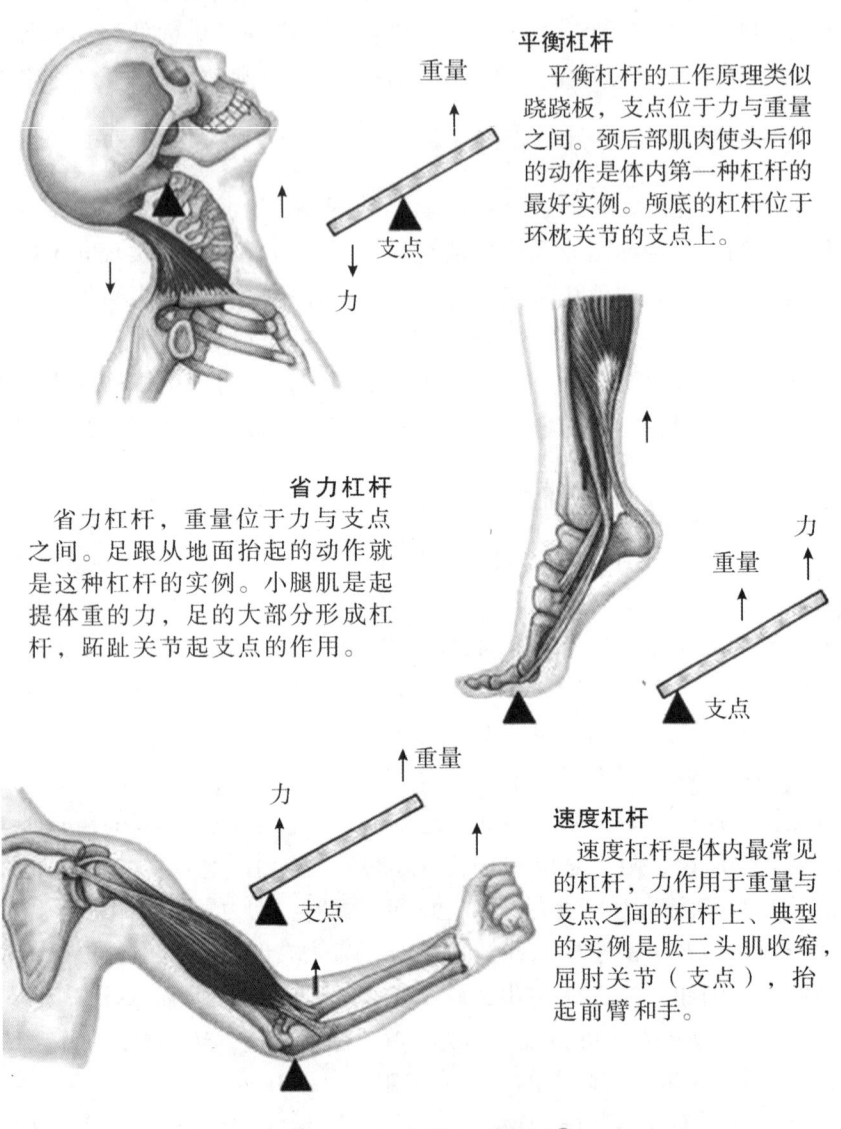

平衡杠杆
平衡杠杆的工作原理类似跷跷板，支点位于力与重量之间。颈后部肌肉使头后仰的动作是体内第一种杠杆的最好实例。颅底的杠杆位于环枕关节的支点上。

省力杠杆
省力杠杆，重量位于力与支点之间。足跟从地面抬起的动作就是这种杠杆的实例。小腿肌是起提体重的力，足的大部分形成杠杆，跖趾关节起支点的作用。

速度杠杆
速度杠杆是体内最常见的杠杆，力作用于重量与支点之间的杠杆上、典型的实例是肱二头肌收缩，屈肘关节（支点），抬起前臂和手。

图 13-15　三种杠杆示例①

---

①　BAECHLE T R，EARLE R W. 体能训练概论 [M]. 朱学雷，等译. 3 版. 上海：上海三联书店，2011：22.

2. 立定跳远杠杆原理的运用

立定跳远动作技术的合理性，是建立在骨骼杠杆科学性的基础上的。人体在大脑指挥下，通过肌肉收缩，充分运用各类骨骼杠杆的特点和优势，获得快速和省力的最佳合作模式，以争取最大的运动绩效。

立定跳远的起跳动作是一个半蹲姿势的下肢蹬伸、上肢摆动的协同发力的动作，其动作过程，主要有髋、膝、踝、趾四个运动杠杆系统。

（1）髋、膝、踝的平衡杠杆效益。立定跳远起跳动作从伸髋开始，此时以髋关节中心点 O 为杠杆支点，动力臀肌与腘绳肌在支点 O 的后方，躯干重心在支点 O 的前方，为平衡型杠杆。臀肌群要高效地撬动股骨运动，身体及屈髋的角度必须合理。躯干重心位置直接关系到阻力臂的长短。躯干过于前倾，阻力臂太长，臀部无法完成伸髋动作；躯干太直，动力臂太短，臀肌初长度不足，不能产生较大的转动力矩。因此，就髋关节为支点的杠杆而言，合理的躯干前倾角度和屈髋角度是起跳过程杠杆效益发挥的关键要素。

膝部杠杆是以膝关节中心 O 为支点，股四头肌在支点 O 的前方，躯干重心在支点 O 的后方，为平衡杠杆。股四头肌要有效地撬动股骨的运动，躯干重心位置必须合理，躯干前倾角度、膝关节屈曲角度都会影响到髋、膝动力臂和阻力臂的变化。因此，就膝关节为支点的杠杆而言，合理的膝关节与髋关节屈曲角度匹配是起跳过程杠杆效益发挥的关键要素。

（2）足趾关节的省力杠杆效益。足趾关节是大腿蹬离地面的最后关节，是动力链各关节的动能叠加传导到地面的最后环节。那么小的关节怎么能完成能量传导并推动身体前进呢？这就是省力杠杆的效益，如从图 13-16 看到的动力臂 $MM>$ 阻力臂 MR，FM 用比较小的力量推动了较大的身体重量阻力。

（三）立定跳远的神经动作控制

立定跳远的神经动作控制过程，表现在两个方面。

（1）神经的前反馈机制。在起跳动作开始前，通过盆骨链的前反馈激活，激活了包括腹横肌、多裂肌、膈肌和盆底肌在内的躯干稳定肌群，为实施起跳动作创造稳定的发力平台。[1]

（2）在神经系统指挥下，下肢以髋关节为起点沿着伸肌链索，依次伸髋、伸膝和伸踝，将各关节产生的能量逐次叠加，产生巨大的地面反作用力。同时，身体肌肉后侧链索的交互动作和同步激活（如图 13-16 所示）[2]，也有效地激活了腘绳肌和臀肌等伸肌群，两条肌肉链索的共同作用为人体蹬离地面创造了动能来源（如图 13-17 所示）。

---

[1][2] 佩治，弗兰克，拉德纳. 肌肉失衡的评估与治疗［M］. 焦颖，主译. 北京：人民体育出版社，2016：40-41.

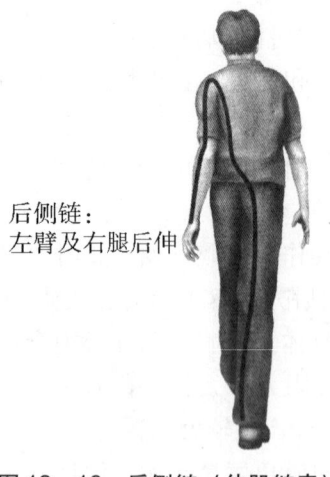

图 13-16 后侧链（伸肌链索）①

图 13-17 屈肌链索与伸肌链索②

二、立定跳远的能量代谢原理

立定跳远动作属于快速力量动作（也是爆发性动作），发力时间越短越好，高水平运动员立定跳远蹬离地面的时间约为250～300毫秒，普通青少年学生大约350～400毫秒，从理论上说发力动作越快越好。要有效地完成爆发力的快速动作，必须尽可能地动员更多的运动单元和更多的快肌纤维，支持快肌纤维收缩的物质载体是具有快速收缩能力的Ⅱ型肌纤维。Ⅱ型肌纤维的供能代谢特征，决定了能源物质一定是支持6秒以内无氧快速动作的 ATP-CP 磷酸盐系统。③ 立定跳远无氧代谢供能的过程中，ATP-CP 磷酸盐系统功能占90%以上（见表13-3）。

表 13-3　不同运动项目的能量代谢系统需求

运动项目		ATP-PC 系统	糖酵解系统	有氧氧化系统
滑雪	越野滑雪	低	低	高
	速降滑雪	高	高	中
游泳	短距游泳	高	中	—
	长距游泳	—	中	高
网球		高	中	—

---

①② BAECHLE T R，EARLE R W. 体能训练概论［M］. 朱学雷，等译. 3版. 上海：上海三联书店，2011：59-61.

③ BAECHLE T R，EARLE R W. 体能训练概论［M］. 朱学雷，等译. 3版. 上海：上海三联书店，2011：42.

续上表

运动项目		ATP-PC系统	糖酵解系统	有氧氧化系统
场地自行车	短距场地自行车	高	中	—
	长距场地自行车	—	中	高
超长耐力项目		低	低	高
排球		高	中	—
摔跤		高	高	中
举重		高	低	低

三、立定跳远的运动损伤预防

立定跳远动作的肌肉动力学特征，属于快速爆发性用力，较容易出现肌纤维和韧带组织的损伤。主要损伤类型包括肌肉损伤、急性膝关节损伤和积累性膝关节损伤。

（一）肌肉损伤

立定跳远肌肉损伤的主要部位包括腘绳肌、股四头肌和腹股沟肌群等部位。

1. 腘绳肌损伤

在立定跳远中腘绳肌是伸髋、伸膝的主动力肌群，其损伤发生主要原因包括以下几个方面，请体育教师重点关注，尽可能消除运动损伤安全隐患。

（1）代偿臀肌用力。在立定跳远动作中，由于臀肌无力，无法有效完成伸髋动作，在神经控制与协同下腘绳肌代偿臀肌部分功能，往往导致腘绳肌负荷过大，加上立定跳远动作既快又猛，极易拉伤腘绳肌肌纤维。

（2）腘绳肌无力。初中生每天长时间"久坐不动"，导致身体屈链紧张性增高，伸肌链紧张性下降，腘绳肌长期活动过少，导致收缩与拉长功能不足，无法支持立定跳远将身体推离地面的动作，导致腘绳肌损伤。

（3）激活异常。由于"久坐不动"或陈旧性损伤的影响，会导致伸髋主要肌群腘绳肌和臀肌激活顺序的异常，常出现臀肌激活早于腘绳肌的情况。这种肌肉协同的异常就是我们常说的不协调，是导致腘绳肌损伤的常见原因。

2. 股四头肌

（1）积累性损伤。由于"久坐不动"及"长期低头"的生活模式，导致大部分初中同学身体屈链紧张性增高，身体直立时出现圆肩和重心前移。这种身体姿态最直接的后果就是使得同学们运动时股四头肌代替腘绳肌和臀肌的部分功能，导致股四头肌使用过渡，形成积累性肌肉损伤。

（2）激活异常。股四头肌的过度使用，造成神经控制过程肌群激活的异常，往往出现股内斜肌、腘绳肌和臀肌协同激活出现障碍，导致伸髋、伸膝肌群无法协同用力，导致股四头损伤。

3. 腹股沟损伤

腹股沟是指下腹部两侧的三角形区域,其内侧界为腹直肌外缘,上界为髂前上棘至腹直肌外缘的水平线,下界为腹股沟韧带。由于该三角区是下肢与躯干的过渡区域,不像下肢和躯干锻炼那么受到重视,加上初中学生往往盆骨环发育不完全,在完成立定跳远动作过程中,伸肌群力量不足,屈肌和内收肌主导发力,容易损伤腹股沟。

(二) 急性膝关节损伤

急性膝关节损伤主要是指在立定跳远过程中膝关节出现的急性运动损伤。

1. 急性髌骨疼痛综合征[①]

在立定跳远过程中,由于膝关节左右肌群的不平衡,导致髌骨在运动轨槽的运行轨迹异常,经常出现髌骨和股骨、胫骨的相互撞击,表现出急性髌骨疼痛。

2. 髌腱炎

在立定跳远过程中,由于腘绳肌激活不足,股四头肌负荷过大,髌骨韧带受到强烈的牵拉,容易导致肌腱轻微撕裂,出现髌骨下疼痛。

3. 积累性膝关节损伤

长期不合理的立定跳远动作,造成膝关节上下软骨面磨损、撕裂和碎裂,导致伸膝起跳时疼痛。

四、立定跳远训练技术与方法

立定跳远作为速度爆发性项目,四肢的爆发性协同发力是动作的基本运动学特征。如何通过练习提高立定跳远的运动绩效,是一个系统化的工作,下面将从技术训练、核心稳定训练、肌肉链索激活训练、抗阻及爆发力训练和快速伸缩复合训练等几个方面对立定跳远训练进行探讨。

(一) 技术训练

立定跳远技术包括准备姿势、预摆技术、起跳技术、空中技术和落地技术。

1. 准备姿势

准备姿势为完成动作创造了良好的生物力学条件。准备姿势采用了屈髋、膝、踝的姿势,充分拉长了臀肌、腘绳肌、股四头肌和腓肠肌,为起跳创造了良好的肌肉力学条件,储备了丰富的弹性势能。

立定跳远准备姿势的动作标准为躯干直立、目光平视,双腿开立与肩同宽,屈髋、屈膝,膝关节成130°~140°、髋关节屈90°,肩和膝关节及脚尖在一条直线上,双手掌心向后外展置于体侧(如图13-18所示)。

---

① 沃克. 运动损伤的解剖学 [M]. 罗冬梅,刘晔,赵星,等译. 北京:北京体育大学出版社,2013:188-190.

图 13-18 准备姿势　　　　图 13-19 预摆技术

2. 预摆技术

（1）充分伸展。从准备姿势开始，双手向头上方摆至垂直面，同时伸髋、伸膝、伸踝，充分拉长相关发力肌群，为爆发性用力创造条件（如图 13-19 所示）。

（2）加速蹬摆。充分伸展后，双手加速下摆，同时动力链屈髋、屈膝、屈踝，做加速离心运动，加大对地面作用力。当下肢离心运动至屈膝 100°~120°、双臂摆至身后时，手腿制动，利用地面反作用力，快速做下肢加速向心蹬伸和上肢上摆。加速蹬摆动作根据个人体能及技术情况选择做 2~3 次，为了更有效地发挥拉伸缩短周期效益，建议一般加速蹬摆 2 次较为适当（如图 13-20 所示）。

3. 起跳技术

立定跳远起跳的关键是能最大限度地利用快速伸缩复合产生的牵张反射、肌肉收缩和结缔组织的弹性势能，给地面以最高功率的作用力，以获得地面反作用力的最大化，推动人体远离地面。

图 13-20 加速蹬摆

在完成两轮预摆技术后，动作回到准备姿势，此时身体已储备了大量的生物动能和弹性势能，为更有效地应用能量储备，在伸髋、伸膝、伸踝的同时，双手以肩为轴向头上方摆动，抬头以激活背部肌群，协同完成蹬摆动作。立定跳远的起跳角度一般在 20°~30°，但由概念性的角度定义没有条件创造直观体验，加上初中学生一般背部力量不足，基本无法实现最佳起跳角度，在锻炼指导中，只需要提示学生起跳瞬间抬头看 30°的空中标志物即可（如图 13-21 所示）。

图 13-21 起跳技术

4. 空中技术与落地技术

人体蹬离地面升至运动轨迹的弧线顶端时，双手下压带动躯干前倾，同时屈髋、屈膝，为落地做好准备。落地后，身体前倾下压，双手摆至身体后方，同时屈髋、屈膝完成缓冲（如图13-22所示）。

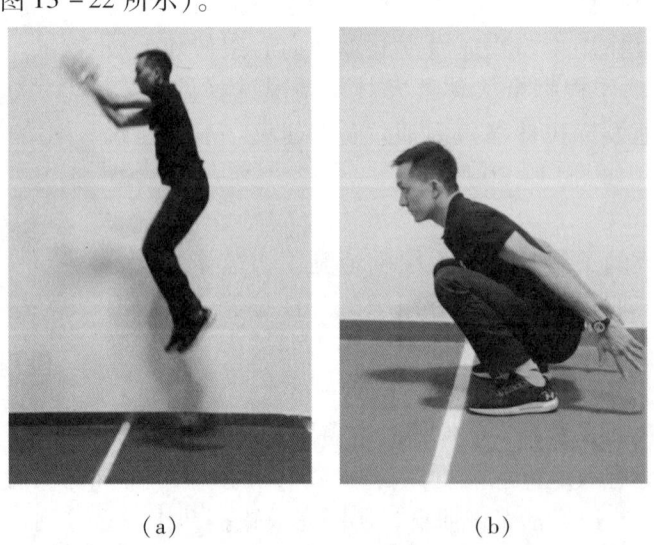

图 13-22 空中与落地技术

（二）核心稳定训练

本书第六章关于姿势稳定与动作控制锻炼的部分，对静态和动态的稳定锻炼的原理与方法已做了详细的讲解，这部分练习是所有专项练习的基础，可以在立定跳远训练中运用。

1. 跪姿前推瑞士球

（1）目的：发展躯干矢状面稳定控制能力。

（2）方法：通过设置不稳定面，发展躯干稳定能力。

（3）技术标准：①身体成跪姿，双手掌心向下置于瑞士球顶部；②躯干前倾，双手推实心球，旋转上臂掌心朝下；③双手掌心朝下，控制球体，身体呈斜支撑状态。

（4）运动负荷：每组 15～30 秒，一般做 3～4 组，教师做好安全措施，根据学生体能状况掌控好运动负荷（本练习适合九年级学生在体育课堂和课后锻炼中运用）。

（5）动作图例（如图 13-23 所示）。

(a) (b)

图 13-23　跪姿前推瑞士球

2. 仰卧气垫盘或滑垫伸髋

（1）目的：发展伸髋过程下肢的稳定控制能力。

（2）方法：通过设置不稳定面，发展下肢稳定控制能力。

（3）技术标准：①身体仰卧地面，双手掌心向下，固定身体；②双腿与肩同宽，屈髋、屈膝，膝关节成 90°，双脚脚跟置于气垫盘或滑垫上；③呼气伸髋至 180°。

（4）运动负荷：每组 8～10 次，一般做 4～6 组，教师做好安全措施，根据学生体能状况掌控好运动负荷（本练习适合九年级学生在体育课堂和课后锻炼中运用）。

（5）动作图例（如图 13-24 所示）。

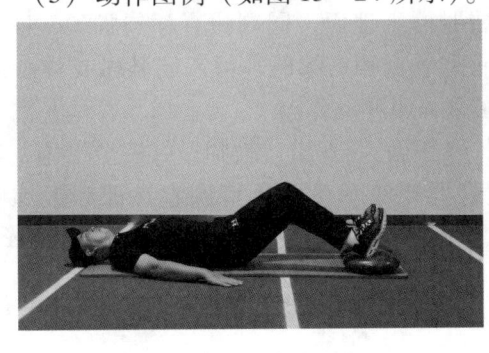 

(a) (b)

图 13-24　仰卧气垫盘或滑垫伸髋

3. 气垫盘深蹲

(1) 目的：发展伸髋、伸膝过程中躯干与下肢的动态稳定控制能力。

(2) 方法：通过设置不稳定面，发展躯干与下肢稳定控制能力。

(3) 技术标准：①双腿与肩同宽，身体直立，双手十指交叉掌心向前置于脑后，目光平视；②双腿踩在气垫盘上，腹部吸气同时屈髋、屈膝，膝关节成90°；③腹部呼气，伸髋、伸膝至膝关节180°。

(4) 运动负荷：每组6~8次，一般做4~6组，教师做好安全措施，根据学生体能状况掌控好运动负荷（本练习适合九年级学生在体育课堂和课后锻炼中运用）。

(5) 动作图例（如图13-25所示）。

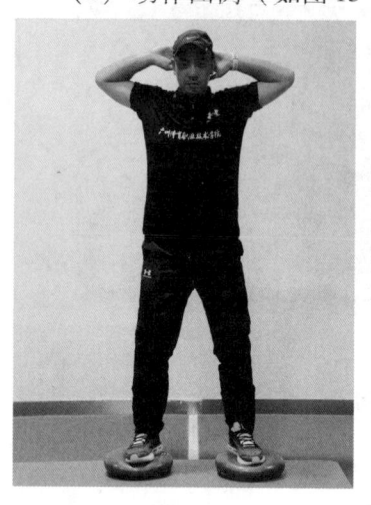 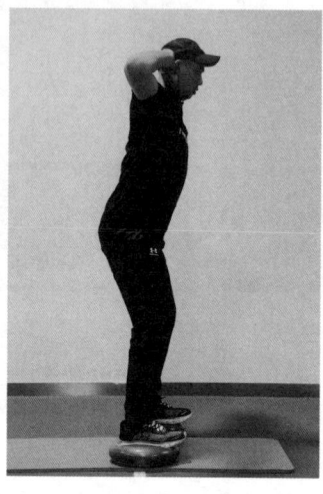 

(a)　　　　　　　　(b)　　　　　　　　(c)

图13-25　气垫盘深蹲

4. 侧桥抬腿

(1) 目的：发展屈髋过程中躯干与下肢的侧向动态稳定控制能力。

(2) 方法：通过设置两点支撑，发展躯干与下肢侧向稳定控制能力。

(3) 技术标准：①身体侧卧，一侧上臂屈肘撑于地面，同侧腿直膝勾脚尖，以足外侧支撑地面，身体成一条直线（女生或不能完成直膝支撑的，可以屈膝做支撑腿）；②保持腹式呼吸，上侧手腿模仿起跳动作做屈髋、屈臂动作。

(4) 运动负荷：每组左右侧各8~10次，一般做4~6组，教师做好安全措施，根据学生体能状况掌控好运动负荷（本练习适合九年级学生在体育课堂和课后锻炼中运用）。

(5) 动作图例（如图13-26所示）。

(a)　　　　　　　　(b)

图 13-26　侧桥抬腿

5．瑞士球俯卧伸髋①

（1）目的：发展伸屈髋过程中躯干与下肢的动态稳定控制能力。

（2）方法：通过设置不稳定支撑面，发展躯干与下肢动态稳定控制能力。

（3）技术标准：①身体成俯卧支撑，双手直肘撑地，双腿的小腿或脚尖置于瑞士球，身体成一条直线；②保持腹式呼吸，双腿收腹，屈膝以脚尖立于瑞士球；③屈髋、屈膝姿态稳定后，一侧腿向后伸髋抬起，双腿交替完成。

（4）运动负荷：每侧伸髋 6~8 次为一组，一般做 4~6 组，教师做好安全措施，根据学生体能状况掌控好运动负荷（本练习适合九年级学生在体育课堂和课后锻炼中运用，女生可根据能力酌情选择）。

（5）动作图例（如图 13-27 所示）。

(a)　　　　　　　　(b)　　　　　　　　(c)

图 13-27　瑞士球俯卧伸髋

6．瑞士球俯卧抬腿

（1）目的：发展伸屈髋过程中躯干与下肢的动态稳定控制能力。

（2）方法：通过设置不稳定支撑面，发展躯干与下肢动态稳定控制能力。

（3）技术标准：①身体成俯卧支撑，双手直肘撑地，双腿的小腿或脚尖置于瑞士球，身体成一条直线；②保持腹式呼吸，一条腿屈髋收腹离开球面，另一条腿以小腿

---

① 沃斯特根，威廉姆斯. 每天都是比赛日 [M]. 尹晓峰，等译. 上海：上海文化出版社，2015：174-175.

固定在瑞士球上；③屈髋腿保持3秒，双腿交换位置。

（4）运动负荷：每侧伸髋6~8次为一组，一般做4~6组，教师做好安全措施，根据学生体能状况掌控好运动负荷（本练习适合九年级学生在体育课堂和课后锻炼中运用，女生可根据能力酌情选择）。

（5）动作图例（如图13-28所示）。

(a)　　　　　　　　　　(b)

图13-28　瑞士球俯卧抬腿

7. 不稳定面与稳定面交替模拟跳

（1）目的：发展立定跳远过程中躯干与下肢的动态稳定控制能力。

（2）方法：通过不稳定面与稳定面交替模拟，利用神经后效益发展躯干与下肢动态稳定控制能力。

（3）技术标准：①立定跳远准备姿势，双腿踩在气垫盘上。②在气垫盘上完成立定跳远预摆姿势，保持腹式呼吸，屈髋、屈膝时吸气，伸髋、伸膝时呼气。③在气垫盘上完成向上起跳姿势，双腿落在沙池里。④气垫盘模拟次数根据需要设定后，交替双腿踩地面模拟立定跳远。⑤气垫盘模拟动作不追求远度，注意力应放在起跳瞬间躯干与下肢的稳定控制上，注意安全。

（4）运动负荷：可以自由组合不稳定面与稳定面的次数，每组8~10次，一般做4~6组，教师做好安全措施，根据学生体能状况掌控好运动负荷（本练习适合九年级学生在体育课堂和课后锻炼中运用，女生可根据能力酌情选择）。

（5）动作图例（如图13-29所示）。

(a)　　　　　　　(b)　　　　　　　(c)

(d) (e) (f)

图 13-29 不稳定面与稳定面交替模拟跳

(三) 肌肉链索激活与优化

肌肉链索是筋膜和关键点(关节点)连接的、跨越两个以上关节的肌肉共同工作完成功能性运动传递能量的肌肉群。屈伸肌肉链索在步行或跑步过程中激活和抑制相互交替,摆腿时屈肌链被激活,支撑时伸肌链激活。[①] 肌肉链索训练的概念比较新颖,激活与优化伸肌链索、屈肌链索和躯干链索的能量传递效率是肌肉链索练习的主要目的。

1. 伸肌链索(如图 13-30 所示)

下肢伸肌链索是由臀中肌、股直肌和腓肠肌构成的伸展功能肌群。该肌群依照链索的激活顺序,依次协同完成伸髋、伸膝和踝跖屈的动作。[②] 在立定跳远中,该链索从伸髋开始,各关节逐级传递与叠加能量,给地面尽可能大的作用力。

上肢伸肌链索是由菱形肌、三角肌后束、肱三头肌、腕伸肌和腓肠肌构成的伸展功能肌群。该链与下肢对侧伸链的同步激活[③],以完成各种交互运动。在立定跳远中,双手伸链激活,同时激活背部链,为伸髋、伸膝做好了准备。

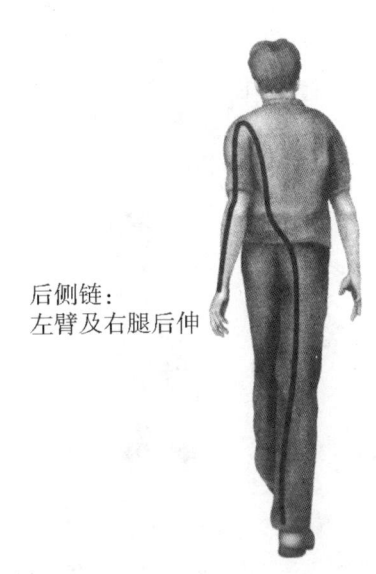

后侧链:
左臂及右腿后伸

图 13-30 伸肌链索[④]

[①②③④] 佩治,弗兰克,拉德纳. 肌肉失衡的评估与治疗 [M]. 焦颖,主译. 北京:人民体育出版社,2016:34-36.

2. 屈肌链索（如图 13-31 所示）

下肢屈肌链索是由髂腰肌、腘绳肌和胫骨前肌构成的屈曲功能肌群。该功能肌群按链索的激活顺序，依次协同完成屈髋、屈膝和踝关节背屈的动作。① 在立定跳远中，该链索从屈髋开始，各关节逐级依次完成屈曲收腿动作。

上肢屈肌链索是由胸大肌、三角肌前束、斜方肌、肱二头肌和腕屈肌构成的屈曲功能肌群。该链与下肢对侧屈链的同步激活②，以完成各种交互运动。在立定跳远中，双手屈链激活，同时激活体前链，为屈髋、屈膝做好了准备。

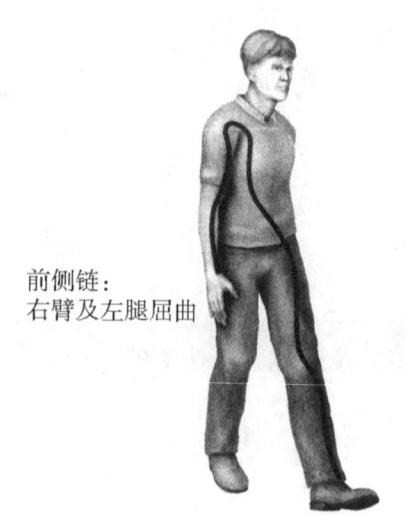

图 13-31　屈肌链索③

3. 躯干肌肉链索（如图 13-32 所示）

躯干链是由前侧链、旋转链和后侧链组成的多维度运动功能链④，以促进各种动作模式中上肢和下肢的交互运动，保证躯干旋转的灵活性和稳定性。

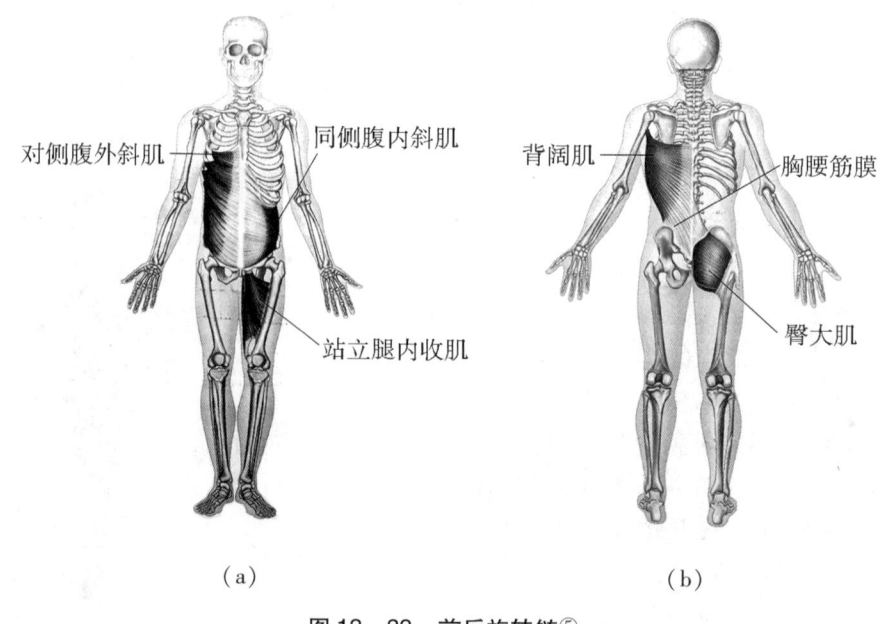

(a)　　　　　　　　　　　　(b)

图 13-32　前后旋转链⑤

---

①②③④　佩治，弗兰克，拉德纳. 肌肉失衡的评估与治疗 [M]. 焦颖，主译. 北京：人民体育出版社，2016：34-36.

⑤　吉本斯. 骨盆和骶髂关节功能解剖：手法操作指南 [M]. 朱毅，王雪强，李长江，主译. 北京：北京科学技术出版社，2018：36.

前侧链索是由肱二头肌、胸大肌、腹内斜肌、对侧髋外展肌和缝匠肌构成的上下肢交互运动功能肌群①，该链索主要完成步行或跑步时异侧手腿的前向交互运动功能。

旋转链索是由菱形肌、前锯肌、腹外斜肌、对侧腹内斜肌和对侧髋内收肌构成的旋转功能肌群②，该链索完成运动时的躯干旋转功能。

后侧链索是由腘绳肌、臀大肌、胸腰筋膜、对侧背阔肌和肱三头肌构成的稳定躯干及交互步态发挥伸展作用的功能肌群。③

（四）下肢伸肌链索的激活和优化训练

1. 俯身伸髋④

（1）目的：激活和优化下肢伸肌链。

（2）方法：蹲位伸髋、伸膝。

（3）技术标准：①双腿开立与肩同宽，屈髋、屈膝，躯干前倾保持平直，双手扣脚趾；②激活腘绳肌，以腘绳肌发力，带动伸髋、伸膝和足背伸，至膝关节伸直，躯干成自然前倾姿势；③保持腹式呼吸，屈髋时吸气，伸髋时呼气。

（4）运动负荷：每组6~8次，一般做4~6组。教师做好安全措施，根据学生体能状况掌控好运动负荷。

（5）动作图例（如图13-33所示）。

(a) (b)

图13-33 俯身伸髋

2. 弹力带硬拉

（1）目的：激活和优化下肢伸肌链。

（2）方法：站位弹力带硬拉。

（3）技术标准：①双腿开立与肩同宽，脚底踩弹力带，屈髋、屈膝，躯干前倾；②双手握弹力带适度位置，使弹力带弹性适合训练强度要求；③激活腘绳肌，以腘绳

---

①②③ 佩治，弗兰克，拉德纳. 肌肉失衡的评估与治疗［M］. 焦颖，主译. 北京：人民体育出版社，2016：34-36.

④ 弗拉基米尔，扎齐奥尔斯基. 运动生物力学：运动成绩的提高与运动损伤的预防［M］. 陆爱云，译审. 北京：人民体育出版社，2004：25-26.

肌发力，带动伸髋、伸膝和足背伸，至躯干直立；④保持腹式呼吸，屈髋时吸气，伸髋时呼气。

（4）运动负荷：每组 6~8 次，一般做 4~6 组。教师做好安全措施，根据学生体能状况掌控好运动负荷。

（5）动作图例（如图 13-34 所示）。

(a)

(b)

图 13-34　弹力带硬拉

3．单腿硬拉

（1）目的：激活和优化下肢伸肌链。

（2）方法：单腿支撑，对侧手握哑铃硬拉。

（3）技术标准：①单腿直立，躯干直立，对侧手持哑铃，目光平视；②屈髋、屈膝，躯干前倾与地平面成 30°~40°，摆动腿与躯干成直线；③激活腘绳肌，以腘绳肌发力，带动伸髋、伸膝和足背伸，至躯干直立；④保持腹式呼吸，伸髋时呼吸。

（4）运动负荷：每组左右两腿各 6~8 次，一般做 4~6 组。教师做好安全措施，根据学生体能状况掌控好运动负荷（本练习适合八年级以上学生在体育课堂和课后锻炼中运用）。

（5）动作图例（如图 13-35 所示）。

(a)

(b)

(c)　　　　　　　　　　　　(d)

图 13-35　单腿硬拉

4．原地蹲跳

（1）目的：激活和优化下肢伸肌链。

（2）方法：原地双腿蹲跳。

（3）技术标准：①双腿开立与肩同宽，屈髋、屈膝，双手屈肘于体侧，躯干自然前倾；②双手屈肘上摆，以腘绳肌发力，带动伸髋、伸膝和足背伸，蹬离地面。

（4）运动负荷：每组 6～8 次，做 4～6 组。教师做好安全措施，根据学生体能状况掌控运动负荷。

（5）动作图例（如图 13-36 所示）。

(a)　　　　　　　　　　　　(b)

图 13-36　原地蹲跳

（五）下肢屈肌链索的激活和优化训练

1．实心球下蹲

（1）目的：激活和优化下肢屈肌链。

（2）方法：抱球下蹲。

(3）技术标准：①立定跳远准备姿势开始，双手屈肘抱实心球于胸前；②吸气下蹲，注意力放在屈曲动作上，屈膝至100°。

(4）运动负荷：每组6～8次，一般做4～6组。教师做好安全措施，根据学生体能状况掌控好运动负荷。

(5）动作图例（如图13-37所示）。

(a) (b)

图 13-37 实心球下蹲

2. 跳箱下跳

(1）目的：激活和优化下肢屈肌链。

(2）方法：空手下蹲。

(3）技术标准：①站在高20～30厘米的跳箱上，身体直立，双腿与髋同宽；②一条腿抬离跳箱，置于跳箱外，以该腿为引导，身体前倾，靠重力矩带动身体和支撑腿离开跳箱，成自由落体；③将注意力放在屈曲离心缓冲上，缓冲后膝关节成130°。

(4）运动负荷：每组6～8次，一般做4～6组。教师做好安全措施，根据学生体能状况掌控好运动负荷。

(5）动作图例（如图13-38所示）。

(a) (b)

图 13-38 跳箱下跳

3. 仰卧屈大腿

（1）目的：激活和优化下肢屈肌链。

（2）方法：仰卧屈髋、屈膝、勾脚尖。

（3）技术标准：①身体仰卧，双腿分开与髋同宽，双手外展30°置于身体两侧；②双腿交替勾脚尖，屈髋、屈膝，抬腿至大腿垂直地面。

（4）运动负荷：每组双腿交替18~20次，一般做4~6组。教师做好安全措施，根据学生体能状况掌控好运动负荷。

（5）动作图例（如图13-39所示）。

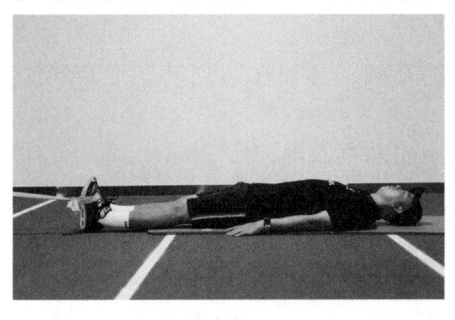 

(a) (b)

图13-39 仰卧屈大腿

4. 勾脚尖高抬腿

（1）目的：激活和优化下肢屈肌链。

（2）方法：双腿交替勾脚尖高抬腿。

（3）技术标准：①身体直立，双腿分立与髋同宽，目光前视，双手屈肘成跑步姿势；②一条腿支撑，另一条腿屈髋、屈膝、勾脚尖，双腿交替高抬腿。

（4）运动负荷：每组双腿交替18~20次，一般做4~6组。教师做好安全措施，根据学生体能状况掌控好运动负荷。

（5）动作图例（如图13-40所示）。

(a) (b)

图13-40 勾脚尖高抬腿

5. 车轮跑

见第五章第一节第二点（九）的内容。

（六）抗阻及爆发力训练

要高效完成立定跳远动作，必须具备一定的肌肉横截面、肌肉力量和爆发力。多数中学由于力量训练设备受到一定的限制，许多有效的力量训练技术无法运用。本书建议教师因地制宜采用自重训练与额外负重抗阻练习相结合的练习模式，先采取抗阻训练发展肌肉力量，再提高专项爆发力水平。

1. 力量及爆发力练习的基本练习原则

（1）动态姿势的控制和平衡是所有训练的基础，必须在达到动态平衡的能力基础上，才实施力量训练。

（2）力量训练是训练动作及运动链的功能而不是肌肉。

（3）在下肢力量训练前训练核心力量。

（4）在额外负重的力量训练前用自身力量进行训练。

（5）在训练爆发力前，必须先进行肌肉横截面和最大力量训练。

（6）循序渐进地增大运动强度和运动负荷。

2. 抗阻练习的基本目标及负荷设定

中学生立定跳远抗阻练习的根本目的，是动员更多的运动单元参与专项动作，提高高尔基体的保护阈值[1]，为提高能量的输出功率创造条件，起到有效预防运动损伤的作用。

（1）中考立定跳远抗阻练习的基本要求。为提高立定跳远成绩，抗阻水平一般情况下肯定是越高越好。然而，综合愿景目标、练习时间、练习条件和学生体能状况等多维度因素，建议参加中考立定跳远的同学，深蹲能力至少达到自身体重的 1～1.5 倍[2]，提踵能力达到自身体重的 1.5～2 倍，才能有效地动员完成动作需要的运动单位、提高爆发力和预防运动损伤。

（2）中考立定跳远抗阻练习的负荷设定。中考立定跳远的抗阻练习，必须遵守运动负荷渐进提高的原则，从神经机制的锻炼逐步过渡到肌肉横截面（肌肥大）、肌力及爆发力的锻炼，以达到有效提高最大肌力及爆发力的训练目标。在抗阻练习中，负荷强度常用正确动作只能举起一次的最大重量的百分比来表示（%1RM），最大重量用 1RM 表示。表 13-4 参照美国体能协会关于负荷设定与重复次数的关系，制定的中学生肌肉力量发展负荷设定，供教师和同学们参考。表 13-4 负荷设定特指对脊柱有压力的力量训练，对脊柱无直接压力的（如屈臂训练）负荷与重复次数不符合表中的对应关系。

---

[1][2] BAECHLE T R, EARLE R W. 体能训练概论 [M]. 朱学雷，等译. 3 版. 上海：上海三联书店，2011：46-47.

表 13-4 抗阻训练负荷设定表[①]

训练目标	负荷%1RM	目标次数/次	组数/组	组间休息时间/分钟	备注
肌力	≥85	4~6	2~6	2~5	
单次爆发力	80~90	1~2	3~5	2~5	
多次爆发力	75~85	3~5	3~5	2~5	
肌肉肥大	67~85	6~12	3~6	0.5~1.5	

（3）抗阻训练的强度与重复次数的关系。要有效地发展肌力，促进肌肉肥大和爆发力，必须处理好训练强度与训练次数的关系。表 13-5 是美国体能协会关于训练强度与训练次数对照关系表，供教师和同学们参考。研究表明，在负荷强度大于 75% 1RM 时，训练次数少于 10 次较为准确。

表 13-5 1RM 百分率与可能的重复次数

%1RM	可能的反复次数/次
100	1
95	2
93	3
90	4
87	5
85	6
83	7
80	8
77	9
75	10
70	11
67	12
65	13

---

① BAECHLE T R, EARLE R W. 体能训练概论 [M]. 朱学雷，等译. 3 版. 上海：上海三联书店，2011：46-47.

（七）立定跳远力量与爆发力训练技术与方法

1. 壶铃深蹲

（1）目的：利用额外负荷，发展下肢蹬伸力量和离心退让能力。

（2）方法：采用持壶铃深蹲的方式，发展下肢蹬伸力量及离心退让能力。

（3）技术标准：①双腿分开与肩同宽，身体直立，双侧肩胛骨前伸，双手直臂，十指交叉扣握壶柄，将壶铃置于双腿空隙间，目光平视；②吸气下蹲，根据力量状况屈膝至90°~130°之间；③呼气伸髋、伸膝，直至完全站立。

（4）运动负荷：每组6~8次，一般做3~4组（或根据训练目的，参照运动负荷设定章节确定）。教师做好安全措施，根据学生体能状况掌控好运动负荷。

（5）动作图例（如图13-41所示）。

（a）

（b）

（c）

（d）

图13-41 壶铃深蹲

2. 扛人深蹲（杠铃深蹲）

（1）目的：利用额外负荷，发展下肢蹬伸力量和离心退让能力。

（2）方法：采用肩扛人的方式，发展下肢蹬伸力量。如学校有条件，在确保安全的条件下，可以用杠铃做深蹲。

（3）技术标准：①体重相当的两名同学，面对肋木架，作为负荷的同学爬上肋木架，坐到练习深蹲的同学肩上，两人双手扶肋木架。

②练习者，双腿分开与肩同宽，身体直立，双侧肩胛骨前伸，目光平视。

③练习者，吸气下蹲，根据力量状况屈膝至90°~130°之间，两人保持双手扶肋木架，以防意外时两人可以用手维持平衡。

④练习者，呼气伸髋、伸膝，直至完全站立。

（4）运动负荷：每组6~8次，一般做3~4组（或根据训练目的，参照运动负荷设定章节确定）。教师做好安全措施，根据学生体能状况掌控好运动负荷（本练习适合八年级以上学生在体育课堂和课后锻炼中运用）。

（5）动作图例（如图13-42所示）。

图 13-42 杠铃深蹲

3. 单腿自重深蹲

(1) 目的：利用自身重量，发展下肢蹬伸力量和离心退让能力。

(2) 方法：采用单腿蹲的方式，发展下肢蹬伸力量及离心退让能力。

(3) 技术标准：①单腿直立，另一侧腿屈膝离地，躯干垂直地面，双手交叉抱胸，双肩前伸，目光平视；②吸气下蹲，根据支撑腿力量状况屈膝至 90°~130° 之间，尽量保持膝关节平面中点与脚尖及肩在一条直线上，离地腿保持与躯干的相对位置；③呼气支撑腿伸髋、伸膝，直至完全直立，左右腿交换。

(4) 运动负荷：每组 6~8 次，一般做 3~4 组（或根据训练目的，参照运动负荷设定章节确定）。教师做好安全措施，根据学生体能状况掌控好运动负荷（本练习适合八年级以上学生在体育课堂和课后锻炼中运用）。

(5) 动作图例（如图 13-43 所示）。

(a)   (b)

图 13-43 单腿自重深蹲

4. 负重单腿下蹲

（1）目的：利用额外负荷，发展下肢蹬伸力量和离心退让能力。

（2）方法：采用负重单腿蹲的方式，发展下肢蹬伸力量及离心退让能力。

（3）技术标准：①单腿直立，躯干垂直地面，双手向后以掌心抱实心球，目光平视；②一条腿屈膝130°支撑，另一条腿抬起前伸；③吸气下蹲，根据支撑腿力量状况屈膝至90°~130°；④呼气支撑伸髋、伸膝，直至完全直立，左右腿交换。

（4）运动负荷：每组6~8次，一般做3~4组（或根据训练目的，参照运动负荷设定章节确定）。教师做好安全措施，根据学生体能状况掌控好运动负荷（本练习适合八年级以上学生在体育课堂和课后锻炼中运用）。

（5）动作图例（如图13-44所示）。

(a)   (b)

图 13-44 负重单腿下蹲

5. 双腿跪跳

(1) 目的：利用自重负荷，发展伸髋、伸膝爆发力及上下肢协同能力。

(2) 方法：采用双膝跪地跳起方式，发展伸髋、伸膝爆发力及上下肢协同能力。

(3) 技术标准：①双腿与髋同宽跪垫，膝关节与脚尖触地，躯干垂直地面，双手屈肘后伸于身体两侧，目光平视；②快速伸髋、伸膝，同时双臂上摆，利用地面反作用力使身体腾空，用双脚蹲于地面。

(4) 运动负荷：每组5~6次，一般做3~4组（或根据训练目的，参照运动负荷设定章节确定）。教师做好安全措施，根据学生体能状况掌控好运动负荷（本练习适合八年级以上学生在体育课堂和课后锻炼中运用）。

(5) 动作图例（如图13-45所示）。

图13-45 双腿跪跳

6. 壶铃蹲跳

(1) 目的：利用负额外荷，发展下肢伸髋、伸膝、屈趾爆发力。

(2) 方法：采用持壶铃深跳的方式，发展下肢蹬伸爆发力。

(3) 技术标准：①双腿分开与肩同宽，身体直立，双侧肩胛骨前伸，双手直臂，十指交叉扣握壶柄，将壶铃置于双腿空隙间，目光平视；②双腿连续蹲跳，根据力量状况屈膝至 90°~130°之间。

（4）运动负荷：每组 6~8 次，一般做 3~4 组（或根据训练目的，参照运动负荷设定章节确定）。教师做好安全措施，根据学生体能状况掌控好运动负荷（本练习适合八年级以上学生在体育课堂和课后锻炼中运用）。

（5）动作图例（如图 13-46 所示）。

图 13-46　壶铃蹲跳

7. 双腿跳箱

（1）目的：利用自身重量负荷，发展下肢伸髋、伸膝、屈趾爆发力。

（2）方法：采用跳上跳箱的方式，发展下肢蹬伸爆发力。

（3）技术标准：双腿分开与髋同宽，身体直立，采用立定跳远技术跳上跳箱。

（4）运动负荷：每组 6~8 次，一般做 3~4 组（或根据训练目的，参照运动负荷设定章节确定）。教师做好安全措施，根据学生体能状况掌控好运动负荷。

（5）动作图例（如图 13-47 所示）。

(a) (b)

图 13-47 双腿跳箱

8. 跳台立定跳

(1) 目的：利用重力势能产生的冲击力，发展下肢伸髋、伸膝、屈趾爆发力。

(2) 方法：从适宜高度的跳箱上跳下，再做立定跳远。

(3) 技术标准：①根据学生体能水平，设置一个 20~30 厘米的跳箱；②一条腿抬离跳箱，置于跳箱外，以该腿为引导，身体前倾，靠重力矩带动身体和支撑腿离开跳箱，成自由落体；③双腿落地后，快速起跳完成立定跳远。

(4) 运动负荷：每组 6~8 次，一般做 4~6 组。教师做好安全措施，根据学生体能状况掌控好运动负荷（本练习适合八年级以上学生在体育课堂和课后锻炼中运用）。

(5) 动作图例（如图 13-48 所示）。

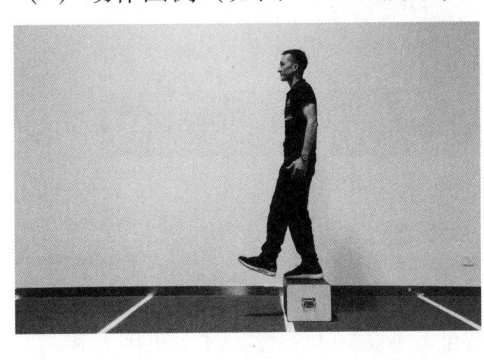 

(a) (b)

图 13-48 跳台立定跳

（八）快速伸缩复合训练技术与方法

立定跳快速伸缩复合训练原理及生理机制与立定三级跳远是一致的，训练手段的设计与负荷相对立定三级跳更简单，可以说立定三级跳远是多级立定跳远构成的。在立定跳远设计快速伸缩复合训练时，需要考虑的安全要求、负荷设计等考量因素，请参照本章第三节立定三级跳远的训练技术与方法，在本节只提供立定跳快速伸缩复合训练技术与方法。

1. 跳栏架

(1) 目标：利用自身重量负荷，发展下肢前后肌群的牵张反射、肌肉及结缔组织弹性和快速收缩能力。

(2) 方法：以连续跳栏架的方式，发展下肢和腹部的结缔组织弹性和快速收缩能力。

(3) 技术标准：①直线放置3个30~40厘米高栏架，间隔60~90厘米，可根据同学体能及个人身高情况，灵活设置栏高及间距；②双腿分开与髋同宽，屈膝130°，身体直立，双手屈肘90°置于身后，目光平视；③伸髋、伸膝，双手上摆，收腹跳过第一个栏架；④双腿脚尖落地，以膝髋做离心退让，用最快速度进行下一次收腹跳，连续跳过另外两个栏架。

(4) 运动负荷：每组跳3次，一般做4~6组。教师做好安全措施，根据学生体能状况掌控好运动负荷（本练习适合七年级以上学生在体育课堂和课后锻炼中运用，女生可根据能力酌情选择）。

(5) 动作图例（如图13-49所示）。

(a)

(b)

图13-49 跳栏架

2. 收腹跳

(1) 目标：利用自身重量负荷，发展下肢前后肌群的牵张反射、肌肉及结缔组织弹性和快速收缩能力。

(2) 方法：以连续收腹跳的方式，发展下肢和腹部的结缔组织弹性和快速收缩能力。

(3) 技术标准：①双腿分开与髋同宽，屈膝130°，身体直立，双手屈肘90°置于身后，目光平视；②伸髋、伸膝，双手上摆，收腹跳起；③双腿脚尖落地，以膝髋做离心退让，用最快速度进行下一次收腹跳，以连续方式完成。

(4) 运动负荷：每组跳3~5次，一般做4~6组。教师做好安全措施，根据学生体能状况掌控好运动负荷（本练习适合八年级以上学生在体育课堂和课后锻炼中运用，女生可根据能力酌情选择）。

（5）动作图例（如图 13-50 所示）。

(a)　　　　　　　(b)

图 13-50　收腹跳

3. 跳深

（1）目标：利用自身重量负荷，发展下肢前后肌群的牵张反射、肌肉及结缔组织弹性和快速收缩能力。

（2）方法：以连续跳箱的方式，发展下肢和腹部的结缔组织弹性和快速收缩能力。

（3）技术标准：①设置一个 30~40 厘米的跳箱；②身体直立，双腿分开与髋同宽站在跳箱上，抬起其中一条腿移出跳箱边沿，双手置于身体两侧，目光平视；③身体跟随抬起腿，自由落体离开跳箱，双腿全脚掌着地；④双腿脚、膝、髋做离心退让后，用最快速度完成向上跳起。

（4）运动负荷：每组跳 3~4 次，一般做 4~6 组。教师做好安全措施，根据学生体能状况掌控好运动负荷（本练习适合九年级学生在体育课堂和课后锻炼中运用，女生可根据能力酌情选择）。

（5）动作图例（如图 13-51 所示）。

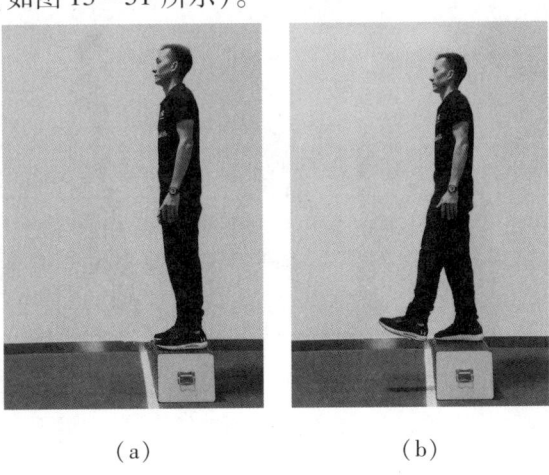

(a)　　　　　　　(b)

(c)　　　　　　　　　(d)

图 13-51　跳深

4. 跳深后跳向二级跳箱

（1）目的：利用自身重量负荷，发展下肢前后肌群的牵张反射、肌肉及结缔组织弹性和快速收缩能力。

（2）方法：以连续跳跳箱的方式，发展下肢和腹部的结缔组织弹性和快速收缩能力，箱子高度一般 30~40 厘米。

（3）技术标准：①身体直立，双腿分开与髋同宽站在跳箱上，抬起其中一条腿移出跳箱边沿，双手置于身体两侧，目光平视；②身体跟随抬起腿，自由落体离开跳箱，双腿全脚掌着地；③双腿脚、膝、髋做离心退让后，用最快速度完成向前上跳，收腹跳上二级跳箱。

（4）运动负荷：每组跳 3~4 次，一般做 4~6 组。教师做好安全措施，根据学生体能状况掌控好运动负荷（本练习适合九年级学生在体育课堂和课后锻炼中运用，女生可根据能力酌情选择）。

（5）动作图例（如图 13-52 所示）。

(a)　　　　　　　　　(b)

(c) (d)

图 13-52 跳深后跳向二级跳箱

第三节 立定三级跳远训练技术与方法

立定三级跳远
训练技术与方法

一、立定三级跳远的能量代谢特征

立定三级跳远的能量代谢特征,与立定跳远 ATP-CP 为主的能量代谢特征基本一致,训练设计可以参照本书十三章第二节立定跳远代谢特征安排。

二、立定三级跳远的核心及下肢稳定训练

立定三级跳远的核心及下肢稳定训练,可参照本书十三章第二节立定跳远的核心及下肢稳定训练技术进行安排。

三、立定三级跳远的抗阻与爆发力训练

立定三级跳远的抗阻与爆发力训练,可以参照本书十三章第二节立定跳远的抗阻与爆发力训练。

四、立定三级跳远的肌肉链索激活与优化训练

立定三级跳远的肌肉链索激活与优化训练,可以参照本书十三章第二节立定跳远的肌肉链索激活与优化训练。

五、立定三级跳远的运动损伤特点

立定三级跳远的主要运动损伤规律与特征,可以参照本书十三章第二节立定跳远的运动损伤的相关内容。然后,立定三级跳远高冲击性的肌肉快速拉长又在200毫秒内完成收缩的生理机制,决定了立定三级跳远还具有自身的运动损伤发生特点与规律。下面重点介绍下基于快速拉长—缩短机制的立定三级跳远运动损伤的主要特征与规律。

(一)快速伸缩复合(stretch-shortening cycle,SSC)训练的肌肉损伤

1. SSC训练损伤的力学机制

SSC训练最易损伤的阶段,是离心与向心的快速转换阶段,主要原因是离心收缩产生的收缩力比向心收缩更大。[①] 同时,体重及速度冲击力使目标肌群被快速拉长。如果目标肌肉力量不足,无法承受离心收缩和快速拉伸的双重冲击,在离心阶段已出现损伤,再快速实施向心转换,极易受伤。

2. SSC训练损伤的神经学机制

SSC训练损伤的神经学原因,主要是中枢神经系统不愿意充分动员离心收缩的肌肉[②],常表现出向心收缩的表面肌电EMG激活水平高。

3. SSC训练主要损伤部位

SSC训练容易诱发特有运动损伤,其主要部位在被快速离心拉长的目标肌肉,即肌腹与肌腱的连接处。例如,立定三级跳远SSC训练的目标肌肉股四头肌,其主要损伤部位是股直肌的肌腹与肌腱的连接位置。

(二)SSC训练运动损伤的预防方法

1. 充足的力量储备

要预防SSC训练中的运动损伤,减少离心收缩和快速拉长的冲击力,必须具备充足的力量储备,青少年可以做下肢SSC训练,深蹲至少达到自身体重的1.5~2倍。[③]

---

①② 弗拉基米尔,扎齐奥尔斯基. 运动生物力学:运动成绩的提高与运动损伤的预防 [M]. 陆爱云,译审. 北京:人民体育出版社,2004:25-26.

③ BAECHLE T R, EARLE R W. 体能训练概论 [M]. 朱学雷,等译. 3版. 上海:上海三联书店,2011:270-277.

2. 科学的训练设计

SSC 训练必须严格遵循循序渐进的训练进度,按照本书 SSC 训练强度、频率和休息的要求,制定科学的训练方案。

3. 做好热身运动

本书对 SSC 训练热身技术有专门的指引,建议严格按照本书 SSC 训练专门性热身要求实施热身运动。

六、立定三级跳远技术训练

(一)技术训练

立定三级跳远的技术训练包括准备姿势、预摆技术、起跳技术、空中技术、落地缓冲及再起跳技术。

1. 准备姿势

准备姿势为完成动作创造了良好的生物力学条件。为有效完成立定三级跳远动作,准备姿势需要充分拉长发力肌群,为完成起跳动作创造了良好的生物力学条件(如图 13-53 所示)。

图 13-53　准备姿势　　　　图 13-54　预摆技术

2. 预摆技术

(1)充分伸展。从准备姿势开始,双手向头上方摆至垂直面,同时伸髋、伸膝、伸踝,充分拉长相关发力肌群,为爆发性用力创造条件。

(2)加速蹬摆。充分伸展后(如图 13-54 所示),双手加速下摆,同时动力链屈髋、屈膝、屈踝,做加速离心运动,加大对地面作用力。当下肢离心运动至屈膝 100°~120°、双臂摆至身后时,手腿制动,利用地面反作用力,快速做下肢加速向心蹬和上肢向心上摆。加速蹬摆动作根据个人体能及技术情况选择做 2~3 次,为了更有效地发挥快速伸缩复合动作的生理效益，建议加速蹬摆 2 次较为适当。

3. 起跳技术

立定三级跳远起跳的关键是能最大限度地利用快速伸缩复合动作产生的牵张反射、肌肉收缩和结缔组织的弹性势能，给地面以最高功率的作用力，以获得地面反作用力的最大化，推动人体远离地面。

在完成 2 次预摆技术后，动作回到准备姿势，此时身体已储备了大量的生物动能和弹性势能。为更有效发挥能量储备，在伸髋、伸膝、伸踝的同时，双手以肩为轴向头上方摆动、抬头以激活背部肌群，协同完成蹬摆动作。立定三级跳远的起跳角度较立定跳远要低，一般采用"第一跳快、第二跳平，第三跳高"的技术模型。由于个人在身高、力量和爆发力上的普遍性差异，建议每个参加立定三级跳远训练的学生，必须通过反复训练，建立起最佳的三跳比例、起跳速度和起跳角度。在训练中，建议同学们第一跳、第二跳目光平视或稍抬，第三跳起跳瞬间抬头看 30°的空中标志物（如图 13-55 所示）。

(a)　　　　　　　　(b)

图 13-55　起跳技术

立定三级跳远最核心的技术就是第一、第二跳和第二、第三跳之间的落地缓冲和起跳的衔接，这个衔接在生物力学本质上就是肌肉的离心退让和向心收缩的快速转化，有效完成离心和向心转换就是一个典型的 SSC 训练动作。

（1）第一、第二跳落地起跳技术。第一跳完成落地后，身体屈髋、屈膝、屈踝，完成下肢快速离心退让，此时身体肩部、膝关节水平面中点和趾尖在一条垂线上，随后用最快速度伸髋、膝踝，双手向前上摆动，头部稍向上抬。

（2）第二、第三跳落地起跳技术。第二跳完成落地后，身体屈髋、屈膝、屈踝，完成下肢快速离心退让，此时身体肩部、膝关节水平面中点和趾尖在一条垂线上，随后用最快速度伸髋、膝踝，双手向前上摆动，头部向上抬 30°（如图 13-56 所示）。

图 13-56　各跳衔接的落地起跳技术

4. 落地技术

人体蹬离地面升至运动轨迹的弧线顶端后，双手下压带动躯干前倾，同时屈髋、屈膝，为落地做好准备。落地后，身体前倾下压，双手摆至身体后方，同时屈髋、屈膝完成缓冲（如图 13-57 所示）。

图 13-57　落地技术

七、立定三级跳远快速伸缩复合训练技术与方法

（一）快速伸缩复合训练的生理学机制

SSC 也称为增强式训练或快速伸缩复合训练（plyometrics），是提高快速力量含爆发力的一个最主要的训练技术。其训练机制就是在肌肉快速收缩的基础上，充分利用

肌肉和韧带的自然弹性成分与牵张反射,在尽可能短的时间(一般定义 200～250 毫秒)内完成肌肉和韧带离心与向心转换,可以显著增加向心收缩最后阶段的力量,以增加动作的输出功率。① 有研究显示,一个良好的快速伸缩复合动作产生的收缩力是单纯肌肉收缩的 150%～200%。② 快速伸缩复合训练的一些常见的下肢动作,包括下坡跑、壶铃甩摆、立定跳远、立定三级或五级跳远、跨步跳、收腹跳、跳深、跳栏架、跳箱等;上肢练习包括击掌俯卧撑、实心球传接快推、双手过顶传球、平卧实心球垂直推、铁链快速卧推和负重快挺等。

(二)快速伸缩复合训练安全要求

初中学生在立定三级跳远训练中要实施 SSC 训练,必须注意以下安全基本要求,否则将增大安全风险,造成运动损伤。

1. 动作技术

在任何练习动作中加入快速伸缩复合训练,必须具备正确执行技术的能力,才能最大限度地发挥其练习效益,将损伤风险降到最低。在立定跳远的 SSC 训练中,起跳和落地动作必须保持肩部在膝关节水平面中点上方,髌骨与脚尖在一条直线上(如图 13-58 所示)。③

2. 肌肉力量

要实施快速伸缩复合训练,充沛的力量储备是起跳离心退让和弹性回弹的根本保证,也是快速动作的重要基础。青少年立定跳远离心训练深蹲力量要达到其体重的 1～1.5 倍,如果进行多级立定跳远训练,深蹲力量至少要达到自身体重的 1.5 倍,才能取得较好的训练效果。④ 体重 BMI 指数 22 以上的超重初中男女同学,均不建议实施快速伸缩复合训练。

图 13-58 动作技术

3. 运动能力

本书建议立定跳远要实施快速伸缩复合训练,必须有能力连续和快速地完成双腿三级立定跳远。如果同学不具备这个能力,不适合实施快速伸缩复合训练。本建议没有相关研究支持,仅来源于体能教练的训练与教学经验,请教师根据实际情况斟酌实施。

---

①② 弗拉基米尔,扎齐奥尔斯基. 运动生物力学:运动成绩的提高与运动损伤的预防 [M]. 陆爱云,译审. 北京:人民体育出版社,2004:25-26.

③④ BAECHLE T R, EARLE R W. 体能训练概论 [M]. 朱学雷,等译. 3 版. 上海:上海三联书店,2011:284-291.

4. 平衡能力

立定跳远的快速伸缩复合训练动作速度快,对人体的平衡能力要求较高,初中同学单腿直立平衡能力测试(如图 13-59 所示)至少达到维持 30 秒①,具备最基础的平衡能力,才可以实施快速伸缩复合训练。

5. 热身

立定三级跳远的快速伸缩复合训练热身,除了一般的动态与静态拉伸外,为了预防快速伸缩中离心与向心快速转换的损伤风险,有必要增加一些具有针对性的热身动作。热身让动作相关肌群逐步适应离心与向心收缩的快速转换,为锻炼的高速冲击做好准备。请按下列顺序逐步增加快速伸缩复合训练的热身强度。

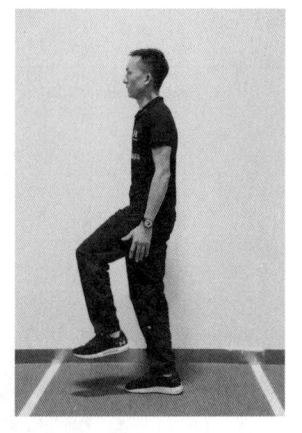

图 13-59 平衡能力

(1)模拟走路动作。模拟走路动作,以脚后半部分落地,然后过渡到脚尖蹬地,通过逐步加快步频,激活小腿三头肌拉长与收缩的转换功能(如图 13-60 所示)。

图 13-60 模拟走路动作　　图 13-61 直膝慢跑动作

(2)直膝慢跑动作。用脚尖跑步,足跟不能触地,同时膝关节绷直或微屈,提高小腿三头肌拉长与收缩的激活水平(如图 13-61 所示)。

(3)脚尖跑动作。用脚尖跑步,足跟不能触地,从慢跑开始逐步加快速度,逐步提高小腿三头肌拉长与收缩的转换功能(如图 13-62 所示)。

(4)双腿轻跳。采用高位蹲跳的方法,通过上下肢蹬摆结合上跳,加快股四头肌及小腿三头肌拉长与收缩的转换速度(如图 13-63 所示)。

图 13-62 脚尖跑动作

---

① BAECHLE T R,EARLE R W. 体能训练概论[M]. 朱学雷,等译. 3 版. 上海:上海三联书店,2011:284-291.

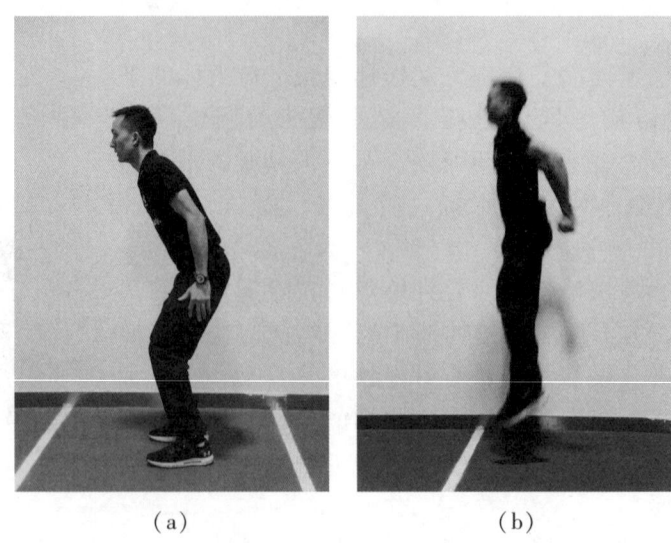

图 13-63　双腿轻跳

（5）半蹲跳。采用半蹲跳的方法，通过上下肢蹬摆结合上跳，强化股四头肌及小腿三头肌拉长与收缩的转换速度（如图 13-64 所示）。

图 13-64　半蹲跳

6．场地要求

实施快速伸缩复合训练的地面必须具备一定的弹性与吸振性，建议在草地、木板和塑胶地面安排训练。同时，训练地面也不能太软，太软会影响牵张反射的效率。

7．设施

实施快速伸缩复合训练过程中，初中同学采用跳箱训练，建议跳高度不超过小腿高度，控制在 30~40 厘米。本建议没有相关研究支持，仅来源于体能教练的训练与教学经验，请教师根据实际情况斟酌实施。

(三) 快速伸缩复合训练的负荷设计

1. 动作设计

立定三级跳远快速伸缩复合训练的动作，在发力动作结构、代谢类型、动力链传导和刺激肌肉群方面与立定三级跳远相似，包括多级跳、原地跳、跳箱和跳深等。

2. 训练强度

快速伸缩复合训练强度主要由支撑点数目（单腿还是双腿完成）、动作速度、启始高度和负荷（包括自重负荷与外加负荷）等因素构成。训练强度应该是在确保安全和技术正确条件下，协调上述强度因素，以在250毫秒内有效完成动作为标准。

3. 训练量

（1）单次课训练量。下肢的快速伸缩复合练习通常以一次训练课中脚与地面的接触次数来计算（单脚或双脚同样计算）。初三男同学刚开始训练，一次课以触地80～100次为宜（如20米单足跳平均每跳0.85米，20米需要24次触地，左右两条腿各跳2组，共96次触地；初三男同学进入训练提高期，一次课以触地100～120次为宜）[①]。初三女同学根据上述原则，在教师指导下酌情减量。

（2）训练频率。训练频率一般指每周的训练次数。初中学生参加中考训练，一般训练次数为5～7次（包含体育课），快速伸缩复合训练每周不超过3次，两次的时间间隔以48～72小时为宜。[②]

（3）休息。快速伸缩复合训练是以最大努力改善爆发力的训练，需要有足够的休息时间。初中学生两次重复训练休息时间为10～15秒，组间休息为2～3分钟。同时，由于强度构成因素不同，加上初中学生没有系统训练安排，组间休息时间一般掌握训练/休息比在1∶12左右，具体教师根据情况酌情处理。

（四）立定三级跳远快速伸缩复合训练技术

1. 立定三级跳远快速伸缩复合训练

本书立定跳远SSC训练技术的收腹跳、跳栏架、跳深和跳深后跳向二级跳箱，都可以作为立定三级跳远SSC训练的基础训练内容。

2. 原地单腿多级跳

（1）目的：根据单腿力量之和大于双腿的原理，利用自身重量负荷，充分发展单腿下肢前后肌群的牵张反射、肌肉及结缔组织弹性和快速收缩能力，提高双腿的SSC能力。

（2）方法：原地启动三级—五级跳的形式，发展下肢和腹部的结缔组织弹性和快速收缩能力。

[①②] BAECHLE T R, EARLE R W. 体能训练概论[M]. 朱学雷，等译. 3版. 上海：上海三联书店，2011：284-291.

(3)技术标准:①双腿分开与髋同宽,屈髋、屈膝成130°,身体直立,双手屈肘90°置于身后,目光平视;②双臂前摆,同时一条腿伸髋、伸膝蹬伸,另一条腿屈髋、屈膝摆动向前;③摆动腿全脚掌落地,屈髋完成离心退让后,落地腿以最快速度完成蹬伸,同时起跳腿成摆动腿向前上摆起;④循环完成两条腿交替跳跃。

(4)运动负荷:每组左右腿跳3~6次,一般做4~6组。教师做好安全措施,根据学生体能状况掌控好运动负荷(本练习适合九年级学生在体育课堂和课后锻炼中运用,女生可根据能力酌情选择)。

(5)动作图例(如图13-65所示)。

　　　(a)　　　　　　　　　　　　　(b)

图13-65　原地单腿多级跳

3. 跳深后跳跳箱

(1)目的:利用自身重量负荷,发展下肢前后肌群的牵张反射、肌肉及结缔组织弹性和快速收缩能力。

(2)方法:以连续跳跳箱的方式,发展下肢和腹部的结缔组织弹性和快速收缩能力,箱子高度一般30~40厘米。

(3)技术标准:①身体直立。双腿分开与髋同宽站在跳箱上,抬起其中一条腿移出跳箱边沿,双手置于身体两侧,目光平视;②身体跟随抬起腿,自由落体离开跳箱,双腿全脚掌着地;③双腿脚、膝、髋做离心退让后,用最快速度完成一次跳深,收腹跳上多级跳箱。

(4)运动负荷:每组跳4~6次,一般做4~6组。教师做好安全措施,根据学生体能状况掌控好运动负荷(本练习适合九年级学生在体育课堂和课后锻炼中运用,女生可根据能力酌情选择)。

(5) 动作图例（如图 13-66 所示）。

图 13-66 跳深后跳跳箱

4. 跳深加立定跳远

(1) 目的：利用自身重量负荷，发展下肢前后肌群的牵张反射、肌肉及结缔组织弹性和快速收缩能力。

(2) 方法：以跳深后立定跳的方式，发展下肢和腹部的结缔组织弹性和快速收缩能力，箱子高度一般 30~40 厘米。

(3) 技术标准：①身体直立，双腿分开与髋同宽站在跳箱上，抬起其中一条腿移出跳箱边沿，双手置于身体两侧，目光平视；②身体跟随抬起腿，自由落体离开跳箱，双腿全脚掌着地；③双腿脚、膝、髋做离心退让后，用最快速度完成一次跳深，收腹完成一次立定跳远。

(4) 运动负荷：每组跳 5~6 次，一般做 4~6 组。教师做好安全措施，根据学生体能状况掌控好运动负荷（本练习适合九年级学生在体育课堂和课后锻炼中运用，女生可根据能力酌情选择）。

(5) 动作图例（如图 13-67 所示）。

图 13-67　跳深加立定跳远

5. 跳深加三级立定跳远

(1) 目的：利用自身重量负荷，发展下肢前后肌群的牵张反射、肌肉及结缔组织弹性和快速收缩能力。

(2) 方法：以跳深后三级立定跳的方式，发展下肢和腹部的结缔组织弹性和快速收缩能力，箱子高度一般 20~30 厘米。

(3) 技术标准：①身体直立，双腿分开与髋同宽站在跳箱上，抬起其中一条腿移出跳箱边沿，双手置于身体两侧，目光平视；②身体跟随抬起腿，自由落体离开跳箱，双腿全脚掌着地；③双腿脚、膝、髋做离心退让后，用最快速度完成一次跳深；④跳深腾空后，收腹完成三级立定跳远。

(4) 运动负荷：每组跳 3~5 次，一般做 3~4 组。教师做好安全措施，根据学生体能状况掌控好运动负荷（本练习适合九年级学生在体育课堂和课后锻炼中运用，女生可根据能力酌情选择）。

6. 短助跑单腿多级跳

（1）目的：根据单腿力量之和大于双腿的生理机制，利用助跑加速和自重负荷冲击力，充分发展单腿下肢前后肌群的牵张反射、结缔组织弹性和快速收缩能力，提高双腿的 SSC 能力。

（2）方法：以短助跑三级—五级单足跳形式，发展下肢牵张反射、结缔组织弹性和快速收缩能力。

（3）技术标准：①3~4 步助跑，然后用左腿或右腿起跳，双臂向前上摆动，另一条腿向前上屈髋、屈膝摆动；②摆动腿全脚掌落地，屈膝、屈髋完成离心退让后，落地腿以最快速度完成蹬伸，同起跳腿成摆动腿向前上摆起；③循环完成两条腿交替蹬伸。

（4）运动负荷：每组左右腿各跳 3~4 次，一般做 3~4 组。教师做好安全措施，根据学生体能状况掌控好运动负荷（本练习适合九年级学生在体育课堂和课后锻炼中运用，女生可根据能力酌情选择）。

（5）动作图例（如图 13-68 所示）。

(a)　　　　　　　　　　　　(b)

图 13-68　短助跑单腿多级跳

7. 助跑多级立定跳远

（1）目的：通过助跑和自重负荷的冲击，充分发展下肢前后肌群的牵张反射、结缔组织弹性和快速收缩能力，提高双腿的 SSC 能力。

（2）方法：以 6~8 步短助跑三级—五级单足跳形式，发展下肢牵张反射、结缔组织弹性和快速收缩能力。

（3）技术标准：①6~8 步助跑，单腿起跳，双腿落地后，快速起跳，双臂向前上摆动；②双腿全脚掌落地，屈膝、屈髋完成离心退让，上下肢协同发力，以最快速度完成蹬伸起跳，收腹落地完成第二级立定跳远，连续完成三级—五级立定跳远。

（4）运动负荷：每组助跑多级立定跳 3~4 次，一般做 3~4 组。教师做好安全措施，根据学生体能状况掌控好运动负荷（本练习适合九年级学生在体育课堂和课后锻炼中运用，女生可根据能力酌情选择）。

（5）动作图例（如图 13-69 所示）。

(a)   (b)

图 13-69 助跑多级立定跳远

第四节 跳绳训练技术与方法

跳绳训练技术与方法

跳绳是一项古老的民俗娱乐活动，在中国已有数千年的历史，唐宋明清都有记载。南宋以来，每逢佳节都有跳绳活动助兴或比赛，到民国时期才称为"跳绳"。跳绳运动装备简单，运动需要场地小，花园小空地、路边和家里客厅均可以开展，参与人数可单独一人或多人一起跳。20 世纪 70 年代，多人跳长绳是流行在中小学女生里的一项喜闻乐见的娱乐活动，既陶冶性情又锻炼身体。[1] 跳绳运动分为花样跳绳、比赛速度跳绳和定时跳绳，研究表明跳绳运动对速度素质、力量素质（包括上肢力量、腰腹力量、下肢力量）、耐力素质有非常显著的促进作用。[2]

2014 年教育部新修订的《国家学生体质健康标准》中，1 分钟跳绳是小学一年级到六年级的考核内容。[3] 广州市中考体育考试 1 分钟跳绳一直是二类项目的考试内容，近几年满分成绩在 176～182 次/分之间波动。[4] 如何通过科学训练，有效完成 1 分钟跳 180 次左右，得到满意的分值，是教师和同学们关心的问题。下面介绍跳绳的技术训练与体能训练技术与方法。

---

[1] 跳绳 [EB/OL]. [2021-04-20]. https://baike.so.com/doc/4024120-4221550.html.

[2] 郭涛涛. 花样跳绳对五年级学生身体素质影响的实验研究 [D]. 北京：首都体育学院，2020.

[3] 教育部. 国家学生体质健康标准（2014 年修订）[EB/OL]. (2014-07-07)[2021-04-20]. http://www.moe.gov.cn/ewebeditor/uploadfile/2014/07/17/20140717140510994.doc.

[4] 广州市教育局关于印发广州市初中学业水平考试体育与健康考试实施意见的通知 [EB/OL]. (2019-08-07)[2021-04-20]. http://gzzk.gz.gov.cn/zwgk/zcfg/zcwj/content/post_5086586.html.

一、跳绳的生物力学与生理学原理

(一) 跳绳的周期动作

1分钟跳绳是周期性动作组成的,周期动作分为手和腿的动作周期,腿的动作周期是从伸膝、伸踝获得的地面反作用力推动人体离开地面开始,直到双腿着地,为一个跳起周期。手的动作周期从双手摇绳将绳子向后甩离地面开始,直到绳子再次回到起点位置,为一个摇绳周期。练习者每跳离地面一次,双手摇绳子从脚下穿过一次,为一个完整的跳绳周期,1分钟考试就是要在规定的1分钟内,尽可能多地完成重复周期性动作。[1]

(二) 跳绳的生物力学特征

1. 身体姿势

为了更好地发挥起跳和摇绳的动作效益,跳绳技术必须有良好的身体姿势,以保证双腿伸膝、伸踝的有效性与肩胛骨的稳定性。训练者必须双腿微屈、脚尖着地、肩胛骨前伸,以保证肩与膝关节水平面中点及脚趾尖在一条直线上。[2][3][4] 这样重心垂线穿过膝关节中心点和脚掌心,既能有效地蹬离地面,又保持了膝关节的中立位,减少了对髌骨的磨损。

2. 运动链

跳绳运动有两条运动链,下肢伸肌链索包括臀大肌、股四头肌和腓肠肌,共同完成伸髋、伸膝和踝背屈动作。跳绳主要是伸膝和踝背屈[5],让身体跳起最经济的高度。上肢链索主要是肩关节的稳定链前锯肌和菱形肌链[6]和手腕的旋转肌运动链,核心区腹横肌、多裂肌、膈肌和盆底肌组成的盆骨链激活,起到了增加腹压、稳定核心的作用。[7]

(三) 完成1分钟跳绳的能量代谢

1分钟跳绳是一种在规定时间内尽最大可能完成跳绳次数的运动。从理论上分析,

---

[1] 田麦久. 运动训练学 [M]. 北京:人民体育出版社,2000:22.

[2] BAECHLE T R, EARLE R W. 体能训练概论 [M]. 朱学雷,等译. 3版. 上海:上海三联书店,2011:289-290.

[3] 诺伊曼. 骨骼肌肉功能解剖学 [M]. 刘颖,师玉涛,闫琪,主译. 北京:人民军医出版社,2014:497-499.

[4] JOHNSON J. 姿态评估 [M]. 张钧雅,译. 新北:合记图书出版社,2014:27-29.

[5][6][7] 佩治,弗兰克,拉德纳. 肌肉失衡的评估与治疗 [M]. 焦颖,主译. 北京:人民体育出版社,2016:40-41.

该运动应该是属于无氧糖酵解为主的无氧运动。①②③ 中国知网相关文献研究也显示，1 分钟跳绳时大多数青少年的最高心率均高于 180 次/分④，进入乳酸阈心率范围即无氧糖酵解供能为主的代谢模式。

二、跳绳的运动损伤

跳绳最容易出现运动损伤的部位是踝关节和膝关节，其中踝关节主要运动损伤有跟腱炎、小腿后群肌肉拉伤和踝关节韧带拉伤，膝关节主要的损伤有髌腱炎、髌骨疼痛综合征、内外侧副韧带拉伤和胫骨粗隆骨骺炎。

（一）小腿损伤

1. 跟腱炎

跟腱是人体最强大的肌腱，是小腿三头肌与跟骨相连的肌腱部分（如图 13-70 所示）。长期反复的足背屈（提踵）跳跃，可造成肌腱与跟骨的反复摩擦，形成跟腱炎，常与跑步、跳远、篮球及跳深等运动项目相关。⑤

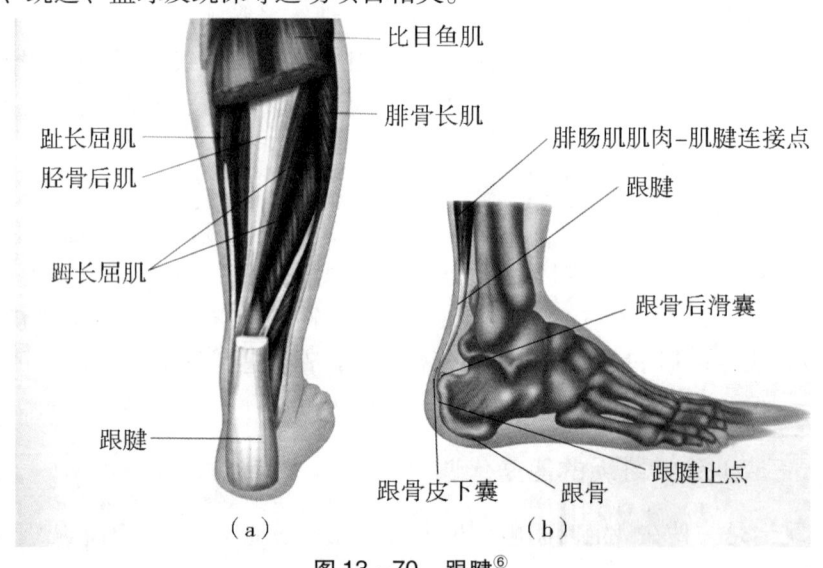

图 13-70　跟腱⑥

---

① 田麦久. 运动训练学 [M]. 北京：人民体育出版社，2000：22.
② BAECHLE T R, EARLE R W. 体能训练概论 [M]. 朱学雷，等译. 3 版. 上海：上海三联书店，2011：289-290.
③ 王瑞元. 运动生理学 [M]. 北京：人民体育出版社，2002：275-277.
④ 杨张玉. 7-12 岁儿童拉丁舞与常见身体活动方式能量消耗的比较 [D]. 北京：北京体育大学，2017.
⑤⑥ 沃克. 运动损伤的解剖学 [M]. 罗冬梅，刘晔，赵星，等译. 北京：北京体育大学出版社，2013：80-86.

2. 小腿后群肌肉拉伤

小腿后群肌的腓肠肌是足背屈（提踵）的原动肌群，跳跃、跑步和跳绳等爆发性动作均有可能产生拉伤。其中，主要原因是负荷过大、基础力量不足、腓肠肌离心能力不足和着地姿势不正确。①

3. 踝关节韧带拉伤

踝关节面临跳跃、冲击和变向跑等高冲击力的运动负荷时，可能会由于肌肉协同不足、双腿长短不一、陈旧性损伤引发的运动感知觉障碍和踝部内翻或外翻等姿势和神经控制因素，导致内外韧带拉伤。②

（二）膝关节损伤

1. 髌骨炎

在跳跃和跳绳等运动中，由于腘绳肌和股四头肌肌力及协同不良，反复高强度的膝关节屈伸容易诱发髌韧带拉伤（如图 13-71 所示），形成髌骨炎。③

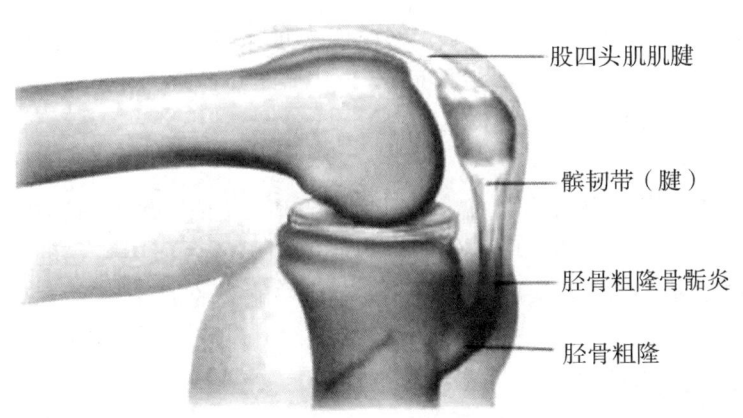

Osgood-Schlatter综合征（胫骨粗隆骨骺炎）

图 13-71 膝关节④

2. 髌骨疼痛综合征

在跑步、跳跃和跳绳等运动中，由于髌骨在股骨运动轨迹中不正确或髌腱过紧，长期反复大强度的膝关节屈伸，容易造成髌骨与股骨软骨的损伤。⑤

3. 内外侧副韧带拉伤

由于存在身体稳定性不足或踝内翻或外翻、膝关节内旋或外旋，在大量的跳绳膝关节屈伸运动中，容易出现膝关节股骨和胫骨位置偏移，损伤内外侧副韧带。

4. 胫骨粗隆骨骺炎

初中阶段胫骨尚未发育成熟，而髌骨韧带止于胫骨平台下方，跳绳反复的膝关节

---

①②③④⑤ 沃克. 运动损伤的解剖学 [M]. 罗冬梅，刘晔，赵星，等译. 北京：北京体育大学出版社，2013：80-86.

屈伸、髌韧带牵扯容易造成骨质的撕裂。此时机体会吸收更多的骨质来补充撕裂的骨质，从而形成了胫骨粗隆骨骺炎（如图 13-71 所示），此症特别容易发生在 10~15 岁的青少年中。其主要症状有红肿、疼痛和胫骨粗隆骨突起，严重的会出现胫骨半撕裂和全撕裂骨折，可以看到胫骨粗隆骨浮动。

（三）运动损伤的预防

1. 提高关节的稳定性

跳绳运动要减少踝膝的运动损伤，必须通过训练提高核心区、髋关节、膝关节和踝关节的静动态稳定能力，减少跳绳时各关节的晃动。

2. 矫正不良姿势

训练者如果本身存在足内翻或外翻、膝关节内旋或外旋，发生运动损伤的风险较高，在训练前需要进行一定的矫正。

3. 提高肌肉力量

1 分钟跳绳由于速度较快，没有强大的肌肉力量支撑，容易由于跳绳时间较长诱发疲劳，导致肌肉力量下降，出现运动损伤。要预防由于肌肉不足诱发的运动损伤，要加强腘绳肌、股四头肌和小腿三头肌的力量。

4. 提高离心能力

跳绳训练大多采用向心训练方式，一般情况下离心训练较少，肌肉拉伤主要发生在离心收缩向向心收缩转换的阶段，较弱的离心能力是诱发肌肉拉伤的根本原因。教师在跳绳训练中，要注意股四头肌和小腿三头肌离心能力的训练。

三、1 分钟跳绳的技术

1. 准备姿势（如图 13-72 所示）

身体直立，双腿分立与髋同宽，双腿适度微屈、脚尖着地、肩胛骨前伸，身体适度前倾，肩与膝关节水平面中点及脚趾尖在一条直线。双腿适度微屈，可以有效缩短人体高度，有利于缩短绳子运行周期，同时可以更好地利用伸膝力量，减少踝关节负荷。

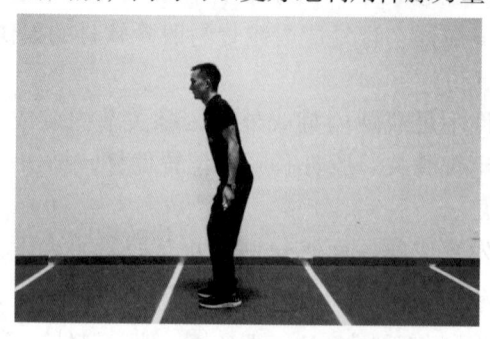

图 13-72　准备姿势

2. 轻跳技术（如图 13-73 所示）

跳绳时伸膝、伸踝（足背屈），双腿轻轻跳起，高度不宜过高，一般在 3~5 厘米左右，配合绳子穿过脚底，落地时注意屈膝缓冲。

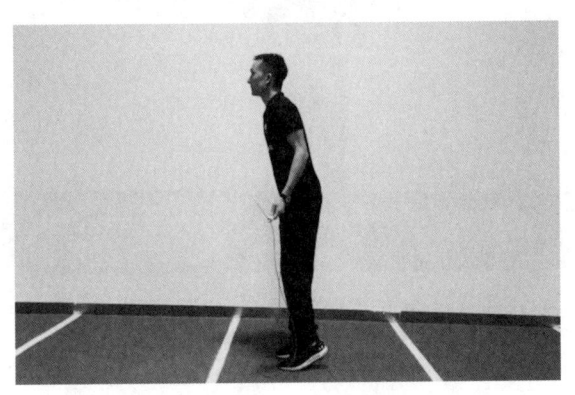

图 13-73　轻跳技术

3. 摇绳技术（如图 13-74 所示）

摇绳时肩胛骨稳定，双手置于两侧，上臂屈 30°~40°，以手腕快速转动，甩带绳子。

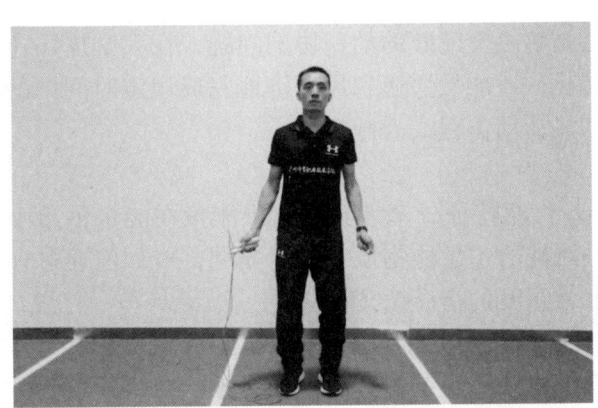

图 13-74　摇绳技术

4. 呼吸技术

跳绳时的呼吸，采用腹式自然呼吸的方式，腹式呼吸需要通过平时的训练，养成自然的腹式呼吸习惯。

5. 确定绳子长度（如图 13-75 所示）

跳绳绳子的长度，以训练者双腿开立与髋同宽，双腿踩绳，双手将绳子拉直，绳子两端在肚脐与十二肋骨之间为基准。确立好基准长度后，在训练中反复实践，不断调整，最后确定合适的绳子长度。

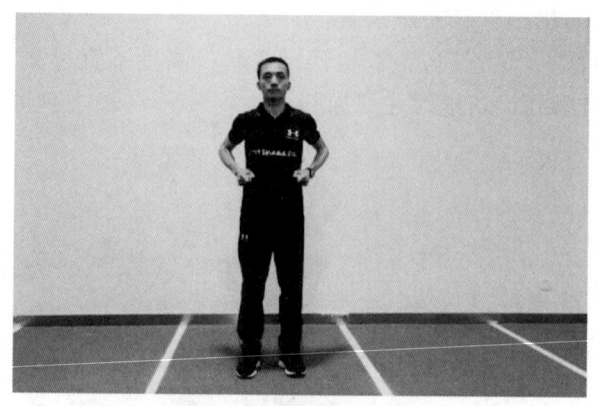

图 13-75　确定绳子长度

四、1 分钟跳绳的训练思路

要有效增加 1 分钟跳绳的次数，在训练中需要解决的训练问题，需要从技术训练、能量代谢、姿势稳定和力量耐力等四个环节来思考训练安排。

1. 技术训练

技术训练的核心是解决上下肢的动作协同问题，在大脑皮层建立稳定的神经联系和灵活的兴奋抑制转化，才能最快速和最经济地完成规定时间内的跳绳次数，训练以建立大脑皮层稳固和灵活动作程式为目标。[1]

2. 能量代谢

1 分钟跳绳的能量代谢特征，牵涉到三大供能量在能量供给中的比例问题，准确地分析与界定 1 分钟跳绳的主供能物质和代谢类型，对如何通过训练提高专门能量代谢的功率输出具有非常重要的指导意义。

3. 姿势稳定

跳绳技术是否合理与姿势稳定有高度的相关性，在跳跃过程中，只有具备稳定的核心和髋、膝、踝能力，才能提高动作经济性和安全性，实现最小的能量供给和最大化的运动绩效。

4. 力量耐力

完成 1 分钟跳绳，力量耐力是其核心体能素质，有效地提高腘绳肌、股四头肌、小腿三头肌、肩胛骨稳定肌及手腕旋转肌的力量耐力，是现实满分目标的力量基础。

---

[1]　SCHMIDT R A, LEE T D. 动作控制与学习 [M]. 卓俊伶，杨梓楣，陈重佑，等译. 新北：合记图书出版社，2015：207-210.

五、1 分钟跳绳训练技术与方法

要提高 1 分钟跳绳训练技术水平，首先要提高肩关节的稳定性和手腕摇绳时各肌群的协同性，其次要提高双腿轻跳的协同性与经济性，最后将上下肢运动程式进行有效整合，完成跳绳技术的学习。

（一）技术训练

1. 单手摇绳

（1）目的：掌握手腕甩绳的方法和训练手腕灵活性。

（2）方法：身体直立，单手手腕摇绳子。

（3）技术标准：①身体直立，双腿分开与髋同宽，一侧手按跳绳姿势单手握绳，目光平视；②手腕转动，带动绳子在身体侧面画圈，绳子长短自行确定；③转动手腕时，身体姿势保持稳定；④双手轮换完成摇绳。

（4）运动负荷：每组左右摇绳 15～20 次，一般做 4～6 组。教师做好安全措施，根据学生体能状况掌控好运动负荷。

（5）动作图例（如图 13-76 所示）。

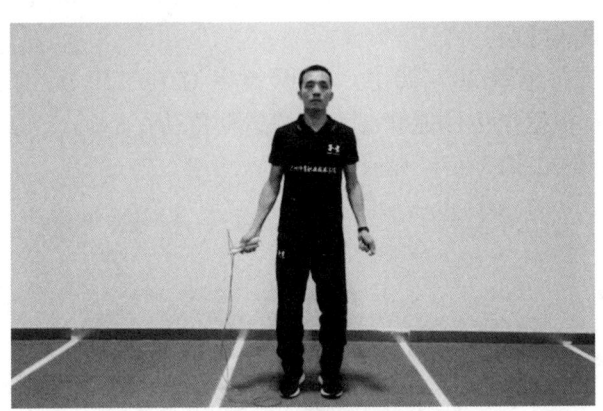

图 13-76　单手摇绳

2. 双手摇绳

（1）目的：掌握双手手腕甩绳技术，提高双手协同能力。

（2）方法：身体直立，双手手腕摇绳子。

（3）技术标准：①身体直立，双腿分开与髋同宽，双手按跳绳姿势单手握绳，目光平视；②双手手腕转动，带动绳子在身体侧面画圈，绳子长短自行确定；③转动手腕时，身体姿势保持稳定。

（4）运动负荷：每组摇绳 20～30 次，一般做 4～6 组。教师做好安全措施，根据学生体能状况掌控好运动负荷。

(5) 动作图例（如图 13-77 所示）。

图 13-77 双手摇绳

3. 垂直直膝纵跳

(1) 目的：掌握跳绳双腿轻跳技术，提高下肢各肌群的协同能力。

(2) 方法：身体直立，双腿轻纵跳。

(3) 技术标准：①身体适度前倾，双腿分开与髋同宽，双膝伸直，双手叉腰，目光平视；②双腿伸踝（足背屈）蹬地，推动身体离开地面，双腿离地 3～5 厘米；③跳跃过程保持自然腹式呼吸。

(4) 运动负荷：每组跳 20～30 次，跳跃频率 120～130 次/分，一般做 4～6 组。教师做好安全措施，根据学生体能状况掌控好运动负荷。

(5) 动作图例（如图 13-78 所示）。

图 13-78 垂直直膝纵跳

4. 垂直纵跳

(1) 目的：掌握跳绳双腿轻跳技术，提高下肢各肌群的协同能力。

(2) 方法：身体直立，双腿轻纵跳。

(3) 技术标准：①身体适度前倾，双腿分开与髋同宽，双膝适度屈曲，双手叉腰,目光平视;②双腿伸膝、伸踝(足背屈)蹬地,推动身体离开地面,双腿离地 3~5厘米;③跳跃过程保持自然腹式呼吸。

(4)运动负荷:每组跳30~40次,跳跃频率120~130次/分,一般做4~6组。教师做好安全措施,根据学生体能状况掌控好运动负荷。

(5)动作图例(如图13-79所示)。

(a) (b)

图13-79 垂直纵跳

5. 无绳模拟跳

(1)目的:提高跳绳双腿轻跳技术,上下肢协同配合能力。

(2)方法:无绳条件下,模拟跳绳。

(3)技术标准:①身体适度前倾,双腿分开与髋同宽,双膝适度屈曲,双手以跳绳姿势置于体侧,目光平视;②双腿伸膝、伸踝(足背屈)蹬地,推动身体离开地面,同时无绳手模拟摇绳,一跳一摇;③跳跃过程保持自然腹式呼吸。

(4)运动负荷:每组跳30~40次,跳跃频率120~130次/分,一般做4~6组。教师做好安全措施,根据学生体能状况掌控好运动负荷。

(5)动作图例(如图13-80所示)。

图13-80 无绳模拟跳

（二）姿势稳定训练

姿势稳定训练，请参考本书第六章姿势稳定及动作控制锻炼。

（三）爆发力及力量耐力

要有效完成1分钟跳绳，必须具备一定的下肢基础力量，下蹲的力量初中学生至少达到体重的0.8～1倍，具备这个能力是发展跳绳爆发力和力量耐力所必须具备的基础安全条件。

1. 高位半蹲

（1）目的：发展跳绳动作的伸膝、伸踝（足背屈）力量。

（2）方法：负重高位半蹲。

（3）技术标准：①身体直立，双腿与髋同宽，肩上负重（或抗人），重量在体重0.5～1倍；②屈髋、屈膝、屈踝（足背伸），膝关节成135°；③伸髋、伸膝、伸踝（足背屈）伸直大腿。

（4）运动负荷：每组完成半蹲起6～8次，组间歇6～7分钟，一般做3～4组。教师做好安全措施，根据学生体能状况掌控好运动负荷。

（5）动作图例（如图13-81所示）。

(a)　　　　　　　　　　　　　(b)

图13-81　高位半蹲

2. 收腹跳

（1）目的：发展跳绳动作的伸膝、伸踝（足背屈）爆发力和动作速度。

（2）方法：原地收腹跳。

（3）技术标准：①身体直立，双腿与髋同宽，双手曲肘置于身体后侧；②双腿屈髋、屈膝，膝关节成135°，快速跳起至最高点屈膝收腹；③身体自然下落，以脚尖着地支撑，然后再次屈膝收腹。

（4）运动负荷：每组完成收腹跳6～8次，一般做3～4组。教师做好安全措施，根据学生体能状况掌控好运动负荷。

（5）动作图例（如图13-82所示）。

图13-82 收腹跳

3．单腿原地跳

（1）目的：根据单腿力量之和大于双腿力量的原理，利用单腿跳跃，发展跳绳动作的伸膝、伸踝（足背屈）爆发力和动作速度。

（2）方法：原地单腿收腿跳。

（3）技术标准：①身体直立，单腿支撑，双手曲肘置于身体后侧；②支撑腿屈髋、屈膝，膝关节成135°，快速跳起至最高点屈膝收腿；③身体自然下落，以脚尖着地缓冲，然后再次屈膝收腿；④双腿轮换完成动作。

（4）运动负荷：每组完成收腿跳5~6次，一般做3~4组。教师做好安全措施，根据学生体能状况掌控好运动负荷（本练习适合九年级学生在体育课堂和课后锻炼中运用，女生可根据能力酌情选择）。

（5）动作图例（如图13-83所示）。

图13-83 单腿原地跳

4．单腿跳过栏架

（1）目的：根据单腿力量之和大于双腿力量的原理，利用单腿跳跃，发展跳绳动作的伸膝、伸踝（足背屈）爆发力和动作速度。

(2)方法：单腿跳过栏架。

(3)技术标准：①设立8~10个20~30厘米高小栏架；②身体直立，单腿支撑，双手曲肘置于身体后侧；③支撑腿屈髋、屈膝，膝关节成135°，快速跳起过栏架；④身体自然下落，以脚尖着地缓冲，然后再次起跳连续跳过栏架；⑤落地起跳时间越快越好，尽可能在200毫秒之内完成动作；⑥双腿轮换完成动作。

(4)运动负荷：每组双腿各跳4次，一般做3~4组。教师做好安全措施，根据学生体能状况掌控好运动负荷。

(5)动作图例（如图13-84所示）。

图13-84 单腿跳过栏架

5．负重双腿跳

(1)目的：发展跳绳动作的伸膝、伸踝（足背屈）爆发力和动作速度。

(2)方法：原地负重双腿跳。

(3)技术标准：①身体直立，双腿与髋同宽，双手屈肘屈肘90°握杠铃置于肩部；②双腿屈髋、屈膝，膝关节成135°，快速伸髋、伸膝跳起；③身体自然下落，以脚尖着地，然后再次伸髋伸膝伸踝跳起。

(4)运动负荷：每组完成收腹跳6~8次，一般做3~4组。教师做好安全措施，根据学生体能状况掌控好运动负荷。

(5)动作图例（如图13-85所示）。

（a）

（b）

图13-85 负重双腿跳

6. 短助跑跳小栏架

（1）目的：利用快速伸缩复合训练原理，发展跳绳动作的伸膝、伸踝（足背屈）的爆发力和动作速度。

（2）方法：短助跑双腿跳过小栏架。

（3）技术标准：①设置10个20~30厘米高小栏架，间隔根据青少年体能情况自行设定；②助跑4~6步至小栏架前，双腿起跳，模拟跳深动作跳过栏架；③落地起跳时间越快越好，尽可能在200毫秒之内完成动作。①

（4）运动负荷：每组跳栏架2趟，一般做3~4组，教师做好安全措施，根据学生体能状况掌控好运动负荷（本练习适合九年级学生在体育课堂和课后锻炼中运用，女生可根据能力酌情选择）。

（5）动作图例（如图13-86所示）。

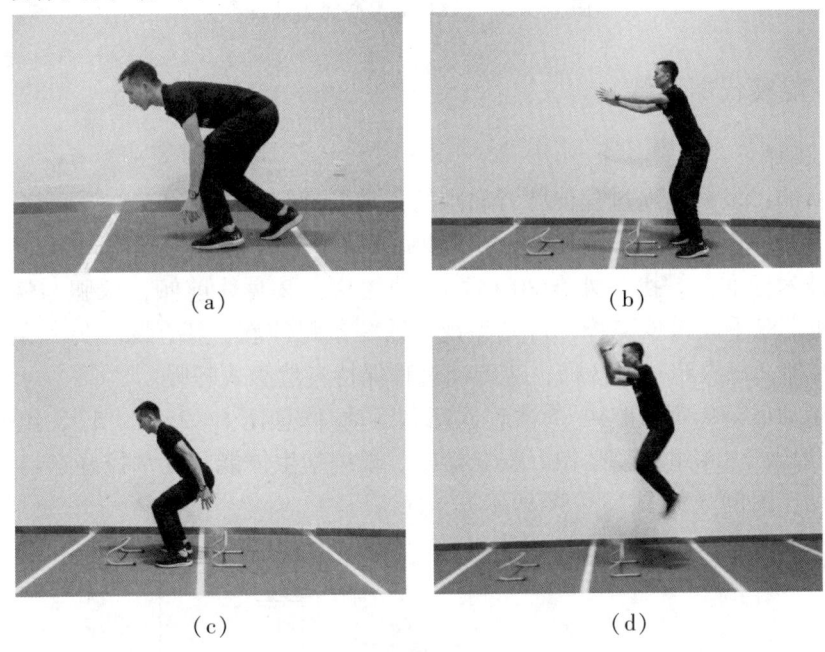

图13-86 短助跑跳小栏架

7. 跳栏架离心能力训练

（1）目的：发展离心退让能力，提高肌肉离心—向心转换的工作能力。

（2）方法：双腿跳过小栏架。

（3）技术标准：①设置10个20~30厘米高小栏架，间隔根据青少年体能情况自行设定；②身体直立，双腿与髋同宽，双腿起跳，模拟跳深动作跳过栏架；③落地后，髋、膝、踝做中等速度的离心退让，当膝关节夹130°时，停止退让，快速跳过下一个栏架。

---

① SIFF M，VERKHOSHANSKY Y. Supertraining [M]. 6th ed. Rome：Verkhoshansky Publishing，2009：267-284.

（4）运动负荷：每组跳栏架1趟，一般做4~6组。教师做好安全措施，根据学生体能状况掌控好运动负荷。

（5）动作图例（如图13-87所示）。

(a)   (b)

图13-87 跳栏架离心能力训练

（四）能量代谢训练

1. 跑楼梯

（1）目的：发展跳绳过程伸膝背屈踝的无氧糖酵解能力。

（2）方法：模拟跳绳膝踝动作，跑楼梯。

（3）技术标准：①找一处有20格左右的楼梯；②身体前倾，双腿与髋同宽，双膝适度屈曲，双手成跑步姿势，目光平视；③一条腿伸髋、膝、踝，另一条腿抬腿跑上第一格楼梯，每次跑一格楼梯；④跑动过程保持自然腹式呼吸。

（4）运动负荷：每组跑4~5次，次间歇运动/休息比1:3~1:5①，组间歇6~7分钟②，一般做3~4组。教师做好安全措施，根据学生体能状况掌控好运动负荷。

（5）动作图例（如图13-88所示）。

图13-88 跑楼梯

---

① BAECHLE T R, EARLE R W. 体能训练概论 [M]. 朱学雷，等译. 3版. 上海：上海三联书店，2011：21-22.

② 曹振水. 现代中跑训练 [M]. 北京：清华大学出版社，2009：65-67.

2. 间歇跑

(1) 目的：发展跳绳过程伸膝背屈踝的无氧糖酵解能力。

(2) 方法：120~150 米间歇跑，跑动距离根据学生体能状况决定。

(3) 技术标准：①按照跑步技术在田径场跑 120~150 米，强度在心率 180~190 次/分[1]，跑步时长控制在 30 秒以内；②跑动过程保持鼻口共同自然呼吸。

(4) 运动负荷：每组跑 3~4 次，次间歇运动/休息比 1:3~1:5[2]，心率恢复到 120 次/分左右再进行下一次练习，一般做 2~3 组，组间歇 6~7 分钟[3]。教师做好安全措施，根据学生体能状况掌控好运动负荷。

3. 重复跑

(1) 目的：发展跳绳过程伸膝背屈踝的无氧糖酵解能力。

(2) 方法：200~250 米间歇跑。

(3) 技术标准：①按照跑步技术在田径场跑 200 米，强度在心率 180~190 次/分[4]，跑步时长控制在 70 秒以内；②跑动过程保持鼻口共同自然呼吸。

(4) 运动负荷：每组跑 3~4 次，次间歇运动/休息比 1:5[5]，心率恢复到 120 次/分以下再进行下一次练习，一般 2~3 组，组间歇 6~7 分钟[6]。教师做好安全措施，根据学生体能状况掌控好运动负荷。

(五) 跳绳专项速度训练—程序训练法

要增加 1 分钟跳绳的次数，应提高单位时间内双腿起跳的频次和手腕的摇动频次，也就是手腿动作的频率。动作的频率取决于多种神经肌肉的影响因素（如图 13-89 所示）[7]，通过训练解决影响频率的几种生理因素，才能最大限度地发挥爆发力和速度耐力对跳绳次数的决定性作用。以下是以提高跳绳专项频率为目标、以影响动作频率生理机制为依据设计的程序训练方法，教师可以根据学生体能的实际情况，斟酌实施教学。

要设计训练方案和解决训练问题，正确的思维模式是一个很重要的逻辑起点，程序训练法为科学训练提供了一种思维模型，教师和同学掌握了这个思维模型，就可以按照这个程序和步骤，有条不紊地解决训练中存在的问题。程序训练法是按照训练过程的时序性和训练内容，依据人体运动科学的基本理论，以解决和消除影响成绩的限制性因素为目标（见表 13-6），将多种训练内容有序且逻辑性地编制成训练程序，按照预定程序组织训练活动，对训练过程实施科学监控的方法。[8] 程序训练由训练程序、检查手段、评定标准和训练方法四种要素组成，按照解决影响运动成绩提高的限制性

---

[1][3][4][6] BAECHLE T R，EARLE R W. 体能训练概论 [M]. 朱学雷，等译. 3 版. 上海：上海三联书店，2011：344-345.

[2][5] 曹振水. 现代中跑训练 [M]. 北京：清华大学出版社，2009：172-174.

[7] 王瑞元. 运动生理学 [M]. 北京：人民体育出版社，2002：287-289.

[8] 田麦久. 运动训练学 [M]. 北京：人民体育出版社，2000：37-40.

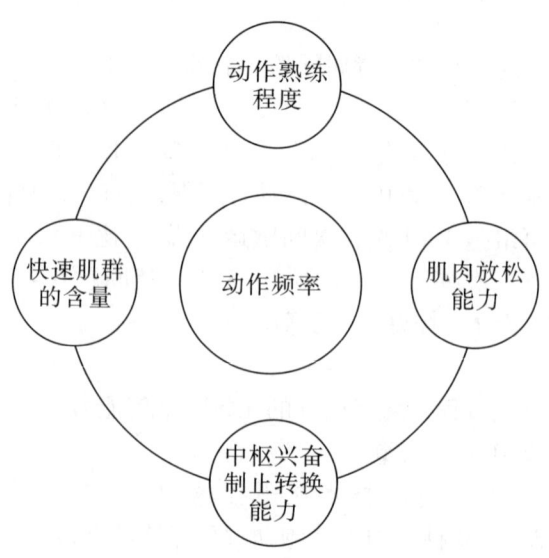

图 13-89 动作频率影响因子图

因素的逻辑顺序,设计训练程序,是程序训练的主要轴心。本章的跳绳程序训练法,依照程序原则,构建了以解决提高跳绳频率限制性因素为逻辑轴线的训练程序(如图 13-90 所示)。

表 13-6 影响跳绳频率的限制性因素

限制性因素	因素 1	因素 2	因素 3	因素 4	因素 5
手腿的后天获得性频率	神经类型	白肌纤维比例	神经兴奋和抑制的转换能力	动作协同	肌肉放松
跳绳最高频率(10 秒)	神经类型	白肌纤维比例	神经兴奋和抑制的转换能力	跳绳技术	专项爆发力
跳绳的技术表现	跳跃姿势	摇绳部位	髋、膝、踝和肩部稳定性	动力链能量传递	身体形态
跳绳频率的保持(60 秒)	ATP-CP 能力储备	速度耐力	心血管有氧能力	膝、踝陈旧运动损伤	肌肉放松
训练方法	动作频率训练技术	动作爆发力训练技术	无氧耐力训练技术	动力链训练技术	有氧训练技术

注:因素 1~5 按照限制重要性顺序排列。

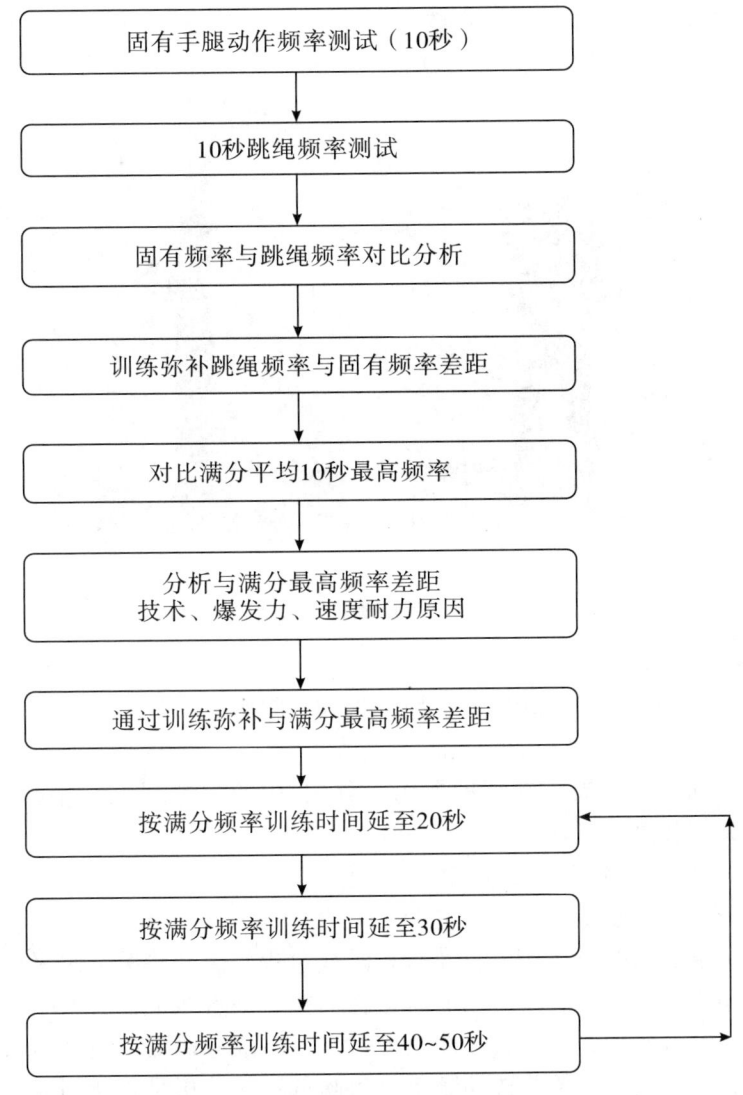

图 13-90 跳绳程序训练法的程序递进图

（六）跳绳程序训练法的实施步骤

1. 手腿动作频率测试
（1）目的：评价与训练规定时间内跳绳手腕旋转和双腿轻跳的动作频率。
（2）方法：10 秒的单手腕快速摇绳次数、10 秒的双腿轻跳次数。
（3）摇绳测试技术标准：①身体直立，双膝微屈，强势手按跳绳手姿势，快速摇绳 10 秒；②休息 30 秒以上，进行下一次测试，一般测试三次，取最高摇绳次数。
（4）双腿轻跳测试技术标准：①身体直立，双膝适度屈曲，双腿按跳绳技术，快速完成 10 秒轻跳；②休息 30 秒以上，进行下一次测试，一般测试三次，取最高轻跳次数。

(5) 确定手腿最高频率 N 次/10 秒。

(6) 动作图例（如图 13-91 所示）。

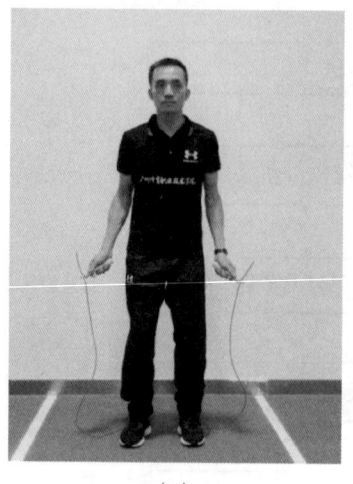

（a）　　　　　　　（b）

图 13-91　手腕旋转和双腿轻跳

2．跳绳频率测试

（1）目的：评价与训练规定时间内跳绳的动作频率。

（2）方法：10 秒完成跳绳的次数。

（3）技术标准：按比赛时跳绳的要求，测试 10 秒跳绳，一般测试三次，取最好成绩，每次测试间休息 30 秒以上。

（4）确定跳绳最高频率 N 次/10 秒。

3．分析跳绳频率与固定频率的差距

（1）分析差距形成的技术因素：①分析跳绳过程中肩和膝关节水平面中心点与脚尖是否在一条直线上，如果以上三个标志总不在一条直线上，会产生偏转力矩，影响起跳的效益；②分析膝关节是否屈曲角度过大，造成起跳滞空时间过长；③分析摇绳的发力位置是否错误，肘关节转动频率比手腕低；④分析是否跳绳时出现圆肩驼背的情况，影响肩关节稳定；⑤分析伸膝、伸踝（足背屈）动力链，能量传递是否流畅；⑥分析手腿配合是否协调。

（2）分析差距形成的稳定姿态因素：①核心及髋、膝、踝是否稳定，不稳定则神经系统会自发降低动作频率；②肩关节是否稳定，检查是否有翼状肩，出现翼状肩则肩稳定性不足；③是否存在 O 形腿、X 形腿，姿势障碍会降低力量传导效益；④是否有疼痛或膝、踝陈旧性运动损伤，自我保护机制会影响动作效率。

4．通过训练弥补跳绳频率与固定频率的差距

找出跳绳频率与固定频率差距的原因，对产生影响的技术因素、稳定因素进行训练与矫正，训练方法参照本书相关内容。

5．分析 10 秒跳绳频率与满分 10 秒跳绳频率的差距

（1）分析差距形成的技术因素：请参照本章节第五点（五）内容。

（2）分析差距的爆发力因素：①分析伸足、伸膝的爆发力是否足够；②分析手腿的动作频率是否有差距。

6. 通过训练弥补 10 秒跳绳频率与满分 10 秒跳绳频率的差距

找出 10 秒跳绳频率与满分 10 秒跳绳频率差距的原因，对产生影响的技术因素、稳定因素和爆发力因素进行训练与矫正，训练方法参照本书相关内容。

7. 分析 30 秒跳绳频率与满分 30 秒跳绳频率的差距

（1）分析 15 秒跳绳与满分 15 秒跳绳频率的差距，找出 ATP – CP 储备的差距。

（2）分析 30 秒跳绳后面 15 秒与满分后面 15 秒跳绳的频率差距，找出无氧糖酵解动员水平的差距。

8. 通过训练弥补 30 秒跳绳频率与满分 30 秒跳绳频率的差距

找出 30 秒跳绳频率与满分 30 秒跳绳频率差距的原因，对产生影响的爆发力因素和速度耐力因素进行训练与提高，训练方法参照本书相关内容。

9. 后续程序训练

按 7 和 8 步骤，将程序训练延续到 60 秒跳绳频率与满分 60 秒跳绳频率，当前 20 秒跳绳频率与满分 20 秒跳绳频率一致时，影响跳绳满分的限制性因素就是 ATP – CP 储备和速度耐力，请参照本章节第五点（四）能量代谢训练。

第五节　投掷实心球的体能训练技术与方法

原地过头实心球掷远作为初中体育与健康课程的考试项目，同样是初中阶段体育教育的重要开展内容，在我国较多的地区将实心球投掷列为初中阶段体育统考的选考项目。[①] 在目前的广州市初中阶段体育统一考试项目当中，实心球投掷与推铅球同属于投掷类的选考项目，与跳类项目的立定跳远、三级蛙跳、一分钟跳绳同属为体能类的考试项目，占 15 分。学生需要从五个项目中任选一项进行考核，考核成绩计入考生升学考试的总成绩。[②]

一、实心球投掷项目的概述与规则标准

实心球投掷是以记录投掷距离远度为测量成绩的一项田径运动，属于田赛的范畴，正规的国际比赛中并没有实心球投掷的项目。实心球作为体育器械的一种，广泛应用于体育教学领域；实心球投掷可以作为一种辅助的教学手段，存在于教学比赛以及训

---

① 何庆. 前抛实心球练习误区及改正方法汇总 [J]. 当代体育科技，2018，8 (30)：25 – 26.
②⑤ 广州市教育局关于印发广州市初中学业水平考试体育与健康考试实施意见的通知 [EB/OL]. (2019 – 08 – 07)[2021 – 04 – 20]. http://gzzk.gz.gov.cn/zwgk/zcfg/zcwj/content/post_ 5086586.html.

练和测试当中。在项群训练理论中，实心球掷远被定义为一种体能主导类快速力量性单一动作结构非周期性的项目。① 实心球的掷远成绩与学生所掌握的专项技术、学生的身体形态以及运动素质等因素相关，其中投掷实心球的成绩与学生所掌握的专项技术因素最为密切，实心球投掷动作实际上是属于技术与力量相结合的运动。② 根据广州市初中学业水平考试体育与健康考试项目规则与评分标准⑤，投掷实心球项目的考试要求及规则有如下几点。

（一）场地及器材

（1）20 米长、5 米宽的平地一块。

（2）同一品牌的实心球若干。球体周长 42 厘米，直径 13.36 厘米（±1 厘米）。实心球重量男、女生均为 2 千克（±30 克）。球体为生胶铸造，球体内不得有滚动物。

（3）教学或比赛中，可采用米尺或电子测距仪。在正式的中考测试中，广州市规定使用电子测距仪。

（二）动作规格

（1）投掷准备时，两脚原地呈前后或左右姿势站立，身体正对投掷方向。

（2）投掷时，双手将球举过头顶上方并稍向后仰，双肩与起掷线平行，原地用力将球向前掷出。在球出手的同时，后脚可向前迈出一步，或前后脚腾空交叉换步。整个动作过程不能侧向，不能踩压或越过起掷线投掷。

（三）考试方法

（1）在投掷区画一条白线（长 5 米，宽 5 厘米）为起掷线，考生站立于起掷线后。

（2）每名考生连续测试 2 次，取其中最远一次成绩为最终成绩并现场进行登记。

（3）记录时以"米"为单位，保留小数点后两位。

（4）丈量从起掷线后沿至球着地点后沿之间的垂直距离。为准确丈量成绩，应有专人负责观察实心球着地点或标识电子测试仪，丈量及登记时均应唱出成绩。

（四）评分标准

实心球投掷评分标准见表 13-7。

---

① 刘加磊. 田径教学手段对初中生实心球成绩的影响研究 [D]. 大连：辽宁师范大学，2017.
② 孙阳. 中学生头上掷实心球成绩的技术与相关身体素质的研究 [D]. 大连：辽宁师范大学，2012.

表 13-7　广州市初中学业水平考试体育与健康考试项目评分标准表

分值/分	投掷实心球/米	
	男	女
100	11.00	8.00
95	10.20	7.20
90	9.40	6.40
85	9.20	6.25
80	9.00	6.10
75	8.80	5.95
70	8.60	5.80
65	8.40	5.65
60	8.20	5.50
55	8.00	5.35
50	7.80	5.20
45	7.60	5.05
40	7.40	4.90
35	7.20	4.75
30	7.00	4.60
25	6.80	4.45
20	6.60	4.30
15	6.40	4.15
10	6.20	4.00
5	6.00	3.85
0	5.80	3.70

注：评分标准以分段分值表示，在实际评分上按每一分值计算。

二、实心球掷远的体能训练学特征与分析

（一）实心球掷远的生物力学特征

投掷实心球是全身性爆发力动作，发力肌群当中有大量的下肢肌肉（如股四头肌、小腿后侧肌肉和足背屈肌群等下肢主要发力肌群）和躯干肌（如三角肌群、胸大肌、

胸小肌、前锯肌、腹直肌、腹内外斜肌、斜方肌、背阔肌、最短肌、上肢肱三头肌等发挥重要作用的肌群）参与。在实心球投掷过程中，人体下肢用力蹬地，地面会给人体一个反作用力，这个力作用于人体下肢各肌肉关节，下肢的力量由髋和躯干传递到上肢最后到达上肢的远端手腕和指关节上。这个能量的传递过程，是一个能量由大关节向小关节传导的过程。由于传导下位关节比上位关节质量更小，根据能量守恒原则，下位关节的移动速度将获得加速。同时，下位关节的肌肉韧带自主收缩，下位关节将获得双重的速度叠加，为投掷物体获得高的初速度创造了条件，上下肢的协调配合以及核心区在传递能量过程中的"承下启上"作用是获得高水平初速度的影响因素。[1]

实心球运动作为推铅球运动的辅助练习手段，初中生通过掷实心球训练可以发展全身爆发力和动作速度，掷实心球运动的特点是在力量的基础上尽可能地加大动作速度。投掷类项目决定远度的因素主要为出手速度、出手角度和出手高度。投掷实心球动作结构包括预备姿势（持球站位预摆）、形成满弓（抬头挺胸送髋、屈膝后引球）、最后用力（蹬地收腹、引球、鞭打、拨球缓冲）。每一个动作在生物力学上都有合理的角度，只有把每个合理的动作串联在一起，才能组成一个完整的原地掷实心球动作（如图13-92所示）。

图13-92 实心球投掷的动作过程

在最后用力阶段，头部后仰与水平角度应在30°~45°间（在位置反射的作用下送髋充分，膝关节弯曲是为了更好地蹬伸，让蹬力向上传递）。膝关节的角度大概在135°时，蹬地的力量最大，实心球获得的加速度也最大。在向后引球这个过程中我们需要注意两个问题：①根据动量守恒定律，向后引球的速度越快，能使向前抛球的速度变得更快，使球获得大的初速度；②向后引球的位置，也就是大臂和小臂的夹角大小，其角度的大小由引球的距离、球体距离地面的垂直距离、大臂和小臂伸展的肌张力等多个因素决定，一般大小臂夹角在90°~135°为佳（如图13-93所示）。[2]

---

[1] 刘加磊. 田径教学手段对初中生实心球成绩的影响研究 [D]. 大连：辽宁师范大学，2017.
[2] 姜媛媛. 力量素质训练对中学生实心球成绩的影响 [D]. 大连：辽宁师范大学，2015.

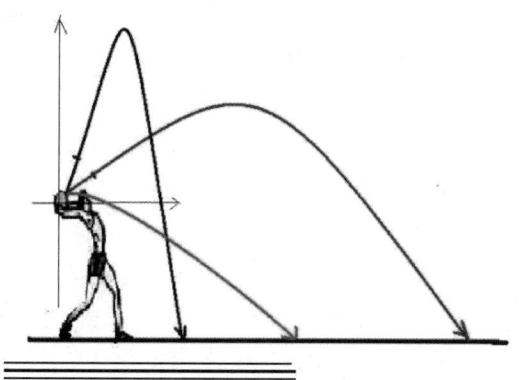

图 13-93　不同的出手角度会对投掷远近造成影响

（二）实心球掷远的生理学及能量学特征

不同的运动项目具有不同的能量代谢特征和代谢路径，ATP-CP、无氧糖酵解和有氧供能的比例取决于运动过程中肌肉的工作强度与时间。[①] 实心球投掷运动的能量代谢类型和举重、跳跃的运动相似，一般运动时间都少于6秒，要求肌肉在单位时间内产生极高的力量输出。在整个投掷运动过程当中，学生发挥的力量与爆发力主要功能系统源于磷酸原供能系统（ATP-CP系统）。

（三）实心球掷远的动作技术分析

1. 两种投掷姿势的优劣

实心球投掷的前后站立姿势和左右站立姿势在发力特点和效果上各有优缺点，两种技术的运用要根据个人的运动素质、身高和个人习惯来确定。

（1）前后站立姿势。前后站立姿势位置由于双腿前后开立，球体将获得更长的加速距离，身体前侧屈肌群拉长更充分，最后用力的换腿蹬起发力更充分，更有利于发挥全身的力量和使球获得更高的出手位置。前后站立姿势双腿前后站立，盆骨被前后锁定。在引球过程中无法在矢状面前后旋转，使得后仰引球的支点移至腰椎，虽然能获得较长的加速距离，但对腰椎的压力较大，较容易引起腰部运动损伤（如图13-94所示）。本书撰写过程调查过参加体育高考和中考的学生，运用前后站立姿势的同学，大部分有腰部的损伤和肌肉疼痛。

图 13-94　前后站立姿势的投掷技术与腰部损伤风险示意

---

① 美国体能协会. 体能训练设计指南［M］. 周志雄，译. 北京：北京体育大学出版社，2015：2-5.

（2）左右站立姿势。左右站立姿势由于双腿左右开立，球体将获得的加速距离要比前后站立短，身体前侧屈肌群拉长也更不充分，最后用力阶段没有蹬起换腿动作。一般而言，发力效能比前后站立效能更低。在投掷过程中，左右站立由于向后引球的力学支点在膝关节，对腰椎的压迫较小，运动损伤的发生风险较低。左右站立姿势更适合于腿部力量大、爆发力好的同学。

2. 实心球掷远的技术结构

（1）握持实心球。在握持器械的技术层面上，实心球投掷与大多数投掷项目不一样。实心球投掷采用的是双手投掷，握持的方法既需要遵守体育中考的考试规定，还需要符合人体的结构特征，满足该项目的投掷需求。学生在持球时应保持手指、手腕适度紧张，不可过分松懈。可将球放在地上，两脚站到指定位置，双手用力按压实心球的正上方，紧握后抬起（如图13-95所示）。[1][2]

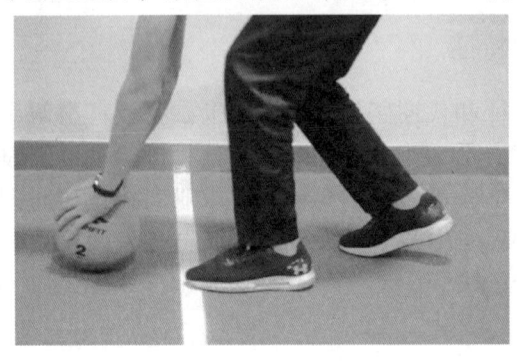
(a)

(b)

图13-95　正确的握持方法

（2）预摆技术。预摆是为了激活相关神经肌肉系统，逐步提高肌肉的收缩速度，使得球体获得一定的速度而进行预先加速。[3] 预摆次数一般为2~3次。预摆采用渐加速的方式，使球从下腹部经过胸前，通过身体向后仰，将球加速到头的后上方。头部后仰，使得上下肢和背部伸肌张力减弱，上下肢和身体屈肌紧张程度加强，最终拉长身体前侧肌群和大腿屈髋肌群，通过身体反弓储存弹性势能和肌肉最佳发力长度。

（3）最后用力。最后用力阶段，在超越器械的"满反弓"瞬间，迅速收腹，以腹带动双肩快速前移，后支撑腿顺势蹬地，膝、踝关节充分蹬伸。此时两臂在双肩的带动下经头后往前上，快速挥摆做鞭打动作，摆至头部上方，以38°~42°将球抛出，形成合理抛物线，此过程手臂始终保持伸直状态[4]，以获得较高的出手点和初速度。

---

[1] 何庆. 前抛实心球练习误区及改正方法汇总 [J]. 当代体育科技, 2018, 8 (30): 25-26.
[2] 王舒平. 提高实心球成绩的四要素 [J]. 田径, 2019 (1): 7.
[3] 胡树森. 田径 [M]. 广州: 华南理工大学出版社, 2008: 16-17.
[4] 林德华. 广东省高考原地双手头上掷实心球运动损伤调查及预防 [J]. 体育师友, 2011, 34 (6): 64-65.

（4）缓冲平衡。实心球出手的同时，后腿伸膝、伸踝蹬地将身体推离地面，前后腿交换位置。后腿在投掷线后，以前脚掌支撑在投掷线后形成稳固支撑，同时髋部向投掷方相反方向用力后屈，以保持身体平衡。

（四）实心球掷远的损伤分析

与许多投掷类项目相同，为了有更高的出手初速度，实心球投掷都存在有快速蹬转移动重心，快速伸臂做鞭打动作的过程。因此，在日常实心球投掷的教学和练习中，常见有腰部与肩和背部的扭挫和拉伤，呈急性闭合性的损伤特征。据不完全统计，原地双手抛掷实心球运动损伤最多部位为腰部、肩关节和肘关节，分别占发生率的28%、26%和22%。[①]

（1）肩袖肌腱炎。头上双手投掷实心球容易引发肩峰下各肩部韧带的慢性损伤和疼痛，其主要原因是反复做头上举投掷动作，加上肩袖力量不够强大，容易出现肱骨头偏移，压迫肩袖肌群韧带及肩峰下滑膜囊，形成肩袖肌腱炎。[②] 肩部结构如图13-96所示。

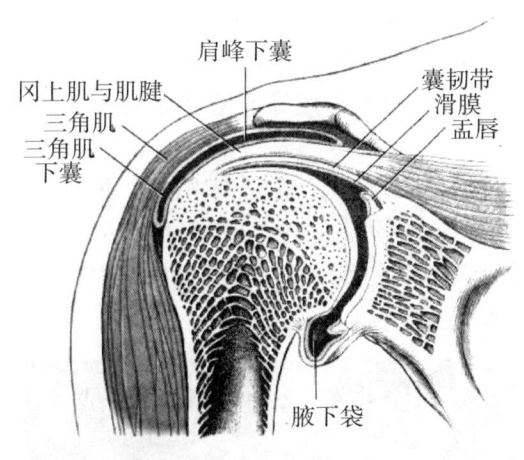

图13-96　肩部结构图[③]

（2）腰部疼痛。腰部是投掷实心球过程中下肢力量向躯干传导的一个主要过渡区域。特别是前后腿站立的技术，腰部是主要的力学支点，长期反复以腰椎为轴的高速前屈后伸运动，容易损害腰椎的力学结构和腰部肌群。腰3椎的截面结构如图13-97所示。

---

① 林德华. 广东省高考原地双手头上掷实心球运动损伤调查及预防［J］. 体育师友，2011，34（6）：64-65.

② 黄智，刘智炜. 体育中考前掷实心球项目技术分析及训练［J］. 田径，2019（1）：8-9.

③ 沃克. 运动损伤的解剖学［M］. 罗冬梅，刘晔，赵星，等译. 北京：北京体育大学出版社，2013：105-107.

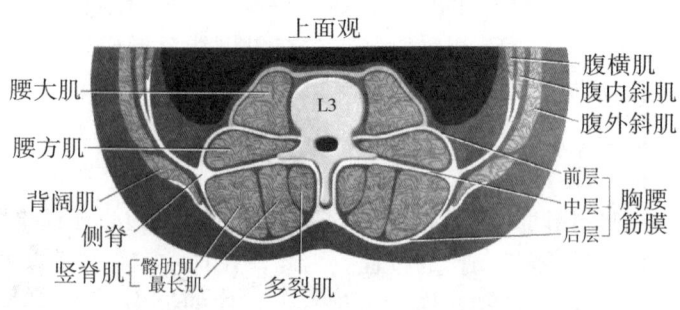

图13-97 腰3椎的截面结构图①

（3）肘关节损伤。在双手投掷实心球的最后用力阶段，来自下肢的力量和躯干的力量叠加，在最后通过伸肘和屈腕来完成出手动作，高速的能量叠加在肘伸过程中会产生极大的冲击力，容易导致肘内侧肌肉和韧带出现急性损伤。

（五）投掷实心球运动损伤的预防与处理

1. 投掷实心球运动损伤的预防

（1）必须保证具备基本的力量（特别是肩部的力量）。一般男生需要具备完成标准俯卧撑30次以上的水平，女生需要完成标准俯卧撑15次以上的水平；或者男生完成标准引体向上13次以上。

（2）必须具备一定水平的SSC能力，根据美国体能协会（NSCA）的要求，上肢的快速伸缩复合训练，必须具备连续完成5次击掌俯卧撑的能力。

（3）必须具备一定的肩关节稳定性，有翼状肩（如图13-98所示）的同学，在矫正之前不建议进行实心球训练。

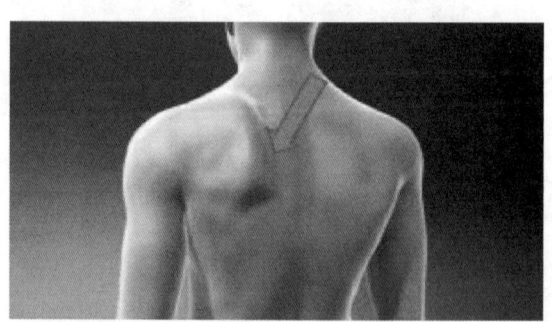

图13-98 箭头指示处为翼状肩形态

（4）必须具备良好的身体姿势，有严重盆骨前倾（如图13-99所示）的同学，

---

① 沃克. 运动损伤的解剖学［M］. 罗冬梅，刘晔，赵星，等译. 北京：北京体育大学出版社，2013：105-107.

在矫正之前不建议进行实心球训练。

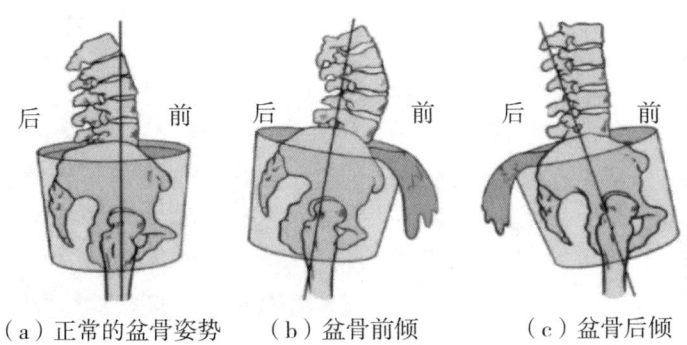

(a) 正常的盆骨姿势　　(b) 盆骨前倾　　(c) 盆骨后倾

图 13-99　盆骨前倾对比图

(5) 有严重脊柱侧弯（如图 13-100 所示）的同学，由于脊柱侧弯处椎体产生旋转，大强度用力容易损伤椎体，不建议进行实心球训练。

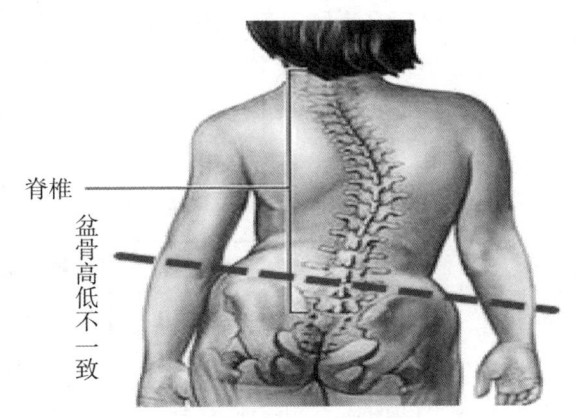

图 13-100　脊柱侧弯形态

2. 投掷实心球运动损伤的处理

在投掷实心球训练中，出现肌肉和韧带急性拉伤应按 RICE 原则进行处理，R 为 rest 休息、I 为 ice 冰敷、C 为 compression 加压包扎、E 为 elevation 抬高患肢。如果损伤较为严重，应该紧急送医求助。若出现更严重的骨折或昏迷等情况，不要乱动患者，紧急拨打 120 急救中心求助。

（六）投掷类运动的动作发育学特征

投掷动作，是人类进化过程中形成的基本动作。其发展到今天，已成为体育运动的基本动作技能。投掷动作，是一项需要全身大肌肉群协同参与的复杂动作技能。投掷时，身体的本体感觉器收集到抛掷物的重量、形状等信息，通过神经系统将信息反馈到大脑皮层，大脑依据目标需求，输出相应的运动程式，将肌肉收缩的大小及角度指令传到运动系统，以实现投掷物体的准确性和远度。例如，篮球运动的投篮就是需要实现投掷的准确性（如图 13-101 所示），而铅球和实心球就是实现投掷的远度（如图 13-102 所示）目的。

图 13-101　投掷的准确性技能

图 13-102　投掷的远度性技能

如何判定动作发育程度，对提高运动技能教学的针对性有及其重要的意义。确定动作技能发展序列常采用整体序列法和部分序列法，前者主要描述出现在多数儿童身上的一般特征，后者主要描述出现在手臂、躯干或腿部等特定身体部分的阶段性特征。一般发育程度与特定发育程度结合的动作发育判断才是最科学有效的。下面介绍一下两种投掷动作发育程度判定方法（见表 13-8），有利于教师准确把握同学们的投掷动作发育程度。[①]

表 13-8　投掷动作发育程度阶段序列表

序列类型	第一阶段	第二阶段	第三阶段	第四阶段	第五阶段
整体序列法	下肢固定 以肘为轴 切刀式扔抛	下肢固定 躯干旋转 上挥扔掷	同侧跨步 同侧手上挥 扔掷	异侧跨步 异侧上挥 扔掷	结构优化 动作合理 成熟
部分序列法	下肢支撑 以肘为轴 伸臂屈腕	下肢支撑 躯干旋转 屈肩伸肘屈腕	向前迈步 躯干稳定 屈肩伸肘屈腕	向前迈步 对侧手外展 蹬地收腹	肌肉链流畅 动能叠加快 动作效益高 屈肩伸肘屈腕

1. 投掷动作的整体序列法

整体序列法将投掷动作发育过程分为五个发展阶段，第一阶段以下肢静态支撑，面向前方，手臂以肘为轴，作砍切动作来产生力量并完成投掷动作，效率非常的低；第二阶段是下肢静止支撑，躯干转体带动手臂上挥，然后扔掷；第三阶段动作有质的飞跃，投掷动作发展已至能够采用同侧跨步的动作模式（如图 13-103 所示），此投掷

[①] 人民教育出版社课程教材研究所体育课程教材研究开发中心. 人类动作发展概论 [M]. 北京：人民教育出版社，2008.

模式更多地出现在幼儿或体能较差的少儿的投掷动作中；第四阶段发展出异侧跨步的投掷模式（如图 13-104 所示），异侧跨步模式除了运用身体屈肌功能完成投掷外，还能更有效地动用身体的旋转功能实现投掷任务[①]；第五阶段，动作无论是神经肌肉协同还是动作模式均日趋完美，动作效能不断提高，投掷动作发育进入成熟阶段。

图 13-103　投掷的同侧跨步模式　　　　　图 13-104　投掷的异侧跨步模式

2. 投掷动作的部分序列法

部分序列法判定投掷动作的发育程度，应当依据动作在全身投掷运动中各个部分的熟练程度来判断。在整体序列的阶段性分析基础上，将投掷动作分解为迈步、后引、躯干转体、上臂前挥和前臂前挥等各个分解动作来分析[②]，以便科学地判断投掷动作的发育程度，更好地设计教学方法和完成教学任务。体育教师应当认知和遵循动作发展的规律，学会判别学生的动作发展程度，才能采用更有针对性的教学手段，有效率地提高初中学生投掷实心球的成绩。

（七）实心球投掷的运动链特征

身体运动链是由肌肉链、骨关节链、神经链和筋膜链等链结构组成的复杂系统，相互间在功能上是无法分割的统一体，肌肉链之间的协同运动和能量传递，要依靠骨关节链和筋膜链，而神经链是在不同水平和功能上指挥肌肉运动的系统。一般认为，肌肉链包括前侧链、后侧链、螺旋链等，躯干核心柱的稳定性可以使前侧链的动力传递更加有效，尤其是肩、躯干及髋关节部位整体稳定性对上肢运动和下肢运动的控制十分重要。双手前抛实心球是在躯干核心柱稳定支持的条件下，后腿蹬伸产生的地面反作用力从下肢传导到躯干，躯干前侧肌链屈体，产生动能叠加，带动肩和肘腕关节再次能量叠加，最终将动能传递到指尖这样一个完整的动量传递和速度叠加过程。上下肢的动作参与可以看作是身体前侧链动量传递的延长，学生在前抛实心球的过程中，

---

①② 人民教育出版社课程教材研究所体育课程教材研究开发中心. 人类动作发展概论 [M]. 北京：人民教育出版社，2008.

要保证前侧链能量传递没有向外泄漏，减少腰部损伤风险，要将躯干核心柱的稳定性和力量放在训练的首要位置。①

（八）初中阶段力量素质的发展规律

初中学生生长发育阶段，男女生力量素质的发展存在时间和质量的差异，男生的绝对力量快速增长期在 11～13 岁，而后增长速度缓慢，到 25 岁左右最大；女生的绝对力量快速增长期在 10～13 岁，14～15 岁绝对力量增长速度下降，而后一年回升，在 16 岁以后又呈下降趋势，20 岁左右绝对力量达到峰值。男女生快速力量的发展比最大力量更早出现，在 7～13 岁时增长最快。13 岁以后，男孩快速力量的增长要比女孩的增长速度快。力量耐力的发展趋势较前两项相对稳定，男孩的力量耐力发展趋势在 7～17 岁是直线上升的，而女生在 13 岁后增长速度缓慢，在 14～15 岁时甚至出现下降趋势（见表 13-9）。②

表 13-9　男女生力量素质发展期

力量类型	性别	快速增长期	缓慢期	峰值	下降
绝对力量	男	11～13 岁	14～24 岁	25 岁	—
	女	10～13 岁	14～15 岁	20 岁	16 岁
快速力量	男	7～13 岁	16～21 岁	22 岁	
	女	7～13 岁	17～18 岁	19 岁	14～16 岁
力量耐力	男	7～17 岁	15～20 岁	21 岁	—
	女	7～17 岁	13 岁后	21 岁	14～15 岁

三、实心球掷远体能训练技术与方法

本书的实心球训练技术与方法，均以前后站立投掷技术为案例进行设计。

（一）肌肉力量训练

力量素质是所有运动的基础，力量素质根据其不同的功能有各种不同的分类。根据完成体育活动所需力量的不同特点，通常把力量素质划分三种类型：最大力量、快速力量和力量耐力。合理发展最大力量不仅可以预防运动损伤，还为发展快速力量和力量耐力奠定了良好的基础。在掷实心球最后用力阶段的鞭打技术中，膝、髋、腹到肩、臂和手指的动能叠加运动中，各环节的快速力量和弹性势能是决定实心球投掷远度的关键要素。为了提高运动成绩，在训练中重点发展快速力量和结缔组织弹性是训

---

① 黄智，刘智炜. 体育中考前掷实心球项目技术分析及训练 [J]. 田径，2019 (1)：8-9.
② 姜媛媛. 力量素质训练对中学生实心球成绩的影响 [D]. 大连：辽宁师范大学，2015.

练任务的重中之重。由于实心球投掷是全身发力性的运动,通过增强上肢、躯干核心以及下肢的肌肉力量素质、快速力量和结缔组织弹性均被证实是有效提高实心球投掷成绩的方法。[1][2][3][4][5]

1. 站姿肩上推举[6](哑铃/壶铃/杠铃)

(1)目的：发展斜方肌、三角肌前部和肱三头肌力量。

(2)方法：站姿肩上推举哑铃/壶铃/杠铃。

(3)技术标准：①身体直立,双脚与臀部同宽开立,双手持负荷平放在肩前(杠铃掌心朝前,哑铃和壶铃掌心相对,壶铃在手背外侧),双手握把距离略宽于肩,膝关节微屈;②呼气,双手推起重量,负荷物体沿微弧形路径顺着头移动至头部侧上方,直至手臂充分伸展,与双腿成一条直线,动作时可根据需要将头后移,以防用力时触碰脸部和下巴;③吸气,按上举的运动路径回到起始位置,此时双腿与髋同宽,保持膝关节微屈,背部与脊柱平直直立;④保持动作的节奏,重复上举动作。

(4)运动负荷：负荷控制在80%～85% 1RM,每组6～8次,一般做3～4组。教师做好安全措施,根据学生体能状况掌控好运动负荷。

(5)动作图例(如图13-105所示)。

(a)　　　　　　　　　　　　　　(b)

图13-105　站姿肩上推举

---

[1] 王亚龙. 身体前侧链爆发力训练对提高前抛实心球成绩的实验研究[D]. 石家庄：河北师范大学,2018.

[2] 帅亚琴. 核心力量训练对提高初中生实心球成绩的实验研究[D]. 湘潭：湖南科技大学,2015.

[3] 曾萍. 核心力量训练对提高中考生实心球成绩的实验研究[D]. 石家庄：河北师范大学,2012.

[4] 何治均. 核心力量训练对中学生前抛实心球训练效果的实验研究[D]. 昆明：云南师范大学,2015.

[5][6] National Strength and Conditional Association,Haff G G,Triplett N T. 肌力与体能训练[M]. 林贵福,何仁育,林育槿,等译. 4版. 台北：禾枫书局,2016.

2. 仰卧肱三头肌伸展①（哑铃/杠铃/杠铃片）

（1）目的：发展肱三头肌力量。

（2）方法：仰卧肱三头肌伸展哑铃/壶铃/杠铃。

（3）技术标准：①身体仰卧位，躺在稳定的长凳或训练凳上，双手持负荷垂直地面，双脚踩踏在地面，臀部、上背部、头部紧贴凳子；②吸气，弯曲手肘使负重往前额靠近靠拢，保持头部、上背部、臀部、双脚与支撑面接触；③呼气，按弯肘时运动路径，伸直肘关节至双手垂直地面；④保持动作的节奏，重复弯举动作。

（4）运动负荷：负荷控制在80%~85%1RM，每组6~8次，一般做3~4组。教师做好安全措施，根据学生体能状况掌控好运动负荷。

（5）动作图例（如图13-106所示）。

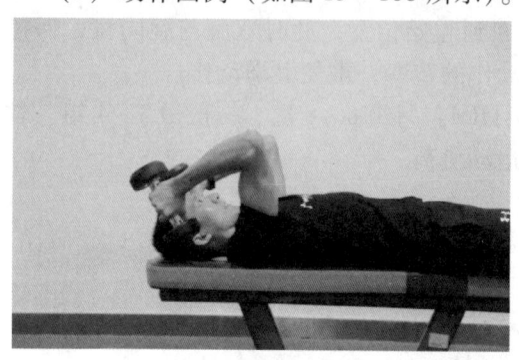 

(a) (b)

图13-106 仰卧肱三头肌伸展

3. 分腿蹲跳快推

（1）目的：主要发展臀肌、股四头肌、腘绳肌、三角肌和肱三头肌力量。

（2）方法：分腿蹲跳杠铃斜上方快推。

（3）技术标准：①身体直立，双腿与髋同宽，屈髋、屈膝至130°，双手握杠铃片或杠铃杆；②呼气，双腿伸髋、伸膝跳起落地成弓步，双手将杠铃向前上方45°以上推出；③吸气，双腿跳回屈膝，双臂屈肘，回到起点位置；④呼气，双腿伸髋、伸膝跳起，另一侧腿在前成弓步，双手向45°方向推负荷物；⑤保持动作的节奏，重复蹲跳换腿上举。

（4）运动负荷：负荷控制在80%~85%1RM，每组6~8次，一般做3~4组。教师做好安全措施，根据学生体能状况掌控好运动负荷。

（5）动作图例（如图13-107所示）。

---

① National Strength and Conditional Association, Haff G G, Triplett N T. 肌力与体能训练［M］. 林贵福，何仁育，林育槿，等译. 4版. 台北：禾枫书局，2016.

图 13-107 分腿蹲跳快推

4. 模拟躯干组合练习

（1）目的：模拟投掷实心球时躯干和下肢的动作，发展躯干前屈力量和单腿支撑稳定控制能力。

（2）方法：仰卧单腿支撑，模拟投掷躯干前屈动作。

（3）技术标准：①身体仰卧，双腿屈膝90°并拢，踝背屈用脚跟着地，双臂外展30°，双手掌心向下压住地面，以稳定身体；②双腿臀肌发力挺髋，臀部离开地面，成双桥姿势；③以其中一条腿足跟支撑地面，另一条腿抬起与身体成一直线，成单桥姿势，保持单桥姿势3~5秒；④放下抬起的一侧腿，回到双腿屈膝支撑位置，躯干快速前屈，同时双手交叉置于胸前，完成2次仰卧起坐（仰卧起坐时，头部保持与肩相对位置）；⑤保持动作的节奏，重复完成举腿起坐动作。

（4）运动负荷：每组6~8次，一般做3~4组。教师做好安全措施，根据学生体能状况掌控好运动负荷。

（5）动作图例（如图13-108所示）。

(c)   (d)
图 13-108 模拟躯干组合练习

5. 仰卧位掷实心球[①]

（1）目的：利用快速伸缩复合训练原理，发展身体前侧链前屈爆发力量。

（2）方法：双腿仰卧传接实心球。

（3）技术标准：①身体成仰卧位，双腿与髋同宽，屈膝90°，以足跟着地，双手屈肘抱实心球于胸前；②腹部肌群快速收缩坐起，同时以胸带臂的发力把球从头上投出；③同伴接实心球后，立刻推回给训练者，训练者双手接球，做快速离心退让；④至腹部快速离心退让结束，训练者马上收腹顺势将球爆发性推出；⑤保持动作的节奏，重复完成动作。

（4）运动负荷：每组8~10次，一般做3~4组。教师做好安全措施，根据学生体能状况掌控好运动负荷。

（5）动作图例（如图13-109所示）。

(a)   (b)

---

① 鲍伊尔. 体育运动中的功能性训练 [M]. 张丹玥, 王雄, 译. 北京：人民邮电出版社, 2017.

(c)   (d)

图 13-109 仰卧位掷实心球

6. 实心球下砸

（1）目的：模拟掷球身体前屈动作，发展全身及上下肢屈曲爆发力。

（2）方法：双腿屈伸下砸实心球。

（3）技术标准：①身体直立，屈髋、屈膝，双手屈肘，持实心球于腹部；②完成伸髋、伸膝，双手持球上摆至头顶的预摆 2~3 次；③通过伸髋、伸膝及双手持球上举，拉长身体前链肌群，当身体伸展达到最大程度时，利用肌肉收缩及弹性组织的回弹力，爆发性将实心球砸向地面；④回到起始位置，重复完成运动。

（4）运动负荷：每组完成 4~6 下砸，一般做 3~4 组。教师做好安全措施，根据学生体能状况掌控好运动负荷。

（5）动作图例（如图 13-110 所示）。

(a)   (b)

图 13-110 实心球下砸

7. 原地分腿跳①

（1）目的：提高伸膝、伸髋的爆发力。

（2）方法：原地弓步分腿跳。

（3）技术标准：①身体直立，两脚前后开立，前腿屈髋膝部成90°弓步，后腿屈膝至135°，双手自然置于体侧；②双手上摆，同时双腿伸髋、伸膝蹬地，空中双腿前后交换位置，落地时成弓步；③保持动作的节奏，双腿交替完成动作。

（4）运动负荷：每组双腿起跳8~10次，一般做3~4组。教师做好安全措施，根据学生体能状况掌控好运动负荷。

（5）动作图例（如图13-111所示）。

（a） （b）

图13-111　原地分腿跳

8. 单腿跳上跳箱

（1）目的：提高伸膝、伸髋的爆发力。

（2）方法：原地单腿跳上跳箱。

（3）技术标准：①身体直立，单腿支撑，双手自然上举置于头部两侧；②双手向后做预摆动作，支撑腿屈髋、屈膝至135°，一般预摆2~3次；③支撑腿伸髋、伸膝蹬地，双手配合直臂上摆，跳上箱面。

（4）运动负荷：每组单腿起跳4~6次，一般做3~4组。教师做好安全措施，根据学生体能状况掌控好运动负荷。

（5）动作图例（如图13-112所示）。

---

① 鲍伊尔. 体育运动中的功能性训练[M]. 张丹玥，王雄，译. 北京：人民邮电出版社，2017.

(a) (b)

图 13-112 单腿跳上跳箱

9. 单腿掷实心球①

(1) 目的：提高伸膝、伸髋的爆发力。

(2) 方法：原地单腿掷实心球。

(3) 技术标准：①身体直立，单腿支撑，双手直臂持实心球置于头部上方；②双手持球屈肘向后做预摆动作，支撑腿屈髋、屈膝至135°，预摆2~3次；③支撑腿伸髋、伸膝蹬地，双手配合将实心球抛出。

(4) 运动负荷：每组单腿起跳4~6次，一般做3~4组。教师做好安全措施，根据学生体能状况掌控好运动负荷。

(5) 动作图例（如图13-113所示）。

图 13-113 单腿掷实心球

---

① 鲍伊尔. 体育运动中的功能性训练 [M]. 张丹玥, 王雄, 译. 北京：人民邮电出版社, 2017.

（二）肌肉链与身体功能性训练

初中学生的实心球训练，除了技术训练、力量及爆发力训练外，还应包括激活整体肌肉链的训练及身体功能性训练。动力链训练和功能训练是近年新兴的一种训练理念，研究表明动力链训练和功能训练对提高运动成绩起到了基础性的作用，同样被证实是可以提升中学生实心球成绩的一种训练方法。[1][2]

1. 肌肉链训练

肌肉链训练也称为运动链训练，其主要作用是激活动力链及提高动力链的能量传递功能。肌肉链索是筋膜和关键点（关节点）连接的，跨越两个以上关节的肌肉共同工作完成功能性运动，传递能量的肌肉群。屈伸肌肉链索在步行或跑步过程中激活和抑制相互交替，摆腿时屈肌链被激活，支撑时伸肌链激活。激活与优化伸肌链索、屈肌链索和躯干链索的能量传递效率，是肌肉链索练习的主要目的。实心球训练的肌肉链训练主要包括身体前侧链、下肢伸肌链、上肢屈肌链和螺旋链，训练方法可参照本书第十三章第二节五（三）肌肉链训练。

2. 功能训练

美国著名体能训练专家甘必大（Gambetta）认为，功能性训练是多关节、多方位、强调本体感觉的运动，包括多维度的减速、加速以及稳定性能力、对不稳定状态下身体的控制能力、控制身体重心、对地反应力和冲力的调控能力。实心球训练的肌肉链训练主要包括单腿支撑的稳定性、最后用力时腰椎的稳定性和交换腿时控制身体重心能力。

（三）肌肉链和功能训练技术与方法

1. 哑铃单腿直腿硬拉

（1）目的：髋关节主导的铰链运动[3]，训练单腿支撑的稳定性和腰椎稳定性。

（2）方法：双手握哑铃单腿直腿硬拉。

（3）技术标准：①身体直立，膝关节微屈单腿站立，双手持哑铃置于身体两侧；②躯干前倾至与地面夹30°，摆动腿后伸，保持脊柱和腰椎的中立位置，双手持哑铃向下垂放；③腹部呼气，身体逐步前倾，呼气，身体逐步直立；④左右腿轮换完成动作。

（4）运动负荷：每组双腿各6~8次，一般做3~4组。教师做好安全措施，根据学生体能状况掌控好运动负荷。

---

[1] 黄智，刘智炜. 体育中考前掷实心球项目技术分析及训练 [J]. 田径, 2019 (1): 8-9.

[2] 鲍伊尔. 体育运动中的功能性训练 [M]. 张丹玥，王雄，译. 北京：人民邮电出版社, 2017.

[3] IKEDA Y, KIJIMA K, KAWAKATA K, et al. Relationship between Side Medicine-Ball throw Performance and Physical Ability for Male and Female Athletes [J]. European journal of applied physiology, 2007, 99 (1): 47-55.

（5）动作图例（如图 13-114 所示）。

(a)   (b)

图 13-114 哑铃单腿直腿硬拉

2. 保加利亚分腿蹲

（1）目的：髋关节主导的铰链运动，训练单腿支撑的稳定性和腰椎稳定性。

（2）方法：单腿直腿硬拉。

（3）技术标准：①身体直立，双腿与髋同宽，前腿直立支撑地面，后腿膝关节微屈置于台阶上，双手持哑铃置于身体两侧；②呼气，前腿屈髋、屈膝90°下蹲，膝关节与脚尖对齐，保持脊柱和腰椎的中立位，吸气，前腿伸直；③左右腿轮换完成动作。

（4）运动负荷：每组双腿各做6～8次，一般做3～4组。教师做好安全措施，根据学生体能状况掌控好运动负荷。

（5）动作图例（如图 13-115 所示）。

(a)   (b)

图 13-115 保加利亚分腿蹲

3. 瑞士球屈膝挺髋

（1）目的：训练核心稳定性和腰椎稳定性。

（2）方法：仰卧单腿瑞士球屈膝挺髋。

（3）技术标准：①身体仰卧，双腿与髋同宽，直膝以足跟置于瑞士球圆弧最高点；②呼气，一条腿屈膝拉球靠近身体，另一条腿屈膝摆髋，稳定10秒；③吸气，回到起始位置；④左右腿轮换完成动作。

（4）运动负荷：每组双腿各做6~8次，一般做3~4组。教师做好安全措施，根据学生体能状况掌控好运动负荷。

（5）动作图例（如图13-116所示）。

(a)

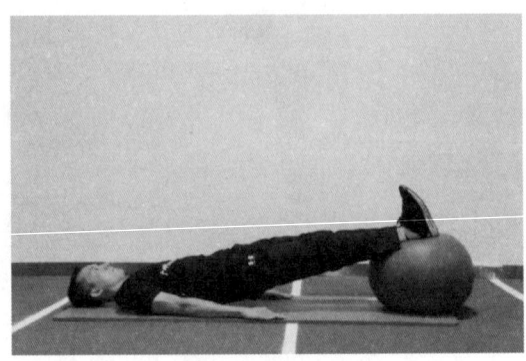
(b)

图13-116 瑞士球屈膝挺髋

4．换腿稳定训练

（1）目的：提高蹬地换腿后的身体稳定能力。

（2）方法：后腿跳箱二级跳。

（3）技术标准：①身体直立，双腿与髋同宽，屈髋、屈膝，膝关节成135°，双手置于体侧；②预摆后单腿起跳，跳上20~30厘米的平台，再跳到地面，稳定5~10秒，另一条腿向前跳到地面。

（4）运动负荷：每组双腿各做6~8次，一般做3~4组。教师做好安全措施，根据学生体能状况掌控好运动负荷。

（5）动作图例（如图13-117所示）。

(a)

(b)

图13-117 换腿稳定训练

（四）实心球投掷的技术练习

通过使用辅助器材，模拟实心球投掷的关键环节（如模拟持球、预摆、最后用力等阶段的练习），可以改善实心球投掷技术，以有效地提高中学生实心球的投掷成绩。① 教师可以根据教学需要自由选择以下练习。

1. 投掷出手角度的练习Ⅰ

（1）目的：让学生按照控制线，体会投掷正确抛物线的肌肉感觉。

（2）方法：参照物控制法。

（3）技术标准：①在校园训练墙上，画三根颜色不同的标志线为参照物；②练习者与参照物距离3~4米，在平时训练中，球出手后0~3米的运动轨迹可近似看成一条直线；③投掷高抛物线的，将实心球掷入上面二根标志线构成的方框；④投掷低抛物线的，将实心球掷入下面二根标志线构成的方框。

（4）运动负荷：每组投6~8次，一般做3~4组。教师做好安全措施，根据学生体能状况掌控好运动负荷。

（5）动作图例（如图13-118所示）。

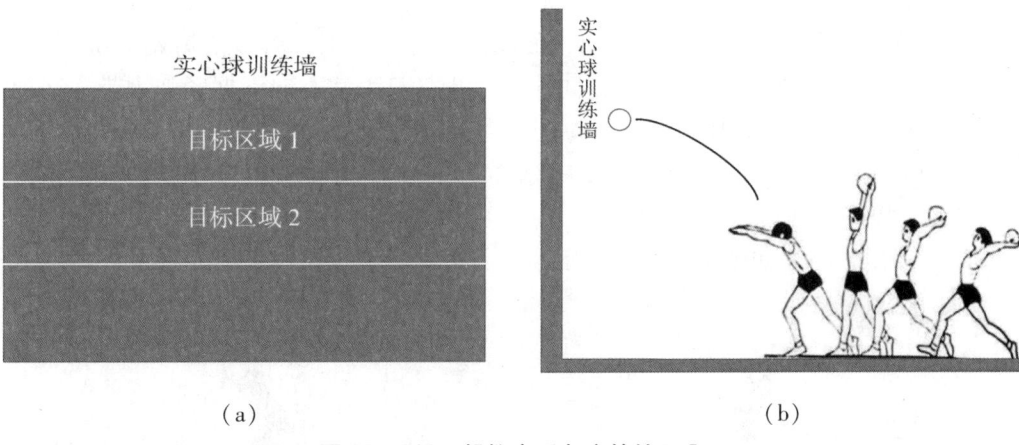

图13-118　投掷出手角度的练习Ⅰ

2. 投掷出手角度的练习Ⅱ

（1）目的：巩固投掷出手的本体感觉。

（2）方法：模拟前后站立投掷技术砸墙。

（3）技术标准：①以前后站立投掷技术准备姿势开始，身体后倾，双手持实心球置于头部后侧，距练习墙3~4米；②后腿伸髋、伸膝，蹬伸离开地面，前腿支撑，身体成直立；③前腿支撑，身体成直立瞬间，双手按确定的出手角度，向前砸向十字形目标。

（4）运动负荷：每组投6~8次，一般做3~4组。教师做好安全措施，根据学生体能状况掌控好运动负荷。

（5）动作图例（如图13-119所示）。

---

① 鲍伊尔. 体育运动中的功能性训练［M］. 张丹玥，王雄，译. 北京：人民邮电出版社，2017.

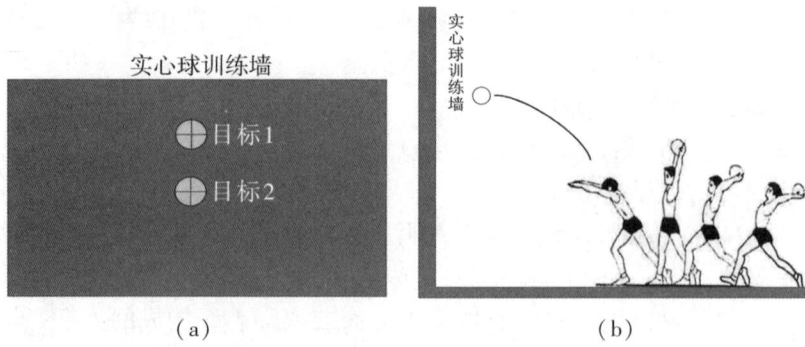

(a)　　　　　　　　　　　　　　(b)

图 13-119　投掷出手角度的练习 Ⅱ

3. 投掷出手速度的练习 Ⅰ

（1）目的：提高投掷实心球的出手初速度。

（2）方法：弹力带模拟头上投掷实心球。

（3）技术标准：①学生两人一组，面朝同一方向，训练者成前后站立准备姿势，双手向后屈肘，掌心朝前握弹力带，同伴成弓步，双手掌心向下握紧弹力带；②训练者蹬伸后腿，双手伸肘，快速向前上拉动弹力带，同伴握紧弹力带。

（4）运动负荷：每组投 6~8 次，一般做 3~4 组。教师做好安全措施，根据学生体能状况掌控好运动负荷。

（5）动作图例（如图 13-120 所示）。

(a)　　　　　　　　　　　　　　(b)

图 13-120　投掷出手速度的练习 Ⅰ

4. 投掷出手速度的练习 Ⅱ

（1）目的：提高投掷实心球的出手初速度。

（2）方法：利用器械变化的后效应作用，先用重实心球，再用轻的实心球。

（3）技术标准：①用比体育中考用实心球更重的实心球和比体育中考用实心球更轻的实心球，进行组合训练；②再用体育中考用实心球进行训练。

（4）运动负荷：①每组投（3 次重球 + 3 次轻球），一般做 3~4 组；②用体育中考标准实心球进行投掷训练，每组 3~4 次，一般做 3~4 组；③教师做好安全措施，根据学生体能状况掌控好运动负荷。

（5）动作图例（如图 13-121 所示）。

（a）

（b）

图 13-121 投掷出手速度的练习 Ⅱ

5. 投掷出手速度的练习 Ⅲ

（1）目的：提高投掷实心球的出手初速度。

（2）方法：利用短助跑获得的移动速度，快速投掷实习球。

（3）技术标准：①身体直立，双腿与髋同宽，双手伸直持实心球于头顶部；②助跑 4~6 步，以前后站立技术，前腿刹车制动，同时身体后倾，双手向后屈肘，后腿屈髋、屈膝；③蹬伸后腿，躯干前屈，带动肩和手臂，快速向前投掷实心球。

（4）运动负荷：每组助跑投 6~8 次，一般做 3~4 组。教师做好安全措施，根据学生体能状况掌控好运动负荷。

（5）动作图例（如图 13-122 所示）。

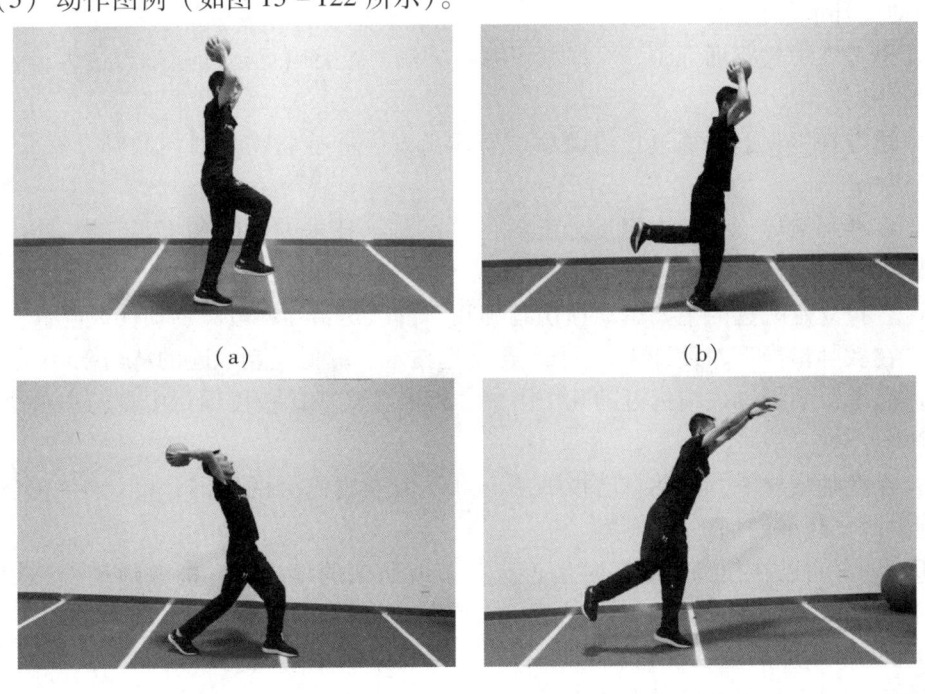

图 13-122 投掷出手速度的练习 Ⅲ

本章小结

取得优秀的中考体育成绩是每个初中学生的目标,但必须运用科学的训练技术与方法,循序渐进地逐步提高运动成绩。不能为了取得更高的分数,置身体健康于不顾,盲目增大运动负荷,这就违背了国家设立体育中考的初衷。希望大家不仅仅为了中考成绩去锻炼,而更应该是为了养成终生锻炼的习惯,为了健康的工作和幸福的生活去锻炼,去运动,去快乐!

思考与练习

1. 思考中考长跑的三种供能体系,哪一种代谢是中跑的主要能量代谢来源,大致比例各是多少。

2. 在教师指导下,评估自己中考长跑不能获得满分的原因,设计4~6个克服中跑能力薄弱环节的技术。

3. 思考在中长跑训练中,可以采用哪些方法,监督自己运动量是否过大,是否出现运动性疲劳。

4. 思考在中长跑训练过程或课后,身体出现哪些症状需及时向教师、家长报告,并咨询医生。

5. 在教师指导下,学生相互分析各自立定跳远技术的缺陷和不足,设计4~6个提升技术的训练方法。

6. 查找立定跳远的主要运动损伤有哪些,自己是否存在较高的损伤风险。

7. 在教师指导下,设计4~6个改善跳远技术、减低运动风险的练习。

8. 思考影响投掷成绩远近的几个因素,检查在实心球投掷项目中自己在哪个方面较为薄弱。

9. 在教师指导下,评估自己投掷实心球不能获得满分的原因,设计4~6个弥补投掷能力薄弱环节的训练动作。

10. 思考自己在投掷实心球时是否有关节或肌肉的疼痛,咨询教师是否有较高的运动损伤风险。在教师指导下,设计4~6个动作降低损伤风险。

11. 思考跳绳的主要能量代谢特征,跳绳动作的主要发力肌肉,在教师指导下,设计4~6个提高跳绳力量耐力的练习。

参 考 文 献

[1] 沃斯特根，威廉姆斯. 每天都是比赛日［M］. 尹晓峰，等译. 上海：上海文化出版社，2015.

[2] 拉森，米歇尔. 人体螺旋动力疗法［M］. 庄仲华，译. 北京：北京科学技术出版社，2019.

[3] 孙树椿，孙之镐. 中医筋伤学［M］. 北京：人民卫生出版社，1990.

[4] 岑泽波. 中医伤科学［M］. 上海：上海科学技术出版社，1985.

[5] 卡潘德吉. 骨关节功能解剖学. 上卷：上肢［M］. 顾冬云，戴尅戎，译. 6 版. 北京：人民军医出版社，2011.

[6] 布朗，费里格诺. 速度、灵敏和反应训练［M］. 陈洋，周亢亢，译. 3 版. 北京：人民邮电出版社，2017.

[7] 鲍伊尔. 体育运动中的功能性训练［M］. 张丹玥，王雄，译. 北京：人民邮电出版社，2017.

[8] 桑塔纳. 功能性训练：提升运动表现的动作练习和方案设计［M］. 王雄，袁守龙，译. 北京：人民邮电出版社，2017.

[9] COOK G, BURTON L, KIESEL K, et al. Movement：Functional Movements Systems：Screening, Assessment, and Corrective Strategies［M］. Aptos：On Target Publications，2010.

[10] KLEIN K K, AUMAN F L. The Knee in Sports［M］. Austin：Jekins Publishing Co，1969.

[11] 拉塔美斯. ACSM 体能训练概论［M］. 李丹阳，李春雷，王雄，主译. 北京：人民卫生出版社，2018.

[12] 王卫星，韩春远. 实用体能训练指南［M］. 汕头：汕头大学出版社，2017.

[13] SCHMIDT R A, LEE T D. 动作控制与学习［M］. 卓俊伶，杨梓楣，陈重佑，等译. 新北：合记图书出版社，2015.

[14] 李建臣. 软梯组合训练［M］. 北京：人民体育出版社，2013.

[15] 田麦久. 运动训练学［M］. 北京：人民体育出版社，2000.

[16] 美国体能协会. 灵敏训练［M］. 周建梅，译. 北京：北京体育大学出版社，2015.

［17］ BAECHLE T R, EARLE R W. 体能训练概论［M］. 朱学雷, 等译. 3 版. 上海：上海三联书店, 2011.

［18］ 国家体育总局训练局国家队体能训练中心. 身体功能训练动作手册［M］. 北京：人民体育出版社, 2014.

［19］ 鲁尼. 成就斗士的有氧训练［M］. 北京：北京体育大学出版社, 2014.

［20］ 李世昌. 运动解剖学［M］. 北京：高等教育出版社, 2006.

［21］ 诺伊曼. 骨骼肌肉功能解剖学［M］. 刘颖, 师玉涛, 闫琪, 主译. 2 版. 北京：人民军医出版社, 2014.

［22］ BAECHLE T R, EARLE R W. Essentials of Strength Training and Conditioning ［M］. 3rd ed. Chawpaign：Human Kinetics, 2008.

［23］ 王瑞元. 运动生理学［M］. 北京：人民体育出版社, 2002.

［24］ 王金灿. 运动选材原理与方法［M］. 北京：人民体育出版社, 2005.

［25］ BERNSTEIN N A. The Co-ordination and Regulation of Movements ［M］. Oxford：Pergamon Press, 1967.

［26］ 曾凡辉, 王路德, 邢文华. 运动员科学选材［M］. 北京：人民体育出版社. 1992.

［27］ 曹振水. 现代中跑训练［M］. 北京：清华大学出版社, 2009.

［28］ 谢向阳, 张卫. 田径运动实用教程［M］. 广州：中山大学出版社, 2019.

［29］ 美国运动医学学会（ACSM）. ACSM 运动测试与运动处方指南［M］. 王正珍, 主译. 北京：人民卫生出版社, 2010.

［30］ 甘博图, 阿姆斯特朗. 认识活体筋膜：细胞与细胞外基质之间的构成性世界 ［M］. 李哲, 译. 北京：科学技术出版社, 2018.

［31］ 朗基. 运动员恢复指南：休息、放松, 储备能量达到最佳竞技状态［M］. 毕学翠, 译. 北京：北京体育大学出版社, 2015.

［32］ 施莱普, 拜尔. 筋膜健身：系统科学的筋膜训练方法全书［M］. 张影, 译. 北京：北京科学技术出版社, 2017.

［33］ FITZGERALD M. Run：the Mind-Body Method of Running by Feel ［M］. Boulder：Velopress, 2010.

［34］ CHU D A. 快速伸缩复合训练［M］. 阮棉芳, 尹军, 译. 北京：北京体育大学出版社, 2011.

［35］ JOHNSON J. 姿态评估［M］. 张钧雅, 译. 新北：合记图书出版社, 2014.

［36］ National Strength and Conditional Association, Haff G G, Triplett N T. 肌力与体能训练［M］. 林贵福, 何仁育, 林育槿, 等译. 4 版. 台北：禾枫书局, 2016.

［37］ SCHMIDT R A, LEE T D. 动作控制与学习［M］. 卓俊伶, 杨梓楣, 陈重佑, 等译. 新北：合记图书出版社, 2015.

［38］ SIFF M, VERKHOSHANSKY Y. Supertraining［M］. 6th ed. Rome：Verkhoshansky

Publishing, 2009.

[39] 巴哈. 运动损伤的预防 [M]. 王正珍, 主译. 北京：人民卫生出版社, 2011.

[40] 弗拉基米尔, 扎齐奥尔斯基. 运动生物力学：运动成绩的提高与运动损伤的预防 [M]. 陆爱云, 译审. 北京：人民体育出版社, 2004.

[41] 郭蓓. 上海市运动员科学选材工作指导手册 [M]. 上海：上海科学技术文献出版社, 2005.

[42] 胡树森. 田径 [M]. 广州：华南理工大学出版社, 2008.

[43] 教育部体育卫生与艺术教育司. 国家学生体质健康标准锻炼手册：彩色版 [M]. 北京：人民教育出版社, 2008.

[44] 刘淑慧. 体育心理学 [M]. 北京：高等教育出版社, 2005.

[45] 刘永东. 田径运动实用教程 [M]. 北京：人民体育出版社, 2007.

[46] 美国体能协会. 耐力训练 [M]. 石宏杰, 译. 北京：北京体育大学出版社, 2015.

[47] 美国体能协会. 体能训练设计指南 [M]. 周志雄, 译. 北京：北京体育大学出版社, 2015.

[48] 佩治, 弗兰克, 拉德纳. 肌肉失衡的评估与治疗 [M]. 焦颖, 主译. 北京：人民体育出版社, 2016.

[49] 全国体育院校教材委员会. 田径运动教程 [M]. 北京：人民体育出版社, 1999.

[50] 人民教育出版社课程教材研究所体育课程教材研究开发中心. 人类动作发展概论 [M]. 北京：人民教育出版社, 2008.

[51] 威尔莫尔, 科斯蒂尔, 凯尼. 运动生理学 [M]. 王瑞元, 汪军, 译. 北京：北京体育大学出版社, 2011.

[52] 沃克. 运动损伤的解剖学 [M]. 罗冬梅, 刘晔, 赵星, 等译. 北京：北京体育大学出版社, 2013.

[53] 张振县, 卿洪华. 大学生体育与健康教程 [M]. 长沙：中南大学出版社, 2016.

[54] 中华人民共和国教育部. 义务教育体育与健康课程标准：2011年版 [M]. 北京：北京师范大学出版社, 2012.

[55] MCBRIDE J M, NIMPHIUS S, ERICKSON T M. The Acute Effects of Heavy-Load Squats and Loaded Countermovement Jumps on Sprint Performance [J]. Journal of strengh and conditioning research, 2005, 19 (4): 893.

[56] ALBUS J S. A Theory of Cerebellar Function [J]. Mathematical biosciences, 1971, 10 (1-2): 25-61.

[57] PEDERSEN L, IDORN M, OLOFSSON G H, et al. Voluntary running suppresses tumor growth through epinephrine – and IL – 6 – dependent NK cell mobilization and redistribution [J]. Cell Metalolism, 2016, 23 (3): 554-562.

[58] LONDEREE B, MOESCHBERGER M. Influence of Age and other Factors on Maxi-

mal Heart Rate [J]. Journal of cardiac rehabilitation, 1984, 4 (2): 44-49.

[59] 于睿. 青少年速滑运动员有氧耐力训练的心率负荷模式 [J]. 冰雪运动. 2013 (1): 4-8.

[60] 康美华, 王成. 运动后心率恢复的进展研究 [J]. 中国循证儿科杂志, 2014, 9 (1): 72-76.

[61] 王隽, 尹军. 运动后恢复与再生训练的方法和教学 [J]. 体育教学, 2019, 39 (12).

[62] NERIC F B, BEAM W C, BROWN L E, et al. Comparison of Swim Recovery and Muscle Stimulation on Lactate Removal after Swimming [J]. The journal of strength & conditioning research, 2009, 23 (9).

[63] JUN K, WON-MOK S, HEADID R J, et al. Corrigendum to: the Effects of a 12-Week Jump Rope Exercise Program on Body Composition, Insulin Sensitivity, and Academic Self-Efficacy in Obese Adolescent Girls [J]. Journal of pediatric endocrinology & metabolism, 2020, 33 (5).

[64] KOZUB F M. Using the Snatch and Crossfit Principles to Facilitate fitness [J]. Journal of physical education recreation & dance, 2013, 84 (6).

[65] PAAVOLAINEN L, HAKKINEN K, HAMALAINEN I, et al. Explosive-Strength Training Improves 5-km Running Time by Improving Running Economy and Muscle Power [J]. Scandinavian journal of medicine & science in sports, 2010, 13 (4).

[66] SIBLEY, BENJAMIN A. Using Sport Education to Implement a Crossfit Unit [J]. Journal of physical education recreation & dance, 2012, 83 (8).

[67] TABATA I, NISHIMURA K, KOUZAKI M, et al. Effects of Moderate-Intensity Endurance and High-Intensity Intermittent Training on Anaerobic Capacity and VO (2max) [J]. Medicine & science in sports & exercise, 1996, 28 (10).

[68] WEISENTHAL B M, BECK C A, MALONEY M D, et al. Injury Rate and Patterns Among Crossfit Athletes [J]. Orthopaedic journal of sports medicine, 2014, 2 (4).

[69] 何庆. 前抛实心球练习误区及改正方法汇总 [J]. 当代体育科技, 2018, 8 (30).

[70] 侯希贺, 黄永峰, 赵波, 等. 中长跑运动员膝关节常见损伤及其致因 [J]. 中国体育教练员, 2018, 26 (2).

[71] 黄智, 刘智炜. 体育中考前掷实心球项目技术分析及训练 [J]. 田径, 2019 (1).

[72] 李发勇. 提高中考体育中长跑成绩的分析与策略 [J]. 当代体育科技, 2017, 7 (27).

[73] 林德华. 广东省高考原地双手头上掷实心球运动损伤调查及预防 [J]. 体育师友, 2011, 34 (6).

[74] 苗莉. 辽宁省中长跑运动员运动损伤的调查分析 [J]. 辽宁体育科技, 2014 (3).

[75] 汤艳清. 对中长跑运动项目速度训练的探讨 [J]. 田径, 2010 (8).

[76] 王舒平. 提高实心球成绩的四要素 [J]. 田径, 2019 (1).

[77] 熊克斌, 胡亦海. 中长跑项目能量代谢特点及基础阶段训练对策 [J]. 武汉体育学院学报, 1992 (3).

[78] 薛红. 中长跑运动员常见运动损伤致因及预防的研究 [J]. 教育教学论坛, 2013 (21).

[79] 于素梅. 动作技能学习"窗口期"及理论建构: 基于一体化体育课程建设的核心理论 [J]. 体育学刊, 2019, 26 (3).

[80] 张芸. 青少年中长跑运动员运动损伤调查分析 [J]. 体育世界 (学术版), 2010 (6).

[81] 曾萍. 核心力量训练对提高中考生实心球成绩的实验研究 [D]. 石家庄: 河北师范大学, 2012.

[82] 高伟强. 快速伸缩复合练习在标枪技术教学中的实验研究 [D]. 北京: 北京体育大学, 2016.

[83] 郭波. 基于代谢组学中长跑运动员大负荷训练阶段的代谢特征及穴位刺激调节的可能机制 [D]. 上海: 上海体育学院, 2019.

[84] 郭涛涛. 花样跳绳对五年级学生身体素质影响的实验研究 [D]. 北京: 首都体育学院, 2020.

[85] 何治均. 核心力量训练对中学生前抛实心球训练效果的实验研究 [D]. 昆明: 云南师范大学, 2015.

[86] 姜媛媛. 力量素质训练对中学生实心球成绩的影响 [D]. 大连: 辽宁师范大学, 2015.

[87] 李洲. 原地双手后抛实心球技术动作分析与技术手段训练研究 [D]. 桂林: 广西师范大学, 2016.

[88] 刘加磊. 田径教学手段对初中生实心球成绩的影响研究 [D]. 大连: 辽宁师范大学, 2017.

[89] 刘诗红. 青少年中长跑运动员核心力量训练研究 [D]. 宁波: 宁波大学, 2010.

[90] 帅亚琴. 核心力量训练对提高初中生实心球成绩的实验研究 [D]. 湘潭: 湖南科技大学, 2015.

[91] 孙阳. 中学生头上掷实心球成绩的技术与相关身体素质的研究 [D]. 大连: 辽宁师范大学, 2012.

[92] 唐群. 中长跑教学对中学生逆商培养的影响分析 [D]. 长沙: 湖南师范大学, 2014.

[93] 王伟杰. 儿童青少年身体素质敏感期的变化特点 [D]. 北京: 北京体育大

学，2016.

[94] 王亚龙. 身体前侧链爆发力训练对提高前抛实心球成绩的实验研究 [D]. 石家庄：河北师范大学，2018.

[95] 徐思丹. 西安体育学院中长跑少年队体能训练效果研究 [D]. 西安：西安体育学院，2014.

[96] 杨张玉. 7-12岁儿童拉丁舞与常见身体活动方式能量消耗的比较 [D]. 北京：北京体育大学，2017.

[97] 朱玉莲. 功能性训练对提高体育中考实心球、立定跳远成绩的实验研究：以浙江省海宁市第一初级中学为例 [D]. 桂林：广西师范大学，2019.

[98] 王松森. 中长跑锻炼中身体反应的运动生理学分析：以中长跑能量代谢特征作为分析基点 [C]//2017年中国生理学会运动生理学专业委员会会议暨"学生体质健康与运动生理学"学术研讨会论文集，2017.

[99] 广州市教育局关于印发广州市初中学业水平考试体育与健康考试实施意见的通知 [EB/OL]. (2019-08-07) [2021-04-20]. http://gzzk.gz.gov.cn/zwgk/zcfg/zcwj/content/post_5086586.html.

[100] 教育部. 国家学生体质健康标准（2014年修订）[EB/OL]. (2014-07-07) [2021-04-20]. http://www.moe.gov.cn/ewebeditor/uploadfile/2014/07/17/20140717140510994.doc.

附　　录

　　本书在广州市教育局和广州体育职业技术学院的领导和支持下，第一稿内容经过与 8 所合作中学的实践检验，第二稿在吸收实验班教师意见的基础上，不断充实和完善初中学生体能锻炼的理论体系，修正和补充锻炼技术和动作，力争更加符合广州市中学生体能锻炼的实践，达到更好的锻炼效果。本书正式出版后，欢迎更多的中学使用和检验本书，为以后更好地测试和评估本书的锻炼效果，提出宝贵的修改意见。希望使用本书的教师，除测试与保留国家学生体质锻炼标准和中考体育考试项目的数据外，还增添以下测试内容，以便更加全面地评估本书的锻炼和预防运动损伤的效果。

附表 1　初中学生运动损伤调查表

姓名	性别	学校	班别	运动特长	身高	体重	备注

受伤部位	腰	肩关节	髋关节	膝关节	踝关节	肘关节	腕关节
时间长短							
偶然还是经常性本部位受伤							
损伤原因（简单描述）							
受伤部位的感受（疼、麻等）							
相邻关节是否存在不舒服症状，请直观描述不适感觉（上下两个相邻关节）							
是否存在运动功能障碍							

附表2　初中学生身体姿势及功能动作评价表

测试者姓名	年龄	性别	学校	身高	体重	联系电话

动作功能 FMS 测试评分表

评价指标	评分标准	评价标准	测试内容	测试得分 左（得分）	测试得分 右（得分）	测试得分 确认得分	最终得分	最终评价（优、良、合格）	运动损伤风险评价
动作质量 FMS	19~21	优	1. 上举木棒深蹲 2. 跨栏架 3. 背后手持木棒弓步下蹲 4. 仰卧举腿 5. 肩关节灵活度 6. 俯卧撑 7. 旋转稳定性						
	17~18	良							
	15~16	合格							
	≤14	不合格							

身体力学姿态

盆骨前倾		
盆骨侧倾		
腰椎灵活性		
胸椎灵活性		
髋关节灵活性		
脊柱侧弯		
O 形腿		
X 形腿		

动作模式测试（神经肌肉激活时序）	呼吸模式	
	大腿后伸模式	
	仰卧屈膝抬腿模式	
	侧卧举腿模式	
	俯卧撑模式	
	站位双臂外展模式	
	坐位体前屈模式	
	身体旋转动作模式	
动作协同	六边形跳	

完成时间：　　　　　　　　　　　　　　等级判断：

附表3　初中学生体能及本体感觉评价表

姓名	性别	班级	体重	身高	备注	运动特长

测试项目	第一次/秒	第二次/秒	第三次/秒
T字形跑测试			
六边形跳			
PRO灵敏测试			
平板支撑			
单腿直立睁眼测试			
单腿直立闭眼测试			
单腿五分之四下蹲			
平板八级桥支撑			
俯卧撑			
屈膝卷腹			
引体向上			
跳绳			
实心球			
800米、1000米			

备注：（1）T字形测试：设置一个T字形线路（安装4个圆锥体，标记为A、B、C、D），直线为9.2米，横线以T字形交汇点为中点，两侧各4.6米。

（2）六边形跳：沿六边形跳跃，顺时针跳三圈，单边60厘米，高度0~15厘米，目光始终平视前方。

（3）PRO灵敏测试：三条线各相距4.6米，从中线起跑，先向右转身跑4.6米，脚碰右侧线，转体向左边跑，越过中线，脚碰左侧线，再转身跑回中线。

（4）三次测试取最好成绩时间，精确到0.1秒。

后 记

衷心感谢广州市教育局、广州体育职业技术学院、广州市体育科学研究所、广州市教育局体育卫生与艺术教育处及8所参与实验学校领导和教师对本书研制研究和实验工作的大力支持！由于思维格局、专业视野和科研能力的不完善，本书一定存在各种不足，请各位领导、专家和教师提出宝贵意见，便于不断修改与完善！

广州体育职业技术学院
青少年体能发展协同创新中心
体能研究所
2020 年 11 月 23 日